大跨度U+箱连续梁桥
悬臂拼装施工关键技术

孙九春 薛武强 曹 虹 著

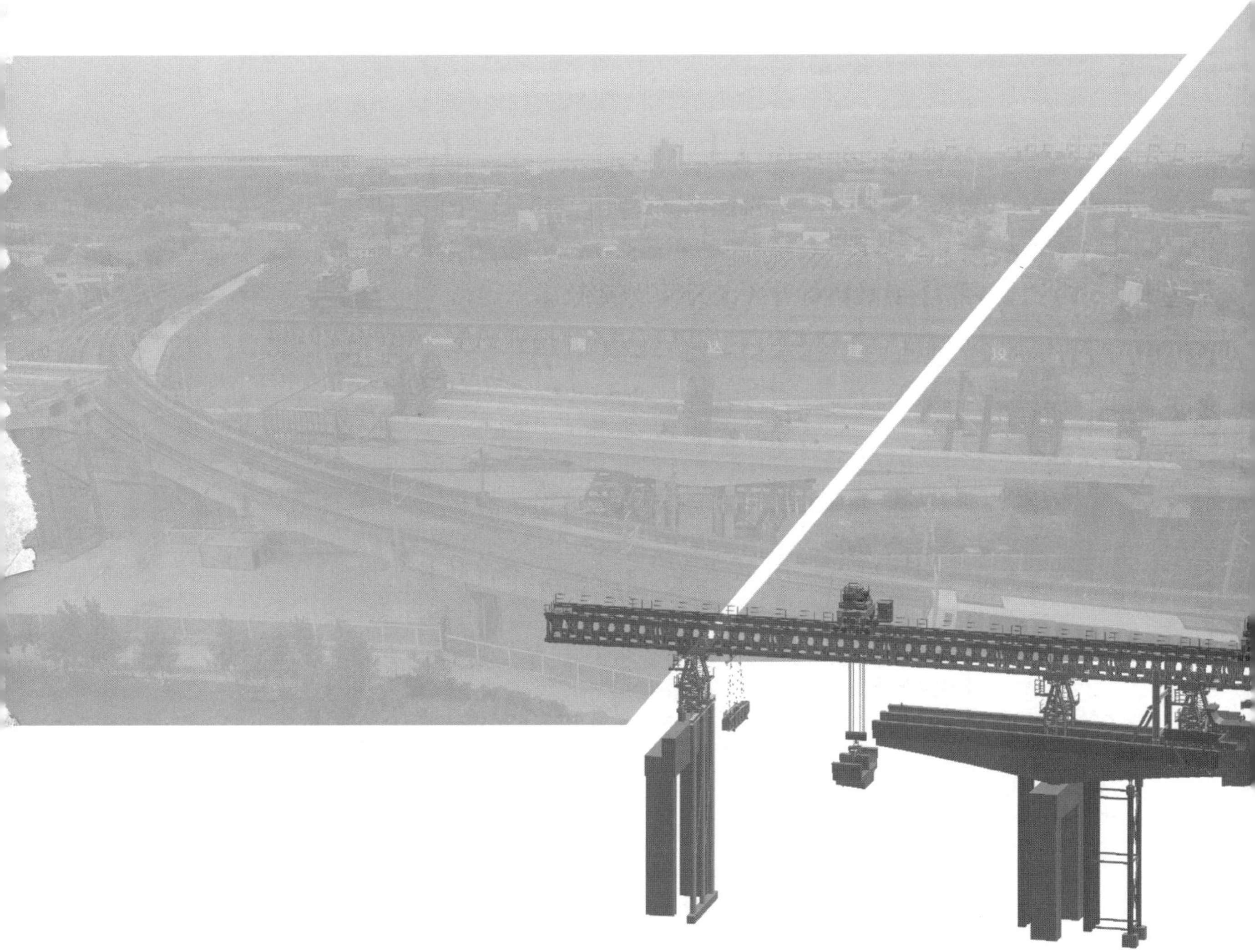

图书在版编目(CIP)数据

大跨度U+箱连续梁桥悬臂拼装施工关键技术／孙九春，薛武强，曹虹著.—上海：同济大学出版社，2023.6
　ISBN 978-7-5765-0832-1

　Ⅰ.①大… Ⅱ.①孙… ②薛… ③曹… Ⅲ.①长跨桥－连续梁桥－桥梁施工 Ⅳ.①U448.43

　中国国家版本馆CIP数据核字(2023)第077165号

2023年上海市重点图书
大跨度U+箱连续梁桥悬臂拼装施工关键技术

孙九春　薛武强　曹　虹　著

责任编辑：胡晗欣
责任校对：徐春莲
封面设计：陈益平

出版发行　同济大学出版社　www.tongjipress.com.cn
　　　　　(地址：上海市四平路1239号　邮编：200092　电话：021-65985622)
经　　销　全国各地新华书店、建筑书店、网络书店
排版制作　南京文脉图文设计制作有限公司
印　　刷　江阴市机关印刷服务有限公司
开　　本　787mm×1092mm　1/16
印　　张　18.5
字　　数　462 000
版　　次　2023年6月第1版
印　　次　2023年6月第1次印刷
书　　号　ISBN 978-7-5765-0832-1
定　　价　148.00元

版权所有　侵权必究　印装问题　负责调换

前 言

U形梁最早应用于1952年的英国罗什尔汉桥中,后来逐渐应用在日本、德国等国的铁路和桥梁结构中。国内外的简支单线U形梁一般采用工厂化预制,运至现场后以汽车吊或履带吊、龙门吊吊装。

2010年上海轨道交通16号线高架结构首次在国内全线采用了简支单线U形梁,梁体最重约200 t,最大跨径为35 m。腾达建设集团股份有限公司自20世纪90年代以来开始参与长三角地区轨道交通和桥梁建设,负责实施了上海轨道交通11号线3标段的土建总承包工程。该标段全长约10 km,沿线先后跨越33条河流、鱼塘和多个农田保护区。在上海申通地铁集团有限公司的大力支持下,腾达建设集团股份有限公司首创了轨道交通U形梁架桥机架设技术,研发了适用于U形梁截面的成套化施工设备,实现了简支U形梁"定点提梁、梁上运梁、桥机架梁"的一体化施工。该方法后来应用到国内外,并被法国赛思达公司(SYSTRA)推广到印度等地,成为简支U形梁的标准化架设工法。

2016年,在上海轨道交通10号线二期跨越轨道交通6号线出入场线高架桥的节点桥工程中,腾达人与U形梁再续前缘。该节点桥采用了(40+75+40)m三跨预应力混凝土连续梁U+箱变截面结构。节点桥的平曲线、竖曲线及变截面的梁底曲线,与6号线高架结构的平曲线及接触网呈现出高度复杂的空间关系。6号线接触网与10号线梁底最小距离仅0.59 m,与10号线侧面最近处的距离为1.045 m,二者以小角度叠交的方式上下分布。同时,周边还有航油管、自来水管、浅覆土的污水箱涵、河流、建筑物和道路等,施工空间狭小,工况条件极其复杂。经过一年多的方案比选,我们创造性地研发了架桥机单T构悬臂拼装工艺以及与工艺相匹配的成套化拼装设备、悬臂拼装设备大跨度T构过孔技术、大跨度连续梁T构力学状态主/被动控制技术、基于桥-机耦合效应的悬臂拼装全过程分析方法与风荷载作用下架桥机与T构力学状态的一体化分析方法、大跨度U+箱连续梁合龙与体系转换精准控制技术。

由于架桥机与T构所组成的结构体系具有耦合性、时变性,结构体系的力学状态在不断发生变化,因此,为确保安全,在方案设计阶段,我们将整个施工过程的受力分析委托给4家单位,采用3种不同的计算软件予以复核确认;在方案实施阶段,将整个施工过程划分为218个步序,印制了5版"建造连环画",真正做到"按图施工"。通过一系列精准的力学调控技术和精细化的管理方法,架桥机与T构组成的悬臂拼装体系在轨道交通6号线上方保持着平衡状态,像极了芭蕾舞演员在空中表演芭蕾。该桥218个时变的平衡状态始终考验着建造者的智慧和耐心,施工历时近一年,先后经历了两次台风考验,合龙误差控制在3 mm以内,4个参与方付出极大努力后,轨道上的空中芭蕾最终完美落幕!该桥成为世界上最大跨度的U形连续梁,采用的是世界上首次跨越轨道交通运营线路的预制节段悬臂拼装施工技术。该桥的施工对轨道交通运营没有造成任何影响,把不可能变成了可能!

非常感谢项目实施过程中各参与方以及钱寅泉教授、徐伟教授、杜荣志高工等各位专家对本项目的支持、指导与帮助。真诚感谢腾达建设集团股份有限公司叶林富先生的大力支持。衷心感谢马忠政博士、吉茂杰教高、方亚非博士、孙海涛博士、徐孝友高工、李鑫奎教高、孙斌博士的悉心指导。感谢诸立嘉高工、韦博高工、赵立堂总监、况中华硕士的支持与帮助。感谢同事任加甜、奚国栋、余海兵、王克军、王悦等付出的辛苦努力。

由于时间和水平有限,书中难免有疏漏和不足之处,敬请广大读者不吝指正。

作　者
2022年10月

目录

前言

第1章 绪论 ········· 001
1.1 研究背景 ········· 001
1.2 桥型比选 ········· 001
1.3 U+箱连续梁方案结构设计 ········· 006
1.4 国内外研究现状 ········· 007
1.4.1 U形梁施工工艺 ········· 007
1.4.2 混凝土梁式桥预制节段悬臂拼装施工方法 ········· 008
1.4.3 悬臂拼装架桥机计算 ········· 010
1.4.4 悬臂拼装架桥机过孔技术 ········· 011
1.4.5 连续梁悬臂施工力学状态调整技术 ········· 012
1.4.6 大跨度连续梁桥的合龙与体系转换方法 ········· 012
1.5 主要创新点 ········· 013

第2章 架桥机单T构悬臂拼装方法与设备 ········· 015
2.1 施工方法比选 ········· 015
2.1.1 施工方法比选 ········· 016
2.1.2 架桥机单T构悬臂拼装施工方法 ········· 019
2.2 U+箱梁单T构悬臂拼装架桥机设计 ········· 021
2.2.1 总体设计 ········· 022
2.2.2 主桁梁 ········· 022
2.2.3 支腿 ········· 023
2.2.4 天车与吊具 ········· 025
2.2.5 电气控制系统 ········· 026
2.2.6 液压系统 ········· 029
2.2.7 架桥机主要参数 ········· 031
2.3 架桥机的计算分析与优化设计 ········· 031
2.4 U+箱梁单T构悬臂拼装的附属设备 ········· 035

2.4.1　可调移动式辅助支腿 ········· 035
　　2.4.2　可调移动式防护平台 ········· 037
　　2.4.3　自动跟随式张拉吊篮 ········· 040
　　2.4.4　竖向轴力伺服系统 ··········· 041
2.5　架桥机的使用方法 ················ 042
2.6　架桥机的型式试验 ················ 045
　　2.6.1　安全技术准备 ··············· 045
　　2.6.2　工厂试验 ··················· 046
　　2.6.3　现场试验准备 ··············· 046
　　2.6.4　起重天车试验 ··············· 048
　　2.6.5　T构架设试验 ················ 051
2.7　本章小结 ························ 053

第3章　架桥机单T构悬臂拼装工艺 ······ 054

3.1　节点桥总体施工流程 ·············· 054
3.2　0#块现浇段施工 ·················· 056
　　3.2.1　19号墩0#块现浇段模架设计 ···· 056
　　3.2.2　18号墩0#块现浇段碗扣式钢管支架 ··· 060
　　3.2.3　轨道交通6号线安全防护设计 ··· 060
　　3.2.4　钢筋混凝土施工 ·············· 062
3.3　节段预制施工 ···················· 063
　　3.3.1　节段匹配预制工艺 ············ 063
　　3.3.2　节段预制线型控制 ············ 065
3.4　边墩拼装段支架 ·················· 066
3.5　节段梁架桥机悬臂拼装工艺 ········ 067
　　3.5.1　节段吊装 ···················· 067
　　3.5.2　适应桥梁曲线的架桥机姿态调整工艺 ··· 074
　　3.5.3　适应U+箱梁截面的临时锁定工艺 ··· 078
　　3.5.4　节段拼接工艺 ················ 084
3.6　本章小结 ························ 085

第4章　悬臂拼装设备的安拆及过孔 ······ 087

4.1　架桥机的安装工艺 ················ 087
　　4.1.1　支腿组拼与安装 ·············· 088
　　4.1.2　主桁梁组装与安装 ············ 093

4.1.3　天车组装与安装 …………………………………………………… 097
　　4.1.4　架桥机就位 ………………………………………………………… 098
4.2　悬臂拼装设备过孔工艺 ……………………………………………………… 100
　　4.2.1　架桥机过孔工艺比选 ………………………………………………… 100
　　4.2.2　过孔前的准备工作 …………………………………………………… 103
　　4.2.3　架桥机过孔 …………………………………………………………… 105
　　4.2.4　防护平台过孔 ………………………………………………………… 110
4.3　架桥机拆除工艺 ……………………………………………………………… 114
　　4.3.1　天车拆除 ……………………………………………………………… 114
　　4.3.2　主桁梁拆除 …………………………………………………………… 115
　　4.3.3　支腿拆除 ……………………………………………………………… 118
4.4　本章小结 ……………………………………………………………………… 118

第5章　T构力学状态的主/被动控制技术 ……………………………………… 119

5.1　单T构悬臂拼装的力学问题及解决方法 …………………………………… 119
　　5.1.1　力学问题 ……………………………………………………………… 119
　　5.1.2　解决方法 ……………………………………………………………… 120
5.2　T构力学状态的主/被动控制方法 …………………………………………… 121
　　5.2.1　悬臂拼装阶段的内部主动控制方法 ………………………………… 121
　　5.2.2　架桥机过孔阶段的内部主动控制方法 ……………………………… 125
　　5.2.3　外部主动控制方法 …………………………………………………… 129
　　5.2.4　基于极限安全的抗压柱设置 ………………………………………… 131
　　5.2.5　基于随动受力的平衡重设置 ………………………………………… 131
5.3　主/被动控制装置 ……………………………………………………………… 132
　　5.3.1　反顶装置 ……………………………………………………………… 132
　　5.3.2　抗倾覆墩与抗拉束 …………………………………………………… 134
　　5.3.3　主梁临时预应力 ……………………………………………………… 136
　　5.3.4　随动平衡重 …………………………………………………………… 138
5.4　主/被动控制技术在T构力学状态控制中的应用 …………………………… 139
　　5.4.1　悬臂拼装期间主/被动控制技术的应用 ……………………………… 139
　　5.4.2　架桥机过孔期间主/被动控制技术的应用 …………………………… 150
5.5　本章小结 ……………………………………………………………………… 155

第 6 章　桥-机耦合体系的计算方法与全过程分析 ······ 156

6.1　架桥机单 T 构悬臂拼装施工过程的力学特点 ······ 156
6.2　基于桥-机耦合效应的全过程计算方法 ······ 156
6.2.1　桥-机耦合模型 ······ 157
6.2.2　移动天车荷载影响线加载方法 ······ 158
6.3　基于桥-机耦合效应的悬臂拼装施工全过程分析 ······ 161
6.3.1　吊装 1#～2# 节段 ······ 161
6.3.2　吊装 3#～4# 节段 ······ 162
6.3.3　吊装 5#～6# 节段 ······ 164
6.3.4　吊装 7#～9# 节段 ······ 165
6.3.5　吊装 10# 节段 ······ 166
6.3.6　过孔计算工况 1 ······ 168
6.3.7　过孔计算工况 2 ······ 169
6.3.8　过孔计算工况 3 ······ 171
6.3.9　计算结果汇总 ······ 172
6.3.10　结论 ······ 173
6.4　基于主动控制技术的桥-机耦合体系力学状态优化分析 ······ 174
6.4.1　主动控制计算工况 ······ 174
6.4.2　主动控制计算结果 ······ 176
6.4.3　结论 ······ 197
6.5　单 T 构悬臂拼装架桥机抗风性能分析 ······ 198
6.5.1　基本风参数计算 ······ 198
6.5.2　抖振分析基本理论 ······ 198
6.5.3　结构有限元模型及动力特性分析 ······ 202
6.5.4　架桥机不同施工阶段的静风承载力及变形研究 ······ 209
6.5.5　结论及应对措施 ······ 215
6.6　19 号中墩承台计算 ······ 216
6.6.1　承台验算荷载 ······ 217
6.6.2　承台计算 ······ 219
6.7　本章小结 ······ 223

第 7 章　合龙与体系转换精准控制技术 ······ 225
7.1　U+箱连续梁体系转换精准控制技术 ······ 225

　　　　7.1.1　集中卸载转换方法 ·· 225
　　　　7.1.2　分级卸载转换方法 ·· 229
　　　　7.1.3　两种方法的对比 ·· 236
　　7.2　U+箱梁连续梁合龙精准控制技术 ·· 238
　　　　7.2.1　支座微转动模拟试验 ··· 239
　　　　7.2.2　合龙段偏差调整技术 ··· 241
　　　　7.2.3　合龙段施工方法 ·· 247
　　7.3　本章小结 ··· 248

第8章　施工过程的监测与控制 ·· 250
　　8.1　结构体系的力学状态监测 ··· 250
　　　　8.1.1　监测方法与监测设备 ··· 250
　　　　8.1.2　监测测点布置 ··· 253
　　　　8.1.3　力学监测结果汇总 ··· 255
　　8.2　节段预制及拼装线型控制 ··· 264
　　　　8.2.1　桥梁预拱度计算与设置 ·· 264
　　　　8.2.2　预制线型控制 ··· 266
　　　　8.2.3　拼装线型控制 ··· 269
　　　　8.2.4　线型控制结果 ··· 272
　　8.3　施工现场安全监控系统 ·· 273
　　　　8.3.1　架桥机安全监控管理系统 ··· 273
　　　　8.3.2　现场作业视频监控系统 ·· 274
　　8.4　精细化管理控制 ·· 275
　　8.5　本章小结 ··· 278

第9章　结论与展望 ·· 279
　　9.1　结论 ·· 279
　　9.2　展望 ·· 280

附图 ··· 283

参考文献 ··· 284

第1章 绪论

1.1 研究背景

城市轨道交通因其节能、环保、绿色、方便、快捷等特点,已成为完善城市交通路网结构、提升市民出行效率的首选,越来越多的城市已加入城市轨道交通的发展和建设行列。在城市轨道交通建设中,采用高架形式的轨道交通线路越来越多,北京、天津、上海、南京、青岛、广州等城市的部分轨道交通均采用了高架线路[1]。轨道交通的运营状态往往事关大量人员出行,后期高架桥梁的建设应尽量减少对运营轨道交通的影响。跨越运营轨道交通的桥梁施工不仅要考虑施工方法、施工时间,还要着重考虑下方既有轨道交通的运营安全[2,3],与一般的跨越道路或河流的桥梁施工相比,这类工程的施工难度更大。

上海轨道交通10号线高桥站—港城路站区间线路在上跨轨道交通6号线出入场线处需设置一座节点桥,桥位北侧为现状港城路,周边敷设有浅覆土合流污水箱涵、航油管、自来水管等重要管线。桥墩的布置需避让管线并为远期港城路的拓宽预留一定的空间,因此桥梁跨径设计为(40+75+40)m,西侧港城路上桥墩采用门式墩。因10号线与6号线在港城路站形成一岛两侧式站台换乘,受6号线站台标高限制,10号线轨顶设计标高需尽量降低以满足6号线的同标高换乘需要。

1.2 桥型比选

考虑到周边环境的复杂性,在施工方法比选的同时进行了设计方案比选,以期获得一种更加科学合理的建造方案。

1. 桁架方案

采用变高度桁架形式,桁高由跨中10 m过渡到支座处8 m;桥梁跨径为75 m,主桁中心距为10.75 m;出于景观需要,采用偶数节间,跨中节间距为6.4 m,支座处变为6.325 m。其总体布置情况如图1-1所示(图中标高单位为m,尺寸单位为mm,全书尺寸数据未标注单位的,均同此图),接触网改造高度6.2 m,安全距离大于0.5 m。

主要杆件材料均采用Q345qD钢材,上下弦杆、端横梁、边弦杆及边横撑均为矩形截面,其余位置斜腹杆、直腹杆、小纵梁以及上平联为"工"字截面。桥面系荷载通过混凝土桥面板传至纵横梁,并最终由横梁传至桁架杆件。全桥共设置13道横梁,其中两道为边横梁,其余均为普通横梁,位置对应各弦杆与主桁节点布设,如图1-2所示。

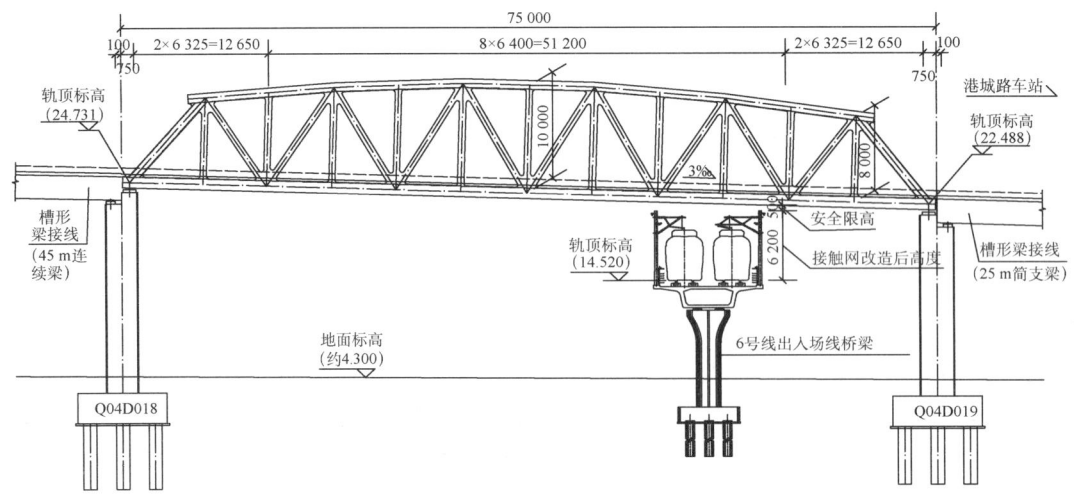

图 1-1　桁架方案总体布置(立面)

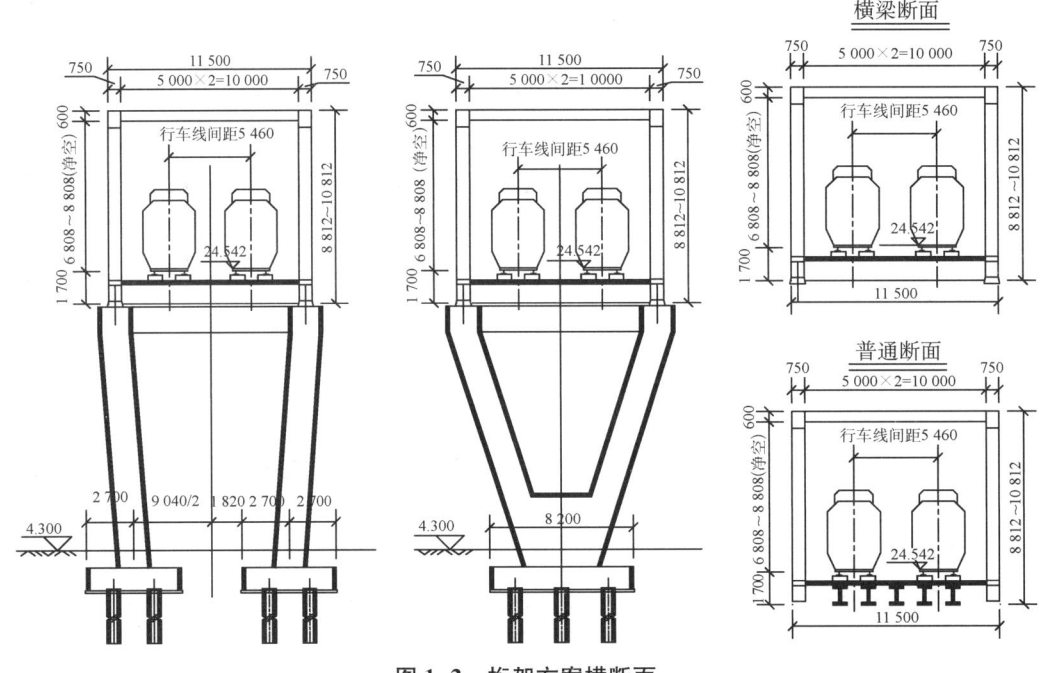

图 1-2　桁架方案横断面

施工采用顶推施工,具体工序依次为:6号线东侧设置拼装和顶推平台→拼装钢桁架及横向联系→将钢结构顶推到位→铺设预制桥面板→浇筑现浇带→轨道结构等施工。

2. 双边箱槽形梁方案

采用预应力混凝土连续槽形梁结构,跨径布置为(40+75+40)m,中支点高7 m,跨中高4.5 m;槽形梁总宽13.96 m,边箱宽2.1 m,内侧净宽9.76 m;道床板厚65 cm,腹板厚30~40 cm,顶板厚50 cm。全桥在支点处设隔墙,共4处。总体布置及断面如图1-3所示,接触网改造高度6.2 m,安全距离大于1 m。采用双边箱断面,能有效增加截面整体抗扭刚度;同时纵向预应力均可于箱内锚固,避免梁外开槽或设齿块,如图1-4所示。

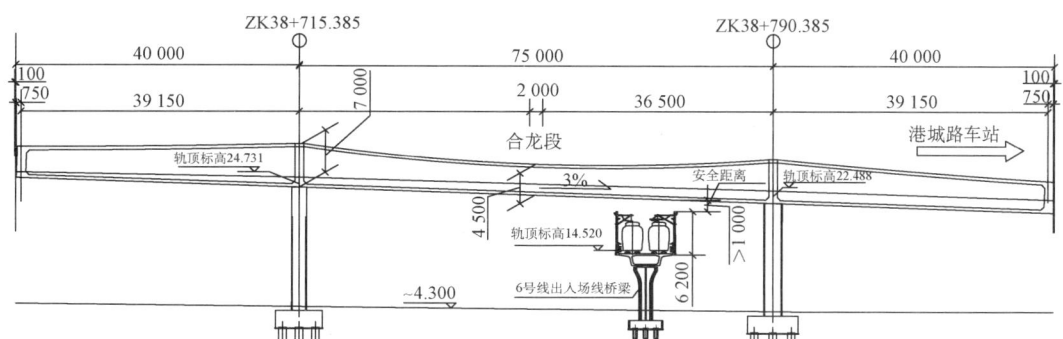

图1-3 双边箱槽形梁方案总体布置(立面)

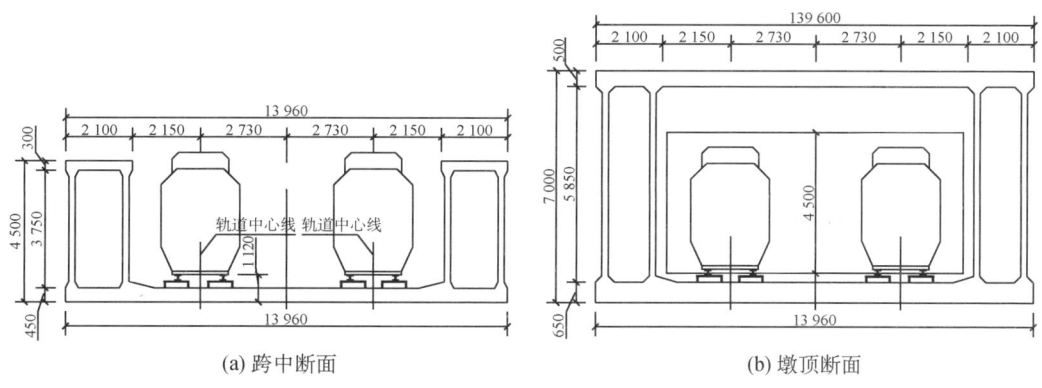

图1-4 双边箱槽形梁方案横断面

施工同样采用顶推施工,具体工序依次为:6号线东、西侧设置现浇和顶推平台→三跨梁分两段分别在东、西侧满堂支架现浇→利用无水平力顶推滑移系统滑移混凝土梁→浇筑合龙段,拆除滑移支架→轨道结构等施工。

3. U+箱连续梁方案

采用变高度预应力混凝土连续梁,跨径布置为(40+75+40)m,中支点高5.5 m,跨中高1.95 m,桥宽11.44 m。横断面采用箱形、U形断面组合截面形式。截面上部仍采用槽形,截面下部由跨中段U形截面底板加厚逐渐过渡为变高度的箱形截面。中墩支点往中、边跨两侧16 m范围为箱体结构,单箱双室;其余部分为U形梁结构。底板厚40 cm,腹板厚度25~40 cm。总体布置及断面如图1-5所示,接触网改造高度5.9 m,安全距离0.78 m。截面抗扭刚度较大,受力特性较为明确,纵向预应力束大部分可于箱内锚固,避免梁外开槽或设置锯齿块,外观效果好,而且梁体上翼缘齐平,不影响触网立柱布置。

施工采用节段预制拼装方案,标准节段3~3.5 m,现浇段为中墩两侧7 m范围内(图1-6)。根据现场场地条件限制,采用桥面吊机吊装预制节段梁,在墩顶设置提梁区,地面上吊机提升至墩顶后用运输小车运输至桥面吊机后侧,全回转桥面吊机回转至后方提梁,再转到前方安装。

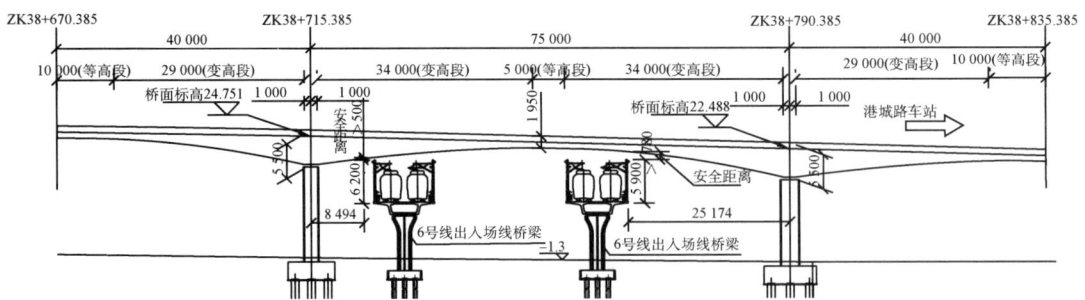

图 1-5　U+箱连续梁方案总体布置(立面)

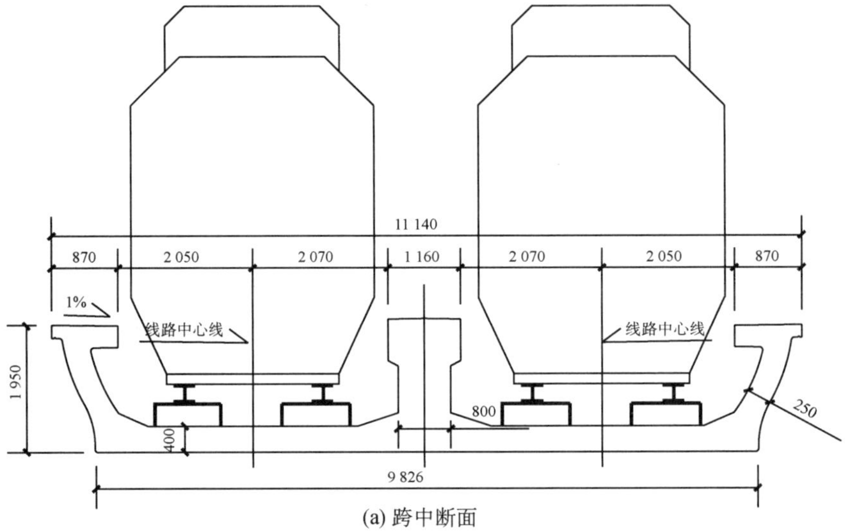

(a) 跨中断面

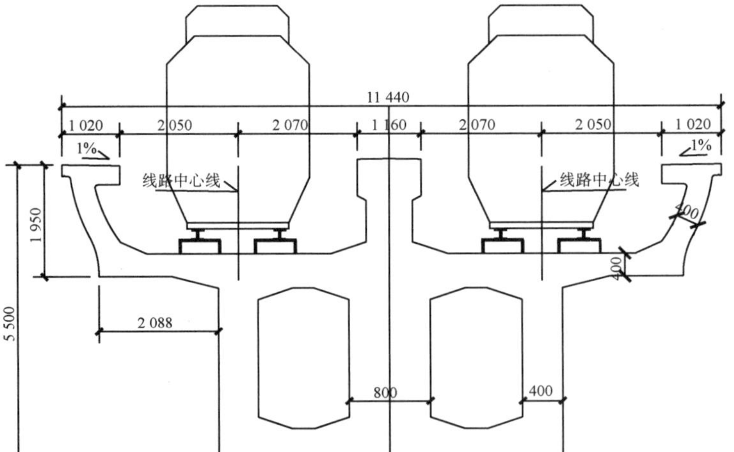

(b) 墩顶断面

图 1-6　U+箱连续梁方案横断面

4. 方案比选结果

方案比选如表 1-1 所示。

表 1-1 跨 6 号线出入场线桥梁方案比选

内容		桁架方案	双边箱槽形梁方案	U+箱连续梁方案
跨径布置		75 m	(40+75+40)m	(40+75+40)m
方案概况		采用变高度桁架形式,桁高由跨中 10 m 过渡到支座处 8 m;主桁中心距为 10.75 m,总宽 11.5 m;跨中节间距为 6.4 m,支座处变为 6.325 m	采用预应力混凝土连续槽形梁结构,中支点高 7 m,跨中高 4.5 m;槽形梁总宽 13.96 m,边箱宽 2.1 m;道床板厚 65 cm,腹板厚 30~40 cm,顶板厚 50 cm	采用变高度预应力混凝土连续梁,宽度 11.44 m,中支点高 5.5 m,跨中高 1.95 m。中墩支点往中、边跨两侧 16 m 范围为箱体结构,单箱双室,箱体顶板以上部分与 U 形梁截面保持一致,底板厚 40 cm
技术难度及可行性		国内外已建许多同类型桥,技术成熟	类似结构少,技术难度大	迪拜已有建成案例
施工	施工方法	顶推施工	顶推施工	节段预制拼装
	施工难度	一跨顶推,顶推长度 75 m,基本位于直线段,顶推重量约 850 t,施工难度较小	三跨分两部分顶推,顶推到位后中跨现浇合龙。每部分顶推长度 81.4 m,顶推重量 4 488 t,港城路车站侧顶推段位于曲线段,施工难度较大	中墩两侧现浇段 7 m,采用满堂支架施工;标准节段 3~3.5 m,节段重约 100 t,采用桥面吊机进行节段拼装,节段施工可利用 6 号线夜间空窗期,施工难度较小
总造价		2 021 万元(包含两侧 45 m U 形梁)	2 684 万元	2 171 万元
控制条件		6 号线接触网改造高度 6.2 m,施工安全净距 0.5 m	6 号线接触网改造高度 6.2 m,施工安全净距 1.0 m	6 号线接触网改造高度 5.9 m,施工安全净距 0.78 m
养护维修难易		钢结构须定期养护,养护工作量较大	预应力混凝土结构养护工作量小	预应力混凝土结构养护工作量小
景观效果		主梁视野通透,桁架高度大,墩顶处与两侧 U 形梁协调性差	主梁体量大,视觉压抑,景观效果差	梁高低,与两侧 U 形梁协调,景观效果好
综合评述		设计施工技术成熟,景观效果一般,总造价低,养护工作量大	施工难度较大,景观效果差,总造价高,养护工作量小	施工难度小,景观效果好,总造价居中,养护工作量小

综合比选各方因素,最终采用 U+箱连续梁方案。

1.3 U+箱连续梁方案结构设计

全桥纵立面如图1-7所示。

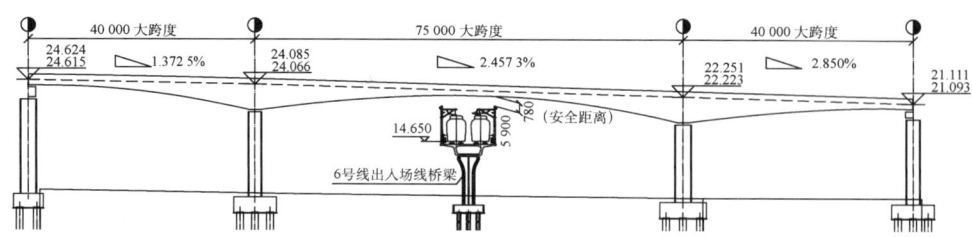

图1-7 桥梁纵立面

主梁共计有40个块段,除了0#块与合龙段为现浇外,其余块均为预制节段。设计以0#块为中心,在边跨内设置了10只预制块段,中跨内设置了18只预制块段,块段长度有3.5 m、3.0 m、2.9 m、2.5 m、2.33 m五种,各块段重量56.2～108.9 t,结构高度2.25～4.115 m。节段重量及截面如图1-8～图1-11所示。

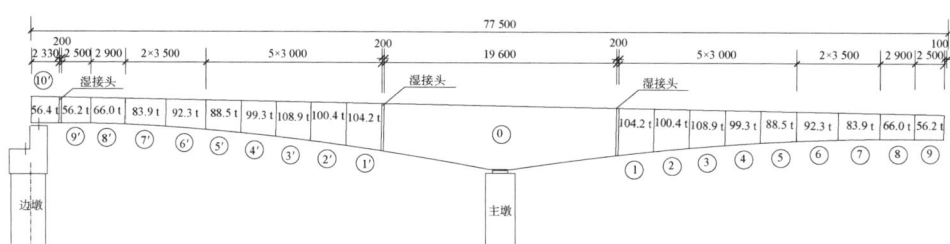

图1-8 连续梁节段划分示意(1/2跨)

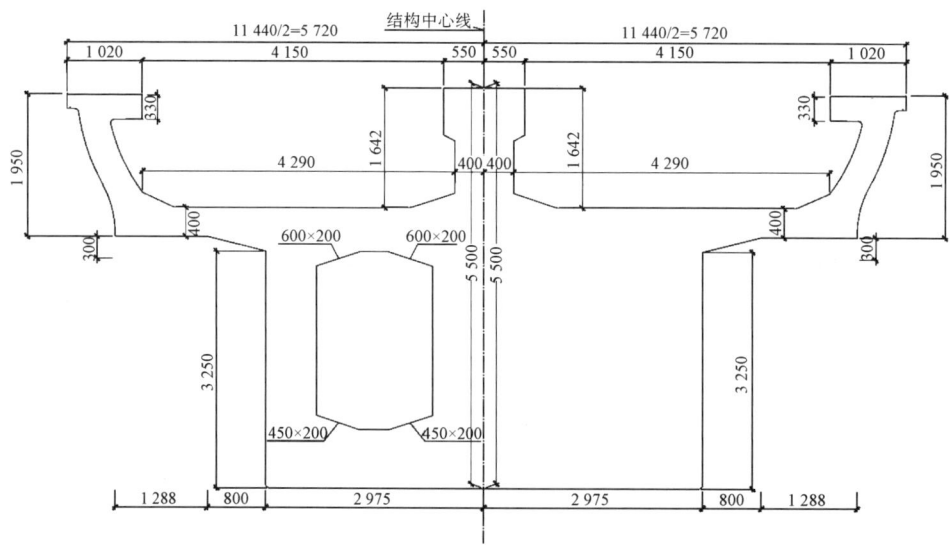

图1-9 0#块横断面

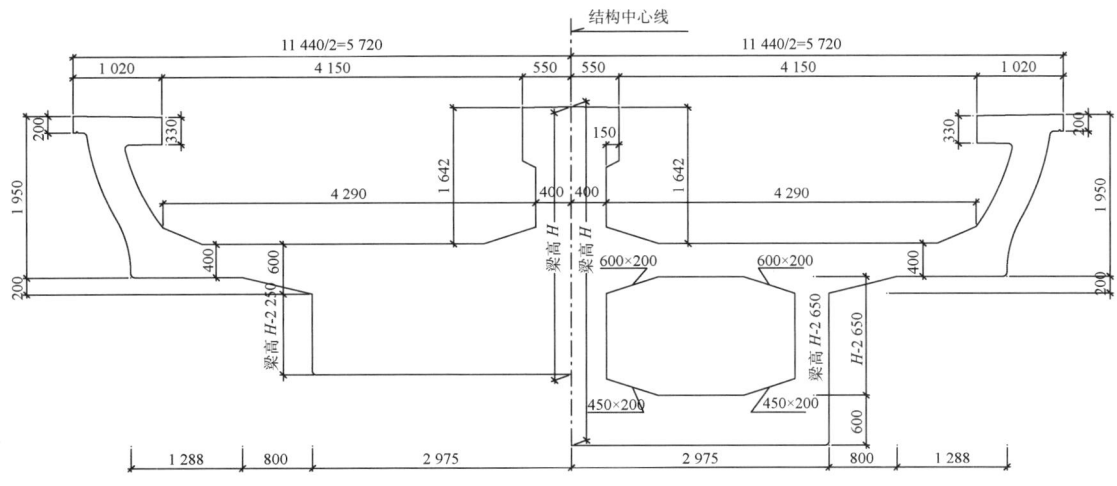

图 1-10 4#~9#/1#~3# 块横断面

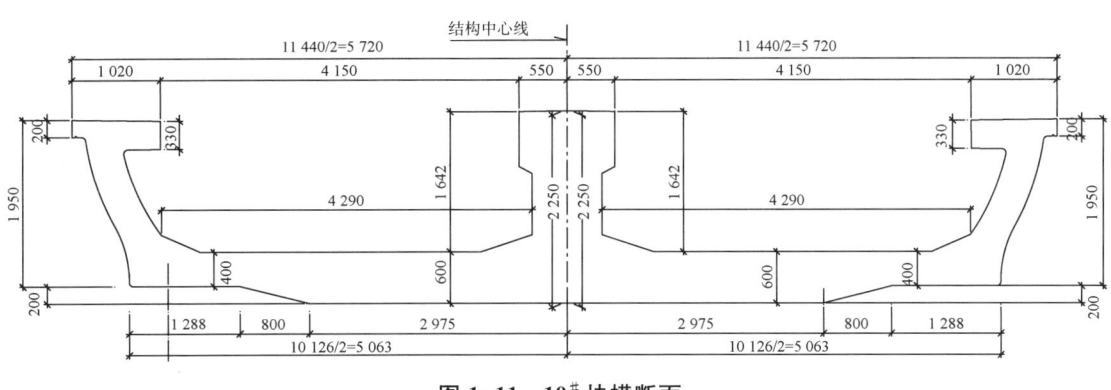

图 1-11 10# 块横断面

根据设计方案,节段采用工厂预制、现场拼装的方式施工。由于桥梁下方为运营的轨道交通 6 号线高架结构,拼装期间需保证线路的正常运营,因此合适的拼装方法成为本工程实施的关键。

1.4 国内外研究现状

伴随着桥梁技术的进步,为满足城市轨道交通环境的要求,一些新型的桥梁结构形式不断得到发展,节段梁预制架设技术、跨座式单轨曲梁现浇技术、U 形梁预制架设技术等桥梁技术相继出现并得到广泛应用[4]。

1.4.1 U 形梁施工工艺

U 形梁最早应用于 1952 年的英国罗什尔汉桥中,后来逐渐应用在日本、德国等国的铁路和桥梁结构中。U 形梁与传统的 T 形梁、箱梁相比较,可以很大程度上降低线路高度和结构高度,降低城市轨道交通的工程造价,解决城市轨道交通经常遇到的净空高度过小的问题。同时，在施工或者是行车过程中出现地震等自然灾害时，U形梁可以提供安全保证，这是普通箱梁结构所没有的功能[5]。在国内，简支 U 形梁自 2009 年首次成功应用于上海轨道交通 8 号线后，其应用日益广泛，设计、预制、运输、安装等技术也得到了快速发展[6]。简支 U 形梁通常采用工厂预制、现场吊装的施工工艺，其吊装设备从早期的龙门吊、汽车吊逐渐过渡到架桥机，特别是在长距离的 U 形梁安装中，架桥机架设已经成为主流安装方法。

倪军[7]优化了一种高架轨道 U 形梁起吊装置（大、小平衡梁），通过对平衡梁重要部位进行详细的结构受力分析、计算和校核，确保平衡梁满足强度和稳定性要求；并设计了一种高架轨道 U 形梁临时支座和三维液压扁平千斤顶装置，通过对临时支座重要部位进行受力分析、计算和校核，确保能够满足施工要求。

孙九春[8]从运梁小车、架桥机的设计，架桥机架设工艺，架桥机架梁工艺等方面，对 U 形梁架桥机架设的关键技术进行了系统性的研究，证明其较之双机抬吊或龙门吊施工经济效益更明显。

王建忠[9]通过对传统的架桥机及运梁小车进行深化设计，证明了选用合理的架梁工艺时 U 形梁架桥机架设方案的安全可行性，且此工艺特别适用于线路长、周边环境复杂的 U 形梁安装。

忽慧涛等[10]利用有限元程序，以上海某轨道交通 U 形梁运架施工为例，计算得到了架桥机架梁工艺下 U 形梁最不利受力阶段。

孙启迪[11]对比了架桥机、履带吊、门式起重机三种 U 形梁的架梁工艺，提出架梁方式的选择方法。

南京至高淳城际快速轨道 TA03 标段工程[12]上部主梁采用单线两片 30 m U 形简支梁，采用"定点上梁，梁上运梁，桥机架梁，自行跨孔"的架桥机运架施工方案。在线路的指定地点设 4 个 U 形梁提梁站。U 形梁运输至提梁站后，轮轨式运梁车在桥面停靠待命，并采用 2 台门式起重机将 U 形梁卸载并安装在轮轨式运梁车上，由运梁车将 U 形梁运至架桥机后方，架桥机进行架设。

上海市轨道交通 8 号线三期工程[13]中上部结构为预制简支 U 形梁，采用模块车架梁的施工方法，通过履带吊双机抬吊上梁，模块车纵横移动配合悬挂升降将 U 形梁整跨吊装就位。

轨道交通区间线路中标准跨径桥梁已经广泛应用了简支 U 形梁，但是对于连续梁桥，仍然以箱梁为主。由于箱梁的外观与 U 形梁相差较大，连续箱梁桥与线路中的简支 U 形梁在景观形式上不协调统一，因此极少数连续梁桥采用 U+箱形梁的截面形式。

上海市轨道交通 17 号线工程[14,15]中三跨一联连续梁桥主梁为 U+箱梁截面，采用预制节段拼装的施工方法，由低位运梁车运梁至场内，利用针对梁式结构研发的 CQ120 型高支腿桅杆式起重机进行悬臂拼装。天津轨道交通 Z4 线一期工程[16]中连续梁桥上部结构采用 U+箱形截面，共 12 联，预制节段梁数量共 328 块。节段梁在梁场预制完成后，采用运梁车运至吊装点，采用吊机进行吊装。

对于本工程采用的 U+箱连续梁桥，受周边环境限制，目前的拼装方法均不具有可行性。

1.4.2　混凝土梁式桥预制节段悬臂拼装施工方法

在混凝土梁式桥中，节段预制拼装技术是满足工厂化、标准化和快速化的制造工艺。混凝土梁的拼装施工工艺主要分逐跨拼装和悬臂拼装两种,其中逐跨拼装一般适用于 30～50 m 的多跨简支或连续梁桥。

悬臂拼装法是指通过拼装设备平衡地逐段向跨中悬臂拼装预制节段、逐段施加预应力的施工方法,施工内容包括节段的预制、运输、拼装及合龙[17],如图 1-12 所示。预应力混凝土桥梁悬臂拼装节段的长度主要取决于悬拼设备的起重能力,一般在悬臂根部,因节段梁体较高、自重大,可将节段分短,随悬臂伸展可将节段加长[18]。

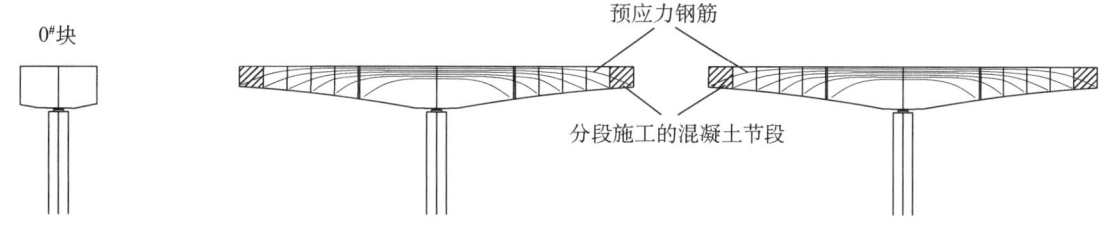

图 1-12 悬臂施工法示意

混凝土梁桥的预制节段悬臂拼装设备主要包括悬拼吊机和架桥机,极少数采用汽车吊或履带吊,主要根据预制节段桥下的空间利用情况选择。当桥下空间可充分使用、预制节段能够运至桥梁下方时,采用桥面吊机直接吊运到位安装是比较经济合理的方法。若不具备上述条件,可采用架桥机安装节段。

广州市轨道交通 4 号线黄阁至冲尾站段[19]中三跨一联连续梁桥采用预制节段拼装施工的施工方法,除 0# 块和合龙段现浇外,其他标准预制节段在梁场预制好后运至桥位进行吊装,采用 4 台悬拼吊机完成架设,节段间采用胶接缝拼装。

郑州市东四环项目主线部分第二联[20]的主梁主体采用节段预制拼装,共分 11 个悬臂拼装节段,1～8 号节段为变截面箱梁,9～11 号节段为等截面箱梁,采用 TJ100 型桥面吊机进行现场架设作业。

新建连徐高速铁路大许特大桥[21]采用节段预制拼装的施工技术。截面采用单箱单室的箱梁截面,悬臂拼装采用龙门架提梁的架设方法。龙门架具有节段梁调位功能,节段梁可以在平面上横移、纵移、旋转。

上海长江隧桥 B6 标段[22]为 60 m 跨连续梁,采用预制节段悬臂拼装施工。考虑到本标段范围水域水深较浅,无法停靠大吨位船舶,工程上部结构选用两台 SDL60 型架桥机进行节段梁拼装。架桥机全长 150 m,2 个中支腿分别架设在当前跨的两墩顶,前支腿支撑在安装跨前一桥墩的托架上,后支腿支撑在后方中支腿边跨的 1# 块处。在深水区设提梁门吊,将节段梁垂直提升至桥面,然后由运梁车在已拼装好的桥面上进行运梁及拼装。

芜湖长江公路二桥引桥段[23]上部结构形式采用节段预制拼装箱梁,30 m、40 m、55 m 桥跨结构均采用架桥机以逐跨拼装的施工方式架设,并在国内首次采用了下行式架桥机架设节段梁。架桥机主桁前支腿支撑在超前墩墩顶;前部中支腿支撑在前墩墩顶,中部和后部中支腿支撑在当前跨的两墩顶,通过墩旁托架支撑;后支腿架设在后墩墩顶。下行式架桥机走行与上行式架桥机相似,其利用液压走行系统顶进架桥机主桁,实现自动走行,能够很好地解决墩顶块安装的难题。

连云港至徐州铁路东海特大桥(32+48+32)m 无砟轨道预应力混凝土连续梁[24]采用了节段预制胶拼法建造。经过多次现场踏勘和方案研讨,选用短线法预制、满跨上行式架桥机逐节段拼装,进行双 T 构同步悬臂胶拼施工。架桥机的前后支腿架设在边墩墩顶并设有墩旁托架,2 个中支腿架设在中墩墩顶处,同时在尾部设辅助托架以便提梁。满跨上行式架桥机避免了顶推移动,提高了施工功效,降低了安全风险。

由于混凝土的抗压能力远超抗拉能力,因此当采用架桥机进行悬臂拼装时,架桥机支腿一般支撑于桥梁墩顶或墩旁托架上。

1.4.3 悬臂拼装架桥机计算

在预制节段拼装工艺中,步履式架桥机已成为施工的主导装备[25,26]。步履式架桥机可适用于现场条件较恶劣的情况,同时也能承受较大的载荷,但其操作难度大[27]。步履式架桥机由运架梁机和下导梁机两部分组成[28-30]。其工作原理为:运架梁机从制梁场取梁,并吊运混凝土箱梁至架桥工地,与下导梁机配合,将混凝土箱梁落放在桥墩上。下导梁机为承载梁,与运架梁机配合进行架桥。架桥作业完成后,下导梁机自行将其支腿变换位置,以便进行下一个架桥循环作业。其显著特点为:该机充分利用其结构和运行机理上的特点及与运架分离的架桥施工设备在高度和宽度等外形尺寸上的优势,能够吊运大吨位节段[31],且受桥下空间限制较小[32]。

为了保证架桥机在施工过程中的安全可靠,用有限元法对架桥机结构进行强度和刚度分析是非常必要的[33]。可以对架桥机在工作过程中出现的各种情况进行理论分析和数值模拟,准确、直观地得到各部分的应力应变等受力情况,且分析结果较常规的解析法更为准确、可靠。

黄玉新[34]以香港东部岛走廊高架桥 LG40 架桥机为研究对象,对 LG40 架桥机主桁架典型工况下的强度、刚度、稳定性和模态进行仿真分析,对架桥机在纵向移动过程中出现的最大悬臂工况进行抗倾覆验算,并依据计算结果对结构进行优化和改进,从而达到缩短工期、节约成本的目的。

李远[35]对某工程中使用的 450 t 架桥机进行有限元仿真计算,选取结构受力和变形最大的工况对模型进行静力分析,找出对应的应力集中区域和位移最大位置进行验算,并针对前支腿立柱,利用应力强度干涉理论与蒙特卡罗模拟方法,借助编程软件进行可靠度分析。

陈士通等[36]以 SXJ900/32 型架桥机为研究对象,基于作业过程中的典型工况,利用主梁挠度影响线的曲率曲线对架桥机主桁梁受力进行分析,根据结果进行主梁损伤识别、影响因素和损伤程度量化分析。

除此之外,高空作业的大型架桥机属于高、细、长的柔性工程结构,在风荷载作用下会产生较大的响应,有可能导致风灾,因此其抗风设计也不容忽视[37]。

张建超等[38]从风荷载的特性分析入手,利用 ANSYS 软件的谱分析技术分析研究了顺风向脉动风荷载作用下移动模架造桥机挂架系统的风振响应特征,但没有考虑横向风效应。

曾耀[39]对珠江黄埔大桥施工中使用的 MSS62.5 上行式移动模架造桥机进行了平均风和脉动风效应的有限元计算,并进行了风洞试验,根据试验结果评价了造桥机抗风性能,提出了相应的抗风建议,但模拟中对静力三分力系数考虑不足,理论值与实际测验值差异较大。

钟竹平和蒙永清[40]基于五峰山大桥项目中使用的 TP40 节拼架桥机,进行了十级风效应下支腿和立柱的稳定性分析以及天车的抗风稳定性分析,但并未考虑脉动风效应对结构产生的振动。

架桥机一般为两跨三支点超静定结构体系,天车携带梁体运行至不同位置时,主桁梁及支腿的受力有所不同,即架桥机构件的最不利受力工况与天车荷载的布载方式、位置密切相关,目前未见有相关文献述及。

大型架桥机的抗风设计虽然已有一定的成果,但部分研究仍存在考虑不足之处,未考虑架桥机振动对结构的影响,架桥机在强风下的抗风性能还需要展开深入和详细的研究。

另外,由于架桥机支腿支撑于墩顶,架桥机的计算分析一般不涉及下方的桥梁结构,不考虑桥梁变形对桥机的影响,因此二者是完全解耦的。

1.4.4 悬臂拼装架桥机过孔技术

无论是预制节段的整跨拼装还是悬臂拼装工艺,架桥机支腿一般支撑于墩顶结构上,节段拼装完成后,架桥机通过支腿倒换采用步履式过孔[41, 42]。在不同的工程应用中,虽然步履式节段拼装架桥机的结构设计略有不同,但是过孔的思路基本一致[43-45],即在最前端支腿悬吊并锁定于架桥机主梁端头,天车在架桥机主梁最后方配重以保持整机平衡,架桥机主梁向前顶推直至该支腿能够固定于下一跨墩顶[46]。

当架梁机经过大跨度桥梁时,应采取措施避免桥跨承受过大的跨中荷载,保证架梁施工中结构的安全。目前最常用的方法是,采用有限元软件对架梁机过孔工况进行模拟,对结构应力进行验算后加强结构[47-49]。

吴占东[50]在大西高速铁路晋陕黄河特大桥节段拼装施工过程中,提出了架桥机过孔的施工工艺:桥机整体卸载→前导梁辅助支腿支撑于超前墩、后导梁辅助支腿支撑于后主墩→导出后主支腿墩旁托架于超前墩上→顶推桥机纵移至超前墩位置调整桥机姿态。

李华[51]结合郑阜客运专线周淮特大桥专门研制了一套(40+56+40) m 连续梁节段胶接拼装造桥机,包括纵移过孔装置,采用液压迈步式走行系统进行桥机整体移位过孔,通过整套液压系统与桥机结构系统组成"顶进→迈步→顶进"的循环步履。在一跨完成架设后,实现架桥机整体纵移过孔,进入下一联连续梁的架设。

王胤彪等[52]在澳门轻轨 C370 标段连续梁的节段拼装施工过程中提出了小半径曲线上的架桥机转弯过孔技术。架桥机的转弯过孔实际上是矩形框架在支撑体系上的平面扭转和纵向位移的交替运动,通过前后支腿的反向错动以扭转主梁框架实现转弯。

宋飞等[53]在上海轨道交通 5 号线南延伸工程高架部分采用两台 DP80 型节段拼装架桥机架设施工,架桥机过孔时中间两支腿托辊机构驱动主梁前移,使前支腿到达前方墩顶支撑,利用天车倒运中间两支腿到支撑位置,脱空前后支腿,再次过孔到架梁位置。

彭向洲[54]在洪都大道高架三跨连续梁桥的逐孔节段拼装关键施工技术中,提出了逐孔节段拼装中架桥机过孔的施工方案,施工步骤包括:推动桥架前移→天车同步后移→前支腿吊至前墩墩顶支撑并锚固→后支腿吊至当前施工完毕墩顶支撑并锚固→推动主梁前移→过孔完成。

由于大悬臂状态下 T 构的承载能力远低于同等跨度下的简支或连续结构,因此架桥机过孔时支腿一般支撑于墩顶或者安装好的桥梁结构上。

1.4.5　连续梁悬臂施工力学状态调整技术

悬臂拼装连续梁桥一般采用对称拼装,即悬臂拼装施工中应保证桥墩两侧平衡受力。如果两侧受力不平衡,应采取措施确保结构安全。

连续梁桥悬臂拼施工中常用边跨压重、墩梁临时固结来处理不平衡荷载。沈丹客运专线本溪枢纽工程太子河特大桥[55]采用体内固结方案,即在墩顶上前后方向设置两条钢筋混凝土临时支座;刘家峡金河湾大桥[56]采用空钢管及型钢组成的临时支墩托架进行加固,同时在 T 构两侧采用水箱加水的形式提供动态平衡。但该方法有明显的局限性:①受到压重块总重量的限制,不适合不对称力较大的情况[57];②压重调整有滞后性,不能适应吊装中跨节段、架梁机过孔等不平衡力大幅度变动的工况[58]。

李谷[59]在怒江二桥的悬臂吊装施工分析中提出了分段吊装一次张拉施工斜拉桥的标高控制方法,分初匹配与精匹配两个阶段,通过调整钢箱梁新、老节段截面间的焊缝和新节段吊索索力相结合的手段,使新节段在安装时其自由端达到理论安装标高,并在该节段对应拉索张拉完毕时达到理论张拉标高。

彭建萍等[60-62]在迫龙沟特大桥(斜拉桥)悬臂拼装施工中,设置反拉压重装置,通过锚固在边跨的拉索对梁体施加向下拉力以达到"压重"的效果。

严永阳[63]在某连续钢桁梁桥的合龙技术研究中提出合龙调整方案,通过用导链设置横向纠偏系统、用压重调整设置竖向顶升系统、用特制顶拉设备设置纵移调整系统,保障施工结构的线型与设计线型维持一致。

大跨度连续梁悬臂施工过程中的 T 构为静定结构,形式比较单一,缺乏类似索结构的力学状态调整手段,悬臂端压重也主要是用于线型控制。

1.4.6　大跨度连续梁桥的合龙与体系转换方法

预应力混凝土连续梁桥悬臂法施工时常见的合龙施工顺序有先边跨后中间跨,或先中间跨再边跨。不同的合龙顺序或合龙束张拉顺序直接影响结构次内力、内力重分布和位移变化的情况,对成桥状况的内力和位移也会产生一定的影响[64]。

周高峰和李晓超[65]在山西中南部铁路通道蔚汾河特大桥的悬臂施工过程中,对该 5 跨连续梁采用先边跨再次边跨最后中跨合龙的施工方案,共三次体系转换。在悬臂端箱梁顶设置铁质水箱作为 T 构两端的平衡配重,合龙口锁定采用劲性骨架,合龙段劲性骨架采用焊接的办法与悬臂两端固接。

戴公连等[66]在南平至龙岩铁路线上某双线预应力混凝土连续箱梁桥的悬臂施工过程中,基于成桥累计位移对不同跨度的连续梁的不同合龙方案进行了计算分析,考虑工程特点,优先选用先边跨后中跨的合龙方案,该方案合龙前悬臂端挠度小,利于线型控制,且成桥阶段累计位移更小。

刘祥基等[67]在庐陵大桥悬臂浇筑的施工过程中对 8 种合龙方案进行计算和对比,结果显示合龙顺序和体系转换时机不一样,会导致合龙后预应力钢束、混凝土收缩、徐变产生的次内力不同,对成桥线型也有一定影响。

杨进[68]在沙河大桥悬臂浇筑的施工过程中对单向依次合龙、先边跨后中跨或先中跨后边跨合龙、同时合龙的不同方案进行对比分析,最终采用先边跨后中跨的方案,并提出了具体的控制技术,包括合龙温度的拟定、配重的选择以及悬臂段两侧顶部临时荷载重量的选择等,确保了结构受力合理,较好地控制了梁体的内力和线型。

卫敏等[69]在新建郑万高铁梅溪河连续梁桥的悬臂浇筑施工过程中,采用外刚性支撑和张拉临时钢束相结合的方式对合龙段进行临时锁定结构优化,并建立三维有限元计算模型验证结构的安全性和可行性,保证大桥顺利合龙。

目前关于连续梁桥在悬臂施工过程中的合龙方案及体系转换的研究,主要是基于主梁为箱形截面的连续梁桥。而本工程采用U+箱形截面,该截面相比一般的箱形截面,其截面形心比较低,预应力的作用点比较高,施工期间截面的应力状态与运营阶段所需要的应力状态差异较大。一般悬臂施工过程中的合龙和体系转换方法不完全适用,因此还需要根据实际施工步骤和结构受力进行优化,提出适配于U+箱梁的合龙与体系转换控制技术。

1.5 主要创新点

节点桥采用(40+75+40)m三跨变截面"U+箱形"连续梁桥,周边环境复杂,地下管线密集,跨越运营中的轨道交通6号线,仅边跨侧具备起吊条件,传统的悬臂拼装法无法应用。为此,创造性地提出了低影响模式下大跨度U+箱连续梁架桥机单T构悬臂拼装技术,主要成果有以下几个方面。

(1) 大跨度连续梁架桥机单T构悬臂拼装工艺。

在大跨度连续梁的悬臂拼装中,架桥机的三个支腿需支撑于桥墩上,架桥机规模大、适应性差。针对超复杂工况下传统悬臂拼装施工方法的不足,创造性地研发了大跨度连续梁架桥机单T构悬臂拼装施工工艺。架桥机利用已拼好的梁体和两个桥墩即可完成单个T构的施工,创新了低影响模式下跨越既有运营高架线路的大跨度预制节段混凝土梁悬臂拼装施工工艺,大大减小了拼装施工对轨道交通运营的影响。

(2) 大跨度U+箱连续梁单T构悬臂拼装设备。

根据单T构悬臂拼装工艺,研制了一套与U+箱形截面相匹配的架桥机、可调移动式防护平台和自动跟随式张拉吊篮。通过支腿的特殊设计实现了架桥机的三维姿态调整,满足了U+箱形截面以及桥梁平曲线与竖曲线的安装要求;防护平台的多功能设计既适应了复杂的空间条件限制,又满足了轨道交通运营线路的安全防护要求。

(3) 悬臂拼装设备大跨度T构悬臂过孔技术。

拼装完一侧T构后,悬拼设备需移至另一侧T构架设,但现场不具备架桥机和防护棚解体条件,同时T构的承载能力也无法满足悬拼设备过孔要求。

为此,研发了悬臂拼装设备大跨度T构悬臂过孔技术,运用局部拆解与整体过孔相结合的方法,通过架桥机天车携带防护棚过孔,同时利用主/被动控制技术克服T构承载能力不足的问题,实现了400 t悬拼设备的空中大挪移。

(4) 大跨度连续梁T构力学状态的主/被动控制技术。

在传统的架梁中,架桥机支腿支撑于桥墩位置,T构梁体仅受自重和施工活荷载作用。但当架桥机支腿支撑于已拼梁体上时,T构力学状态随着节段架设、架桥机移动等工况的变化而大幅波动,导致体系可能出现倾覆或者结构应力超标。

为此,基于"冗余控制"理念,提出了 T 构力学状态的主/被动控制技术:基于 T 构两侧抗拉束加载与卸载的平衡力矩宽幅调整、轴力伺服系统的 T 构力学状态精准调整、桥-机耦合效应的支腿反力按需调整等主动控制技术,以及预加应力的桥面结构安全控制技术,引入被动控制技术——基于极限安全的抗压柱设置、基于随动受力的平衡重设置。该技术有效地解决了施工过程中结构体系的安全问题,即使主动控制技术失效,T 构仍然不倾覆,不影响轨道交通的运营安全。

(5) 基于桥-机耦合效应的悬臂拼装施工全过程分析方法。

由于架桥机的一个支腿支撑于 T 构梁体上,架桥机与 T 构之间的力学状态是耦合的;在整个架梁过程中,架桥机主桁梁的跨度、架桥机在 T 构上的支撑位置、两台天车的荷载大小与分布位置都在不断发生变化,因此架桥机与 T 构的力学状态具有时变性。

针对架桥机单 T 构悬臂拼装过程中力学状态的耦合性、时变性,提出了基于桥-机耦合效应的悬臂拼装施工全过程分析方法。根据拼装工艺,将整个施工过程拆分为系列工况,把施工期间的桥梁结构和架桥机作为一个整体,建立不同施工阶段、具有耦合效应的桥-机体系分析模型,通过自定义车辆荷载,在架桥机两榀主桁梁间引入虚拟横梁与虚拟车道,利用影响线加载方法获得移动天车荷载下耦合体系中各个构件在最不利工况下的力学包络效应。该方法可以涵盖天车移动中的所有工况,防止遗漏某些危险工况、最不利工况。与传统计算方法相比,该方法大大提高了复杂受力体系计算的可靠性。

针对施工期间可能遇到的台风期,首创了考虑抖振效应的风致荷载下架桥机与 T 构力学状态一体化分析方法,揭示了强脉动风效应下架桥机支腿脱空的风险性。

(6) 大跨度 U+箱连续梁合龙与体系转换精准控制技术。

不同于箱形截面,节点桥采用的 U+箱形截面在施工期间的应力状态与运营阶段所需要的应力状态差异较大,必须进行应力状态的调整以满足运营要求。为此,提出了堆载预压与二期恒载等效相结合的方法,实现了体系转换过程中结构力学状态的精准控制,既能满足 U 形梁的应力控制要求,又能满足铺设轨道的标高控制要求。

针对大跨度连续梁架桥机单 T 构悬臂拼装工艺所带来的 T 构力学状态变化大、线型控制难的问题,提出了基于支座转动的合龙偏差调整方法,成功克服了合龙偏差精准控制难以实现的问题。

第 2 章 架桥机单 T 构悬臂拼装方法与设备

2.1 施工方法比选

上海轨道交通 10 号线二期区间在上跨 6 号线高架区间处设置的节点桥,其周边环境极为复杂。该桥的建设场地被 6 号线高架和浅覆土污水箱涵分隔为东、西两部分,其中西侧场地较大,东侧场地整体较为狭长。现场周边环境如图 2-1、图 2-2 所示。

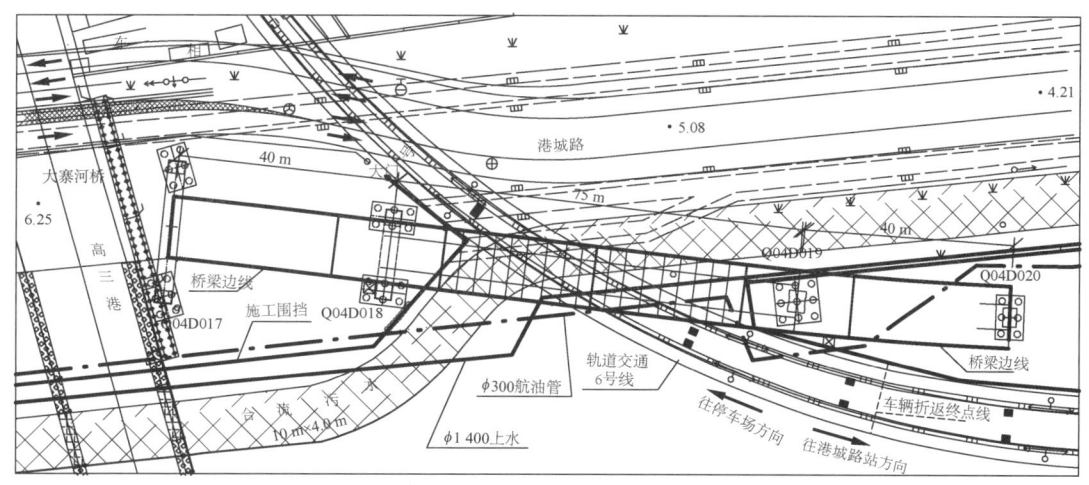

图 2-1 节点桥周边环境平面

图 2-2 节点桥周边环境空间关系示意

节点桥采用变高度预应力混凝土连续梁,跨径布置为(40+75+40)m,中支点高 5.5 m,跨中高 1.95 m,桥宽 11.44 m。横断面采用箱形、U 形断面组合截面形式。设计采用预制节段悬臂拼装方案,标准节段 3~3.5 m,中墩两侧各 7 m 范围 0#块为现浇段。受周边环境限制,节点桥施工方法的选择需考虑以下几点。

(1) 6 号线从节点桥中跨下方斜向穿过,因此中跨所有节段均无法满足垂直起吊的条件,仅边跨侧具备起吊条件。

(2) 场地两侧地下管线密集,包括浅覆土合流污水箱涵、航油管、原水管等,大型设备作业空间受限。

(3) 6 号线接触网线与桥梁侧面最小净距为 1.045 m,接触网立柱柱顶与桥梁底部最小垂直距离仅有 0.598 m,操作空间极小,施工难度较大,如图 2-3 所示。

(4) 既有线路需维持正常运营,安全管控风险高。

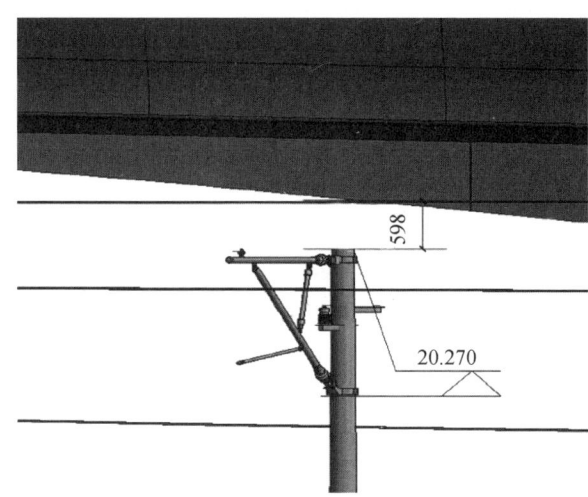

图 2-3 桥梁与接触网立柱关系示意

2.1.1 施工方法比选

1. 支架施工法

支架施工法技术成熟,不需要大型吊装设备,对周边空间要求低。但本工程桥梁底板与 6 号线接触网立柱的最小垂直距离仅 0.598 m,二者之间过于接近,无法搭设合适的支架,因此该方法不具有可行性。

2. 顶推施工法

顶推施工法是在桥跨延长线方向选择合适场地将梁体制作完成后,通过水平液压动力设备,借助特制的滑动装置,将梁体水平移动到设计桥位的施工方法。但由于节点桥两侧分布有河流、杨高北路,不具备梁体制作条件。此外,该桥为大跨度变截面混凝土连续梁桥,顶推前需要搭设部分支撑体系形成等高度的截面,顶推到位后需要在既有线上拆除支架,施工难度大、风险高,因此该方法不具有可行性。

3. 转体施工法

桥梁转体施工法是利用地形或使用简便的支架在桥跨外侧将桥梁分成两个 T 构施工完成，之后以桥墩为轴心将两个 T 构转体到桥位轴线位置，合龙成桥。该方法可因地就宜地安排施工场地，不需要大型吊装设备。但是，本工程周边环境复杂，桥跨外侧受 6 号线与管线限制，无法实施转体现浇，因此转体施工不可行。

4. 悬臂施工法

悬臂施工法根据梁体的形成方法分为悬臂浇筑和悬臂拼装两大类，针对节点桥，基于悬臂施工的基本原理提出了以下几种方法。

(1) 挂篮悬臂浇筑施工。

受空间限制，施工所需的挂篮结构与防护措施无法满足接触网的空间要求，因此悬臂浇筑方法不可行。

(2) 桥面吊机悬臂拼装。

梁体节段在工厂预制，运至现场后，在 T 构两侧设置桥面吊机，两侧逐段对称垂直吊装节段梁。但本工程中跨侧的桥下空间被既有 6 号线占用，中跨节段无法垂直起吊，因此桥面吊机方法不可行。

(3) 桥面吊机与梁上运梁结合的悬臂拼装。

在 T 构两侧设置桥面吊机，桥面上布置运梁车(图 2-4)。中跨侧节段由边跨侧桥面吊机从地面起吊至运梁车上，然后由运梁车转运至中跨侧桥面吊机，再由中跨侧桥面吊机起吊就位，边跨侧节段直接由桥面吊机吊运就位。由于桥面纵坡度达 2.85%，桥面吊机与运梁车移动过程中的风险较大，安全性低，施工难度大。

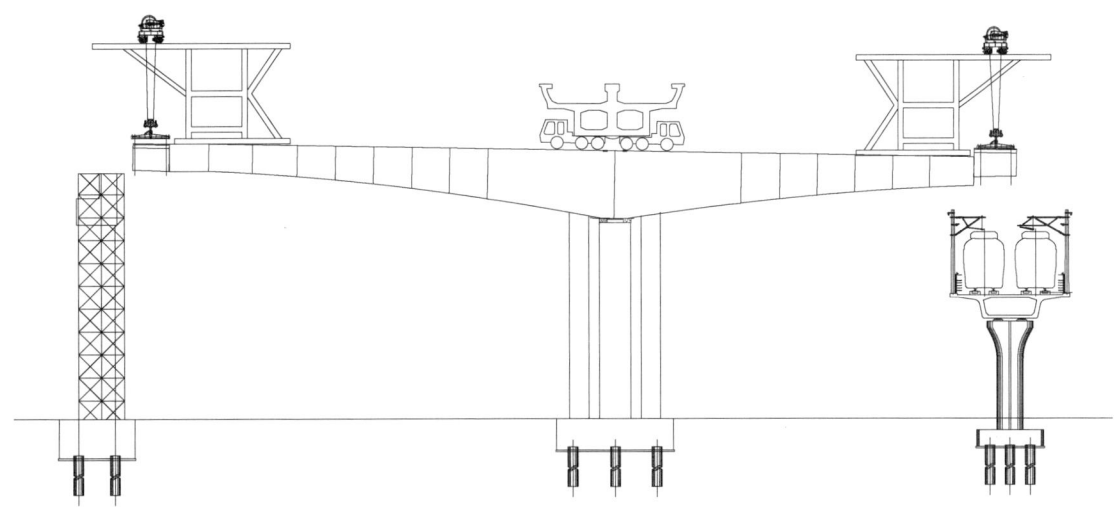

图 2-4　桥面吊机方案示意

(4) 四支点架桥机悬臂拼装。

架桥机通过四支点支撑于 T 构上，两个节段均从具备起梁条件的一侧先后起吊，吊运至另一侧后进行对称安装(图 2-5)。施工过程中，为了确保体系的平衡，四个支腿需要轮番倒换,平衡难度过大,工况相当复杂,安全风险高。

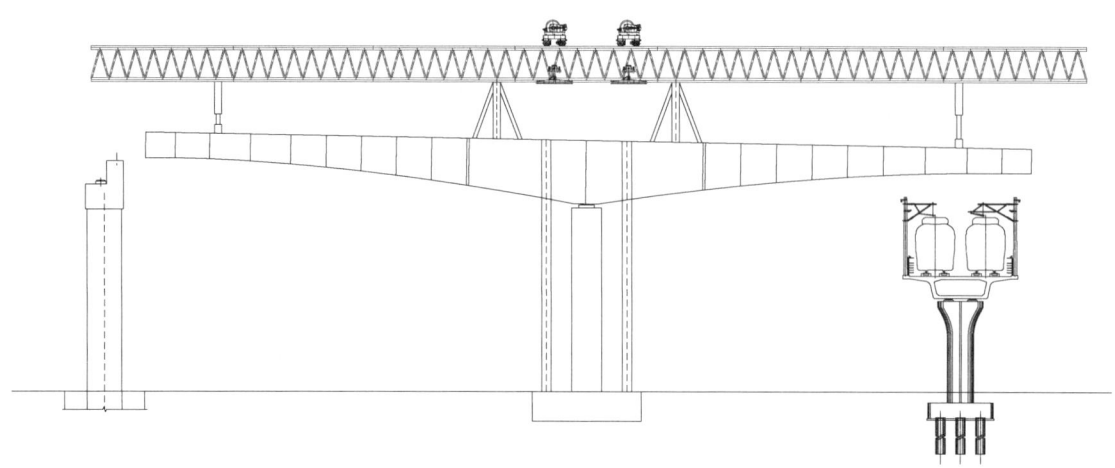

图 2-5　四支点架桥机悬拼方案示意

(5) 架桥机与支墩结合的悬臂拼装。

梁体节段在工厂预制,现场在跨中设置两个高 25 m、跨度 30 m 的钢门墩,架桥机的 1#支腿架立在门墩上,2#支腿架立在 0#块现浇段上,3#支腿架立在边墩上,通过从边跨起吊节段再运输至中跨,实现中跨节段的拼装(图 2-6)。但为了避开下方管线,门墩位置与 6 号线过于近接,导致架桥机与门墩的安装、拆除风险很大,该方法施工难度极大。

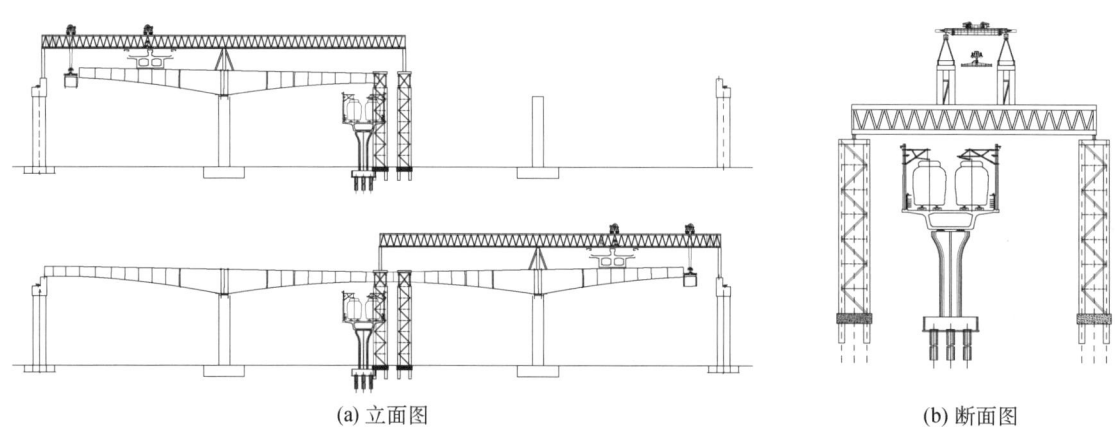

(a) 立面图　　　　　　　　　　　　　　(b) 断面图

图 2-6　架桥机支墩方案示意

(6) 大型架桥机悬臂拼装。

梁体节段在工厂预制,现场架桥机四个支腿分别架立在两个中跨 0#块现浇段及两个边跨桥墩上,采用边跨喂梁的方式对称安装 T 构两侧节段(图 2-7)。该方法施工简单、操作安全,但架桥机规模庞大,安装与拆除非常复杂,且需要两个 T 构均完成后才能实施,现场要求高,造价高昂,施工难度极大。

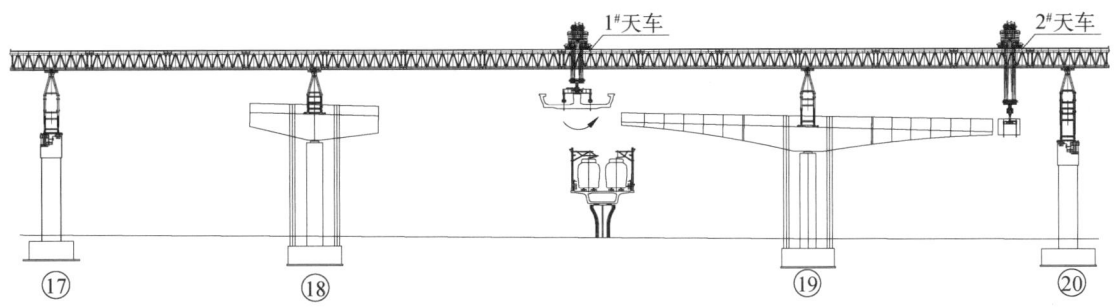

图 2-7 大型架桥机方案示意

2.1.2 架桥机单 T 构悬臂拼装施工方法

针对上述施工难点,通过对施工方法的反复比选优化,创造性地提出了架桥机单 T 构悬臂拼装方法(图 2-8):利用边墩、中墩及已建成的梁体结构形成三个支点来支承架桥机,从边跨起吊节段运至中跨上方安装,每拼装两个节段,架桥机 1# 支腿和主桁梁向前移动一次,2# 支腿和 3# 支腿保持不动。

图 2-8 架桥机单 T 构悬臂拼装 BIM 示意

1. 施工总体安排

本工程东侧施工场地整体较为狭长,场地北面敷设有浅覆土污水箱涵,南面为运营中的轨道交通 6 号线。西侧场地较宽阔,场地空间可以满足大型设备停放要求。如果由西向东施工,则东侧梁体架设完成后污水箱涵与 6 号线之间的区域被分割成两部分,扣除管线的占用空间后,可用空间类似三角形,最宽处仅 7.5 m,无法满足吊车站位需求。因此,6 号线与污水箱涵之间的东侧施工区域只能作为节段安装前的架桥机拼装场地,西侧施工区域作为节段架设后的架桥机拆除场地。因此,总体施工方向为由东向西,架桥机先拼装东侧 T 构,再过孔至西侧 T 构,最后在西侧场地拆除架桥机。

2. 施工步骤

(1) 先施工东侧 T 构 0# 块现浇段与边墩,然后在其上安装架桥机等悬臂拼装设备,利用边墩、中墩、已建成的梁体结构形成三个支点来支承架桥机,从边跨起梁,分别运至中跨与边跨设计位置进行拼装,如图 2-9(a)所示;每拼装两个节段,架桥机 1# 支腿和主桁梁向前移动一次,2# 支腿和 3# 支腿保持不动,逐渐延长 T 构,如图 2-9(b)所示。

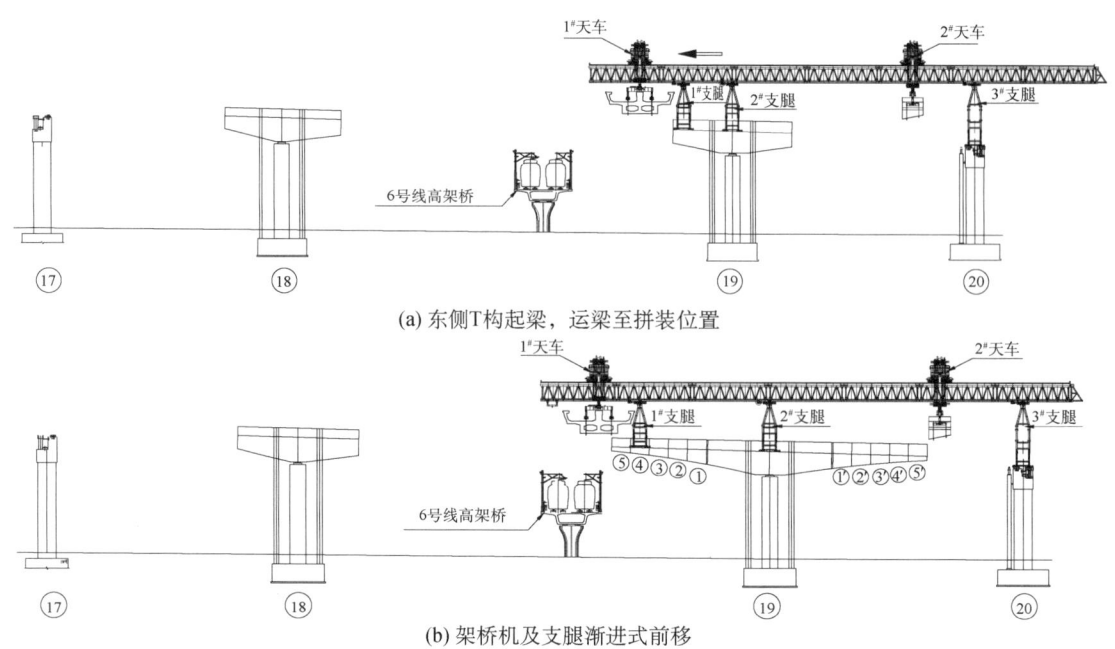

(a) 东侧T构起梁，运梁至拼装位置

(b) 架桥机及支腿渐进式前移

图 2-9　东侧 T 构施工流程示意

（2）待东侧 T 构节段架设完成后，架桥机在边跨未合龙的状态下过孔至西侧 T 构 [图 2-10(a)]，按照相同的工序进行西侧 T 构节段架设 [图 2-10(b)]。

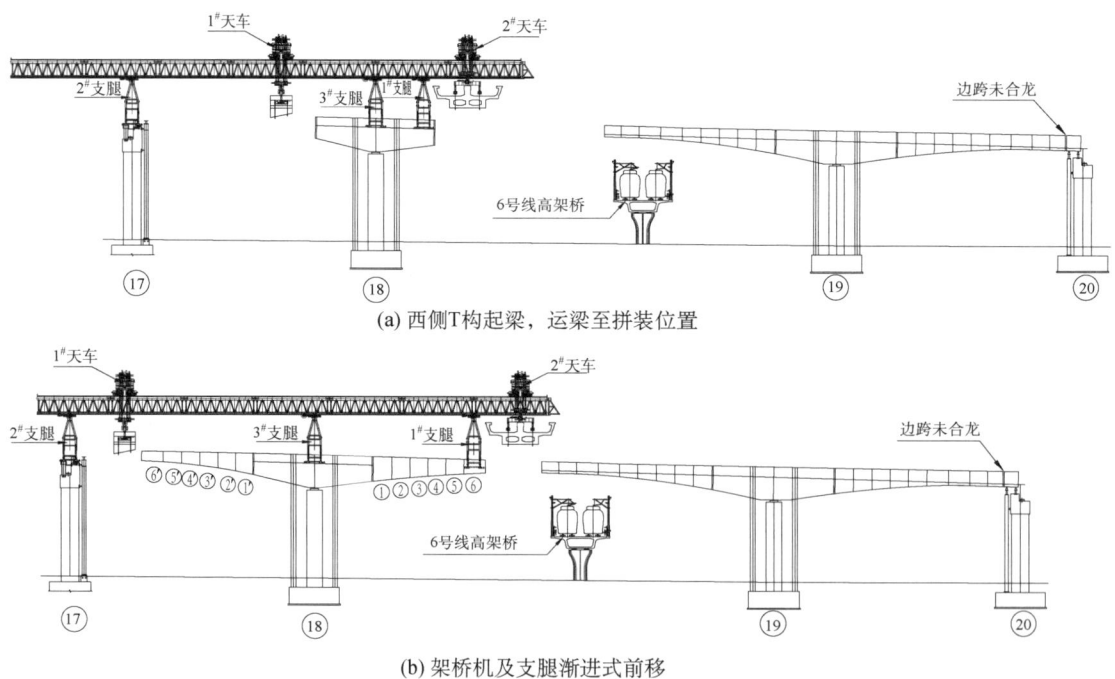

(a) 西侧T构起梁，运梁至拼装位置

(b) 架桥机及支腿渐进式前移

图 2-10　西侧 T 构施工流程示意

（3）待西侧 T 构节段架设完成后，拆除所有的悬臂拼装设备，进行边跨合龙、中跨合龙，如图 2-11 所示。

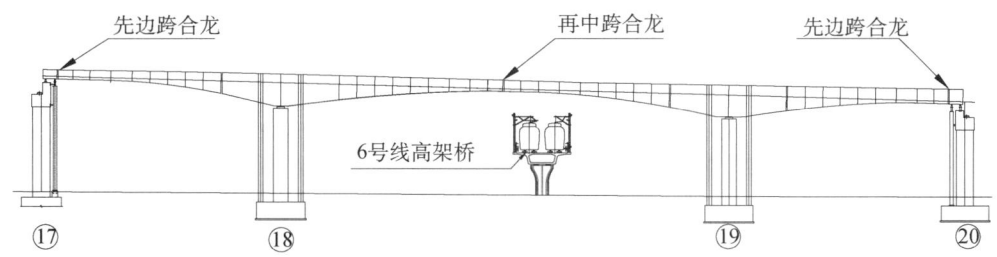

图 2-11　合龙流程示意

2.2　U+箱梁单 T 构悬臂拼装架桥机设计

为实现单 T 构悬臂拼装施工方法，设计了一整套悬臂拼装设备体系，包括 U+箱梁单 T 构悬臂拼装架桥机、可调移动式辅助支腿、可调移动式防护平台、自动跟随式张拉吊篮以及竖向轴力伺服系统，如图 2-12 所示。悬臂拼装设备详图见书后附图。

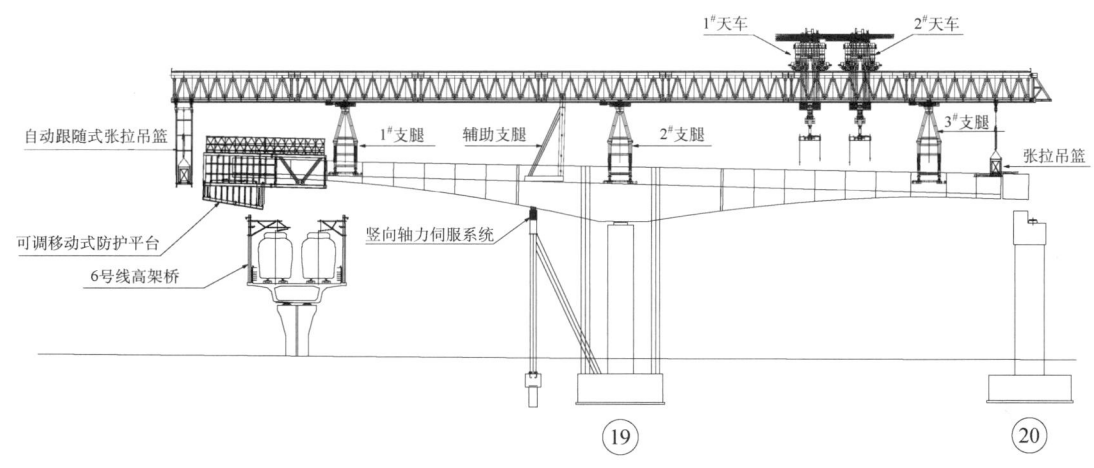

图 2-12　悬臂拼装设备体系

由于单 T 构悬臂拼装方法中架桥机的 1# 支腿需支撑在已拼装的梁体结构上，因此为降低支点反力对梁体结构的影响，在 T 构受力可控的前提下必须减小架桥机规模，即在满足架桥机悬臂吊装安全的基础上，构件尽可能实现小型化、轻量化。同时，架桥机的支腿结构需能适应 U+箱梁横断面和节点桥的平、竖曲线要求。因此，架桥机设计应遵循以下原则：

（1）架桥机主梁设计为分段拼装式，方便安装、拆卸、运输。
（2）架桥机主梁采用桁架结构，材料选用 Q345 钢材，以减轻自重及风阻。
（3）整体结构的功能应前后对称，具备双向架梁施工的能力。
（4）支腿结构具有高度调节及平转的能力，以适应线路的平、竖曲线。
（5）支腿位置均作用于 U+箱梁腹板正上方，避免顶板局部的集中受力。

(6)吊具应具备三维位置调节功能,以满足预制节段的精确对位拼装。

2.2.1 总体设计

架桥机由主桁梁、支腿、天车吊具、电气控制系统和液压系统五大部分组成。主桁梁采用双主梁结构,单个主梁为弦杆与多腹杆组成的三角桁架体系,由多个节段拼装而成。

架桥机设置三套支腿,各套支腿构造型式一样,均具备走行、高度伸缩、顶推主梁的功能,亦可互相倒换。主梁的纵移、架桥机的整体平转与过孔,均由三套支腿相互配合完成。

天车的起重能力按 120 t 设计,前后共设置 2 台。天车的纵向走行、横向移动、卷扬机转动均采用电控,速度可调、动作平稳、灵敏可靠,卷扬系统配备有先进的超载保护控制装置、可靠的过缠绕保护装置。

为方便调整节段的三维空间几何位置,吊具不仅设置有垂直转轴,可使节段在水平方向实现 360°旋转,还安装了纵向、横向调整油缸,可使节段在纵向平面或横向平面上实现一定角度的旋转。

整机采用先进的机、电、液一体化构造,除了配备有起重量限制器、高度限位器、风速仪、天车极限限位、倾角传感器及红外防撞仪等限位硬件外,还安装有集声、光、电为一体的架桥机安全监控管理系统,能有效保证架桥机的"安全、高效"。

2.2.2 主桁梁

主桁梁采用双主梁结构,两端头设置横联,保证整体结构刚性,增加架桥机的侧向稳定性。单个主桁梁为弦杆与腹杆组成的三角桁架体系(图 2-13),梁高 3 m,单根总长 86 m,由 7 个 12 m 长的标准节间与一个 2 m 长的加长节间组成,每个标准节间均重 12 t。为实现轻量化,采用 Q345 钢材制作。

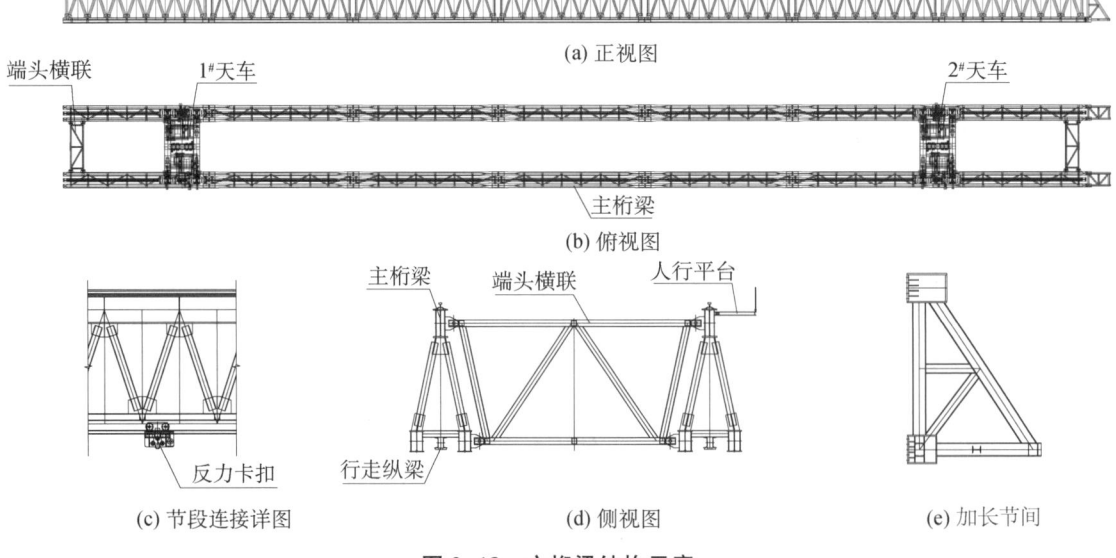

图 2-13 主桁梁结构示意

上弦杆采用 HW594×302-14/23 型钢,下弦杆采用 HW440×300-11/18 型钢,弦杆端头采用 10 mm 厚钢板封口,使截面呈箱形;上弦杆与下弦杆间的腹杆采用双拼[16 槽钢,节间长度 1.6 m;节点板采用 20 mm 厚钢板;下弦杆间的腹杆采用双拼[14 槽钢,其下方焊装双拼[22 槽钢作为主桁梁顶推走行的轨道。在主桁梁端头设置横联,增加侧向稳定性。

节间采用L45 钢加工的 8.8 级高强度螺杆连接,上弦采用 6 个螺杆连接,下弦采用 4 个螺杆连接,如图 2-14 所示,螺杆设计内力 330 t,预紧力 120 t,安全系数取 2。

主桁梁上弦顶部焊装有天车走行轨道,采用 P43 钢轨,两端头设置限位挡块。

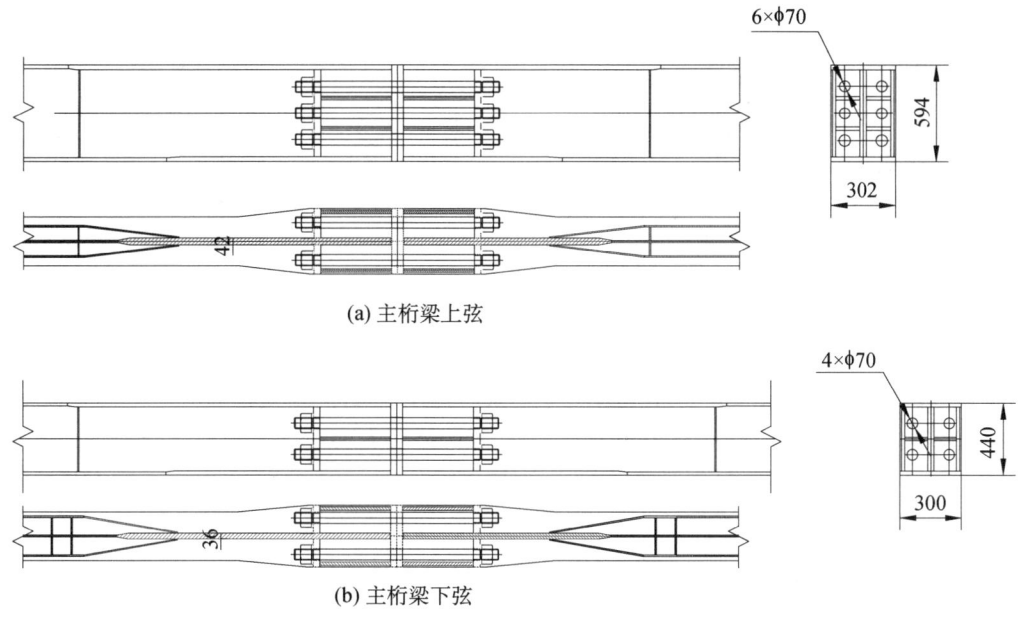

图 2-14 主桁梁上弦和下弦连接示意

2.2.3 支腿

为适应 U+箱形梁断面,单套支腿整体呈 H 形,由一根横梁和两组立柱组成。每组立柱均支撑在 U+箱形梁的腹板正上方,两组立柱之间通过横梁连接,提高了支腿的侧向稳定性,其上方空间须满足天车吊运节段通过。

支腿具备支撑主梁、顶推主梁、自身高度及水平调节功能。单组立柱分上、下两部分,下半部分由 4 根竖向型钢和横联组成一个长方体,上半部分由 4 根斜向型钢与横联组成一个方锥台,上下连接部分为液压平台,用来搁置液压设备。

立柱顶部设置一根上横梁,其左、右各布置一套纵向液压顶推装置,作为主桁梁连续走行的动力机构;上横梁顶面左、右两侧各设置一根垫梁,垫梁上布置四氟滑板,吊装时支撑主桁梁下弦杆,主桁梁走行时作为支撑滑移面。立柱下半部分的 4 根竖向型钢为伸缩套筒结构,通过设置的竖向伸缩液压机构,每次可调节量为 0.15 m 的整数倍,总行程为 1 200 mm,可以调整支腿高度以适应桥梁竖曲线。

立柱底部的可调撑脚,直接支撑在垫梁框架上,垫梁框架搁置在滑移平台上,二者接触位置放置四氟滑板。通过滑移平台上设置的 2 台横向千斤顶(总行程为 1 000 mm),直接向垫梁框架施加不同的水平伸量,实现对前、中、后 3 套支腿的水平位置调整,从而实现架桥机的整体平转功能,以弥补天车横移量不够导致节段无法吊运到位的问题。

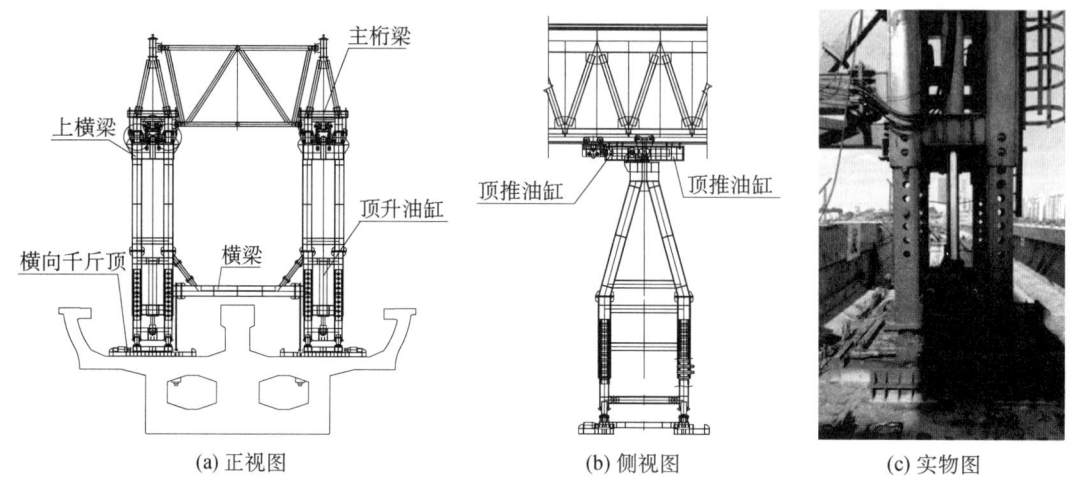

图 2-15 支腿结构示意

支腿布置有竖向爬梯,与液压平台相通,顶部通到主桁梁三角桁架内部;主桁梁内部可往两端走,到平联位置布置了上至主桁梁上弦走道的爬梯。上弦走道与天车驾驶室及卷扬机平台相通(图 2-16)。

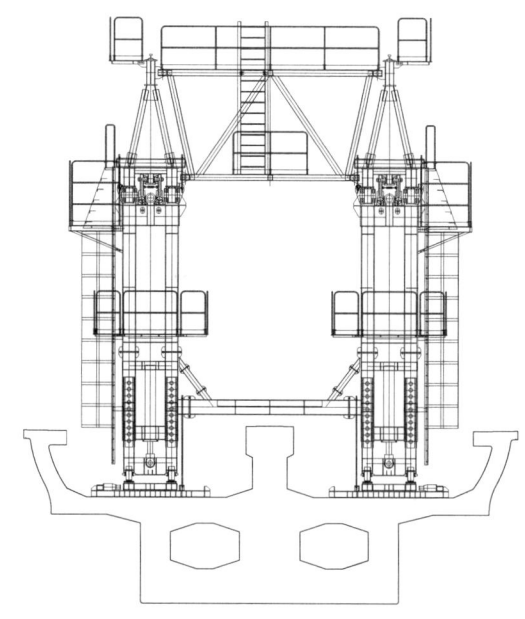

图 2-16 架桥机上的人员走行平台

2.2.4 天车与吊具

架桥机共布置 2 台额定起重量为 120 t 的天车。每台天车由 4 个轮箱组成走行机构,走行设置高速轴制动与电动液压铁楔车轮制动,变频电机驱动其在主桁梁顶部的轨道上走行。轮箱连接铰接座,上面布置天车主梁。在天车主梁顶面设置了 2 只调节量为 ±500 mm 的横向千斤顶,以及由 2 台滑轮倍率为 20 的 8 t 卷扬机和 1 个定滑轮组组成的横移平台。千斤顶伸缩端连接横移平台,通过调节横向千斤顶伸缩量来弥补节段吊装对位时横向调节范围有限的不足。

天车下方通过钢丝绳连接吊具。由于节段横向宽度大于支腿两立柱间距,故在吊具上方设置旋转轴,待吊起节段后平面转动 90°,节段即可从支腿立柱间穿过,到达指定位置后再逆向旋转 90°进行拼装。

吊具包括 1 根横梁和 2 根小纵梁。横梁顶面设置有 1 个横向千斤顶,可实现节段的横向位置精确调整;小纵梁上各设置有 1 个纵向千斤顶,可实现节段的纵向位置精确调整(图 2-17)。

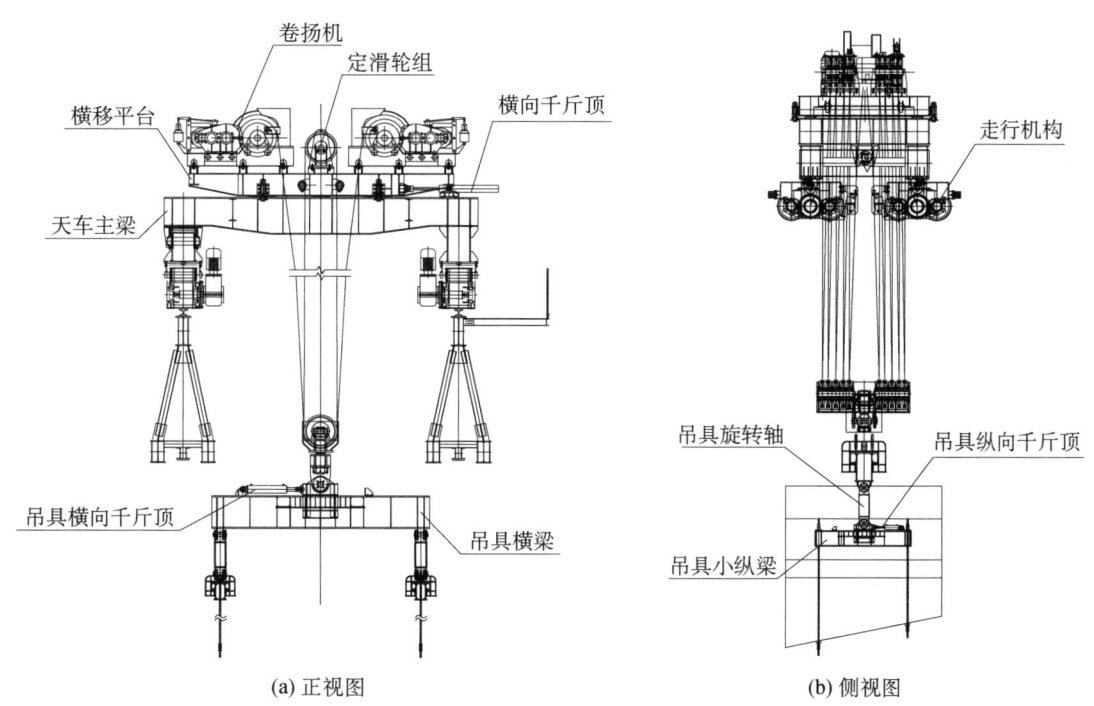

(a) 正视图 (b) 侧视图

图 2-17　天车及吊具结构示意

天车起重机技术参数如表2-1所示。

表2-1 天车起重机技术参数

项目	技术参数
额定起重量	2×120 t
最大跨度	(40+40)m
悬臂长度	11.2 m
总起升高度	25 m
起升机构起升速度	0～1 m/min(重载),0～2 m/min(空载)
起升机构走行速度	0～5 m/min
主梁油缸顶推过孔速度	0～1 m/min(6×20 t)
支腿液压走行速度	0～1 m/min(6×20 t),4油缸同步顶推
支腿液压顶升速度	0～0.5 m/min(12×50 t)
支腿液压千斤顶横向节调量	±500 mm(4×20 t)
天车横向调节速度	0～1 m/min(2×20 t)
整机工作级别	A3
结构工作级别	起升M5,小车运行M3
钢结构材质	Q345B,$[\sigma]$=315/1.7 MPa=185 MPa

2.2.5 电气控制系统

架桥机主要有以下几个操作机构:天车升降和走行、天车横移、吊具纵移和横移等机构。

天车升降和走行均采用变频电机方式进行驱动,天车横移及吊具纵横移机构采用电磁阀通断的方式进行驱动,以上机构均由PLC[①]统一控制。整机采用工控机组态软件及硬盘录像机进行安全监控,能实时有效地反映起重机工作时的运行状况及显示故障信息。电气系统原理单线图如图2-18所示。

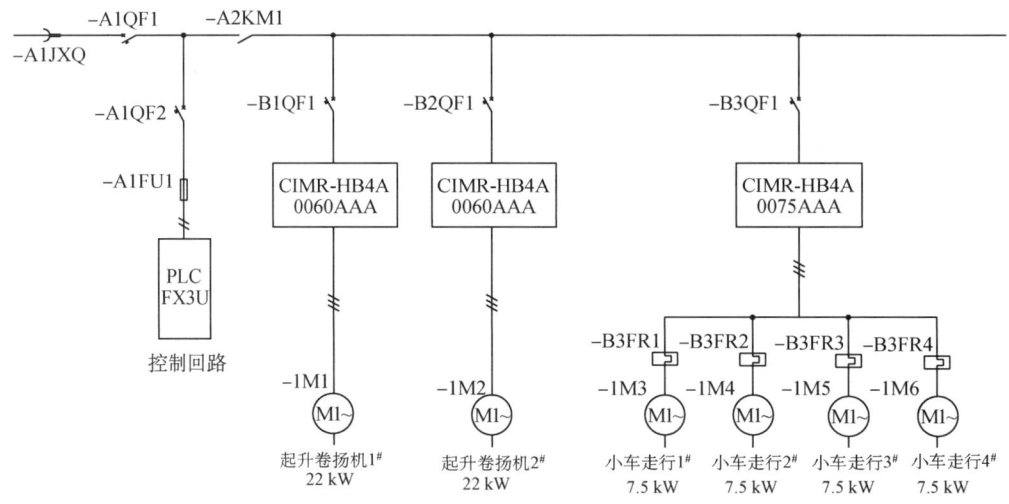

图2-18 电气系统原理单线图

---

① PLC(Programmable Logic Controller,可编程逻辑控制器),可编程控制器的早期名称。

1. PLC 控制

电气控制系统核心为 PLC，可实现全部逻辑关系和联锁功能，其输入用于检测各机构状态和外部保护信号，输出则根据输入环节的执行元件如主电源、起升制动器等接触器状态，反馈这些触点，用于检查对应系统和机构是否正常运行。

2. 起升控制

每台天车主起升机构分别采用 2 台变频器驱动的变频卷扬机，在卷扬机的变频电机上采用带编码器反馈的闭环控制，以提高电机速度和转矩的控制精度、响应速度。

3. 走行控制

天车走行由 1 台型号为 CIMR-HB4A0075 的变频器驱动 4 个走行机构，每台天车上设置 1 个电缆卷线器，给天车上的配电柜供电，通过 PLC 控制走行变频器从而控制天车前进后退，具有起动冲击小、走行平稳的特点。

4. 安全保护装置与安全监控管理系统

安全保护装置包括起重量限制器、高度限位器、风速仪、天车极限限位、倾角传感器和红外防撞仪。安全监控管理系统则由这些保护装置联合 PLC 及编码器组成。PLC 从起重量限制器、编码器和传感器等采集起重机重要监控参数，通过 RS485 通信接口将数据传输至工控机组态软件上，通过组态将以上数据进行显示并存储，同时硬盘录像机将起重机重要部位的视频采集进来，在显示屏上进行实时显示并存储，在操作人员实时观察起重机运行状况的同时，管理人员可以查询以前的工作状况。架桥机安全监控管理系统检验参数及视频功能如表 2-2 所示。

表 2-2　架桥机安全监控管理系统检验参数及视频功能

检验参数	检验要求	信号采集源	备注
起重量	系统分别采集 2 台天车起升重量，能实时显示起重量，计量单位为 t	起重量限制器	
起升高度	系统采集该参数，能实时显示吊重物体高度和下降深度	起升高度编码器	
水平度	能实时显示和记录起重机整体水平度	倾角传感器	
垂直度	能实时显示和记录起重机各个支腿的垂直度	倾角传感器	
风速	系统采集该参数，能实时显示风速	风速传感器	
运行行程	系统采集该参数，能实时显示天车及整机走行的位移	位移传感器	
安全距离	系统能实时显示 2 台天车之间的运行距离，在安全距离内断电并报警	红外防撞仪	
操作指令	在空载的条件下，对起重机的各个动作进行验证，各动作能在显示器上实时显示	可编程控制器 PLC	

（续表）

检验参数	检验要求	信号采集源	备注
工作时间	系统能实时显示和记录起重机工作时间	可编程控制器 PLC	
累计工作时间	系统能全部累加、记录和存储已完成的工作循环的时间	可编程控制器 PLC	
每次工作循环	能全部记录和存储完成的工作循环	可编程控制器 PLC	
起升机构制动器状态	系统能实时采集并显示起升卷扬机制动器的工作状态	卷扬机制动器限位	
联锁保护	起重机的各个动作相互联锁，状态能实时显示	可编程控制器 PLC	
过孔状态	系统能实时监控到起重机的过孔状态，并记录过孔时的操作指令及状态	可编程控制器 PLC	
视频系统	视频监控能观察到架梁状态、天车运行状态、整机走行及过孔状态等，能实时显示工作监控画面，并带存储功能	摄像头	存储时间不少于 72 h
实时性	能实时显示起重机的运行状态和工作参数		系统扫描周期应小于 100 ms
历史追溯性	能追溯起重机的工作状态和故障报警信息，数据信息应包括编号、时间和日期		
断电后信息的保存	关闭电源后，内部所有信息均被保存		带 UPS 后备电源，保存时间不低于 10 min
存储时间	数据存储时间大于 30 个连续工作日，视频存储时间大于 72 h，存储信息按年/月/日/时/分/秒的格式进行存储		
报警装置	系统的报警装置能向起重机操作者发出清晰的声光报警		驾驶室安装声光报警器
通信协议的开放性	系统的用户通信协议是对外开放的		
管理权限的设定	系统的管理由经授权的人员进行，进入系统后，需要有登录密码或更高级的身份识别方式		组态画面设置登录密码

(续表)

检验参数	检验要求	信号采集源	备注
故障自诊断	在开机时有自检程序,在系统自身发生故障而影响正常使用时,能立即发出报警信号		

2.2.6 液压系统

架桥机的液压系统包括 3 个顶推泵站、2 个吊具泵站和 2 个天车横移泵站。

1. 顶推泵站

液压系统整机设 3 个顶推泵站,分别放置于前、中、后 3 套支腿上。每个顶推泵站控制 2 个主梁顶推油缸和 4 个支腿升降油缸。其液压原理如图 2-19 所示。

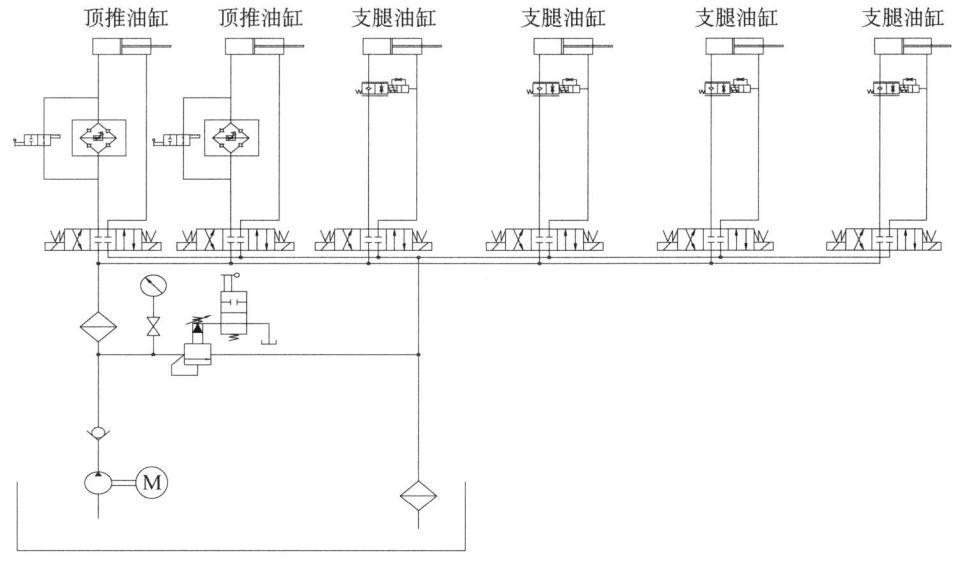

图 2-19 顶推泵站液压原理(单套)

各顶推油缸之间的同步控制原理:在每个顶推油缸上安装位移传感器,检测每个油缸的位移信号并发送至主控制器;主控制器对各个油缸之间的位移差值进行计算,然后发出信号控制比例阀开度,以控制通往液压缸的供油流量,从而实现对油缸位移的控制。其控制基本原则是:对位移量相对较少的油缸,增加其比例阀开度,从而使其速度增加;对位移量相对较多的油缸,减小其比例阀开度,从而使其速度减小;最终实现多个油缸的同步顶推。

2. 吊具泵站

整机设 2 个吊具泵站,分别置于 2 个吊具装置上。每个吊具泵站控制 1 个吊具横移油缸、2 个吊具纵移油缸。定量泵提供压力油,电磁溢流阀用于限制系统最高压力,电磁换向阀用于控制各个油缸的伸缩,双向液压锁用于锁紧油缸,如图 2-20 所示。

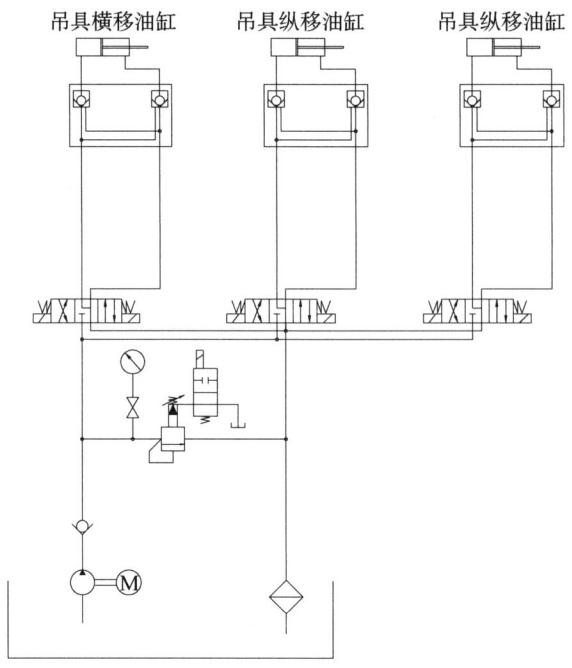

图 2-20 吊具泵站液压原理(单套)

3. 天车横移泵站

整机设 2 个天车横移泵站,分别置于天车上。每个天车泵站控制 2 个天车横移油缸(图 2-21)。

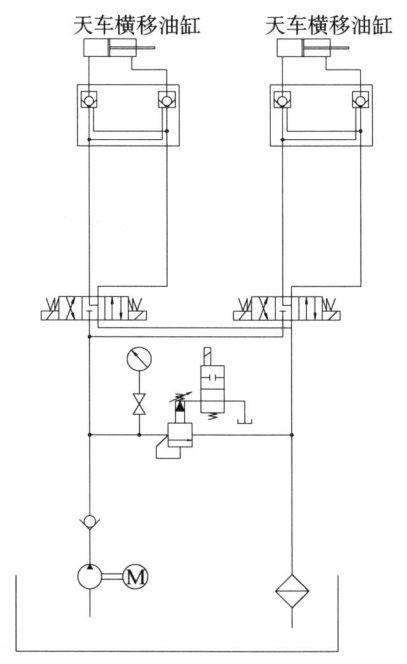

图 2-21 天车横移泵站液压原理(单套)

2.2.7 架桥机主要参数

架桥机结构的主要参数如表 2-3 所示,主结构微缩模型如图 2-22 所示。

预制节段安装设备所需的最大起重量为 120 t,最大起升高度为 30 m,工作状态下架桥机的最大悬臂长度为 12 m。从表 2-3 数据可见,架桥机的架设能力能够满足工程需求。

表 2-3 架桥机结构的主要参数

内容	参数	内容	参数
整机工作级别	A3	架设梁形	U+箱形梁
额定起重量	2×120 t	最大跨度	(40+40)m
最大悬臂长度	15.6 m(有效悬臂 12 m)	最大起升高度	30 m
天车起升速度	0~1 m/min(重); 0~2 m/min(空)	天车走行速度	0~5 m/min
支腿液压走行速度	0~1 m/min	支腿液压顶升速度	0~0.5 m/min
支腿液压千斤顶横向调节量	±500 mm	天车横向调节量	±500 mm

图 2-22 架桥机主结构微缩模型

2.3 架桥机的计算分析与优化设计

1. 模型简介

采用有限元软件建立的架桥机基本模型如图 2-23 所示。设备构件如主桁梁、支腿各部件等均采用梁单元,支腿底部固定约束,焊接处以刚性连接模拟。

图 2-23 架桥机基本模型

2. 施工工况

根据整个安装过孔流程分析,施工过程中主要的不利工况如表2-4所示。

表2-4 施工过程不利工况汇总

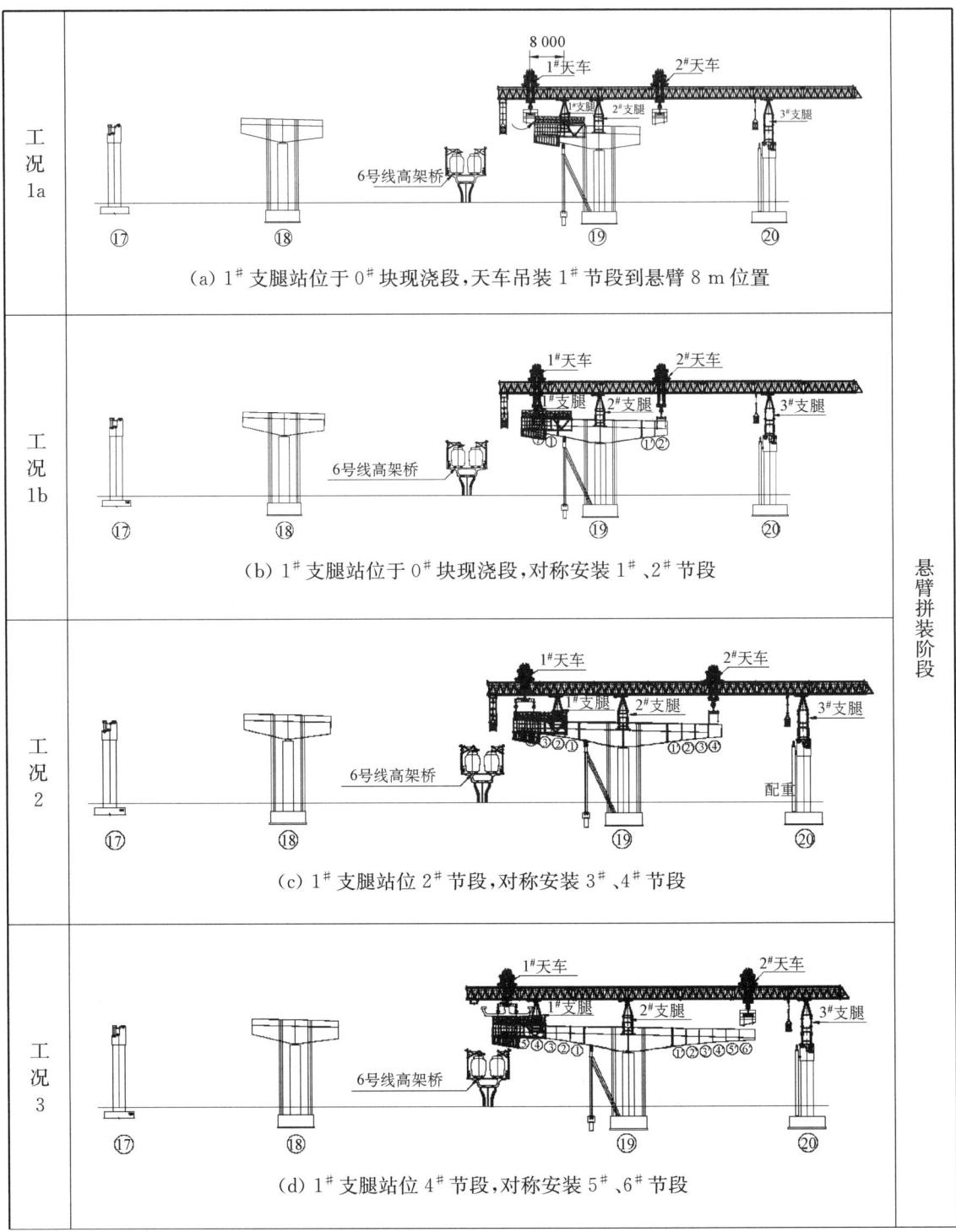

(续表)

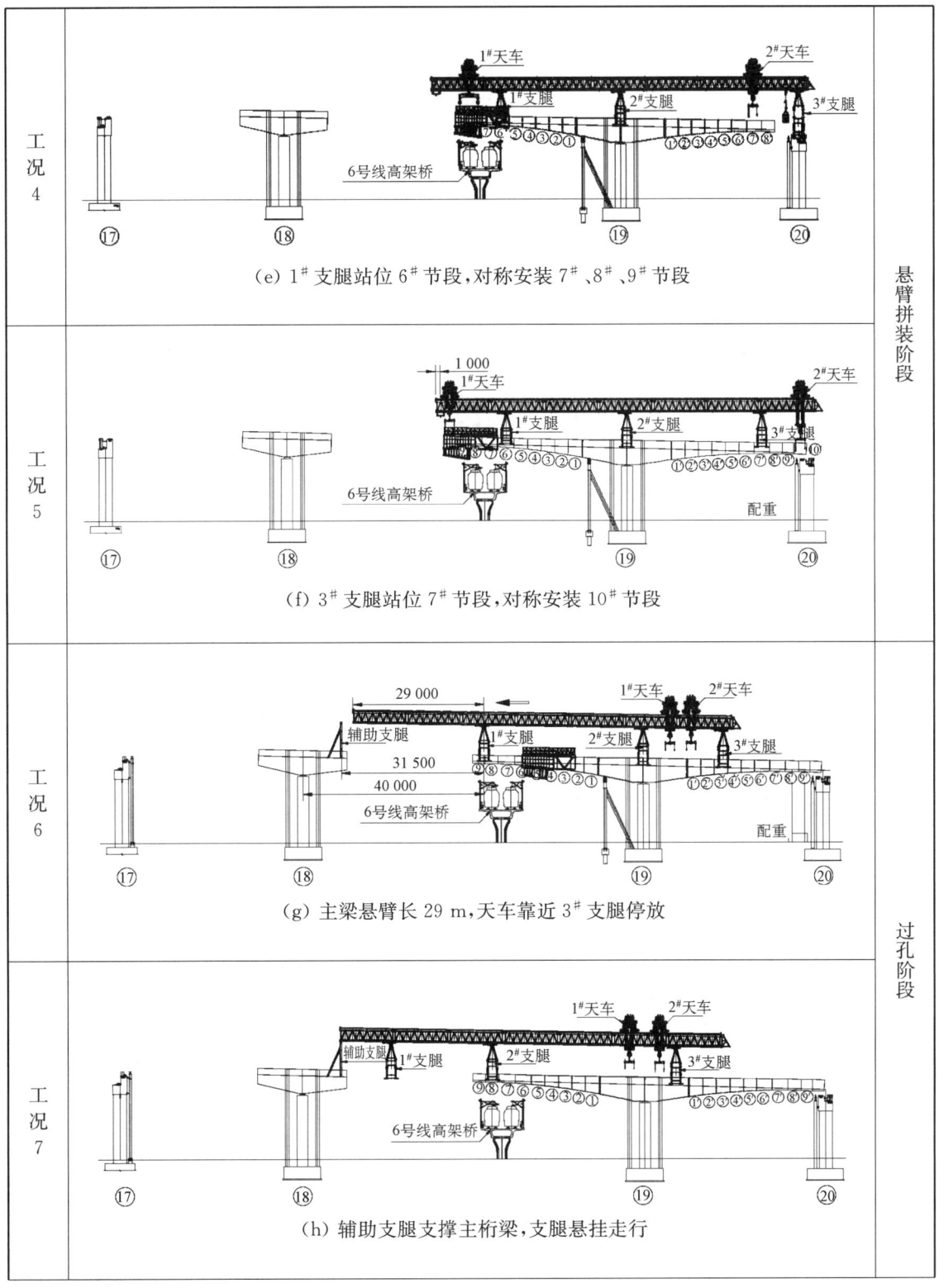

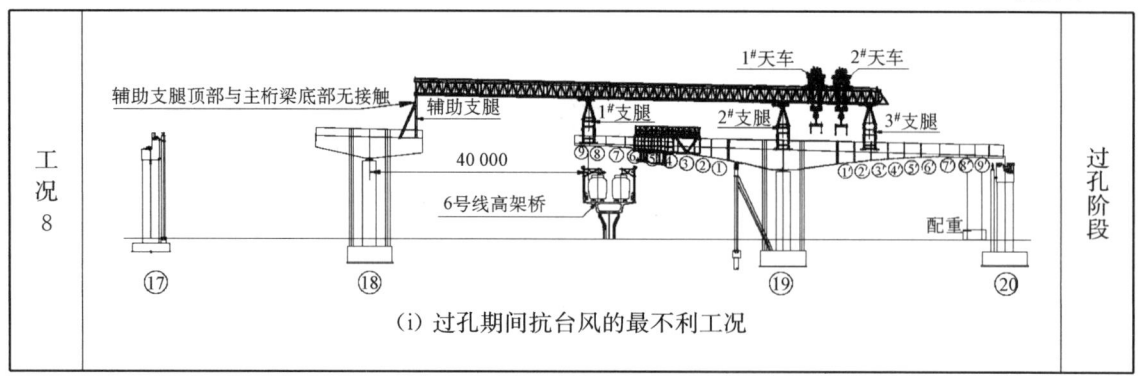

(i) 过孔期间抗台风的最不利工况

计算中考虑的荷载主要为结构自重、天车吊重、天车走行惯性荷载及风荷载,相关参数见表2-5。

表2-5 计算荷载参数

架桥机自重	369.2 t
吊机活载(最大值)	110 t
冲击系数	1.1
惯性系数	1.5
启动(制动)加速度	0.078 m/s^2
极限风压	非工作状态800 Pa,工作状态158 Pa

将各工况应力与变形汇总并列于表2-6中。

表2-6 各工况应力与变形汇总

工况	上弦应力/MPa		下弦应力/MPa		腹杆等效应力/MPa		最大挠度/mm	
	最大值	最小值	最大值	最小值	最大值	最小值	悬臂端	跨中
工况 1a	166	−36	23	−159	162	−162	38	10
工况 1b	156	−140	76	−139	160	−160	35	36
工况 2	167	−165	97	−167	164	−164	45	58
工况 3	152	−171	96	−153	153	−153	46	56
工况 4	131	−142	83	−131	158	−158	44	48
工况 5	109	−135	91	−107	137	−137	40	44
工况 6	167	−6	24	−152	66	−71	350	21
工况 7	50	−25	33	−65	41	−49	32(移动支腿处)	

(续表)

工况	上弦应力/MPa		下弦应力/MPa		腹杆等效应力/MPa		最大挠度/mm	
	最大值	最小值	最大值	最小值	最大值	最小值	悬臂端	跨中
工况8	38	−25	85	−87	35	−37	—	32

注：1. 根据《钢结构设计规范》(GB 50017—2021)，材料屈服强度为325 MPa，安全系数为1.48，许用应力为219.59 MPa。
2. 等效应力为考虑压杆稳定系数0.9时的折算结果。
3. 根据《起重机设计规范》(GB 3811—2008)要求，悬臂端的挠度 f 不应大于 $l/350$（l 为悬臂端有效长度），各工况对应的允许挠度分别为：
   ① 工况1a、工况1b、工况2：最大悬臂长度15.6 m，允许挠度 $f=15\,600/350=44.57$ mm；
   ② 工况3、工况4、工况5：最大悬臂长度12 m，允许挠度 $f=12\,000/350=34.29$ mm。
4. 由于工况8中无悬臂，故悬臂端不存在最大挠度。

3. 架桥机主桁梁的优化设计

由前文计算可知，利用主桁梁悬臂端吊装时，结构的强度可以满足要求并有一定的富余量，但是起重小车在主桁梁悬臂端作业时，大部分工况下悬臂端的挠度均超过了规范限值。

为此，可通过增大主桁梁刚度的方法减小挠度，分析表明采用悬臂端吊装时架桥机主桁梁刚度需提高一倍才能满足规范的刚度限值要求。主桁梁的自重至少增加2/3，这会进一步加大T构的不平衡受力，不满足轻量化的要求。

为了防止天车在大变形中发生溜车滑动，规范对主桁梁悬臂端的挠度限值进行了严格限定。对此，通过在主桁梁端部节段设置预拱度的方式也可以满足悬臂吊装的刚度控制要求。经分析，端部设置20 mm的预拱度即可，故仅对端头侧的一榀标准节设置预拱度即可。

2.4 U+箱梁单T构悬臂拼装的附属设备

2.4.1 可调移动式辅助支腿

1. 设计原则

辅助支腿主要用于架桥机过孔和支腿移动时临时支撑主桁梁，避免主桁梁悬臂长度过大。其设计需要考虑以下因素：

(1) 方便装配，满足施工过程中的快速分解、移动、组装。
(2) 具有调整高度的能力，以适应线路的竖曲线。
(3) 底部支撑于U+箱梁腹板正上方，避免顶板局部集中受力。
(4) 与主桁梁接触后的顶部空间位置满足天车携节段通过的要求。
(5) 能抵抗主桁梁前移产生的水平摩擦力。

2. 构造设计

为适应U+箱梁断面，辅助支腿整体呈"冃"形，主要由底座、固定桁梁、高度调节装置和斜撑杆组成。辅助支腿总体可分为3根横梁和2根竖向承力柱（图2-24）。

竖向承力柱为2根H型钢，支撑于一根水平H型钢上，其后方各设一根斜撑杆，并且水平H型钢的尾端设置锚固装置，采用精轧螺纹钢固定到节段吊装孔，保证支腿不会因受到主

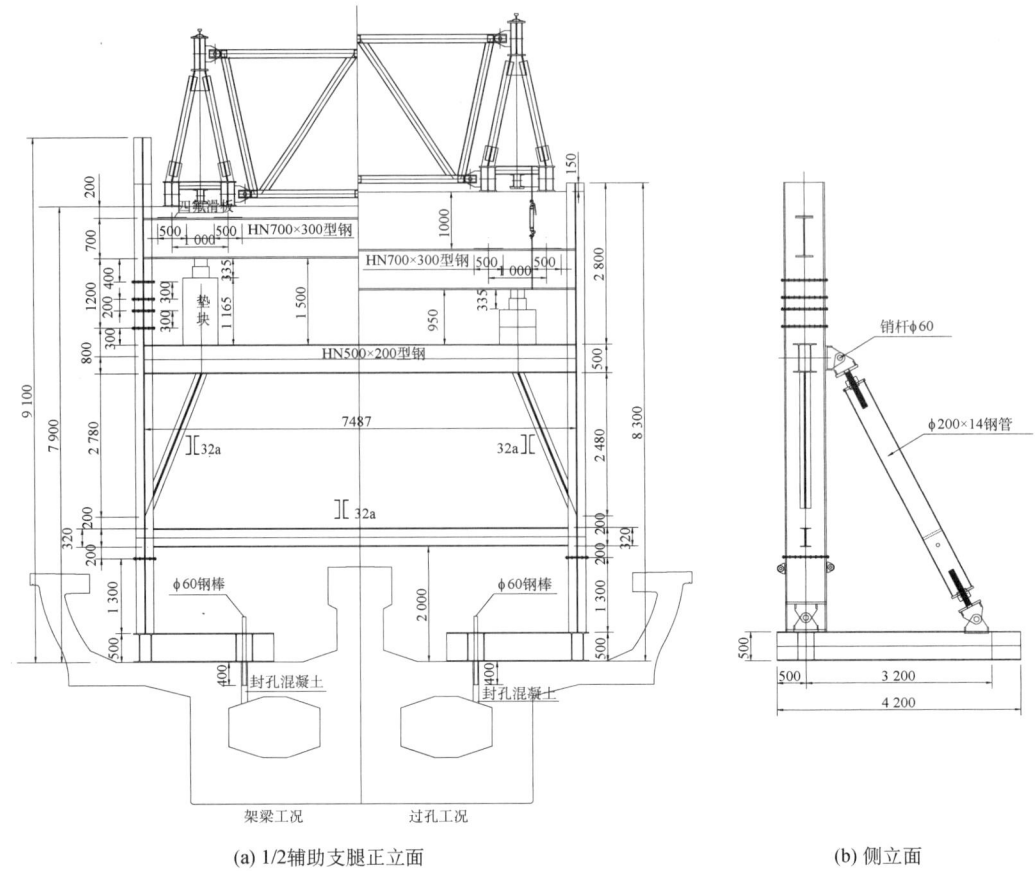

(a) 1/2辅助支腿正立面 (b) 侧立面

图 2-24　辅助支腿正立面和侧立面

桁梁前移的摩擦力而倾倒。

承力柱间设 A、B 两道固定式横梁和一道活动横梁。横梁 A 上左、右各放置一台竖向千斤顶,千斤顶上方与活动横梁相连,可通过调节千斤顶伸缩量以适应桥梁的竖曲线;活动横梁与主桁梁接触位置放置四氟滑板,以减小主桁梁顶推时的摩擦力(图 2-25)。

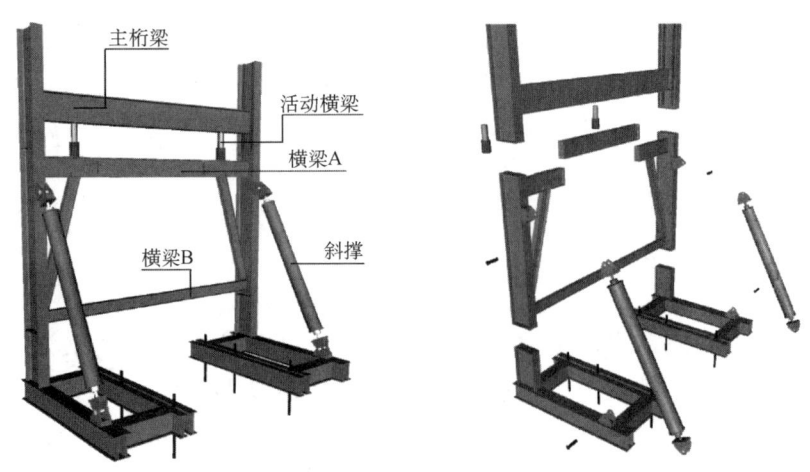

图 2-25　辅助支腿 BIM 三维结构示意

为适应复杂工况需要,辅助支腿各构件可拆卸、可高度调节、可整体移动、可整体分解成三部分再快速拼装。

2.4.2 可调移动式防护平台

1. 设计原则

防护平台主要用于中跨施工防护,防止施工过程中可能掉落的废料、废水、废浆等直接洒落到地铁接触网或者轨道上,以及因近接可能发生的接触网静电传导。其设计需综合考虑以下因素:

(1) 节点桥为变高度梁,支座处与跨中处的梁底高差达 3.50 m,跨中既有地铁线路接触网离梁底最近距离仅 0.598 m,防护平台能调整底部标高以适应梁底线型的高差变化。

(2) 底部设置的绝缘防护层,其击穿电压应大于接触网供电电压 1 500 V,并预留一定的安全富余量。

(3) 具备防坠物、防水、防火功能,以及强台风天气下的防风功能。

(4) 能充分利用桥梁结构形式,实现防护平台的快速、安全移动。

(5) 结构的强度与刚度能满足人员作业要求。

(6) 遵循轻量化原则,尽量减小对 T 构产生的不平衡荷载。

2. 构造设计

防护平台由防护骨架、封闭板、防抛网和走行轮组成。整体结构如图 2-26 所示。

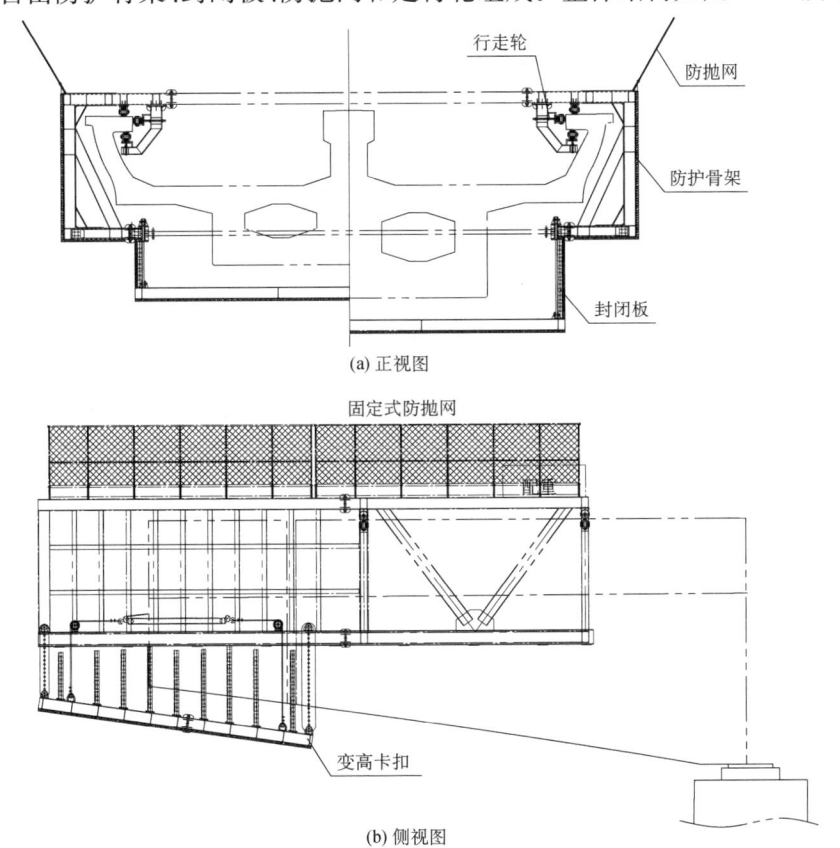

图 2-26 防护平台构造示意

(1) 防护骨架。

防护骨架长 12.00 m,顶部宽 12.60 m,底部宽 9.33 m,分为上下两部分。

上半部分高 3.55 m,顶部采用[10 槽钢结合钢板焊接成反力架,安装在 U 梁两侧的腹板顶部,最前端采用双拼[25 槽钢制成横梁增加防护平台刚度;侧面前半部分采用[10 槽钢焊接成网格状骨架,后半部分对称用∟45 角钢斜拉;U+箱梁底部根据主梁断面形式设置 1.7 m 左右内收平台,并与侧面增加斜杆连接加强刚度。

下半部分 4 个角点采用 $\phi 32$ mm 精轧螺纹钢作为悬吊支点,可根据梁底高低进行高度调节;两侧面各设置 10 道竖向开孔钢板作为变高卡扣;底板纵向布置 2 道[10 槽钢作为纵梁,横向布置间距为 1.0 m 的∟45 角钢与纵梁连接,并在平台低处设置排水硬管,将平台内的积水排至输电线路外侧。

(2) 封闭板。

封闭板分为内、外两层,内层采用 3 mm 厚钢板,针对施工过程中的意外坠物提供保护作用。外层采用可承受 50 kV 击穿电压的绝缘板,用尼龙扎带与防护骨架绑扎成整体。

(3) 走行轮。

走行轮为防护平台的走行装置,安装在反力架下方。

U 梁两侧的腹板顶部均设置有反力架,每侧反力架内含有上下左右 4 组走行轮,分布在 U 梁两侧腹板的顶面与侧面,对防护平台除顺桥向外所有方向的运动进行约束。

同时,走行轮和反力架共同起到配重作用,通过向前或向后移动防护平台位置,减小对 T 构的不平衡影响,保证结构的安全。

为克服预制节段的施工误差对防护平台走行平顺的影响,在走行轮内部设置了弹簧,可以自行适应走行轮与预制节段之间的间隙。走行轮构造如图 2-27 所示。

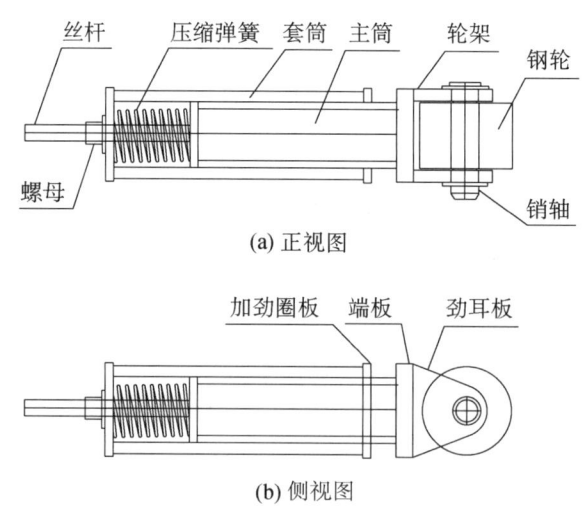

图 2-27 走行轮构造示意

(4) 防抛网。

防抛网设置在防护骨架顶部的左右两侧,采用 120 cm 高的□25 方钢立柱作为竖向和横向骨架,向外倾斜 30°,间距 120 cm。竖向骨架与防护平台采用抽拔式连接。骨架内侧采用白色细目钢丝网封闭,钢丝网孔眼不大于 1 cm×1 cm。

为方便快速安拆,防抛网设计为由若干个 1.2 m(高)×1.075 m(宽)片架组成,使用时直接与防护骨架连接即可。

(5) 抗风措施。

由于工程地点处于我国东部沿海,施工期间需考虑强台风的潜在影响,因此在收到强风预警时,应将防护平台退后至所在侧的 0# 块现浇段上,并通过精轧螺纹钢与桥梁进行锚固,同时拆除防抛网(图 2-28)。

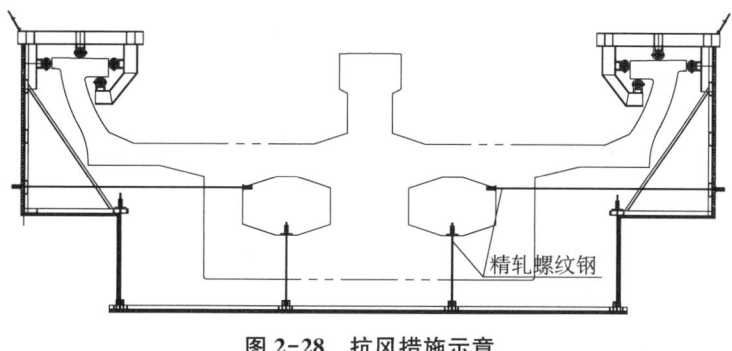

图 2-28 抗风措施示意

最终制造成型的防护平台整体如图 2-29 所示。

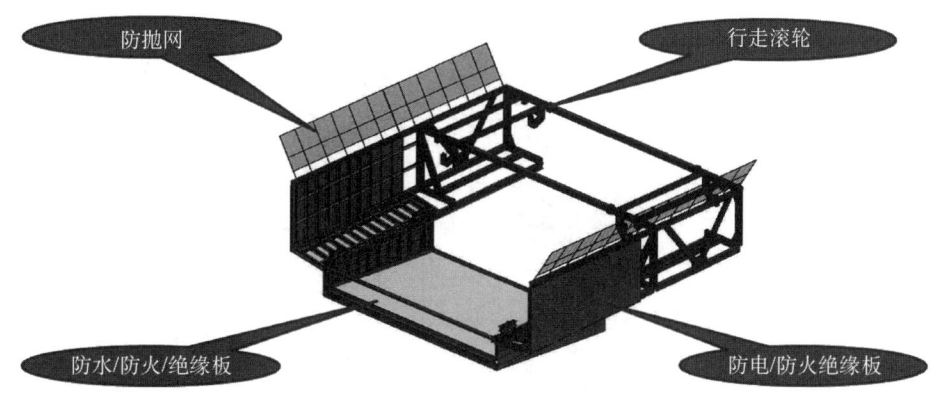

图 2-29 防护平台构造示意

3. 使用方法

防护平台安装完成后即发挥防护作用。每个节段拼装前,均须先将防护平台向前移动一个节段长度,将反力架与已安装节段采用钢索拉结固定,并根据待安装节段高度调整悬吊杆长度与变高卡扣,使底板高度满足节段安装作业需要,检查确认封闭板、防抛网、底板排水管的完好性后,方可开始节段的架设作业。

2.4.3 自动跟随式张拉吊篮

1. 设计原则

自动跟随式张拉吊篮作为节段拼装的作业平台,为施工操作提供便利,同时保障作业人员的安全。其设计需要考虑以下因素:

(1) 具备横向伸缩功能,适应在防护平台内作业需要。

(2) 挂设于架桥机主桁梁下方,同时具备自动走行功能,提高施工过程中吊篮位置移动的安全操控性。

(3) 可对自身的稳定性进行约束,以防止柔性吊篮可能发生的空中摆动,确保其只能在约束机构内部上下移动。

2. 构造设计

自动跟随式张拉吊篮主要由电动走行轮、平衡架、导链葫芦、保险架和操作平台组成,结构示意图如图 2-30、图 2-31 所示。

电动走行轮对扣在主桁梁顶推走行的轨道上,作为吊篮走行的动力装置与承力装置。平衡架连接两片主桁梁下方设置的电动走行轮,与保险架和导链葫芦共同组成防止吊篮空中摆动的约束机构。吊篮在导链葫芦的拖拽下,可沿保险架进行上下移动。操作平台分为平台本体和伸缩平台两个部分。平台本体前后有 1.53 m 高的防护栏杆,伸缩平台横截面略小于平台本体,全部伸展后挂篮总宽度可达 12 m。伸缩平台可根据所需长度进行伸缩操作,最多可容纳 4 人在平台上同时进行施工。吊篮整体构造如图 2-32 所示。

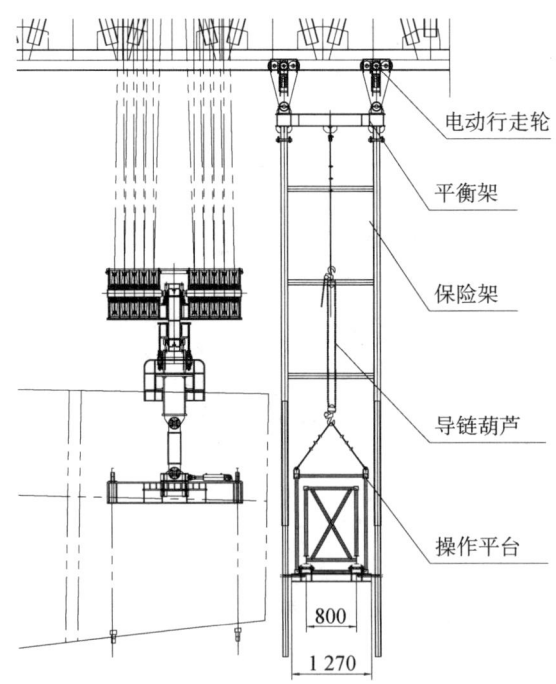

图 2-30 自动跟随式张拉吊篮侧视图

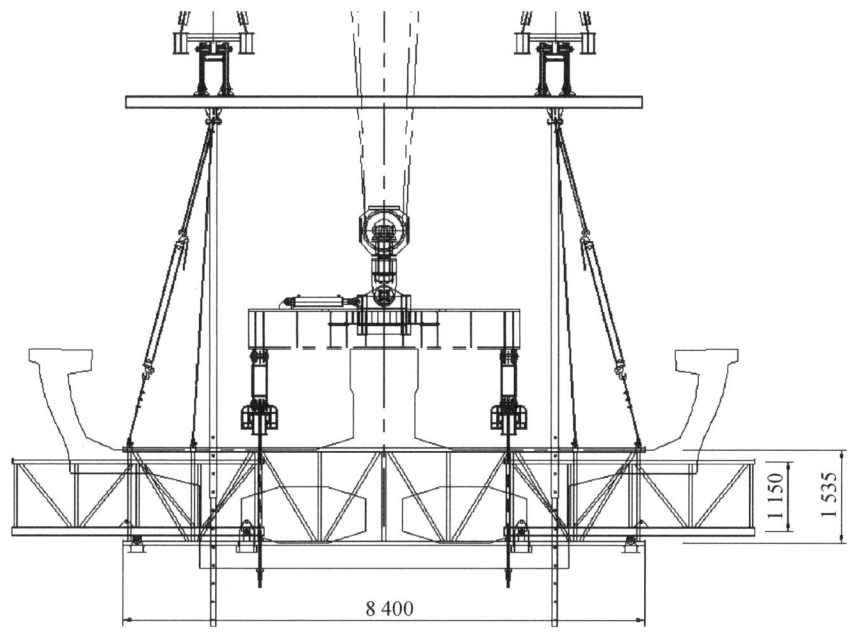

图 2-31 自动跟随式张拉吊篮正视图

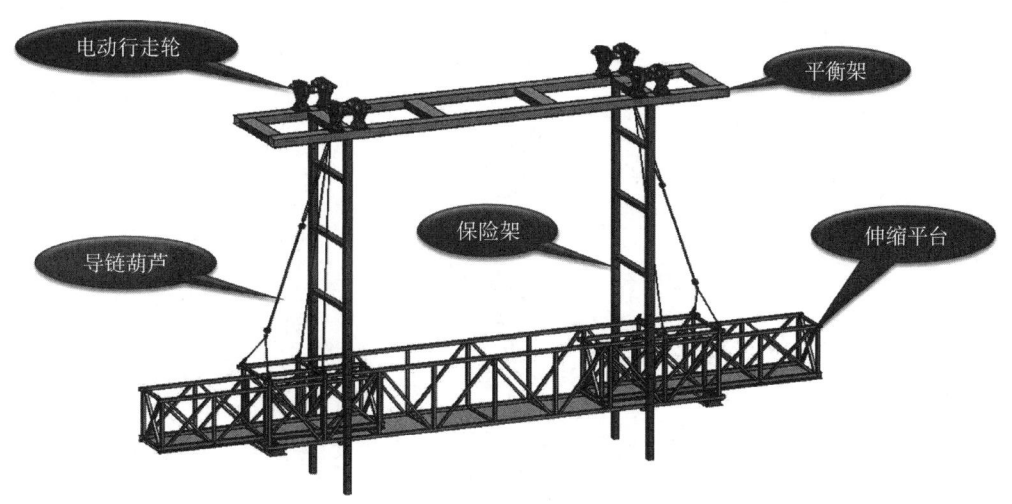

图 2-32 自动跟随式张拉吊篮整体构造

2.4.4 竖向轴力伺服系统

因可全天候不间断监测和控制轴力的特性,轴力伺服系统在基坑工程中取得了快速发展和广泛应用,不仅提高了施工的信息化水平,更提高了基坑的安全性。

轴力伺服系统一般应用在水平支撑上面,但考虑到其既能实时、稳定地调整轴力值,又可以被动地承担外部荷载,因此拟在桥梁下方设置竖向轴力伺服系统,用以调节桥梁结构的内力,平衡 T 构的倾覆力矩,提高施工的安全性。

图 2-33 为轴力伺服系统的总体设计结构原理图。该自适应支撑系统主要由监控站、操作站、现场控制站、液压系统、总线系统、配电系统、通信系统、移动诊断系统、千斤顶和液压站接线盒装置等组成。

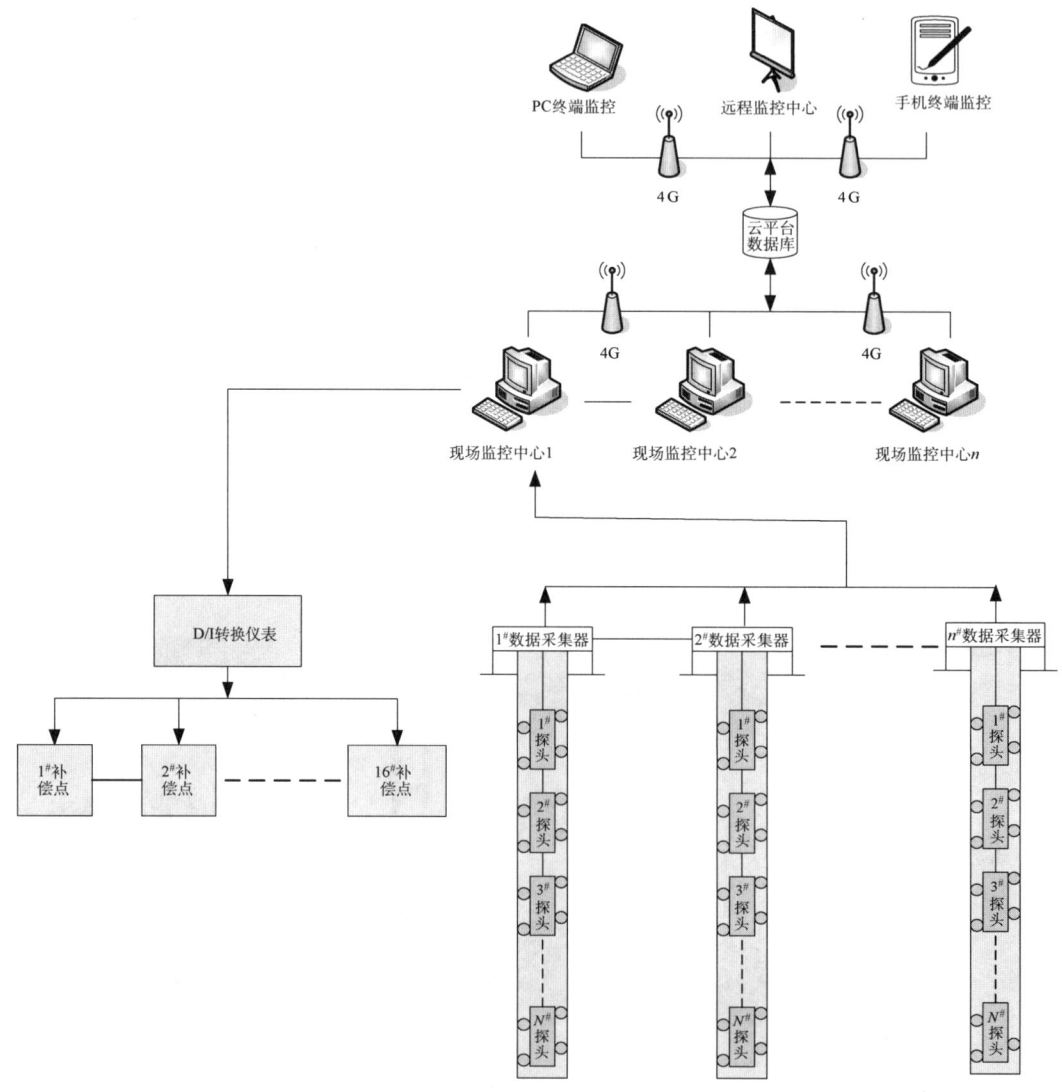

图 2-33　自动伺服系统结构原理

2.5　架桥机的使用方法

架桥机的使用方法包括架设节段、整体前移和过孔三个方面。

1. 架设节段

步骤1：0#块现浇完毕达到结构强度后，用汽车吊将1#、2#支腿分别吊运至0#块现浇段两侧顶部，再将3#支腿吊运至边墩顶部。将架桥机主桁梁吊至支腿上方拼接，安装天车及电气系统后,架桥机组装完成[图 2-34(a)]。

步骤 2:左侧 1#天车从边跨提升中跨 1#节段,到达预定高度后将节段旋转 90°以便通过支腿,携梁向左前行至 1#节段安装位置上方停止,右侧 2#天车准备提升边跨 1#节段[图 2-34(b)]。

步骤 3:左侧 1#天车将节段旋转 90°准备安装,右侧 2#天车从边跨提升边跨 1#节段并将节段吊运至安装位置[图 2-34(c)]。

步骤 4:精确调整节段方位,完成节段与 0#块现浇段的对位安装[图 2-34(d)]。

后续节段吊装采用上述相同步骤,且由于架桥机采用前后对称设计,故过孔后无需掉头,直接按照上述步骤反向施工即可。

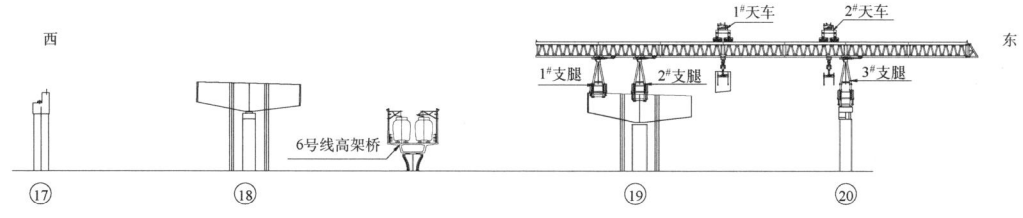

(a) 1#天车边跨起吊节段

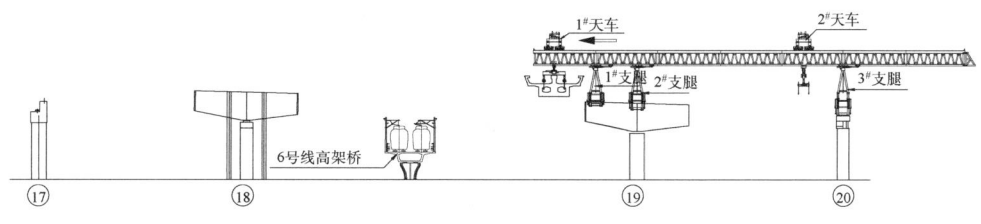

(b) 1#天车运梁至中跨

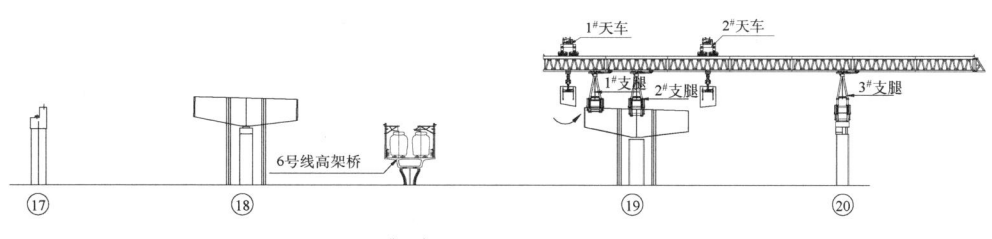

(c) 2#天车起吊节段

(d) 节段对称悬臂拼装

图 2-34　架梁流程示意

2. 整体前移

具体工作方式为先纵移支腿,再纵移主桁梁。在纵移主桁梁时,支腿保持固定不动,仅依靠顶部液压顶推装置的千斤顶循环伸缩进行工作。

主桁梁架梁期间的纵移动力由前、中、后三套支腿上方的液压顶推装置共同提供,过孔期间的纵移动力由前、中两个支腿上方的液压顶推装置共同提供。通过特殊设计,千斤顶提供的动力与结构间产生的摩擦力可以实现理论平衡。

步骤1:将1#支腿(1#支腿)收起,前移至预定位置,调节1#支腿竖向伸缩套筒高度,在保证主桁梁水平后固定1#支腿;按照相同步骤依次移动2#支腿(2#支腿)、3#支腿(3#支腿),确保每次只移动一套支腿[图2-35(a)、图2-35(b)]。

步骤2:驱动三套支腿顶部的纵向液压顶推装置,将主桁梁前移至指定位置后与支腿固定[图2-35(c)]。

步骤3:前进到位后,测量架桥机轴线与桥梁轴线之间的夹角。如不符合架梁定位要求,应先计算出架桥机前、中、后三套支腿需要调整的横向偏移量,再同步调整各支腿的横向位置,实现架桥机的整体平转,使架桥机轴线满足架梁要求。

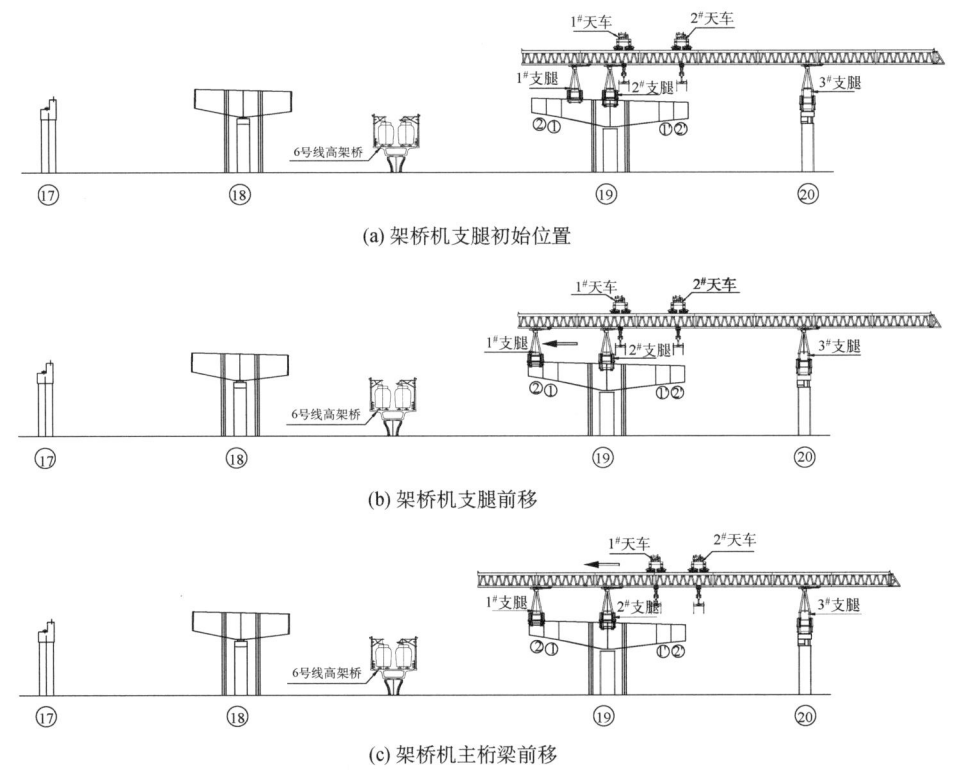

图 2-35 整体前移流程示意

3. 架桥机过孔

步骤1:架设完东侧T构所有节段的架桥机过孔前姿态如图2-36(a)所示,在18号墩墩顶架设好辅助支腿后,通过支腿顶部的液压顶推装置向前顶推架桥机主桁梁。

步骤2:架桥机主桁梁前端支承在辅助支腿顶部后,拆除架桥机最后方的3#支腿,吊运至

18号墩墩顶,如图2-36(b)所示。

步骤3:继续顶推主桁梁,直至主桁梁前端支承在3#支腿上方后,将辅助支腿吊运至1#、2#支腿间,替换2#支腿充当后支点,如图2-36(c)所示。

步骤4:拆运2#支腿到17号墩墩顶,顶推主桁梁越过辅助支腿后,将辅助支腿移动至悬臂段1#支腿后方,替换1#支腿继续充当后支点,利用天车吊运1#支腿到18号墩墩顶后,继续顶推主桁梁完成过孔,最后拆除辅助支腿,如图2-36(d)所示。

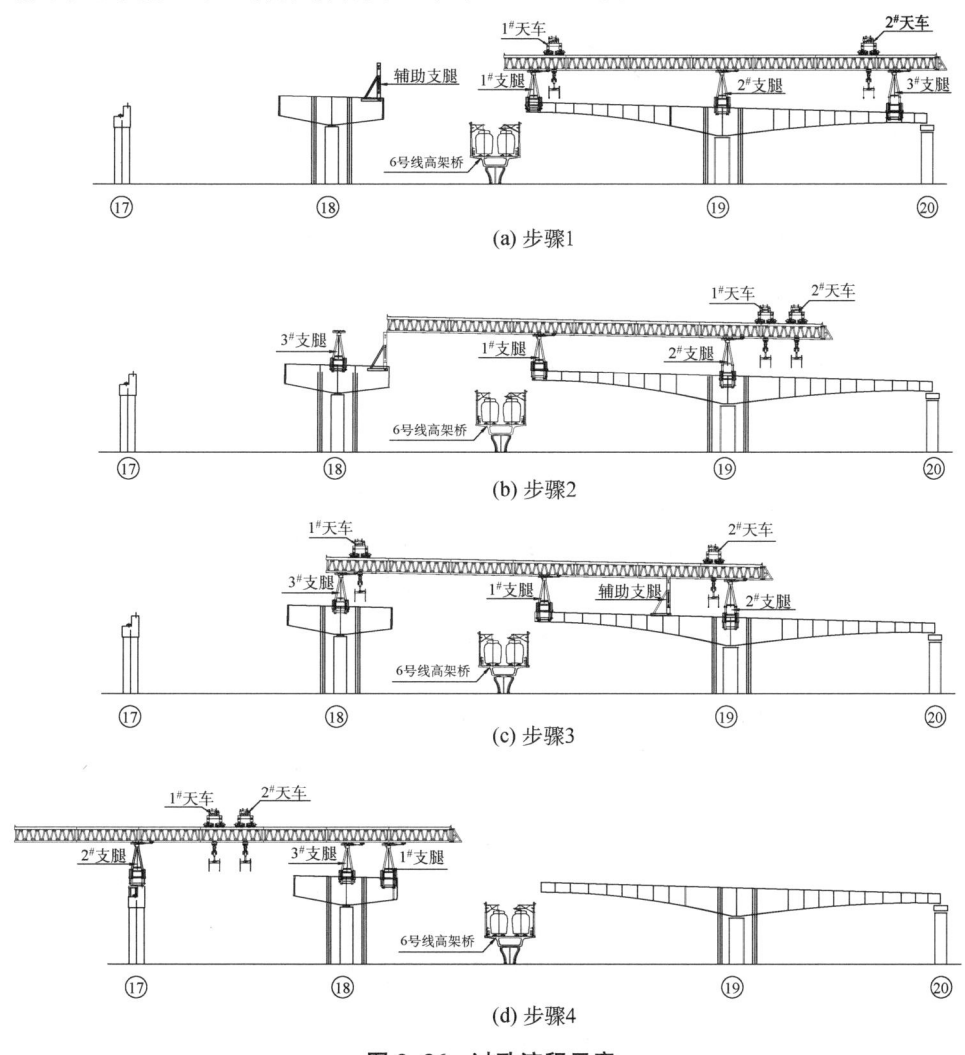

图 2-36 过孔流程示意

2.6 架桥机的型式试验

2.6.1 安全技术准备

(1)起重天车的起升卷扬机均由生产厂家进行过重载试验,即额定单绳拉力1.1倍的动载试验和额定单绳拉力 1.25 倍的静载试验。卷扬机配备上、下行程限位器,超限时能自动切断机构的运动,除此之外,卷扬机低速端还配备了钳式制动器。

(2) 起重天车上装有载荷限制器,综合误差为±5%。当起重载荷达到额定载荷的90%以上时,会发出提示性报警信号;当起重载荷达到额定载荷的104%时,会限动并切断向危险方向的动作,同时发出声光信号。

(3) 起重天车的走行车轮设有电力液压防风铁楔,能够在起重天车走行停止后自动将走行车轮楔死。

(4) 起重天车设有电气过压、欠压和过流保护。

(5) 架桥机支腿与桥面设有可靠锚固装置。

2.6.2 工厂试验

工厂内主要进行各部件的组装和部分机构空运转试验,目的是为了检查制造和安装中存在的质量缺陷及机构的可操作性。

(1) 一般性的检查。即对各生产资料进行标准化审查,包括原材料材质检测报告、主要焊缝质检报告、外购件质检合格证和各零部件外形尺寸检查等。

(2) 主桁部分从最后段至最前段至少要求两两试拼,即最后段与 A(一)段试拼,试拼后检验各部分连接可靠后拆除最后段,然后 A(一)段与 A(二)段试拼,检验合格后拆除 A(一)段,A(二)段与 A 标准段试拼……依次类推。

(3) 1#支腿厂内组装和在主梁上的安装定位,保证各法兰、销轴处连接良好。伸缩油缸模拟空载步履伸缩动作,油缸伸缩应平稳,步履伸缩动作可以完成,插拔销轴灵活。

(4) 2#支腿厂内组装,保证各法兰、销轴处连接良好。横移顶推油缸模拟横移,横移动作应平稳。滑动支撑能够绕轴灵活转动。支顶油缸支顶动作平稳。整车纵移油缸伸缩动作平稳。垫梁铰接可以实现小角度转动(左右两个方向)。

(5) 3#支腿厂内组装,保证各法兰、销轴处连接良好。伸缩油缸模拟空载步履伸缩动作,油缸伸缩平稳,步履伸缩动作可以完成,插拔销轴灵活。模拟 3#支腿倒挂在主梁下弦的走行机构能够灵活运转,无卡阻现象。

(6) 起重天车整体组装,各连接处牢固可靠。起升卷扬机,定滑轮组运转正常,起重天车横移油缸的伸缩动作正常。起重天车模拟在主桁上空载走行试验,纵横移性能检测,要求走行平稳无故障。卷扬机钢丝绳过、欠缠绕保护试验。试验所有限位开关和安全装置动作灵敏可靠。

(7) 动滑轮组与吊具部分整体空运转试验,各滑轮能够灵活转动,动滑轮组空载 360°旋转试验,减速机电机制动性能灵敏可靠。吊具油缸伸缩调整试验,各油缸要求动作平稳,能够实现吊具纵横两个方向±4%的角度微调,各转动轴应能绕垂直轴线灵活转动。

2.6.3 现场试验准备

1. 试验要求

(1) 架桥机整体拼装调试完毕。

(2) 现场准备好两个 T 构节段作为试验砝码,并对每个节段进行称重标定。另外,准备

40块水泥块(16块重4.8 t的水泥块,24块重2.8 t的水泥块)作为加重砝码。

(3)现场应配备足够的索具;吊重起吊时,必须设有安全缆绳。

(4)现场应有200 kW、380 V的交流电源供使用。

(5)整个试验过程应确保安全,禁止在风速大于12 m/s及其他恶劣天气条件下进行。

(6)现场要能完成所有的试验内容。

2. 试验前的准备

(1)架桥机试验操作人员应认真阅读《JQJ120节段拼装架桥机使用说明书》,了解架桥机的机械构造及其性能。架桥机必须由培训合格、取得上岗证的人员操作。

(2)划出试验区域,排除障碍物,涂上醒目标志,严禁无关人员或其他运输工具通过试验区域。

(3)对整机进行仔细清理和打扫,以消除各种残留杂物。

(4)仔细检查架桥机各部位连接是否安全,有无遗漏;按规定向各滑轮轴、转动销轴、滑块位置等注入润滑脂。

(5)检查各安全装置是否正常,包括行程限位开关,高、低速制动器,各防风锚固锁定装置等;检查卷扬机减速器的润滑油面是否够高度。

(6)通电,检查各指示灯是否正常闪亮。

(7)按规定向液压油箱注入液压油,油位不得低于油标的3/4高度,注入液压油时要采用精滤油车,其滤油精度为10 μm。

(8)检查机电操作系统是否可靠,与标识动作是否一致;各电机、制动器是否灵活可靠,空载情况下校验各限位开关和行程开关。

(9)试验前应统一指挥信号,由专人指挥,操作人员只服从总指挥的口令。

(10)准备好检测所用仪器,设备齐全、完好。主要设备包括数字万用表、电流表(0~1 000 A)、秒表、皮尺、水平尺、经纬仪和锤子等。

3. 状态检查

按照设计图纸目测检查所有重要部分的规格和状态是否符合要求。各部件状态及位置如图2-37所示,架桥机由三套移动支腿支承,按照各支腿工作时的实际高度进行工况模拟。以19号墩与20号墩间跨距进行站位,一套支腿站位于20号模拟墩,另位两套支腿站位于19号模拟墩两侧(模拟在0#块现浇段上的站位)。两片主桁中心距为5.5 m±10 mm,起重天车位于跨中位置。

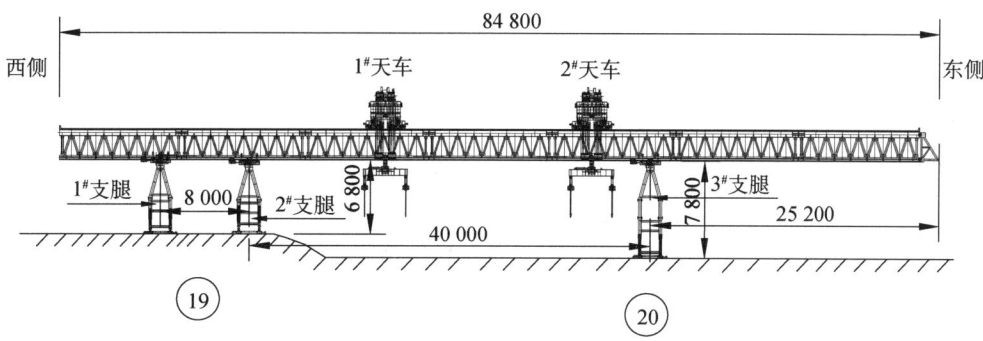

图2-37 架桥机状态检查姿态示意

按照设计图纸总图尺寸,拉尺检查总体尺寸及各部件尺寸是否符合要求。

测量19号与20号模拟墩跨中主桁挠度,进行记录。

2.6.4 起重天车试验

起重天车现场试验包括空载试验和载荷试验。

1. 试验前的准备与检查

试验前应关闭总电源,按下列内容检查起重天车:

(1) 所有部件应完整无缺。

(2) 各组部件的安装装配应符合图纸技术要求。

(3) 需要润滑的零部件应注入充足的润滑油(脂)。

(4) 钢丝绳与卷筒要固定牢靠、钢丝绳不得脱出滑轮槽,限位器要调整灵活准确。

(5) 各金属结构不得有变形,各连接螺栓要正确可靠。

(6) 所有电机、减速机、轴承座等的固定要可靠。

(7) 制动器调整灵活,其推杆的安装应符合要求。

(8) 检查各操作系统是否正确、操作方向与运动方向是否一致。

(9) 检查接地是否可靠;断开动力电路,检查操纵电路所有接线是否正确;检测动力电路和操纵电路的绝缘电阻是否符合要求。

(10) 准备好经纬仪,并在起重天车主梁及架桥机主桁上画出测量标记。

2. 空载试验内容及测试项目

空载试验是对各机构运转性能是否正常、传动是否平稳、各种安全联锁保护装置的灵敏可靠性及电气信号装置的正确性等进行最后的调试,确认验收,并对总体性能参数予以测定验收。空载试验分机构单独进行。

(1) 起升机构的空载运转试验。

起重天车在跨中位置进行试验。要求分别利用起重天车驾驶室的起升操作手柄和遥控器操作控制起重天车起升机构空钩全行程起升、下降两个来回。

① 检查机构运转及传动是否平稳,声音是否正常,有无异响及梗阻现象,停止器、制动器的工作情况是否灵敏正常。

② 检查起升钢丝绳在卷筒及滑轮中的运动情况,有无跳槽及不规则排列,有无运动干涉。

③ 检查高度限位开关动作是否灵敏正常。

④ 检查单个起重天车起升机构两台卷扬机的同步效果及分驱动性能(短时分别动作)。

⑤ 分别检测驾驶室操作手柄及遥控器的操作,检查控制器的指示方向与卷扬机转动方向是否一致。

⑥ 测出各挡位起升高度,上升、下降速度,并做好记录。

(2) 起重天车的大车空车走行试验。

要求分别利用起重天车驾驶室的大车走行操作手柄和遥控器操作控制起重天车走行机构空车在主桁轨道上全行程来回走行两遍。

① 检查各走行车轮组是否平稳正常。

② 确认各车轮组的电力液压防风铁楔是否安全有效。

③ 检查各车轮组的减速机制动器是否安全有效。
④ 检查整机所有紧固件的螺栓有无松动,焊接处有无裂纹和异常声响。
⑤ 检查整机走行时是否平稳或跑偏,声音是否正常,有无异响与梗阻现象。
⑥ 检查整机走行时天车供电电缆是否收放自如。
⑦ 检查控制器的指示方向与走行方向是否一致。
⑧ 检查各行程限位开关的灵敏可靠性。
⑨ 测出各挡位大车走行速度,并做好记录。

(3) 起重天车的小车空车横移试验。

起重天车各自在跨中位置进行试验。要求分别利用起重天车上的小车横移油缸操作手柄和遥控器操作控制起重天车小车横移空车在横移轨道上全行程来回走行两遍。

① 检查横移是否平稳正常。
② 检查横移过程是否平稳,声音是否正常,有无异响与梗阻现象。
③ 检查控制器的指示方向与横移方向是否一致。
④ 测出横移速度及横移范围,并做好记录。

(4) 起重天车的吊具空运转试验。

起重天车各自在跨中位置进行试验。要求利用吊具操作盒测试吊具各运转机构的空运转动作。对吊具纵、横两个方向±4%的角度各进行两次微调,吊具360°回转两次。

① 检查纵、横调油缸动作是否平稳正常。
② 检测纵、横调角度是否达到设计要求的±4%。
③ 检查控制器的指示方向与纵、横调方向和回转方向是否一致。
④ 检测吊具回转时是否平稳可靠,测试吊具回转速度并做好记录。

3. 额定载荷试验

将作为试验砝码的节段(重约105 t)吊运至19号与20号墩之间放置,并在该节段上增加配重砝码,使其总重达到120 t(含吊具、动滑轮组共7 t),如图2-38所示。

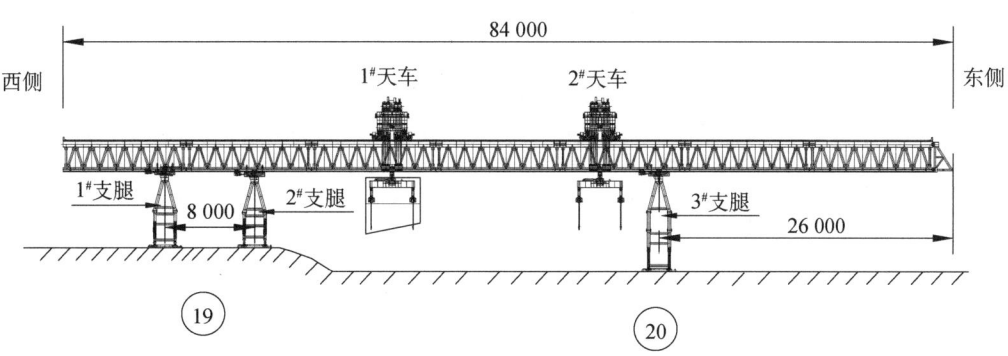

图2-38 起重天车额定载荷试验示意

(1) 检查起重天车起升及制动情况。

在19号与20号模拟墩之间靠近架桥机2#支腿位置,起吊额定载荷120 t(含吊具、动滑轮组共7 t)。开动起重天车提升载荷到1 m高度位置制动一次,检查制动器状况。下降

300 mm,再制动一次。以上动作进行 2 次,检查金属结构及各机构,确保其不得有异响、松动和损坏,起升制动器应安全牢靠。

(2) 检查起重天车大车走行机构制动器情况。

在 19 号与 20 号模拟墩之间靠近架桥机 2# 支腿位置,起吊额定载荷 120 t。开动起重天车提升载荷到 4 m 高度,起重天车在允许运行的范围内往返走行 2 次。检查起重机金属结构及各机构,确保其不得有异响、松动和损坏,大车走行制动器应安全牢靠。

(3) 起重天车横移油缸负载试验。

在 19 号与 20 号模拟墩之间靠近架桥机 2# 支腿位置,起吊额定载荷 120 t。开动起重天车提升载荷到 1 m 高度,操作起重天车小车横移油缸伸缩,在油缸全行程范围内运行 2 次。检查横移动作是否平稳。

(4) 吊具负载 360°回转试验。

在 19 号与 20 号模拟墩之间靠近架桥机 2# 支腿位置,起吊额定载荷 120 t(含吊具、动滑轮组共 7 t)。开动起重天车提升载荷到 1 m 高度,操作吊具 360°回转,回转运行 2 次,回转应平稳,减速机电机制动性能灵敏可靠。

(5) 吊具油缸坡度负载调整试验。

在 19 号与 20 号模拟墩之间靠近架桥机 2# 支腿位置,起吊额定载荷 120 t(含吊具、动滑轮组共 7 t)。开动起重天车提升载荷到 1 m 高度,分别调整纵、横向油缸,要求油缸伸缩动作平稳,能够实现吊具纵、横两个方向±4‰角度的微调,各转动轴应能绕轴线灵活转动,纵、横方向各进行 2 次。

试验完成后,需将试验载荷卸至 19 号与 20 号模拟墩之间靠近架桥机 2# 支腿位置的地面上放置,为后面动载试验做好准备。

4. 动载试验

用汽车吊在原来的载荷上面继续增加 11 t 配重砝码,按 1.1 倍额定载荷即 120 t×1.1=132 t 做动载试验,如图 2-39 所示。检查各制动器及连锁联护装置的可靠性,并做好记录。

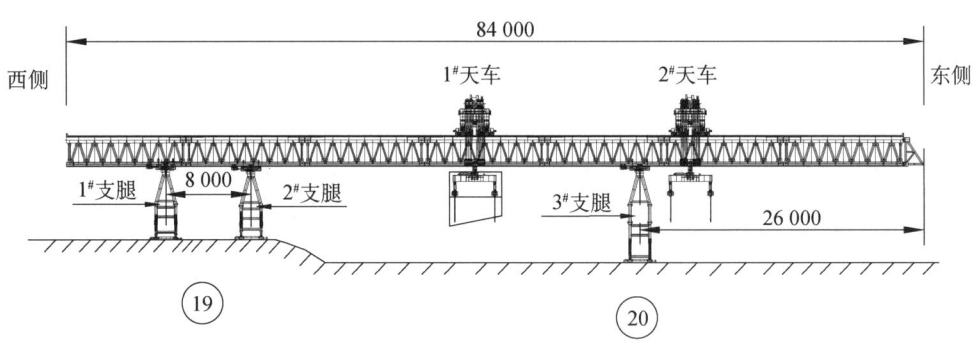

图 2-39 起重天车动载载荷试验示意

(1) 检查起重天车起升及制动情况。

在 19 号与 20 号模拟墩之间靠近架桥机 2# 支腿位置,起吊试验载荷 132 t(含吊具、动滑轮组共 7 t)。开动起重天车提升载荷到 1 m 高度位置制动一次,检查制动器状况。下降 300 mm,再制动一次。以上动作进行 2 次,检查金属结构及各机构,确保其不得有异响、松动和损坏,起升制动器应安全牢靠。

(2) 检查起重天车大车走行机构制动器情况。

在 19 号与 20 号模拟墩之间靠近架桥机 2# 支腿位置,起吊试验载荷 132 t(含吊具、动滑轮组共 7 t)。开动起重天车提升载荷到 2 m 高度,起重天车在允许运行的范围内往返走行 2 次。检查起重机金属结构及各机构,确保其不得有异响、松动和损坏,大车走行制动器应安全牢靠。

(3) 起重天车横移油缸负载试验。

在 19 号与 20 号模拟墩之间靠近架桥机 2# 支腿位置,起吊试验载荷 132 t(含吊具、动滑轮组共 7 t)。开动起重天车提升载荷到 1 m 高度,操作起重天车小车横移油缸伸缩,在油缸全行程范围内运行 2 次。检查横移动作是否平稳。

(4) 吊具负载 360°回转试验。

在 19 号与 20 号模拟墩之间靠近架桥机 2# 支腿位置,起吊试验载荷 132 t(含吊具、动滑轮组共 7 t)。开动起重天车提升载荷到 1 m 高度,人工操作吊具 360°回转,回转运行 2 次,回转应平稳,人工可控可调。

(5) 吊具油缸坡度负载调整试验。

在 19 号与 20 号模拟墩之间靠近架桥机 2# 支腿位置,起吊试验载荷 121 t(含吊具、动滑轮组共 7 t)。开动起重天车提升载荷到 1 m 高度,分别调整纵、横向油缸,要求油缸伸缩动作平稳,能够实现吊具纵、横两个方向±4%角度的微调,各转动轴应能绕轴线灵活转动,纵、横方向各进行 2 次。

试验完成后,需将试验载荷卸至 19 号与 20 号模拟墩之间靠近架桥机 2# 支腿位置的地面上放置,为后面静载试验做好准备。

5. 静载试验

用汽车吊在原来的载荷上面继续增加配重砝码至 18 t,按 1.25 倍额定载荷即 120 t×1.25=150 t 做静载试验。

在 19 号与 20 号模拟墩之间靠近架桥机 2# 支腿位置,起吊试验载荷 150 t。将吊重提离梁面 100 mm 高,悬挂 10 min,用经纬仪检测主桁及起重天车主梁的下挠变形;检查吊具及其他金属结构有无异常永久变形;检查卷扬机制动器有无打滑。

10 min 后卸下载荷检测主桁,检查起重天车主梁有无永久变形;若有变形则需再次进行静载试验;做好过程记录。

2.6.5 T 构架设试验

在架桥机完成了起重天车试验,验收合格后进行 T 构架设工况模拟试验,确认主梁结构及各个支腿承载的安全性,验证其强度、刚度和构件稳定性。

1. 全行程负载走行试验

(1) 利用起重天车做全行程负载走行试验(图 2-40)。将原试验载荷 150 t 卸除 30 t,保证试验载荷为 120 t。

(2) 起重天车走行到 19 号与 20 号模拟墩之间,准备起吊试验载荷 120 t。

(3) 开动起重天车提升吊重到正常架梁高度(节段高度能够安全穿越 1# 支腿)。

(4) 在悬臂 8 m 到 19 号模拟墩中心再到 20 号模拟墩跨中范围内往返运行 2 次。
(5) 检查主桁梁金属结构及各支腿结构,确保其不得有异响、松动和损坏。

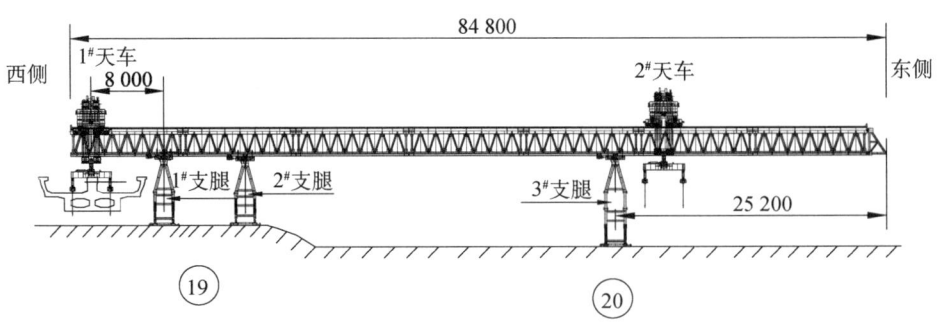

图 2-40 架桥机负载走行试验

2. T 构架设工况试验

(1) 利用 1# 起重天车吊装试验载荷 120 t 到悬臂端 8 m 处,2# 起重天车起吊试验载荷走行至 19 号与 20 号模拟墩跨中靠近 2# 支腿位置进行下降制动和上升制动各 2 次,检验起重天车吊重制动对架桥机前跨结构的冲击影响,之后在吊重状态下停在此处不动,如图 2-41 所示。

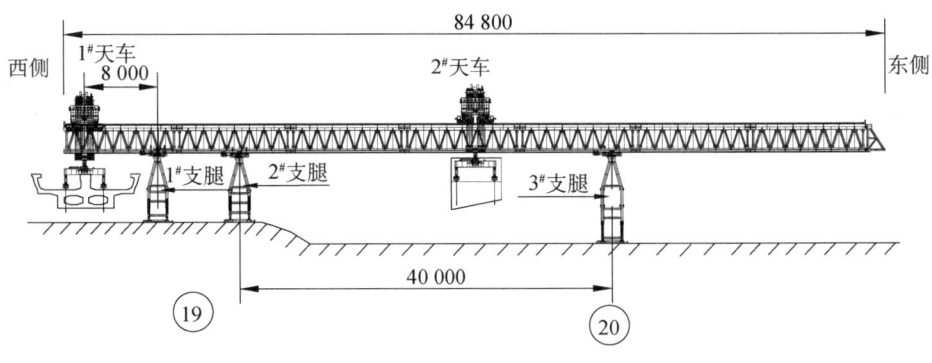

图 2-41 架桥机吊装试验

(2) 测量 19 号与 20 号模拟墩跨中主桁挠度和悬臂段挠度,并进行记录。

3. 应力测试

为了检验主桁梁的主要杆件强度,有必要对其进行应力测试,测出主桁梁主要受力杆件在荷载作用下的实际应力,并与理论计算值进行对比。基本要求如下:

① 荷载试验前,应按照应力测试点布置图上指示的位置在主桁梁各主要杆件上安装并校正应变片。

② 每次加载结束时,检验人员观测并读取应变数据,同时填写"JQJ120 节段拼装架桥机应力测试表"。

③ 在加载过程中,如果发现杆件应力出现异常情况,应立即停止加载。

4. 试验记录及报告

架桥机的型式试验方案应满足第三方检测单位要求,现场实施时应邀请检测单位现场监督。

试验开始前应按照试验方案制订详细的分项检查表。在试验过程中,应严格按照检查记录表的要求做好详细记录,并根据试验结果编制试验报告。

第三方检测单位现场检测合格后,应出具《特种设备型式试验合格证》。

2.7 本章小结

新建桥梁在跨越城市既有轨道交通线路时,往往受制于复杂的周边环境与严苛的设计条件,导致施工方法的选择非常有限,如何在确保线路正常运营的情况下开展施工,非常具有挑战性。本章以上海市轨道交通 10 号线上跨 6 号线节点桥施工为例,根据复杂的周边环境,通过多种施工方法的比选,创造性地提出了一种新型预制节段悬臂拼装方法——架桥机单 T 构悬臂拼装方法。

(1) 架桥机的三个支腿分别支撑在边墩、单个 T 构墩顶、施工好的 T 构梁体上,从边跨起吊节段,天车运至中跨上方悬臂安装;每拼装两个节段,架桥机 1# 支腿和主桁梁向前移动一次,2# 支腿和 3# 支腿保持不动。该方法只利用单个 T 构,既减少了 T 构间的相互影响,又降低了设备规模,能较好地解决预制节段拼装桥交叉跨越既有桥梁、道路、河流地面临的复杂施工环境等问题,可大大拓宽预制节段拼装桥的应用场景。

(2) 基于该方法设计的悬臂拼装设备包括适用于 U+箱梁截面的单 T 构悬臂拼装架桥机与可调移动式辅助支腿、可调移动式防护平台、自动跟随式张拉吊篮、竖向轴力伺服系统等附属设备。根据设备构造特点,提出了悬臂拼装设备的工作流程,并通过理论计算、试验检测和安装调试验证了设备的安全可靠性。

(3) 新型悬臂拼装设备具有小型化、轻量化、低影响及高适应性的特点:

① 3# 支腿与 2# 支腿固定于边墩与中墩墩顶,安全性高。

② 不影响中跨下方空间的正常使用,影响性小。

③ 可满足不同跨径的拼装需求,适应性强。

④ 只利用单个 T 构,灵活性高。

⑤ 设备规模小,经济性好。

(4) 设备研制过程中,通过在架桥机主桁梁悬臂端设置预拱度既解决了中跨预制节段安装时挠度过大问题,又减小了主桁梁的规模与重量,满足了轻量化的要求;通过支腿的特殊设计实现了架桥机的三维姿态调整,满足了 U 形截面以及桥梁平曲线与竖曲线的安装要求;防护平台的多功能设计既适应了复杂的空间条件限制,又满足了轨道交通运营线路的安全防护要求。

第3章 架桥机单T构悬臂拼装工艺

大跨度 U+箱连续梁架桥机单 T 构悬臂拼装工艺主要由 0# 块现浇施工、节段梁预制、边墩拼装段支架、节段梁架桥机悬臂拼装工艺等内容组成,其中节段梁架桥机悬臂拼装工艺主要包括节段吊装作业步骤、适应桥梁曲线的架桥机姿态调整工艺、适应 U+箱梁截面的临时锁定工艺以及节段拼接工艺等。

3.1 节点桥总体施工流程

受现场管线搬迁、道路翻交等前期因素影响,以及施工场地周边建构筑物的空间限制,节点桥以跨中为界,将结构划分为东半桥、西半桥,相应地形成东侧、西侧两块施工区域。节点桥的总体施工流程如图 3-1 所示。

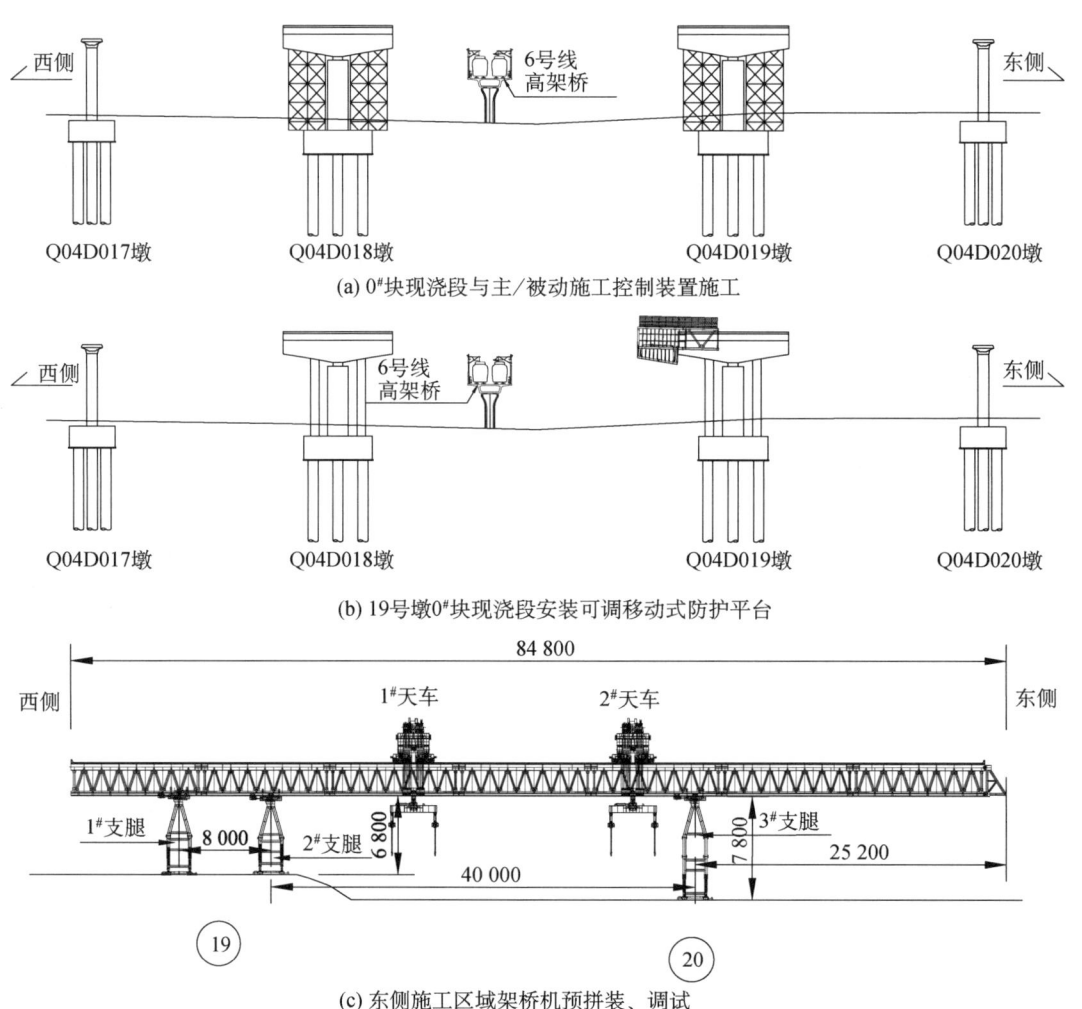

(a) 0# 块现浇段与主/被动施工控制装置施工

(b) 19号墩0# 块现浇段安装可调移动式防护平台

(c) 东侧施工区域架桥机预拼装、调试

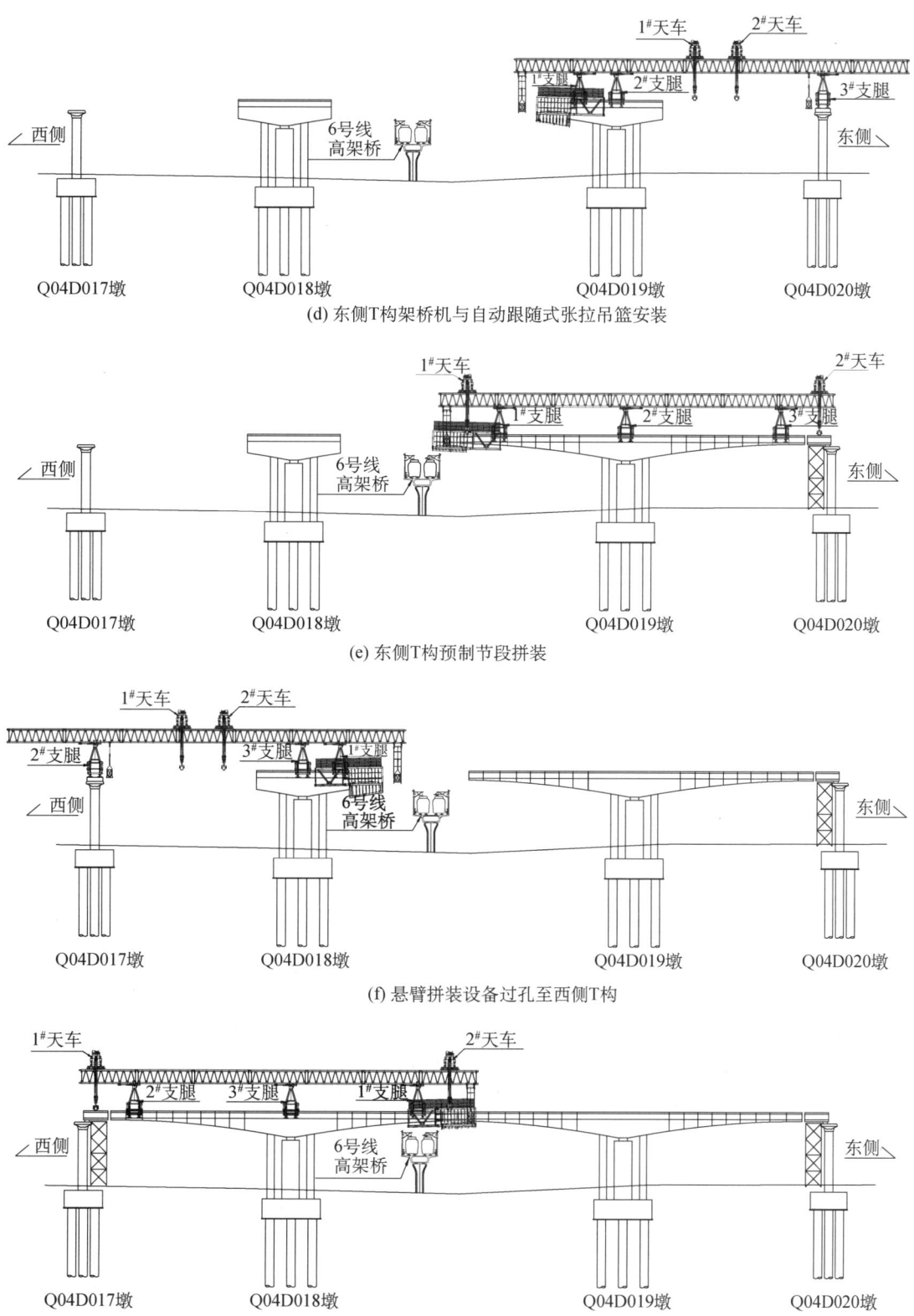

(d) 东侧T构架桥机与自动跟随式张拉吊篮安装

(e) 东侧T构预制节段拼装

(f) 悬臂拼装设备过孔至西侧T构

(g) 西侧T构预制节段拼装

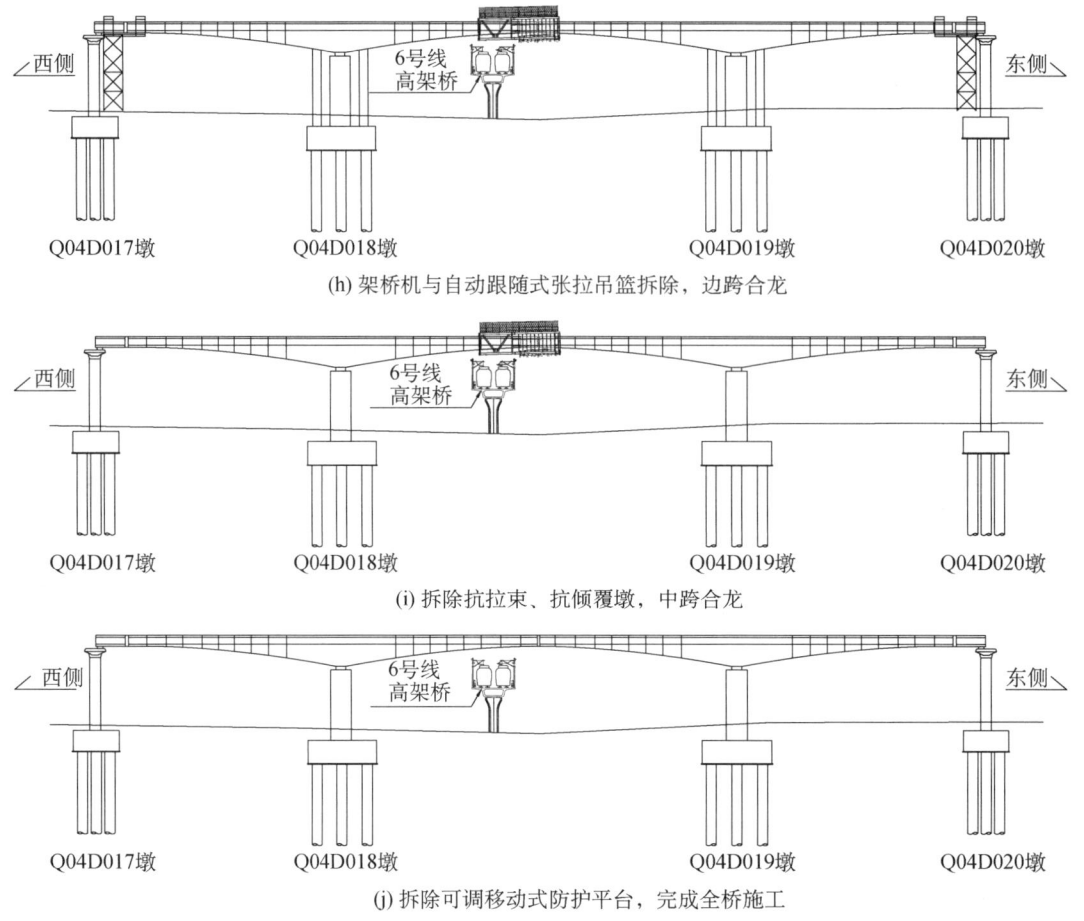

(h) 架桥机与自动跟随式张拉吊篮拆除，边跨合龙

(i) 拆除抗拉束、抗倾覆墩，中跨合龙

(j) 拆除可调移动式防护平台，完成全桥施工

图 3-1　总体施工流程

3.2　0#块现浇段施工

0#块现浇段横断面为U+箱形，主要由顶板（即U梁底板）、底板、腹板和U梁腹板组成，全宽11.44 m，总长度19.6 m，梁高4.142～5.5 m，采用支架法一次性浇筑成型。

根据东侧与西侧0#块现浇段所处周边环境的不同，按照不影响既有地铁线路正常运营的原则，在强度与刚度均满足安全要求的前提下，模板支撑体系的设计应尽量做到体系简单可靠、传力路径明确、所用材料常见、安拆方便快捷。基于此，东侧19号墩0#块现浇段施工采用大钢管组成的型钢支架，西侧18号墩0#块现浇段施工采用碗扣式钢管满堂支架。

3.2.1　19号墩0#块现浇段模架设计

1. 构造设计

0#块现浇段模板支架体系由型钢支架、底模、侧模、端模和内模五部分组成。其中，底模、内模采用钢木混合构造，侧模、端模采用定制大钢模。

(1) 型钢支架。

型钢支架采用 12 根 φ609 mm×16 mm 钢管,布置在 0#块桥墩的顺桥向两侧,平面排列为 4 排×3 根,纵立面整体呈倒梯形。立柱底部直接支撑在承台上,与承台顶面的预埋钢板焊接固定;立柱之间设置 I40b 工字钢与 φ299 mm×8 mm 钢管作为横向连系;立柱顶部顺桥向放置 4 根双拼 HN500×200 型钢作为纵向承重梁,梁上每间隔 1 m 设置 1 根 HN500×200 型钢作为横向分配梁。

(2) 底模。

由于 0#块现浇段梁高由墩顶向端头逐渐缩小,因此采用[10 槽钢制作的定型三脚架,按照每间隔 2.0 m 设置 1 根的要求顺桥向放置到横向分配梁上,三脚架之间设置[10 槽钢作为横向连系,上面再沿横桥向摆放 10 cm×10 cm 方木作为分配次梁,间距为腹板区 20 cm、底板区 40 cm、翼板区 60 cm;方木上再铺设 18 cm 厚竹胶板作为面板。

(3) 内模。

内模采用木模,根据设计要求组装箱体内倒角模板。

(4) 侧模。

按照桥梁侧面的形状、长度、高度变化,采用[10 槽钢定型加工 6 块钢模板,按照模板宽度 4.0 m、4×3.0 m、4.0 m 的间距搁置在横向分配梁上,如图 3-2、图 3-3 所示。

(5) 端模。

根据预制节段的端面构造与端面吻合度,加工定型化钢模。

2. 支架计算

根据支架图纸建立有限元分析模型,如图 3-4 所示。因支架以中墩为中心两侧对称设置,故只建立一半模型进行验算。

将现浇箱梁划分为 4 个区域(分别为翼板区、边腹板区、底板区、中腹板区),将各区域的梁段重量换算为线荷载施加到 9 根横向分配梁上;荷载向跨中方向逐渐减小(荷载分布见图 3-5)。具体荷载值见表 3-1。

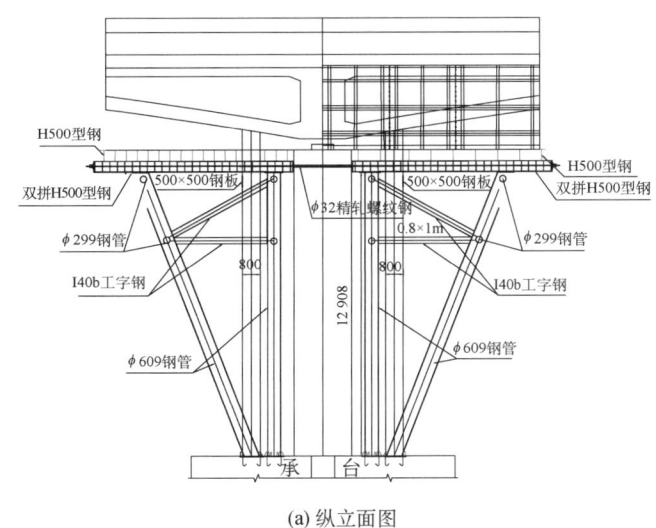

(a) 纵立面图

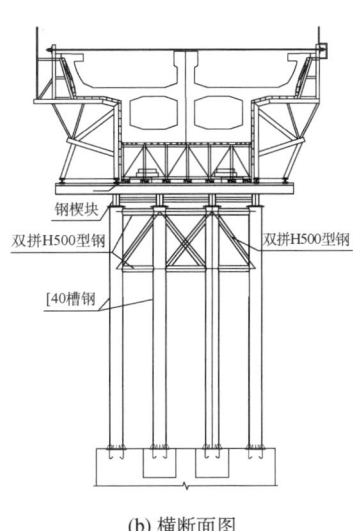

(b) 横断面图

图 3-2 侧模支架结构示意

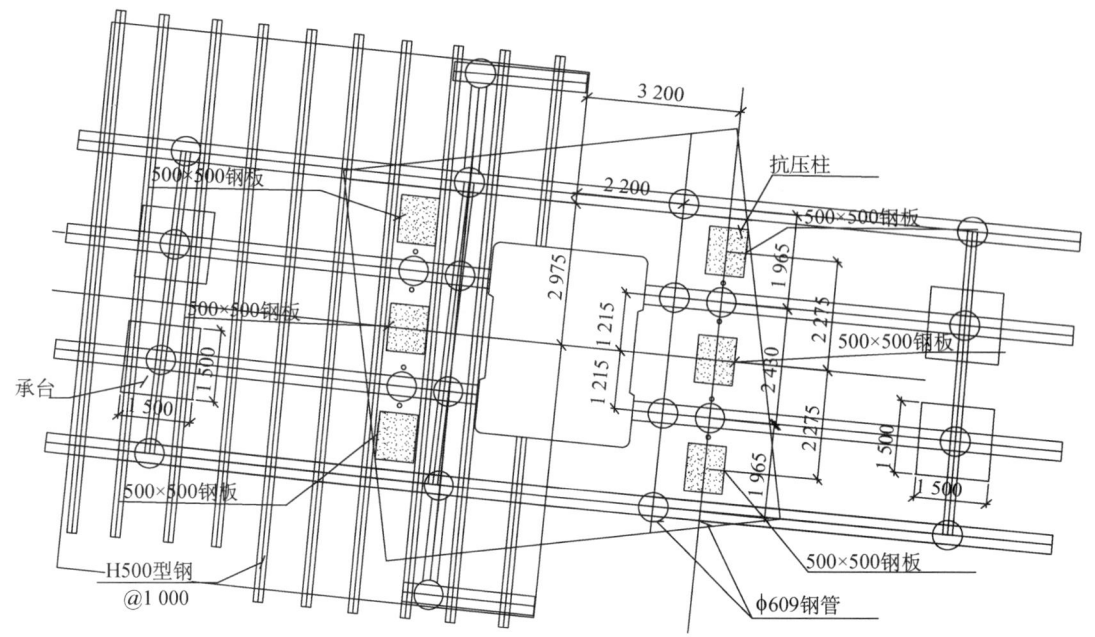

图 3-3 支架平面布置

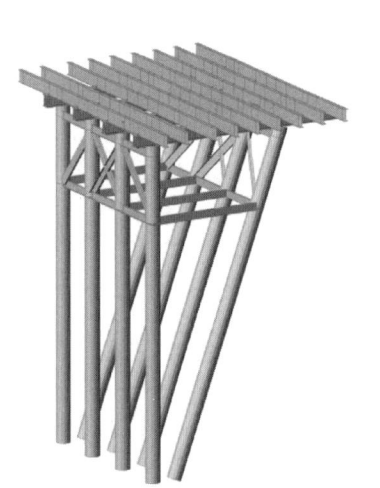

图 3-4 承力托架有限元分析

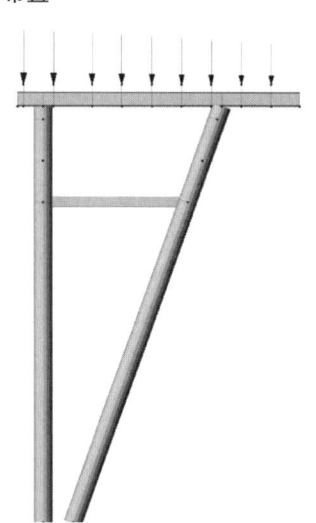

图 3-5 荷载分布

表 3-1 支架上分布荷载值　　　　　　　　　　　　单位:kN/m

分配梁编号	翼板	腹板	底板	中腹板
1号梁	19.9	120.3	43.7	171.6
2号梁	19.9	114.9	42.1	166.3
3号梁	19.9	109.6	40.6	161.0
4号梁	19.9	104.3	39.0	155.7
5号梁	19.9	99.0	37.4	150.4

(续表)

分配梁编号	翼板	腹板	底板	中腹板
6号梁	19.9	93.6	35.9	145.1
7号梁	19.9	88.3	34.3	139.8
8号梁	19.9	83.0	32.8	134.5
9号梁	19.9	77.8	31.2	129.3

支架的刚度、强度、稳定性分析结果如表3-2所示。

表3-2 型钢支架结果

型钢支架受力情况	分析结果
最大挠度5.9 mm， $\gamma_{max}=5.9$ mm$<[\gamma]$ $=6.075$ mm	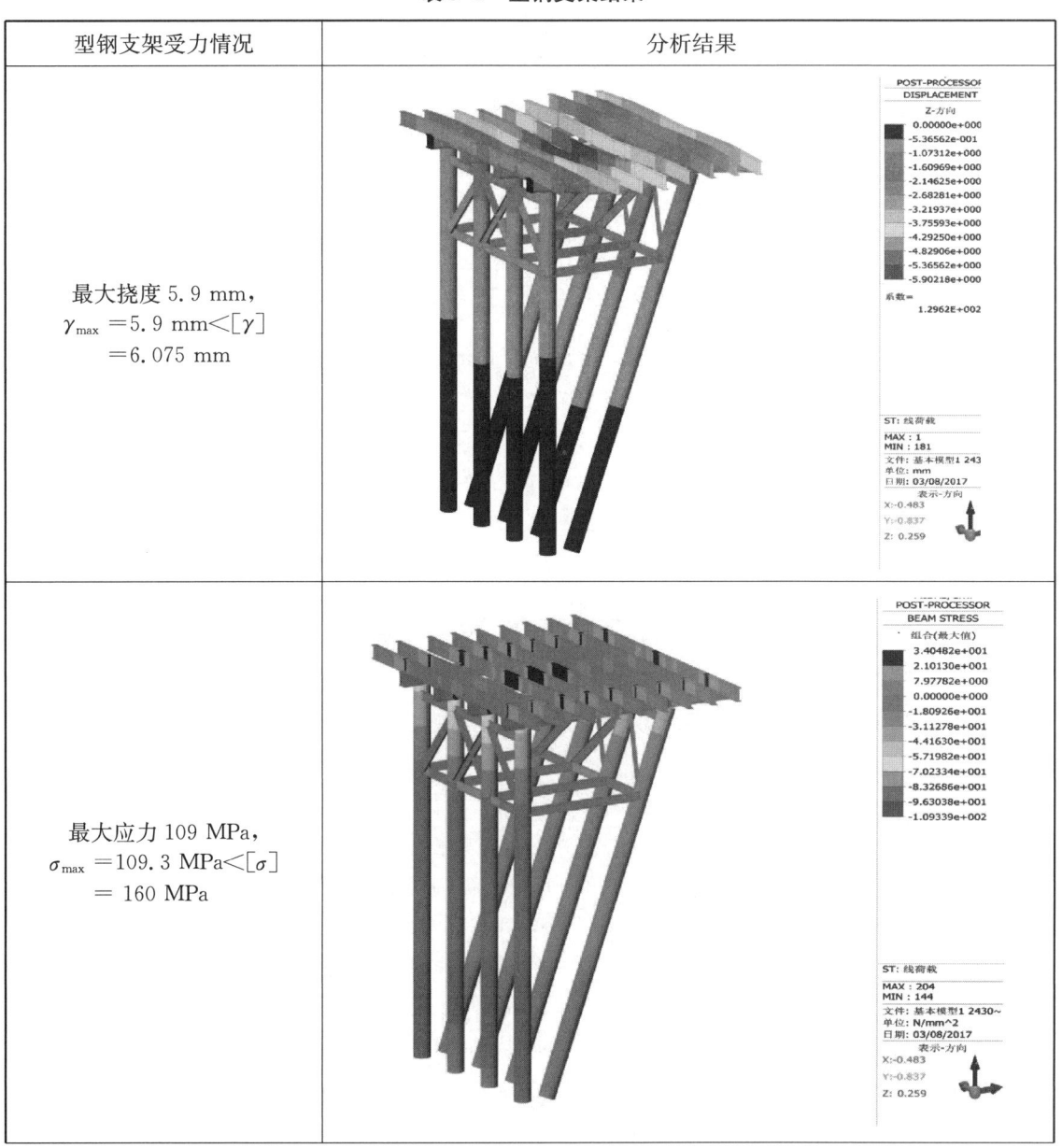
最大应力109 MPa， $\sigma_{max}=109.3$ MPa$<[\sigma]$ $=160$ MPa	

(续表)

临界荷载系数为 23.7，$\varphi=23.72>[\varphi]=5$

3.2.2　18 号墩 0# 块现浇段碗扣式钢管支架

18 号墩 0# 块现浇段支架采用 ϕ48.3 mm×3.5 mm 钢管作为竖向支撑，2 根 ϕ48 mm×3.0 mm 钢管作为分配主梁，1 根 60 mm×80 mm 方木作为分配次梁，18 cm 厚竹胶板作为面板。具体构造设计为：

箱梁中腹板高 4.142～5.5 m，宽度为 0.8 m，支架柱网设计为 0.3 m×0.3 m；箱梁边腹板梁高 2.696～3.85 m，宽度为 0.4 m，支架柱网设计为 0.3 m×0.3 m；箱梁空腔部分顶板厚 0.4 m，底板厚 0.6 m，支架柱网设计为 0.3 m×0.6 m；其余区域的支架柱网设计为 0.6 m×0.6 m。横断面如图 3-6 所示。

满堂支架搭设在 25 cm 厚 C30 混凝土地坪上，水平杆步距为 1.2 m，立杆底部设 KTZ-60 可调底座，顶部设 KTC-60 可调托撑。每个托撑上纵向搁置 2 根钢管作为分配主梁，其上再横向铺设 60 mm×80 mm 方木作为分配次梁，最后铺设 18 mm 厚竹胶板作为箱梁底模。

3.2.3　轨道交通 6 号线安全防护设计

西侧 18 号墩 0# 块现浇段投影均位于 6 号线高架桥之外，碗扣式钢管满堂支架与 6 号线高架桥净距为 0.5～12 m，无需进行额外的防护设置，只需在施工期间做好临边防护即可。

东侧 19 号墩 0# 块现浇段投影侵入 6 号线高架桥 0～0.53 m 宽（图 3-7），箱梁底部仅比列车顶高约 0.6 m，箱梁侧面与接触网净距约 2.2 m，必须进行施工期间的防护设计，以保护地铁线路的正常运营。

（1）调整侵入范围的型钢支架钢横向分配梁外伸长度，从标准的 2.8 m 调整为 1.8 m，确保型钢端头与列车的净距大于 1.2 m，满足列车正常行驶的最大限界值。

（2）调整临近地铁侧的侧向大钢模底脚宽度，从标准的 2.7 m 调整为 1.57 m。

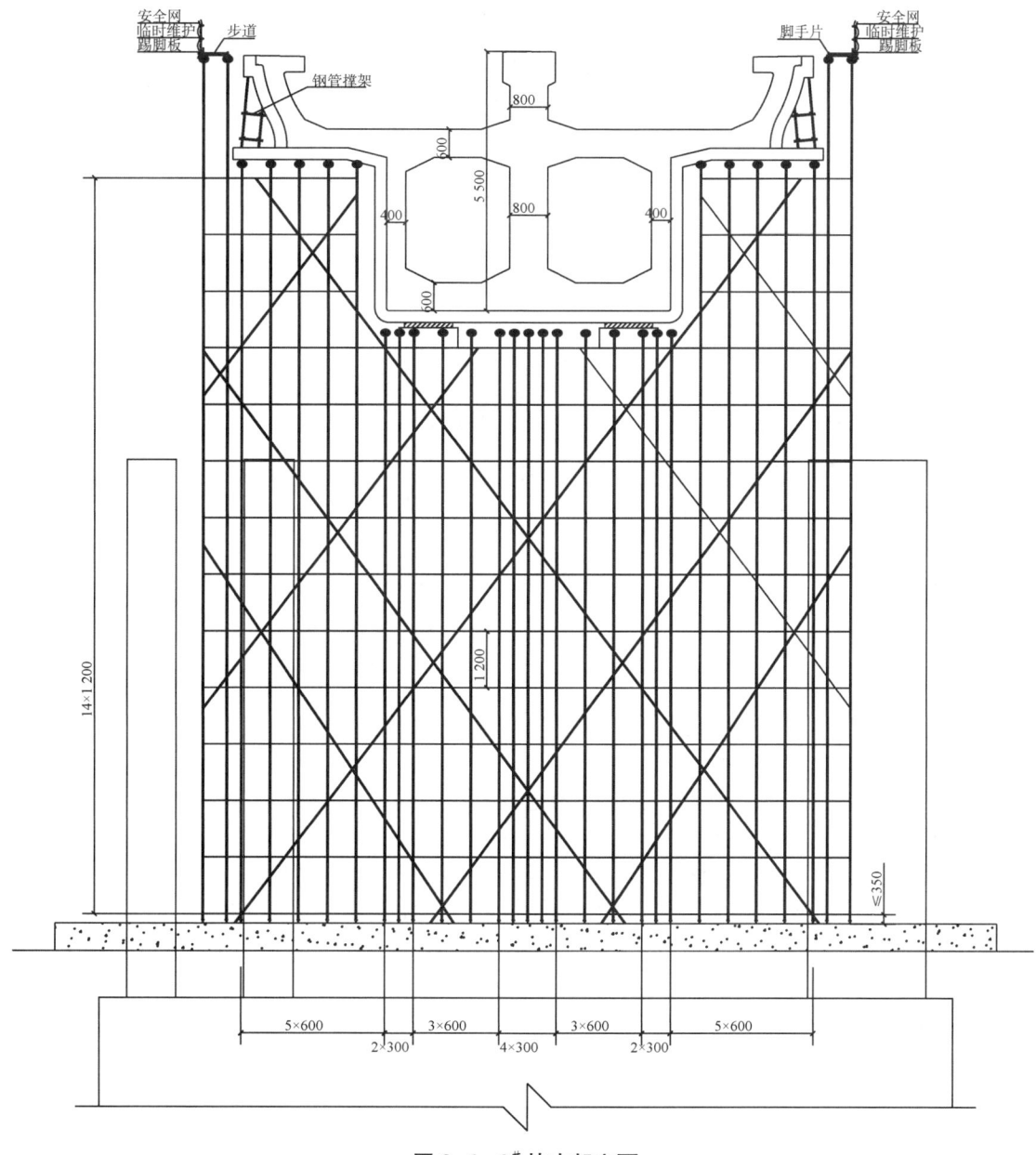

图 3-6 0#块支架立面

(3) 在临近地铁侧的侧向大钢模外部安装可承受 50 kV 击穿电压的绝缘板,用尼龙扎带与防护骨架绑扎成整体。绝缘防护安装到位后,支架与接触网最小水平距离为 1.05 m。

(4) 在支架指定位置安装保护接地线,施工中如发生架体意外触电事件,可使接触网供电系统的熔断器或断路器得以动作,从而起到安全保护作用。

(5) 0#块现浇段施工完毕,模板与支架的拆除应安排在无列车通过的空窗期进行,施工期间应与车站调度室保持密切联系。

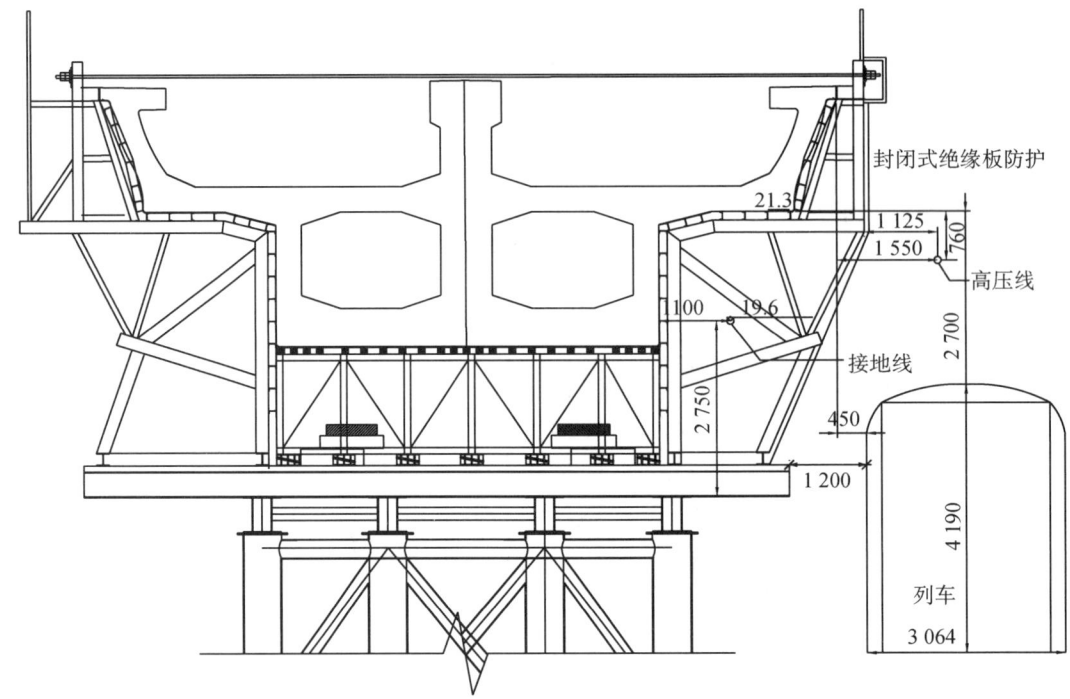

图 3-7 型钢支架对轨道交通 6 号线的防护示意

3.2.4 钢筋混凝土施工

1. 钢筋安装

钢筋绑扎分两次进行,先绑扎箱梁的钢筋,再绑扎 U 梁腹板钢筋。箱梁的钢筋按照底板→腹板→顶板的顺序进行,待腹板钢筋完成后,进行内模支立,然后绑扎顶板钢筋,最后绑扎 U 梁腹板钢筋。安装钢筋的同时应将波纹管按照设计位置安装并锚固,钢筋节点必须采用扎丝满扎。

2. 混凝土施工

$0^{\#}$ 块现浇段采用一次浇筑成型工艺,以减少施工接缝、提升整体外观质量。混凝土灌注顺序为箱形底板→箱形腹板→箱形顶板→U 梁腹板,灌注时左右两侧对称进行,从前端向墩顶浇筑。浇筑完成后,对箱梁外侧与内侧采用覆盖和洒水方式进行养护。

3. 预应力施工

混凝土浇筑前,所有的波纹管必须插入橡胶内衬管,并且浇筑过程中经常性地抽动橡胶内衬管,避免施工中可能发生的漏浆堵管,在终凝后及时将橡胶内衬管拔出、洗净。

在混凝土达到张拉龄期后,将编过束的预应力钢绞线穿入波纹管。穿束作业采用钢绞线穿索机进行,钢束的端头应提前套上塑料穿束帽,以减小穿束时钢绞线与波纹管间的摩擦力。

由于 $0^{\#}$ 块现浇段仅设置了纵向预应力筋,因此要求张拉时两端同步且左右对称张拉,张拉顺序为先腹板再顶板后底板,从外向内左右对称进行。张拉采取"应力和伸长量"双项控制,即以"应力控制为主,伸长量校验"。预应力筋张拉完成后,应在 24 h 内完成孔道灌浆。压浆设备采用智能循环压浆设备,真空辅助灌浆工艺。

3.3 节段预制施工

3.3.1 节段匹配预制工艺

1. 工艺比选

节段匹配预制工艺是一种将整跨梁划分成若干个标准节段,在预制工厂的预制台座上,利用循环使用的模板系统逐榀匹配、流水预制的标准化工艺。按照施工方法的不同,可分为长线匹配预制工艺与短线匹配预制工艺。其中长线匹配预制工艺场地占用大、适应性差、利用效率低,目前大跨度变截面节段的预制以短线匹配预制工艺为主。

其原理是以预制好的前一节段后端面作为后一节段的前端模,在后一节段制作完毕后即将前一节段吊离台座,后一节段又作为新制节段的端模,如此循环往复,逐块地在台座上完成所有节段的匹配预制。该工艺占地面积少,模板安装和拆除方便快捷,特别适用于有平曲线和竖曲线的桥梁。

考虑到节点桥的特点,选用短线匹配预制工艺进行节段预制。节点桥节段预制时,以半个T构为一个预制批次,按拼装顺序依次进行预制。

2. 节段预制程序

节段预制的一个标准循环程序如图 3-8 所示。

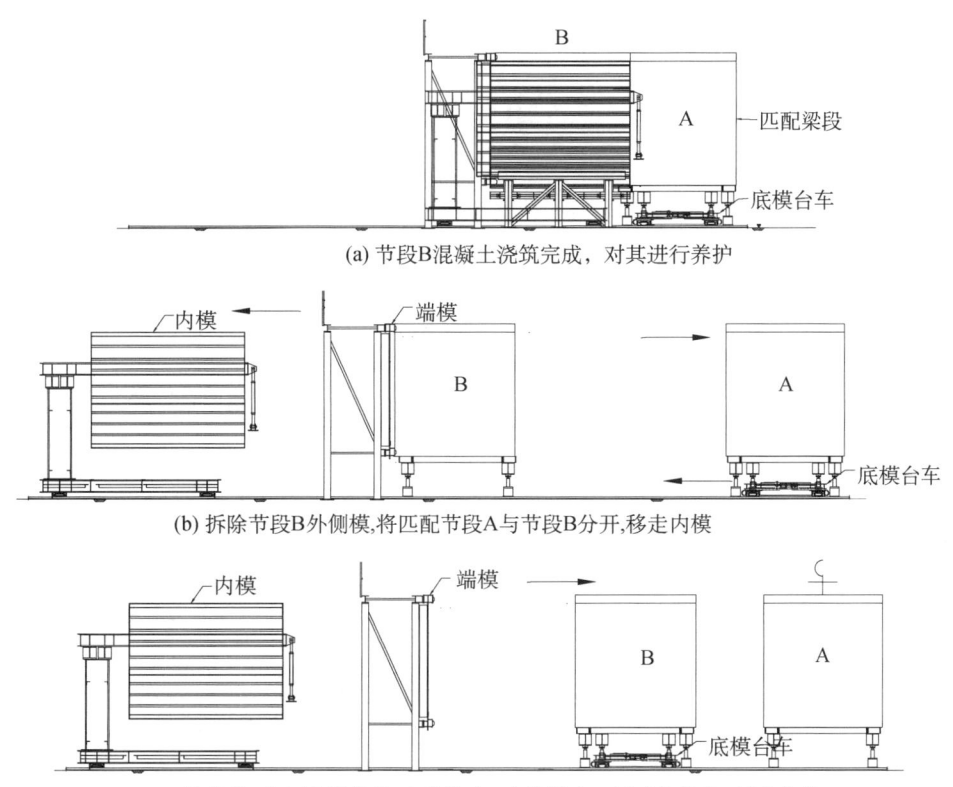

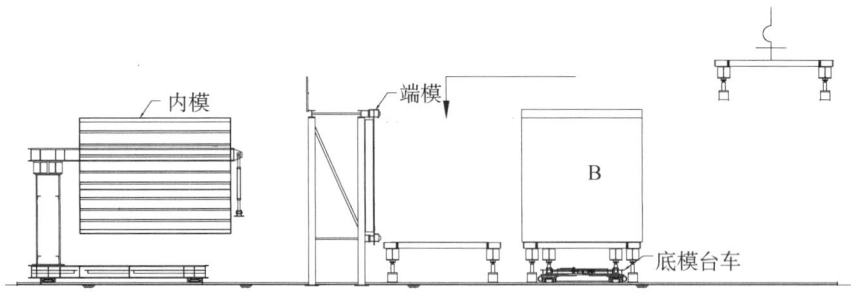

(d) 用吊机将节段A的底部调整平台及底模吊到固定端模处，撑起并调整底脚

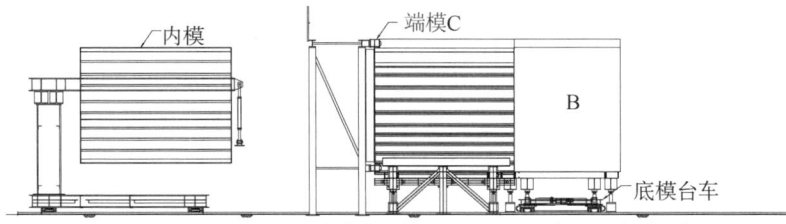

(e) 将节段B移至匹配节段位置，并精确调整其平面位置及高程；安装并定位待浇节段（节段C）的外侧模；将各模板相互固定

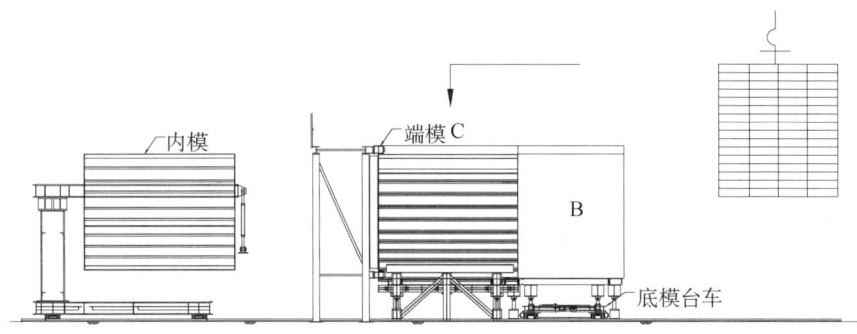

(f) 将节段C的钢筋骨架吊入钢模，对其进行定位

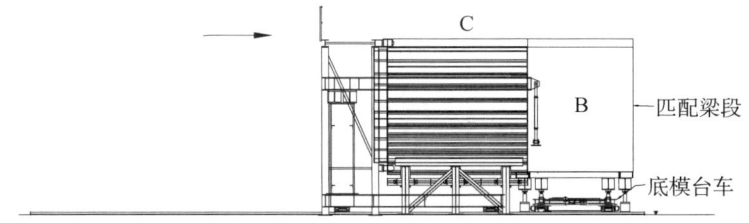

(g) 移进内模，将其与节段B内面及固定端模之间固定

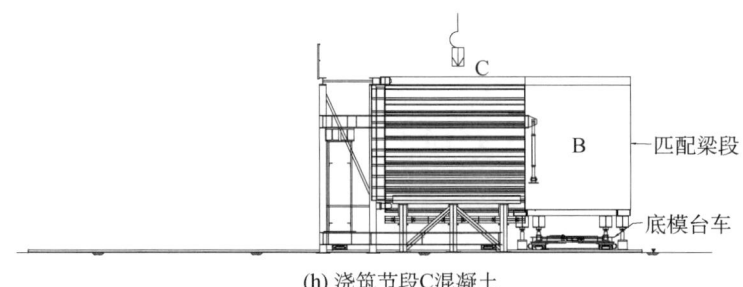

(h) 浇筑节段C混凝土

图3-8　节段预制程序（一个标准循环）

预制节段实体如图 3-9 所示。

(a) 2#节段　　　　　　　　　　　　　　　(b) 9#节段

图 3-9　预制节段实体

3.3.2　节段预制线型控制

节段预制线型控制主要包括模板精度控制和匹配节段定位两个环节。

1. 模板精度控制

模板精度控制要求固定端模模面须保持竖向垂直并与预制单元中线成 90°，端模上缘须保持水平，水平误差与中线垂直度误差必须控制在 2 mm 之内。固定端模上共设 4 个控制点：2 个轴线控制点，2 个标高兼平面位置控制点。

2 个轴线控制点位于固定端模板的顶面和内腔底面正中，通过仪器观察两点是否与基线重合以及两点到基点的水平距离是否相等，可控制固定端模竖向垂直度并使其中线居中。

2 个水平标高点兼平面位置控制点对称设置在腹板位置处，通过对其到基点的距离以及相对标高的测量，可控制固定端模整个模面与待浇节段的中轴线垂直并使其顶面水平。

每次节段浇筑完成后，在下一节段浇筑前，均需对固定端模的精度进行校核。一般情况下，固定端模无需移动，但如果过程中经过测量发现固定端模不满足精度要求时，则必须调校合格后方能进行下一道工序施工。

底模须与固定端模下缘良好闭合，底模中线必须在水平及竖向与固定端模模面垂直，外侧模必须和固定端模闭合良好。

2. 匹配节段定位

匹配节段的定位主要通过 6 个控制测点来实现，测点设置见图 3-10。沿节段中心线的 2 个测点(FH、BH)用来控制平面位置，沿腹板设置的 4 个测点(FL、FR、BL、BR)用以控制标高。控制测点由镀锌十字头螺栓和 U 形圆钢组成，在节段预制期间进行预埋。测点必须尽量设置在规定的位置，但不需要绝对精确，因为其仅用于相对位置的参考。

匹配节段定位时，先进行初步定位，再微调精确定位。初步定位是调整节段平面在模板体系中的大致位置。定位时，先采用钢卷尺丈量出匹配梁匹配端至固定端模的距离，再采用卷扬机牵引底模台车纵向移动至预定位置即可。精确定位是调整节段匹配面的空间位置符合要求。定位时，采用测量仪器持续观测节段顶面 6 个控制点的位置变化，先确定出每一次微调数据，再采用手拉葫芦和底模台车上的 8 个液压千斤顶配合微调。手拉葫芦主要是精确控制纵向距离的微调，液压千斤顶主要是精确调整节段标高和轴线偏角。微调过程由专人统一指挥，

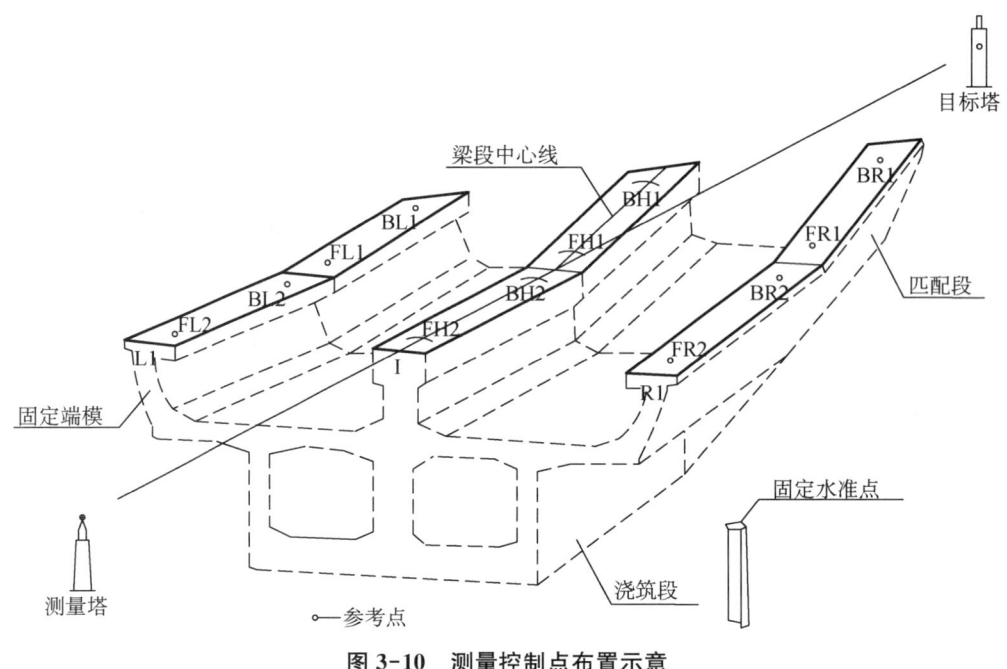

图 3-10 测量控制点布置示意

每一步调整操作均要求缓慢、细致。

计算新浇节段作为匹配节段时的空间位置时,需在新浇节段移动前测量以下数据。

(1) XFH、XBH:固定端模和 U 形圆钢之间的 X 方向距离。

(2) XFL、XBL、XFR、XBR:固定端模和镀锌十字头螺栓之间的 X 方向距离。

(3) YI1:端模中线和预制单元中线之间的 Y 方向距离(须保持零)。

(4) YFH、YBH:端模中线和 U 形圆钢之间的 Y 方向距离。

(5) YFL、YBL、YFR、YBR:端模中线和镀锌十字头螺栓之间的 Y 方向距离。

(6) ZLI1、ZRI1:测量控制点标高。

(7) ZFL、ZBL、ZFR、ZBR:测量镀锌十字头螺栓标高。

(8) SL、SR:新浇节段左、右边长度。

对各控制点应进行两组独立测量,并取平均值。测量数据经检查复核无误后,将平均值输入到专业的预制节段线型控制软件中计算匹配节段(新浇节段)的空间位置。数据输入后,程序会自动对节段各控制点的位置精度进行验证判断。若能满足要求,会显示通过;不能满足要求,对超出精度要求的,会要求重新调整定位,对符合精度要求但偏差值较大的,会以红色数字警示,以方便在下个节段进行更正调整。

3.4 边墩拼装段支架

边墩拼装段支架主要是用于支撑边跨的 10# 节段,另外由于 17 号墩墩身较窄,架桥机支腿的支撑宽度不足,所以在架设西侧桥梁时与 17 号墩共同承担架桥机支腿的反力。同时,考虑到边跨节段垂直吊运的要求,支架的宽度应不超过节段宽度,以便于运输车辆停放。

综合考虑上述因素后,边跨段支架采用型钢支架,3根 φ609 mm×16 mm 钢管排成一行,钢管间距为 6.5 m,中间采用[20槽钢作为剪刀撑,底部与地梁上的预埋钢板焊接锚固。钢管顶部铺设 HN500×200 型钢作为分配梁,在其顶面节段腹板投影线位置、边墩墩顶节段边腹板投影线位置各设 1 台三维千斤顶,用来调整节段的空间位置,如图 3-11、图 3-12 所示。同时,为了保护操作人员的安全,在分配梁四周设置施工工作平台,平台四周临边设置钢管护栏,并挂设安全网,布设踢脚板。

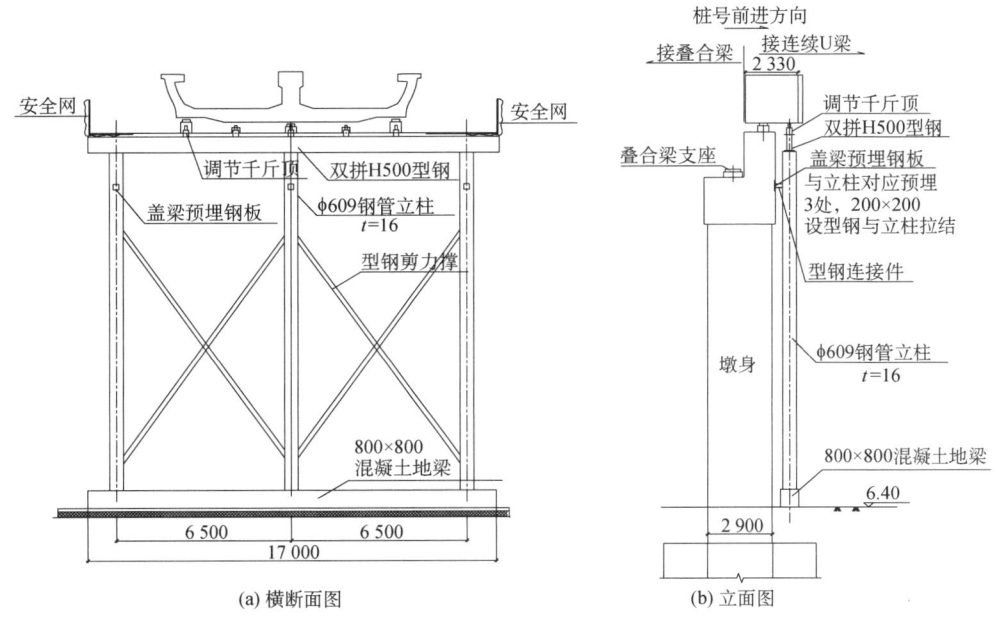

图 3-11 边墩支架结构

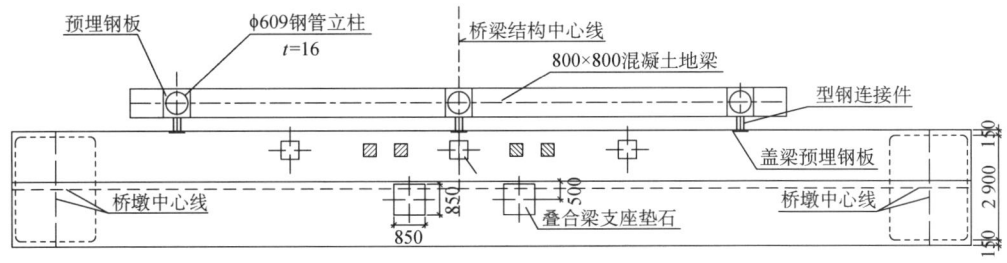

图 3-12 边墩支架平面布置

3.5 节段梁架桥机悬臂拼装工艺

节段梁架桥机悬臂拼装工艺主要包括节段吊装、适应桥梁曲线的架桥机姿态调整、适应 U+箱梁截面的临时锁定工艺以及节段梁拼接等内容。

3.5.1 节段吊装

先施工东侧 T 构与边墩拼装段,待完成后悬臂拼装设备过孔至西侧 T 构,再按照相同工艺施工西侧 T 构与边墩拼装段,然后进行两个边跨的合龙,最后进行中跨合龙,完成全桥施工。下面以东半桥的施工为例进行阐述。

(1) 安装架桥机与附属设备,施工步骤如图 3-13 所示。

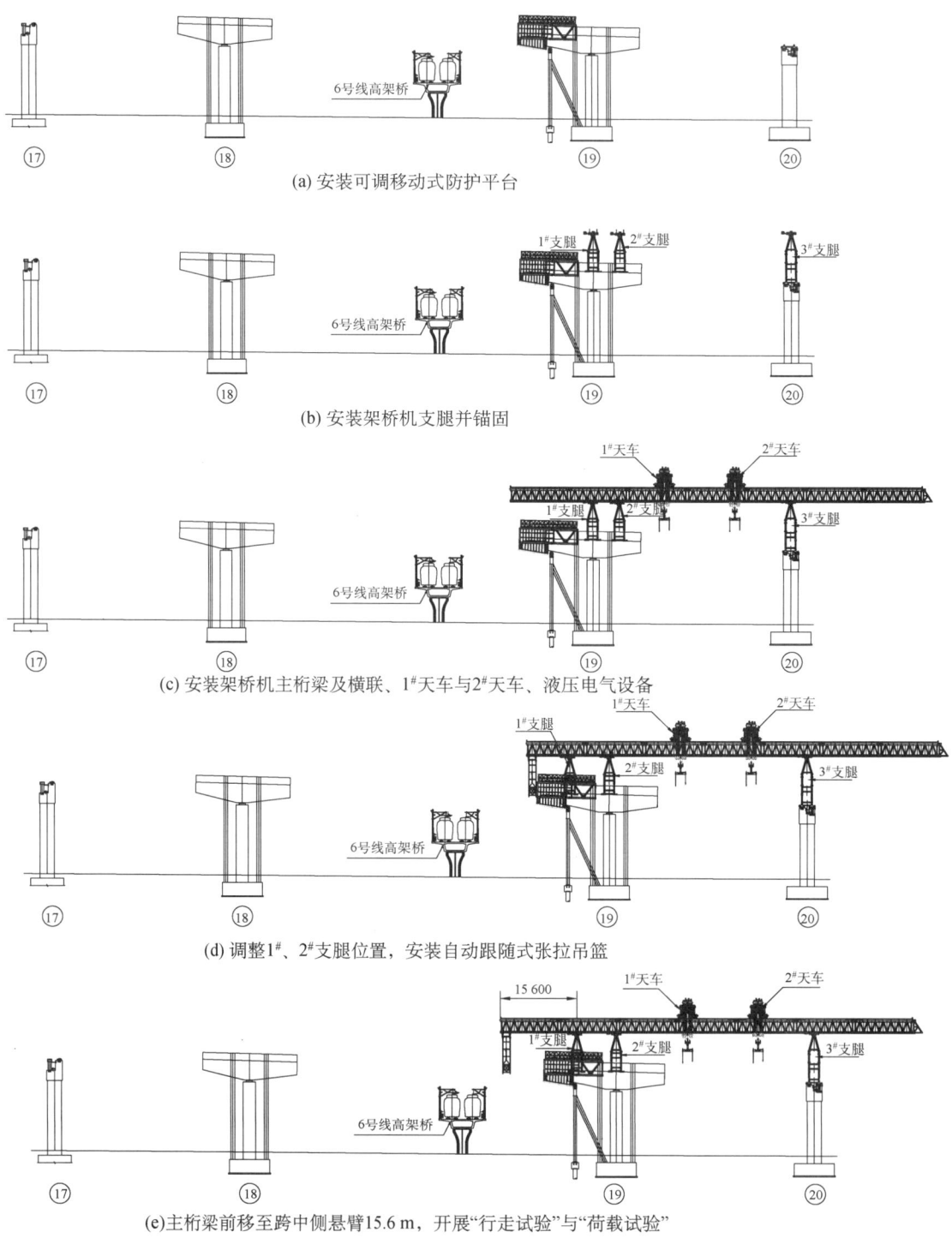

图 3-13 架桥机与附属设备安装流程

（2）安装 $1^{\#}$ 与 $1'^{\#}$ 节段，施工步骤如图 3-14 所示。

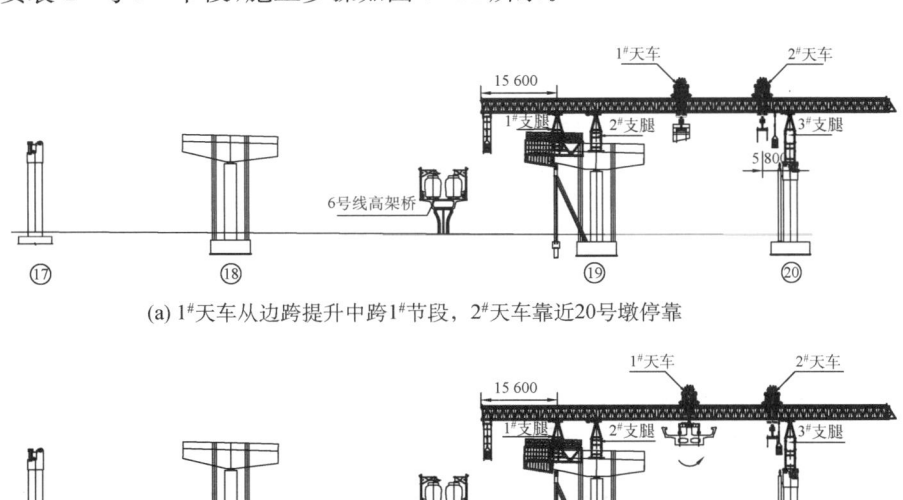

(a) $1^{\#}$ 天车从边跨提升中跨 $1^{\#}$ 节段，$2^{\#}$ 天车靠近20号墩停靠

(b) 中跨 $1^{\#}$ 节段空中旋转90°

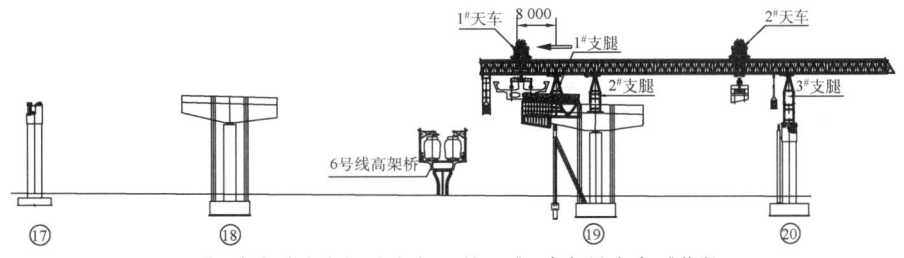

(c) $1^{\#}$ 天车向跨中走行至悬臂8 m处，$2^{\#}$ 天车起吊边跨 $1'^{\#}$ 节段

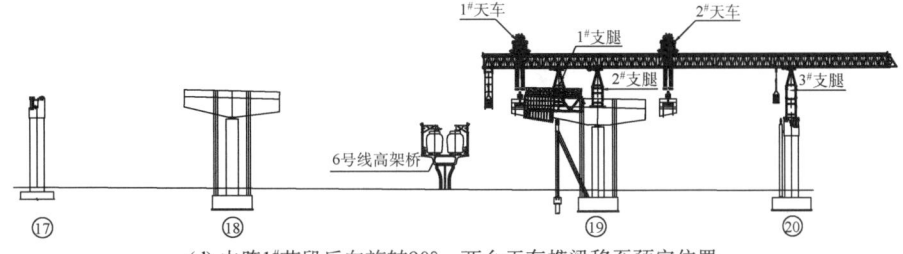

(d) 中跨 $1^{\#}$ 节段反向旋转90°，两台天车携梁移至预定位置

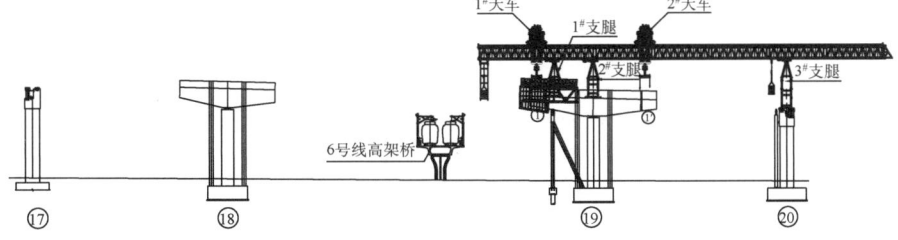

(e) $1^{\#}$ 与 $1'^{\#}$ 节段精调到位并与 $0^{\#}$ 块现浇段锁定，施工湿接头

图 3-14　$1^{\#}$ 与 $1'^{\#}$ 节段安装流程

(3) 安装 $2^{\#}$ 与 $2'^{\#}$ 节段,施工步骤如图 3-15 所示。

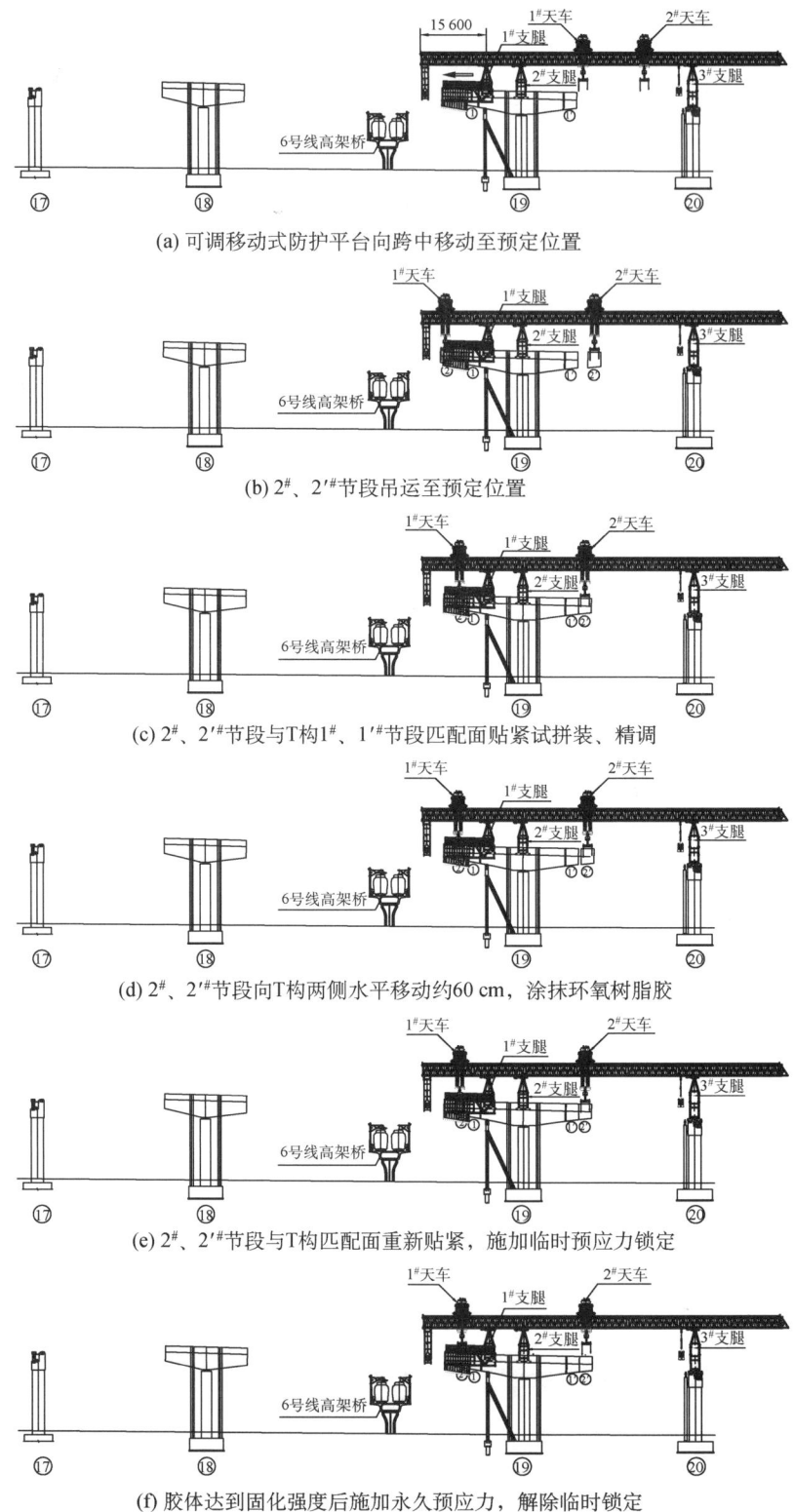

(a) 可调移动式防护平台向跨中移动至预定位置

(b) $2^{\#}$、$2'^{\#}$ 节段吊运至预定位置

(c) $2^{\#}$、$2'^{\#}$ 节段与T构$1^{\#}$、$1'^{\#}$ 节段匹配面贴紧试拼装、精调

(d) $2^{\#}$、$2'^{\#}$ 节段向T构两侧水平移动约60 cm,涂抹环氧树脂胶

(e) $2^{\#}$、$2'^{\#}$ 节段与T构匹配面重新贴紧,施加临时预应力锁定

(f) 胶体达到固化强度后施加永久预应力,解除临时锁定

图 3-15　$2^{\#}$ 与 $2'^{\#}$ 节段安装流程

(4) 主桁梁与支腿移位,施工步骤如图 3-16 所示。

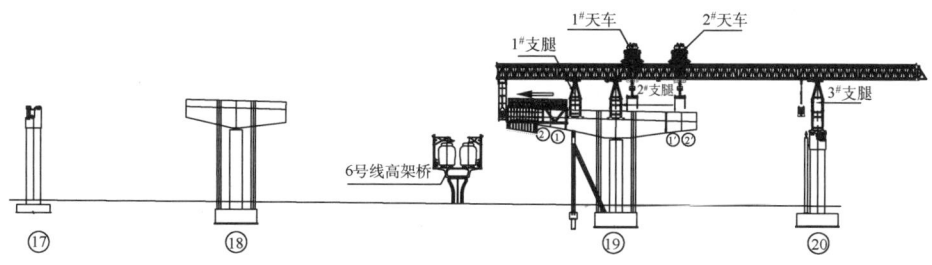

(a) 可调移动式防护平台向跨中移动至预定位置

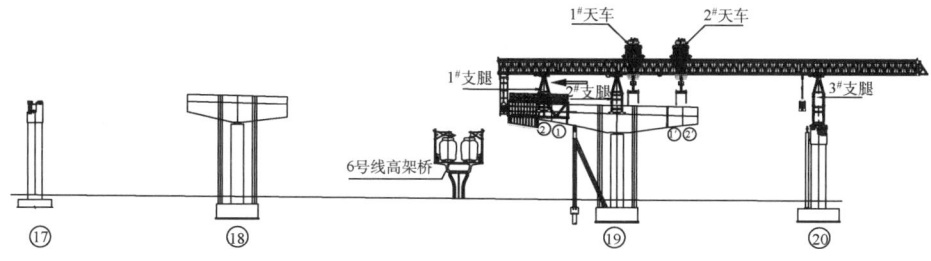

(b) 利用支腿顶部的液压顶推装置,1#支腿移动至2#节段预定位置锚固

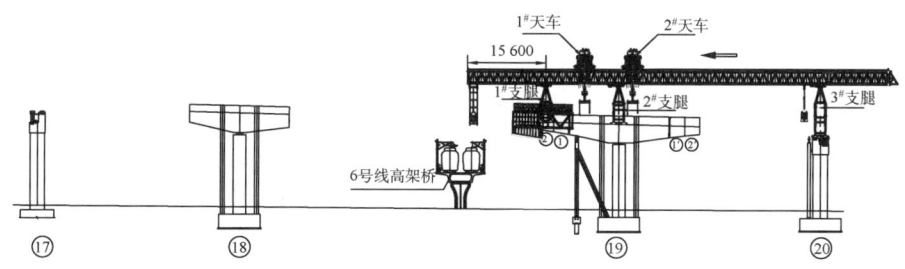

(c) 利用支腿顶部的液压顶推装置,主桁梁向前顶推至悬臂15.6 m

图 3-16　主桁梁与支腿的移位流程

为适应桥梁的平曲线与坡度变化,架桥机还需进行平面与立面的姿态调整,具体工艺详见本书 3.5.2 节。

(5) 对称安装 3#与 3′#~8#与 8′#节段。

按照"每安装完两个节段架桥机主桁梁与 1#支腿前移一次、每安装完一个节段可调移动式防护平台前移一次"的原则,参照上述所列的各工序顺序,依次完成 3#与 3′#~8#与 8′#节段的安装。但由于各节段的重量与尺寸不一,因此各步骤的实施还存在以下不同:

① 安装完 4#与 4′#节段后,拆除中跨侧自动跟随式张拉吊篮。

② 起吊 5#与 5′#节段前,在跨中侧 1#节段上安装辅助支腿临时支撑主桁梁,1#支腿卸载、前移至 4#节段,锚固后拆除辅助支腿,主桁梁向跨中侧纵移悬臂为 12.0 m。

③ 起吊 7#与 7′#节段前,在跨中侧 3#节段上安装辅助支腿临时支撑主桁梁,1#支腿卸载、前移至 6#节段,锚固后拆除辅助支腿,主桁梁向跨中侧纵移悬臂为 12.0 m。

（6）安装 9# 与 9′# 节段，如图 3-17 所示。

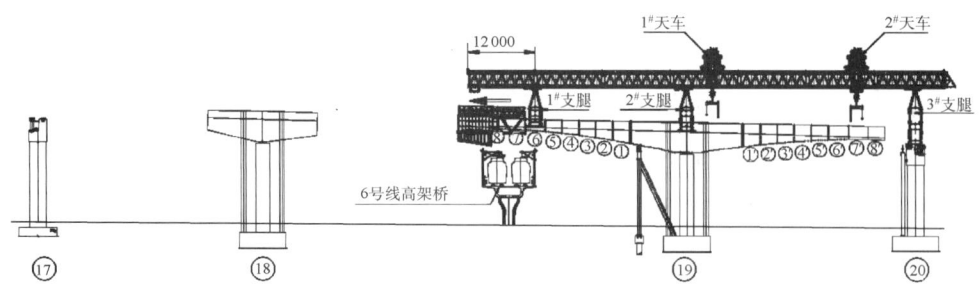

(a) 拆除边跨侧张拉吊篮，可调移动式防护平台移动至预定位置

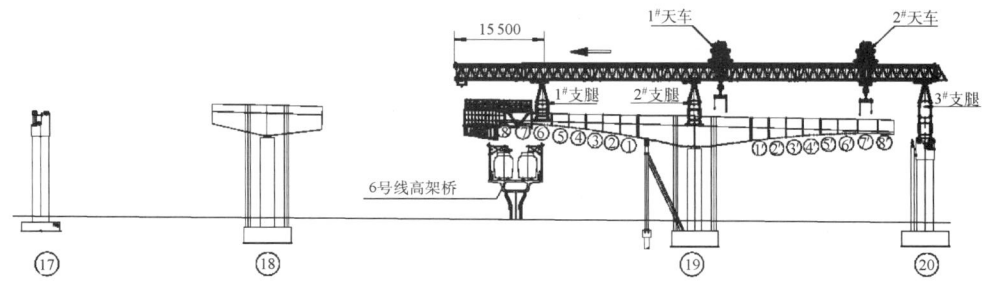

(b) 利用支腿顶部的液压顶推装置，主桁梁纵移至跨中侧悬臂 15.5 m

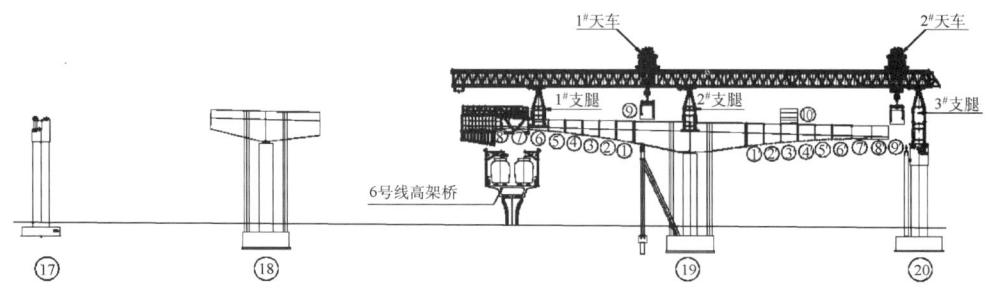

(c) 1# 天车吊运 9# 节段至跨中侧，2# 天车吊运 10# 节段至 3′# 节段上，临时存放后吊运 9′# 节段至预定位置

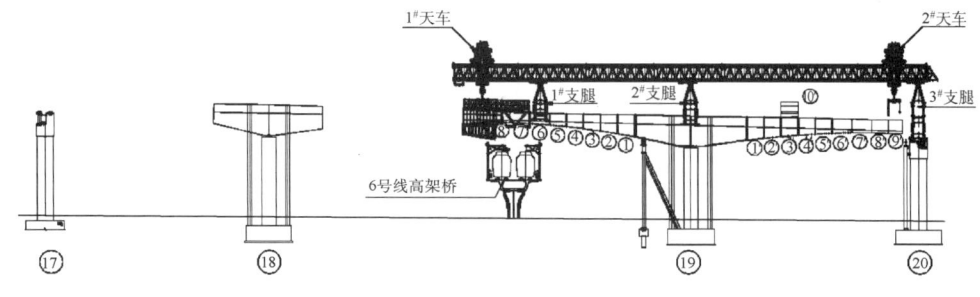

(d) 完成节段安装

图 3-17　9# 与 9′# 节段安装流程

(7) 安装 10# 节段，如图 3-18 所示。

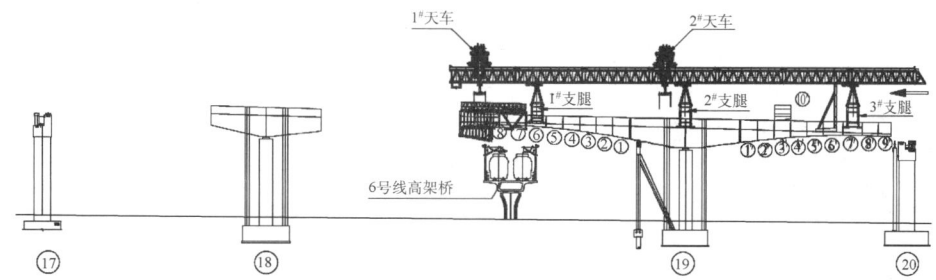

(a) 在边跨6'#节段上安装辅助支腿临时支撑主桁梁，3#支腿卸载从20号墩移至7#节段锚固，辅助支腿拆除

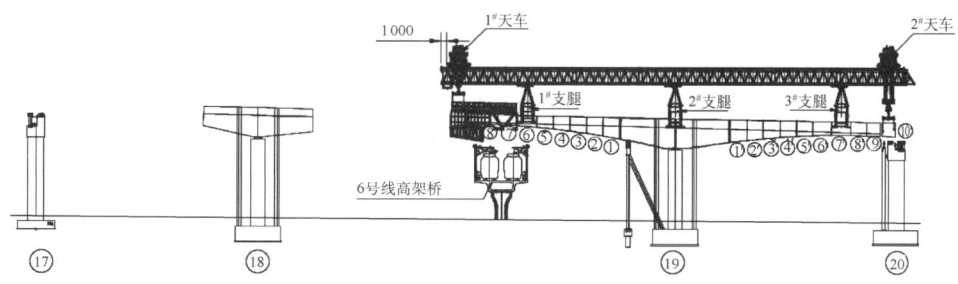

(b) 2#天车吊运10#节段至边墩拼装段支架上精调到位

图 3-18 10# 节段安装流程

东侧 T 构节段吊装如图 3-19 所示。

(a) 1#节段起吊　　(b) 1#节段到达中跨　　(c) 1#节段旋转

(d) 1#节段就位　　(e) 1'#节段吊装到位　　(f) 1#与1'#节段安装就位

(g) 东侧T构架设完成

图 3-19　东侧 T 构节段吊装实物

3.5.2　适应桥梁曲线的架桥机姿态调整工艺

1. 立面姿态调整工艺

节点桥位于竖曲线上,各跨的桥面设计纵坡分别为 1.37‰、2.46‰、2.85‰。架桥机支腿的基本高度可满足节段正常吊运作业所需的最小高度,其高度调节的设计范围为 0～1.2 m。架设东半桥时,以 $2^{\#}$ 支腿为基准,其与 $1^{\#}$ 支腿的最大高差为 $(75/2)\times2.46‰=0.922$ m,其与 $3^{\#}$ 支腿的最大高差为 $40\times2.85‰=1.14$ m,高差均在支腿的可调节范围内;架设西半桥时,以 $3^{\#}$ 支腿为基准,其与 $1^{\#}$ 支腿的最大高差为 $(75/2)\times2.46‰=0.922$ m,其与 $2^{\#}$ 支腿的最大高差为 $40\times1.37‰=0.548$ m,高差均在支腿的可调节范围内。

架桥机的立面姿态调整工作,主要是通过调节架桥机各支腿的高度以适应桥面纵坡的变化,使主桁梁保持水平,满足架桥机作业的基本安全条件。

(1) 架设东侧桥。

$2^{\#}$ 支腿位于 19 号墩 $0^{\#}$ 块现浇段顶,按照基本高度+1.2 m 调节高度进行设置;$1^{\#}$ 支腿位于 T 构中跨侧悬臂端,每次移动到位后均按所需高度进行调节;$3^{\#}$ 支腿位于 20 号墩顶,需在墩顶安装垫高装置,其高度不小于 19 号墩 $0^{\#}$ 块现浇段中心桥面与 20 号墩顶面的高差;后期支腿每次移动到位后均按所需高度进行调节。

(2) 架设西侧桥。

$3^{\#}$ 支腿位于 18 号墩 $0^{\#}$ 块现浇段顶,按照基本高度进行设置;$1^{\#}$ 支腿位于 T 构中跨侧悬臂端,每次移动到位后均按所需高度进行调节;$2^{\#}$ 支腿位于 17 号墩顶,需在墩顶安装垫高装置,其高度不大于 17 号墩顶面与 18 号墩 $0^{\#}$ 块现浇段中心桥面的高差扣除 0.548 m;后期支腿每次移动到位后均按所需高度进行调节。

2. 平面姿态调整工艺

节点桥设计有不规则平曲线(图 3-20),而架桥机为直线,二者轴线间存在一定的夹角(2°～4°)。如以中跨 $9^{\#}$ 节段的中心与 19 号墩 $0^{\#}$ 块现浇段中心作为架桥机初始中轴线,架桥机中轴线与中跨节段中轴线的法向距离最大约 0.1 m,与边跨节段中轴线的法向距离最大约 1.798 m,如图 3-21 所示。

本次所用架桥机的起重天车可实现的最大横移行程仅为±500 mm,节段安装时,如果架

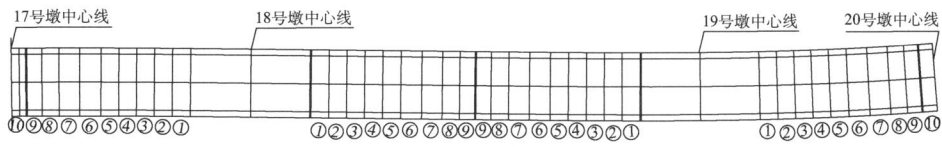

图 3-20 桥梁平面线型

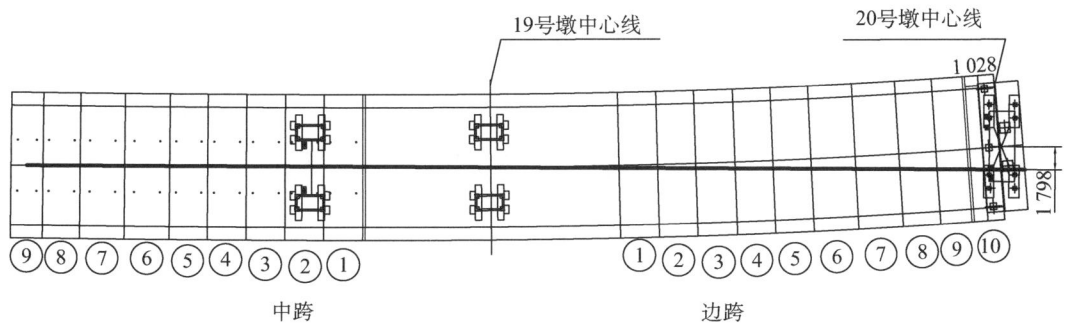

图 3-21 架桥机与节点桥轴线距离

桥机中轴线不变化,仅依靠天车横移吊运,中跨节段均可满足架设条件,而边跨仅能架设部分节段,因此必须采用"分阶段平转架桥机"的方法来逐步缩小架桥机初始中轴线与节段中轴线的法向距离,最终使所有节段均处于天车的横移范围内。

在传统桥梁结构中,可通过在桥面上铺设轨道来实现架桥机的横移与偏转。但由于 U 形截面中间设有中腹板,一组支腿被分成两部分,无法铺设轨道平转。结合支腿设计,架桥机的平面姿态调整工作,主要是通过对 3 套支腿施加不同的横移量,使各支腿绕预定的弧线进行公转与自转,从而实现架桥机的平面整体小角度旋转,缩小轴线偏差导致的横移量,确保节段架设的正常进行。具体调整工艺如下:

在每套支腿两组立柱下方的滑移平台上各布置两台作用方向一致的 20 t 液压千斤顶,通过推动各支腿的垫梁框架带动支腿在滑移平台上产生不同的位移,即可实现架桥机的整体平转功能,如图 3-22 所示。

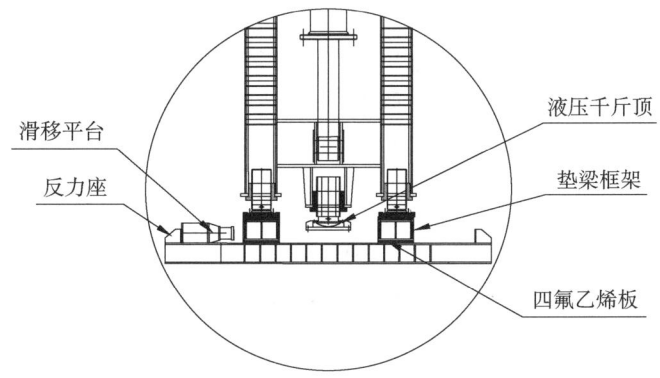

图 3-22 架桥机支腿细节

(1) 初始平面姿态。

架桥机的初始平面姿态即架桥机的初始安装姿态,其中轴线为 0#块现浇段中心竖向朝外 0.372 m 与 20 号墩的中心点连线,如图 3-23 所示。

在初始平面姿态下,架桥机可完成东半侧桥 1#与 1′#、2#与 2′#节段的架设。此时,架桥机中轴线与拟安装的节段中心线最大偏差为 0.41 m,在天车横移行程(±0.5 m)范围内,满足要求。

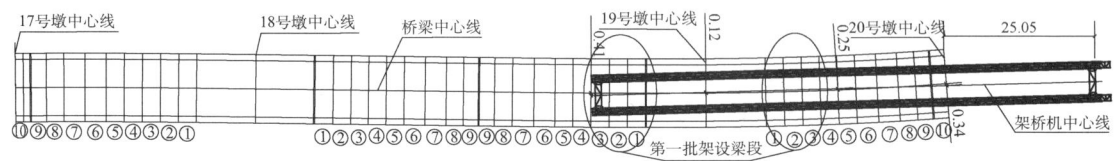

图 3-23 架桥机初始平面姿态

(2) 第一次调整平面姿态。

架桥机的第一次平面姿态调整主要是需在 2#节段安装完成,并且在支腿移位完成后进行,如图 3-24 所示。使用架桥机的整体平转功能,将架桥机整机顺时针旋转约 0.6°后,即可进行东半幅桥 3#~10#节段、3′#~9′#节段的架设。此时,架桥机中轴线与拟安装的节段中心线最大偏差为 0.44 m,在天车横移行程(±0.5 m)范围内,满足要求。

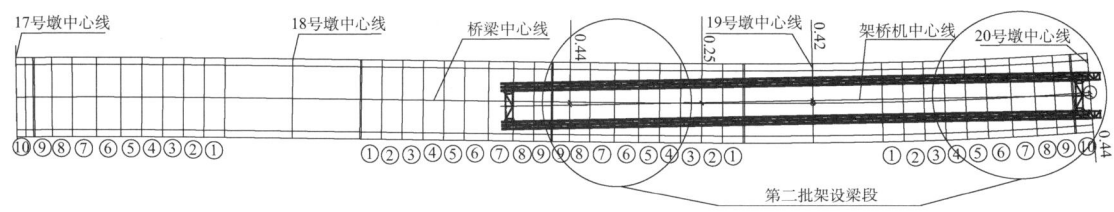

图 3-24 架桥机第一次姿态调整

(3) 第二次调整平面姿态。

架桥机的第二次平面姿态调整需在 10#节段安装完成,并且在支腿移位完成后进行,如图 3-25、图 3-26 所示。使用架桥机的整体平转功能,将架桥机整机顺时针旋转约 1.3°后,即可进行架桥机的过孔作业。此时,架桥机中轴线与桥梁中心线最大偏差为 0.93 m。

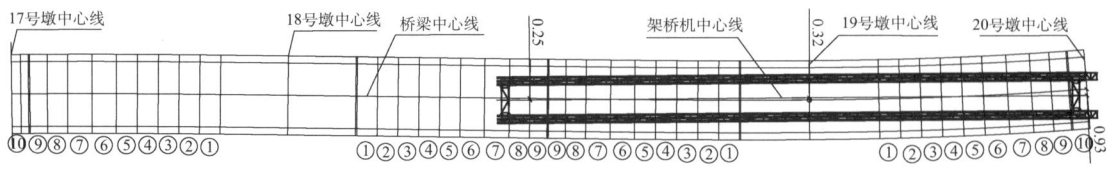

图 3-25 架桥机第二次姿态调整

(a) 平面状姿态调整前

(b) 平面状姿态调整后

图 3-26 架桥机平面姿态调整前后对比

过孔过程中,架桥机中轴线与桥梁中心线最大偏差为 0.32 m,如图 3-27 所示。

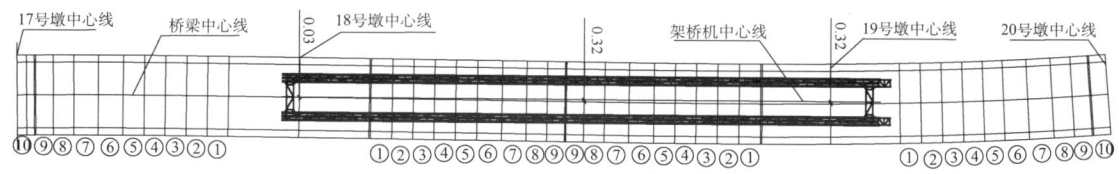

图 3-27 过孔过程中架桥机与节点桥的轴线偏差

过孔完成后,架桥机不需要横移即可进行第三批次节段架设,如图 3-28 所示。

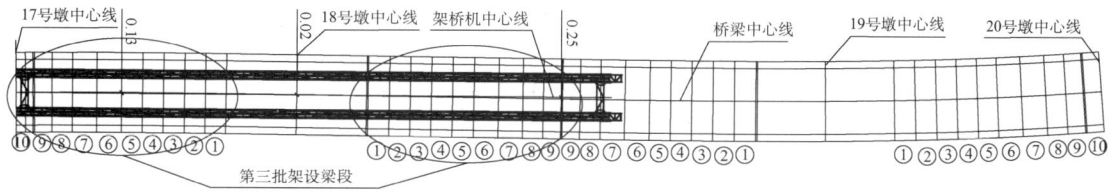

图 3-28 过孔完成后架桥机与节点桥的轴线相对位置

注:①第三批次架设西侧全部的 1#～9#、1′#～10′# 总计 19 个节段;②架桥机中心线与桥梁中心线最大偏差为 0.25 m,在天车横移行程(±0.5 m)范围内,满足要求。

3.5.3 适应U+箱梁截面的临时锁定工艺

根据规范要求,节段匹配面上需要均匀涂抹不超过 3 mm 的环氧树脂黏结剂,以起到润滑、黏结、防水密封及传递应力等作用。压胶环节是控制施工质量的关键一环,不均匀的压胶工艺会造成桥梁拼装线型改变,给施工带来困难;同时,直接影响桥梁使用寿命。因此,为使环氧树脂胶均匀布满界面,拼接面之间需施加均匀的临时预紧力,即节段间的临时锁定。

临时锁定工艺主要包括张拉台座安装、预应力筋张拉等内容,目的是通过给节段的匹配面施加均匀压力,使环氧树脂胶均匀布满匹配面。临时锁定工艺的实施过程相对比较简单,难点主要集中在如何合理设置各道临时预应力筋的位置与张拉力大小,使各道预应力筋的拉力相对匹配面形心产生的弯矩之和为零或者接近零,从而实现对截面均匀施压的目的。

1. 临时锁定的影响因素

常规的节段多为箱形截面,临时锁定装置通常布设在箱梁的顶部与底部,而且是以梁体的截面形心为对称轴(图3-29),左右对称布置,上下也尽量做到对称布置。在以截面形心轴为基准计算各道临时预应力筋的张拉力时,根据力矩平衡、合力平衡的条件,即可计算出需要施加的数值,张拉后即可实现截面均匀受压。

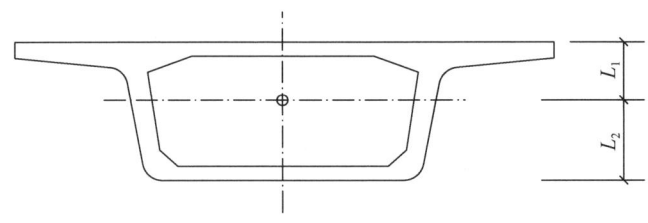

图3-29 箱形梁截面形心示意

而对于U+箱梁截面的节段而言,在截面从U+箱梁渐变成U梁的过程中,由于U形腹板的高度始终不变且高度较大,从而导致截面形心始终较低,并且随着截面箱梁的高度缩小其位置逐渐从U形底板的下部变化至上部,因此布置临时锁定装置时,须优先考虑在U形腹板顶面设置,以便用最小的张拉力在匹配面上获得更大的平衡弯矩。在以形心轴为基准计算各道临时预应力筋的张拉力时,由于形心水平轴以下的力臂明显较短,因此为保证截面均匀受压,底部临时锁定装置所需提供的张拉力会显著增大,如图3-30所示。

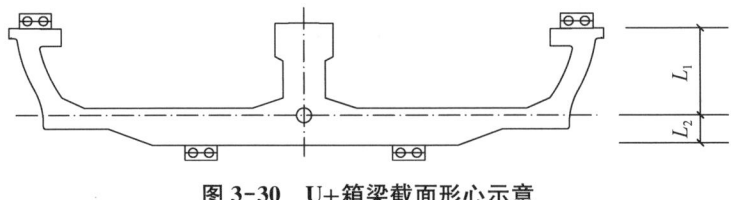

图3-30 U+箱梁截面形心示意

同时,受轨道交通6号线的空间位置影响,节段底部既不具备设置作业平台的条件,也不能满足所需的作业高度,因此底部无法布置临时锁定装置。

如果节段存在满足作业空间的空腔,则可将底部的临时锁定装置布设到空腔内

[图 3-31(a)],顶部的临时锁定装置布设到 U 形梁的底板或腹板顶。如果空腔作业空间不足或者无空腔,临时锁定装置布设到 U 形梁腹板顶后[图 3-31(b)],由于底部的临时锁定装置不能安装,无法满足匹配面弯矩为零的临时锁定要求。

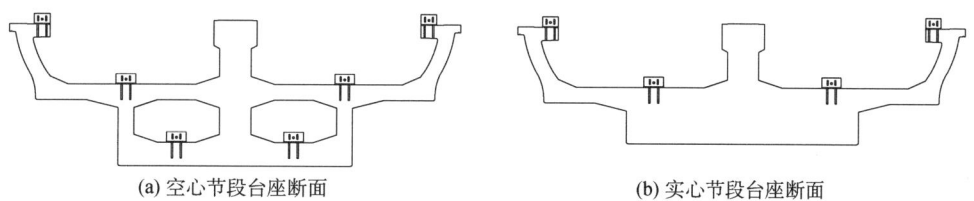

(a) 空心节段台座断面　　　　　　　(b) 实心节段台座断面

图 3-31　节段台座断面

2. U 形截面临时锁定技术

(1) 基于截面均匀受压的天车卸载方法。

为了达到在匹配面上施加均匀压力的目标,先通过节段顶部设置的临时锁定装置对匹配面施加一定的挤压力,再操控架桥机天车精准释放节段的部分重量。由于受到临时锁定装置与匹配面上抗剪键的约束限制,节段会以匹配面形心为原点发生微小转动,释放的重力会产生一个作用于匹配面的弯矩,其竖向作用力主要由匹配面的抗剪键承担。通过计算,将节段匹配面上临时张拉力产生的弯矩与释放重力产生的弯矩相互抵消,则匹配面只剩下垂直于接缝的挤压力,从而实现匹配面均匀受压。

(2) 天车卸载量的计算方法。

根据该技术的基本原理,天车卸载量的计算步骤如下:

① 根据设计图纸或者规范要求确定节段匹配面的挤压应力$[\sigma]$,如图 3-32 所示,并计算确定节段匹配面的面积 A、形心 O_1。

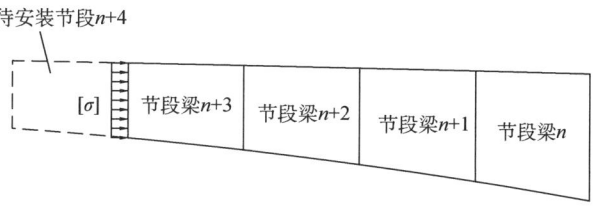

图 3-32　计算示意(一)

② 计算实现挤压应力$[\sigma]$所需要的最大张拉力 F,$F = A \cdot [\sigma]$,并据此设计顶部临时锁定装置的构造,要求可提供的最大张拉力 F_1 大于所需的最大挤压力 F,计算示意如图 3-33 所示。

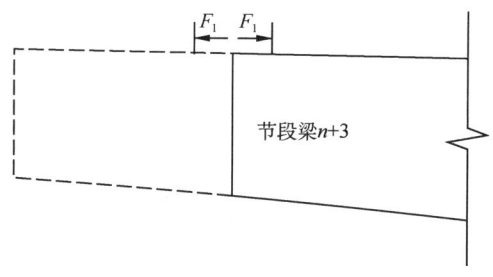

图 3-33　计算示意(二)

③ 确定 F_1 的作用点位置与胶接面形心 O 的垂直距离 L_1,计算 F_1 对截面形心产生的弯矩 $M_1=F_1L_1$,计算示意如图 3-34 所示。

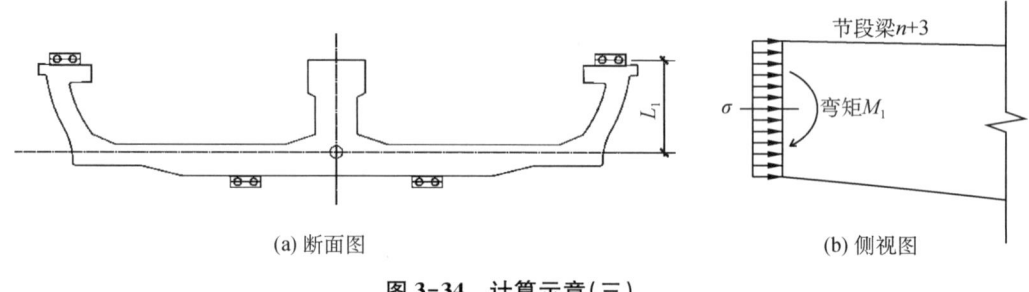

图 3-34　计算示意(三)

④ 计算待拼节段的重心位置 O_2,确定重心与接缝间的距离 L_2,作为释放的重力作用的力臂,计算示意如图 3-35 所示。

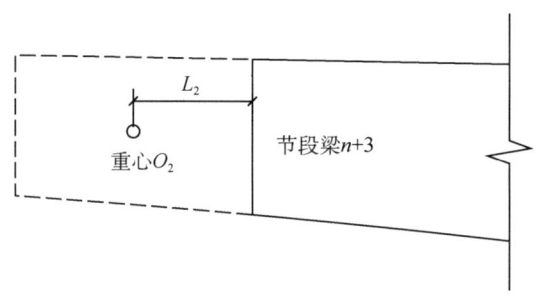

图 3-35　计算示意(四)

⑤ 释放节段部分重力 F_2,考虑力的作用点在重心 O_2 位置,力的大小等于 $F_2=M_1/L_2$,计算示意如图 3-36 所示。

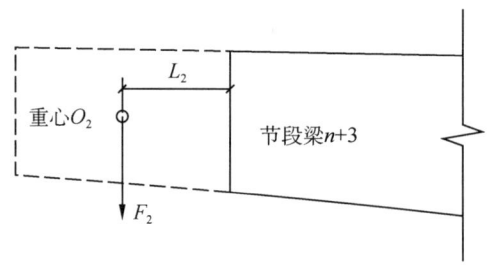

图 3-36　计算示意(五)

⑥ 以胶接面形心 O 为基点,F_2 引起的弯矩 F_2L_2 与 M_1 抵消,故匹配面的弯矩之和为零,因此匹配面最终的挤压应力 $\sigma=F_1/A$,计算示意如图 3-37 所示。

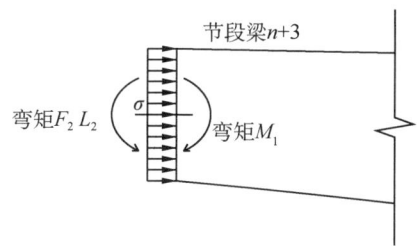

图 3-37 计算示意(六)

⑦ 实例分析。

以 $5^{\#}$ 节段为例,节段结构自重 930 kN,其上台座每个采用 4 根 8.8 级 M24 地脚螺栓,下台座每个采用 4 根 M30 地脚螺栓,与节段内部预埋套筒进行临时锚固,预紧力则通过精轧螺纹钢施加,上台座处预紧力值为 200 kN,下台座处预紧力值为 400 kN,装置布置示意如图 3-38 所示。

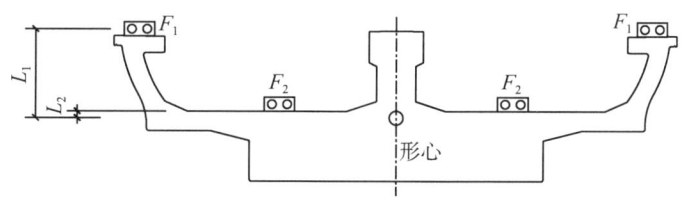

图 3-38 $5^{\#}$ 节段断面示意

断面验算:

$$M_1 = F_1 L_1 = 2 \times 200 \times 1.797 = 718.8 \text{ kN} \cdot \text{m}$$
$$M_2 = F_2 L_2 = 2 \times 400 \times 0.258 = 206.4 \text{ kN} \cdot \text{m}$$
$$G = \frac{M_1 + M_2}{L_3} = \frac{718.8 + 206.4}{1.472} = 628.5 \text{ kN}$$

根据计算结果,天车所需释放的重量为 628.5 kN,小于节段自重 930 kN,可见该方法满足胶接要求,在实际应用中是切实可行的。

(3) 临时锁定的工艺。

临时锁定装置由张拉台座与预应力筋共同组成。张拉台座采用 Q235 钢板焊接而成,与节段通过预埋的地脚螺栓进行锚固,或者利用节段的预留孔洞穿精轧螺纹钢进行锚固。预应力筋采用极限抗拉强度为 1 080 MPa 的 ϕ32 mm 精轧螺纹钢与极限抗拉强度为 1 860 MPa 的 5-ϕS15.2 低松弛预应力钢绞线。

张拉台座在节段吊装前进行安装,预应力筋在节段的匹配面抹胶完成、重新吻合后进行安装并张拉。精轧螺纹钢采用 4 台 60 t 穿心顶,按照左右对称、上下同时由内向外的顺序进行张拉。钢绞线采用 4 台 120 t 穿心顶,按照左右对称、上下同时由内向外的顺序进行张拉。

① 钢绞线与精轧螺纹钢相结合的方法:$1^{\#} \sim 4^{\#}$ 节段的临时锁定采用 4 处安装有精轧螺

纹钢的临时锁定装置,以及利用永久预应力孔道 SB1 穿临时钢绞线进行张拉(图 3-39、图 3-40),即可满足设计图纸匹配面挤压应力≥0.3 MPa 的要求。其中,临时钢绞线完成其作用后应及时抽出,以免占用永久钢绞线的位置。

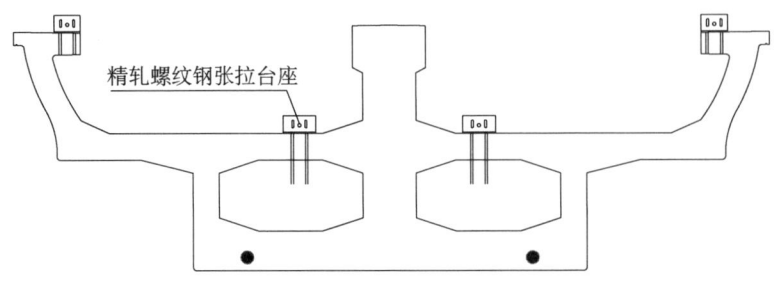

图 3-39　1#~4#节段张拉装置示意

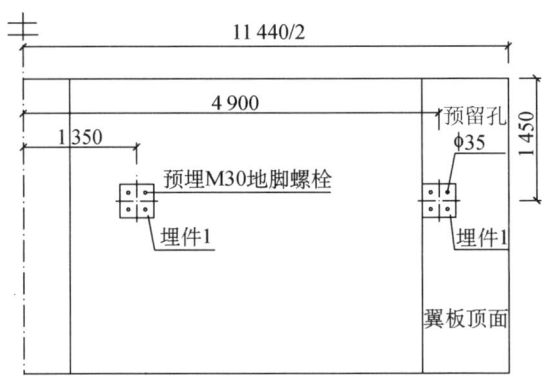

说明:①图中标示以 mm 为单位,适用于 1#~4#节段梁;②预埋螺栓采用 0.6 m 长的 8.8 级 M30 地脚螺柱(粗牙螺纹),外露长度 100 mm;③施工前预制场对梁体预埋件进行整体放样,如有冲突或埋件涉及调整提前与总包沟通;④留孔或预埋筋时,注意避让预应力管道、声屏障、漏缆卡等埋件;⑤预留孔或埋件整体定位偏差不得大于 5 mm。

图 3-40　临时锁定装置预埋件或预留孔布置平面图(一)

② 精轧螺纹钢与天车卸载相结合:5#~9#节段的临时锁定采用 6 处安装有精轧螺纹钢的临时锁定装置进行张拉(图 3-41~图 3-43),无法满足设计图纸匹配面挤压应力≥0.3 MPa 的要求,必须通过计算控制,控制架桥机天车精准释放节段的部分重量,从而使匹配面的压应力满足设计要求。

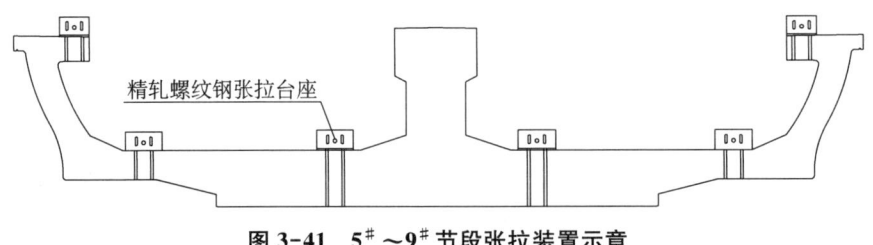

图 3-41　5#~9#节段张拉装置示意

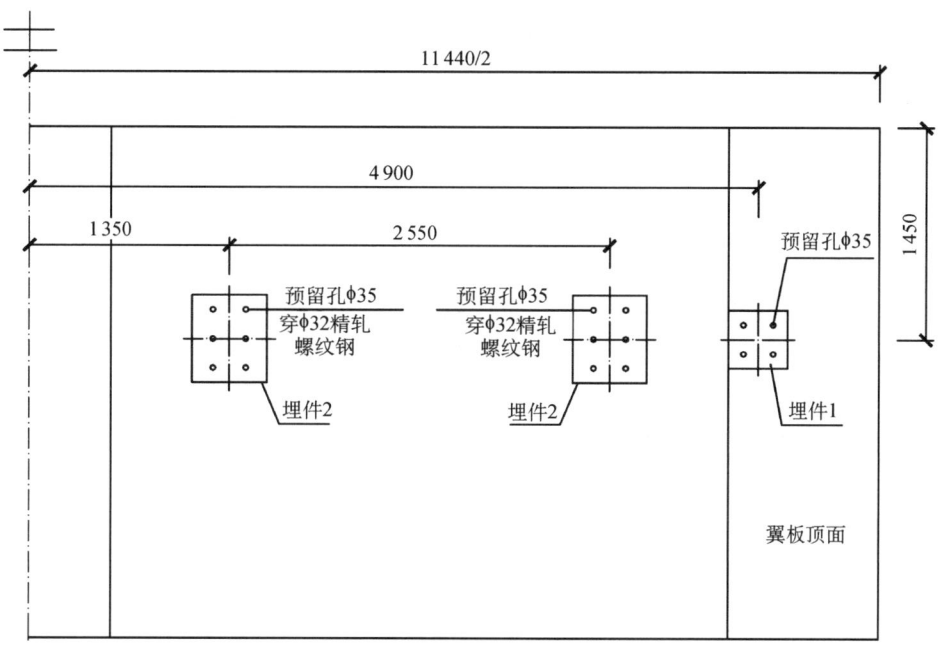

说明：①图中标示以 mm 为单位，适用于 5# 节段梁；②在节段预制时预留内径 35 mm 孔洞，待现场安装时再穿精轧螺纹钢；③施工前预制场对梁体预埋件进行整体放样，如有冲突或埋件涉及调整提前与总包沟通；④留孔需穿透梁段底板或翼板顶板，注意避让预应力管道、声屏障、漏缆卡等埋件；⑤预留孔横桥向方向要尽可能定位准确，单锚具整体定位偏差不得大于 5 mm。

图 3-42　临时锁定装置预埋件或预留孔布置平面图（二）

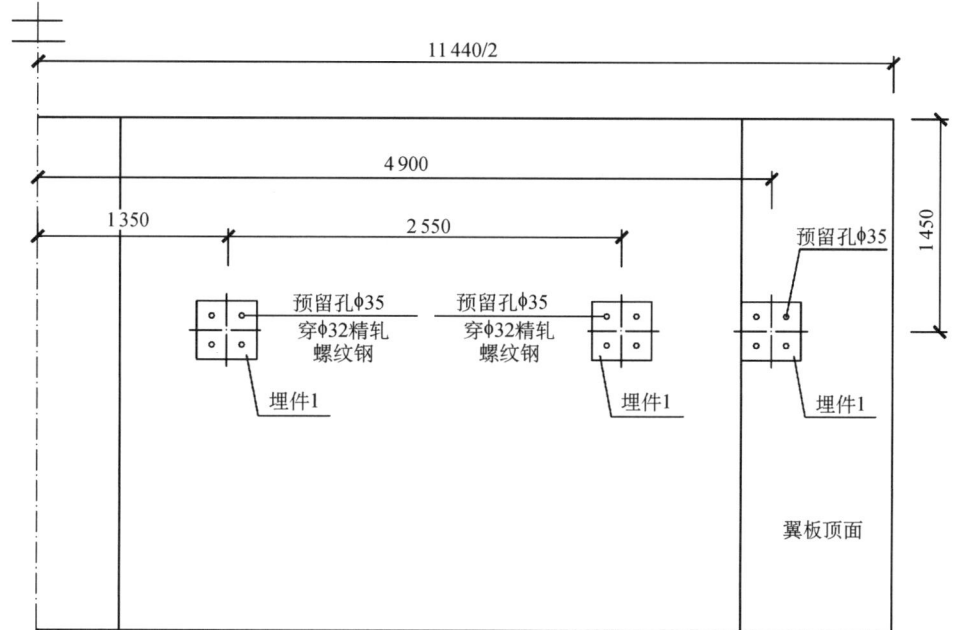

说明：①图中标示以 mm 为单位，适用于 6# ～ 9# 节段梁；②在节段预制时预留内径 35 mm 孔洞，待现场安装时再穿精轧螺纹钢；③施工前预制场对梁体预埋件进行整体放样，如有冲突或埋件涉及调整提前与总包沟通；④留孔需穿透梁段底板或翼板顶板，注意避让预应力管道、声屏障、漏缆卡等埋件；⑤预留孔横桥向方向要尽可能定位准确，单锚具整体定位偏差不得大于 5 mm。

图 3-43　临时锁定装置预埋件或预留孔布置平面图（三）

③ 临时锁定施工的注意要点：张拉时精轧螺纹钢必须保持水平，严禁其处于斜拉状态。张拉完毕后，必须检查精轧螺纹钢是否还处于松弛状态，若是则应立即进行补拉。临时锁定的预应力筋张拉应控制在 20 min 内完成。临时锁定完成后，起重天车即可卸力，卸力时应做到两侧节段同步进行，吊具应在永久预应力张拉后再予拆除。

3.5.4 节段拼接工艺

1. 预拼对位

为缩短匹配面抹胶后等待节段空间位置调整的时间，必须在抹胶前进行预拼对位。

（1）天车吊运节段缓慢向已拼节段靠拢，其间在接缝中临时塞垫木楔，待节段稳定后，利用吊具的三维调节功能调整其空间位置，至目视匹配面基本吻合即可。具体调整动作如下：

① 通过天车的纵向移动调整节段的纵向位置；
② 通过天车的横向千斤顶微调节段的横向位置；
③ 通过天车的卷扬机调整节段的高度；
④ 通过吊具的千斤顶调整节段的纵向倾角；
⑤ 通过吊具的千斤顶调整节段的横向倾角。

（2）取出木楔，缓慢驱动天车，将起吊节段与已拼节段贴合，到位后仔细观察上、下、左、右四个面的接缝是否严密，有无错台。如发现剪力键与剪力槽不吻合，则应先脱开，采用磨光机或电镐对其进行修整后再重新拼装，并再次利用吊具的三维调节功能进行调整，直至二者接缝完全吻合。

（3）待匹配面完全吻合后，测量检查节段的标高、轴线等，确定是否需要采取抄垫环氧垫片等措施调整其安装位置。

（4）检查无误后，用记号笔在梁体内画线做好标记，并且采用 4 根 ϕ32 mm 精轧螺纹钢将节段吊挂于天车框架上，防止起吊钢丝绳长时间受力可能产生的松弛影响节段的位置。

2. 湿接缝施工

0#块现浇段与 1# 节段采用湿接头连接，需在混凝土浇筑前完成临时锁定。在 1# 节段完成预拼对位后，采用 I500 工字钢作为临时锁定件，与 0# 块现浇段、1# 节段上的预埋件进行焊接。预埋件、锚固杆布置如图 3-44、图 3-45 所示，锁定装置大样如图 3-46 所示。

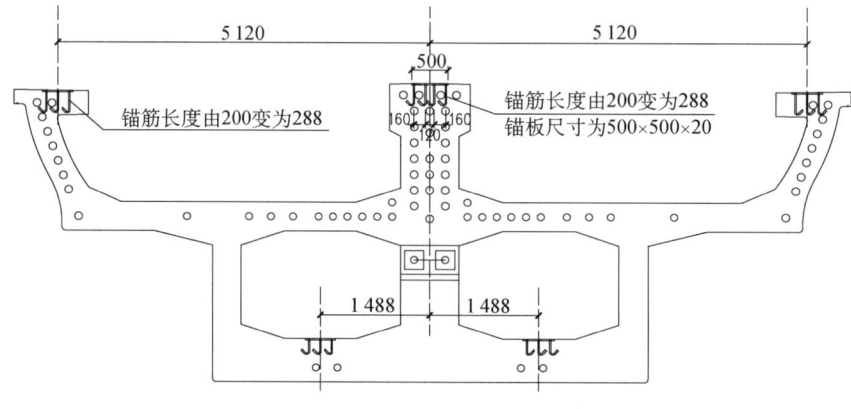

图 3-44 预埋件布置横断面

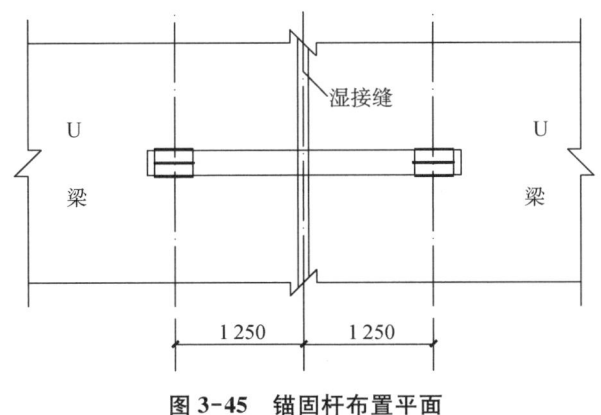

图 3-45　锚固杆布置平面

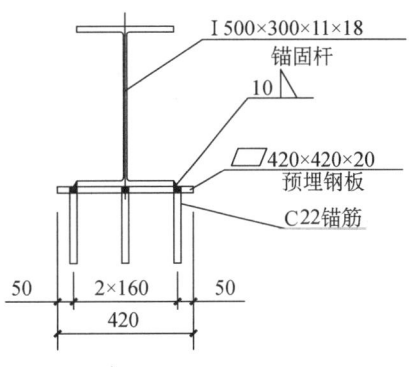

图 3-46　锁定装置大样

3. 干接缝施工

节段预拼完成后,将梁体向外平移 0.6 m,留出涂胶作业空间。

(1) 涂胶前,匹配面必须清理干净,确保无灰尘、无浮浆、无固化剂、无油污或其他不利于黏结的污染物。混凝土表面可以干燥或微微潮湿,但有水、霜或冰时不得进行涂胶作业。现场涂胶作业如图 3-47 所示。

(2) 涂胶前,在预应力孔道周边粘贴 5 mm 厚海绵垫圈,防止胶体进入孔道内而影响穿索。

(3) 节段的匹配面两端均需涂抹胶体,由作业人员戴手套手工涂抹,涂胶要均匀饱满,保证涂抹厚度达 3 mm。涂胶作业应控制在 20 min 内完成。

(4) 涂胶完成后,平移节段向已拼装节段靠拢,利用吊具的三维调整功能进行精调,使节段按照预拼对位时画好的标记线进行对位,完成匹配面的吻合密贴。

图 3-47　涂胶作业现场

4. 永久预应力施工

匹配面的环氧树脂胶固化后,即可进行永久预应力筋的张拉。

3.6　本章小结

上海轨道交通 10 号线跨 6 号线节点桥创造性地采用了架桥机单 T 构悬臂拼装工艺,涉及 0# 块现浇段施工、预制节段梁体的架桥机吊装、架桥机在 T 构上的移动与姿态调整、适应 U+箱梁截面的临时锁定、节段梁拼接工艺等内容。

(1) 0# 块现浇段根据所处环境的差异,分别采用了不同的支架形式,东侧 0# 块现浇段施工采用大钢管组成的型钢支架,西侧 0# 块现浇段施工采用碗扣式钢管满堂支架。

(2) 节段运至边跨场地,通过架桥机主桁梁,利用天车实现中跨节段的吊运,解决了中跨节段无法吊装的问题。

(3) 架桥机主桁梁的悬臂长度可以满足两个节段的吊装需要,因此架桥机每安装两个节段纵移一次,提升了工作效率。

(4) 边跨 9# 节段和 10# 节段受制于边墩临时支架的影响,无法垂直吊运。为此利用 8# 节段可垂直吊装的条件先行将节段吊装至 T 构上,天车可直接从 T 构上吊运梁体,实现了所有节段的架桥机吊装。

(5) 根据桥梁的平、竖曲线以及 U 梁的特点,通过天车横移与架桥机整体偏转相结合的方法解决了平曲线上节段安装问题,通过支腿的竖向高度调整解决了竖曲线上架桥机主桁梁的调平问题。

(6) 根据 U+箱形截面的特点,提出了精轧螺纹钢与预应力钢绞线相结合、精轧螺纹钢与天车节段自重释放相结合的方法使梁截面均匀受压,确保了压胶质量。

架桥机单 T 构悬臂拼装工艺成功地攻克了超复杂工况下跨越既有运营轨道交通的连续梁预制节段悬臂拼装问题,为类似问题提供了新的解决方案。

第 4 章　悬臂拼装设备的安拆及过孔

4.1　架桥机的安装工艺

节点桥悬臂拼装使用的架桥机主要由 2 榀主桁梁、2 部天车吊具、3 套支腿、液压系统、电控系统及其他辅助构件组成,设备总重 433.47 t。架桥机整体构造如图 4-1 所示。

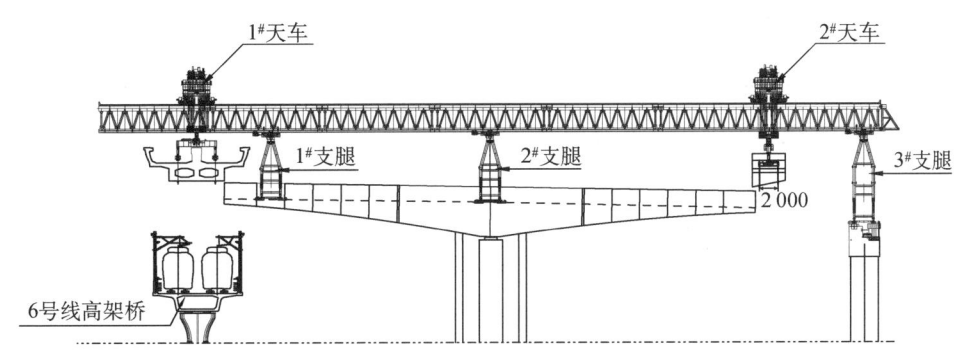

图 4-1　架桥机组成

为方便运输与现场安装,所有构件在工厂内均按照模块化进行设计与制造,各模块间采用螺栓和法兰进行连接;待运输至现场后,即可按照安装方案快速组装成待吊构件,节约拼装时间,并方便后期快速拆解。同时,在满足架桥机安全作业的前提下,各构件均按照"小型化、轻量化"的原则进行设计,以减小现场起吊作业所需的起重设备能力。各构件尺寸与重量见表 4-1。

表 4-1　各构件尺寸与重量

序号	名称		数量	尺寸/(mm×mm×mm)	单重/kg	总重/kg
1	支腿	横移装置	8	300×200×2 534	1 200	9 600
2		上半部	6	3 756×1 400×2 470	3 372	20 230
3		套筒	6	2 620×1 360×3 090	4 417	23 500
4		主肢	3	3 300×1 900×6 880	8 833	26 500
5	主梁	主梁标准节	14	1 300×3 000×12 000	12 016	164 224

(续表)

序号	名称		数量	尺寸/(mm×mm×mm)	单重/kg	总重/kg
6	天车系统	卷扬机	4	2 400×2 400×1 200	4 000	16 000
7		定滑轮组	4	700×950×900	1 375	5 500
8		走行轮箱	8	1 400×1 150×930	3 255	26 040
9		旋转吊钩组	2	2 120×1 630×800	2 730	5 460
10		吊具	2	2 200×2 500×4 350	4 710	9 420
11		天车车架	2	5 290×630×3 040	3 200	6 400
12		天车主梁	2	7 010×740×550	7 600	15 200

安装工艺流程:支腿安装→主桁梁吊装→桁架间横联安装→起重天车吊装→附属设施安装→调试。

4.1.1 支腿组拼与安装

1. 安装思路

为适应 U+箱形梁断面,单套支腿整体呈 H 形,由 1 根横梁和 2 组立柱组成。每组立柱均支撑在 U+箱形梁的腹板正上方,2 组立柱之间通过横梁连接。

安装时,拟将整套支腿拆分成"立柱部件与横梁部件",分别在地面上拼装完成后,先采用吊车将每组立柱整体吊装到位,再将横梁构件吊起与立柱构件组装后,即可形成一套完整的支腿。

安装滑移平台(图 4-2)。

① 在 19 号墩的 0# 块现浇段顶、20 号墩顶部测放桥梁纵轴线,根据纵轴线对各套支腿的立柱中心与滑移平台位置进行放样,采用黄沙进行基面调平后,将滑移平台吊装到位。

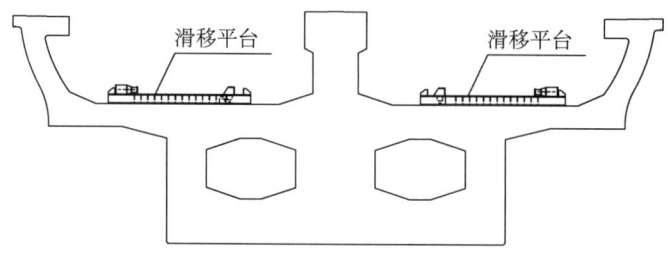

图 4-2 滑移平台安装示意

② 先安装立柱构件,再安装横梁构件(图 4-3、图 4-4)。

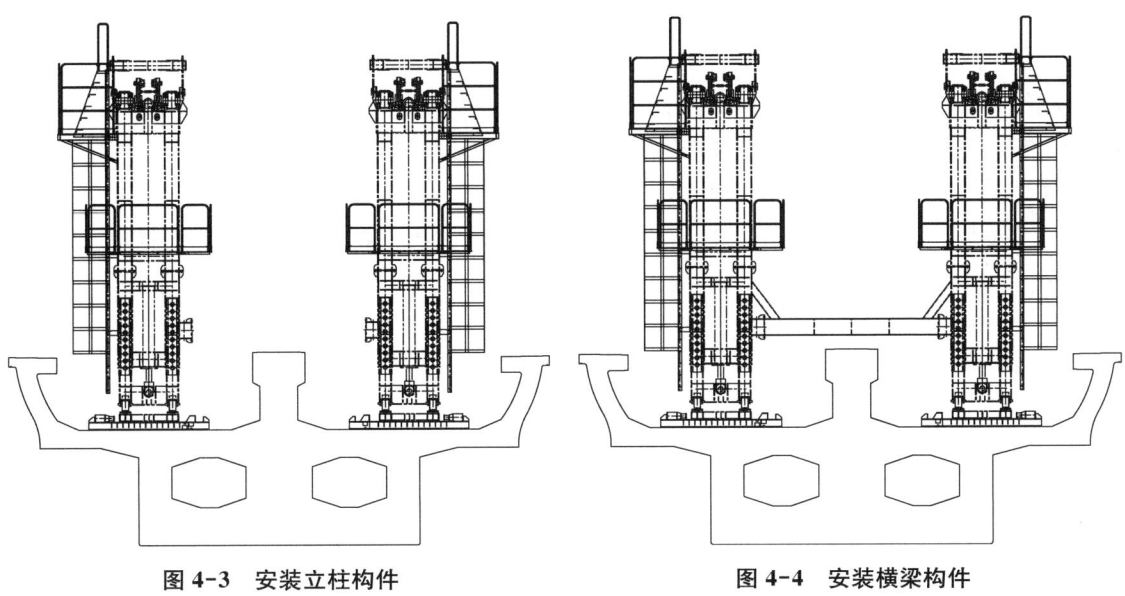

图 4-3　安装立柱构件　　　　　　　图 4-4　安装横梁构件

③ 将支腿与桥梁结构进行固结(图 4-5、图 4-6)。

19 号墩处支腿采用精轧螺纹钢将横梁构件与滑移平台相互拉结,将滑移平台与桥梁结构进行拉结固定(利用预留孔)。

20 号墩处支腿采用精轧螺纹钢将横梁构件与滑移平台相互拉结,将滑移平台与墩顶设置的支撑平台进行焊接固定。

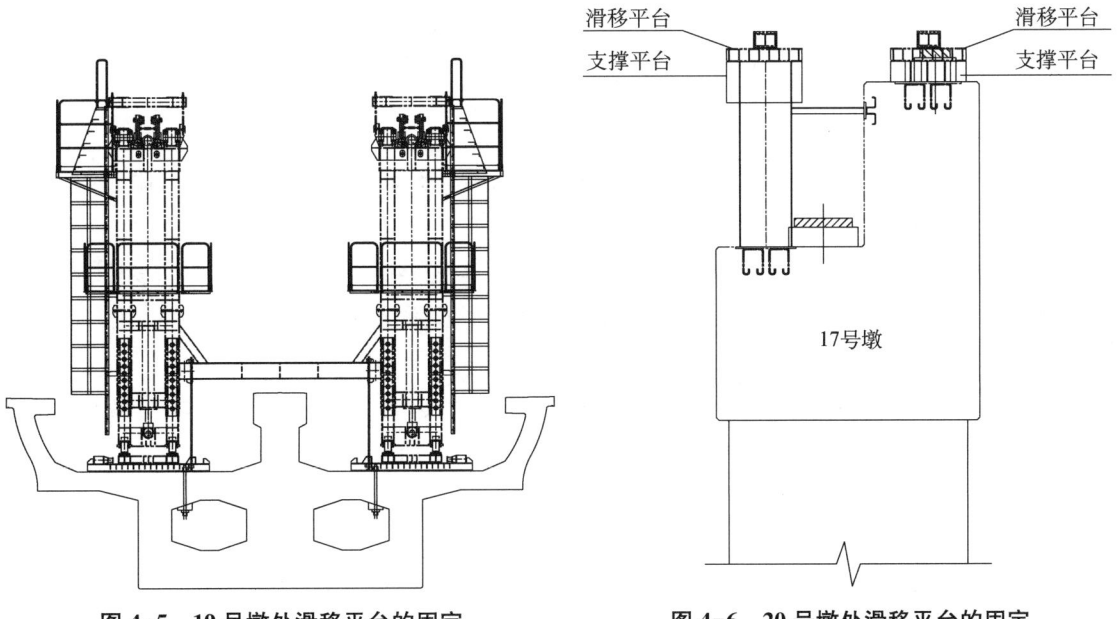

图 4-5　19 号墩处滑移平台的固定　　　　图 4-6　20 号墩处滑移平台的固定

2. 地面组装

支腿在工厂内制造完成后,按照方便运输、模块分解、快速组装的原则先编号再拆解成多个部件后运输至施工现场。

为方便起吊,需先在东侧施工场地 20~22 号墩间的场地内将各部件按编号分别组装成立柱构件与横梁构件。立柱构件立柱按照设计图纸由下向上组装,液压系统与电气控制部分适时进行组装,最后安装各层的梯子平台。

① 将支腿主肢和套筒拼在一起,如图 4-7(a)所示,并插入销轴定位后,再与横联、螺纹微调装置、油缸等拼装,如图 4-7(b)所示。

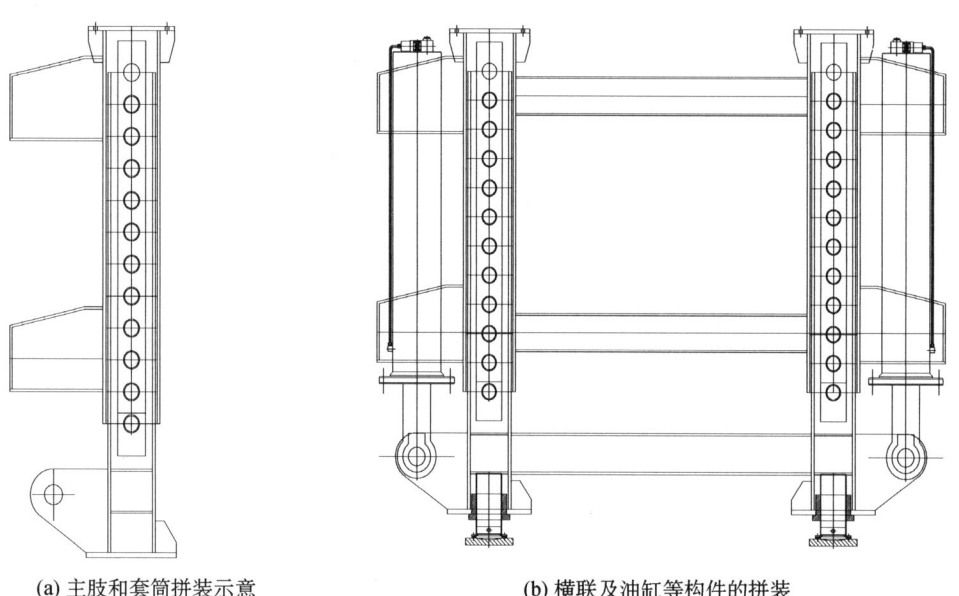

(a) 主肢和套筒拼装示意　　　　(b) 横联及油缸等构件的拼装

图 4-7　支腿拼装示意

② 将支腿上部三脚架与上部横联连接,再安装顶推滑移装置的油缸、挂轮、限位装置等,如图 4-8 所示。

③ 将支腿上半部与下半部用螺栓连接,组拼成一个完整的支腿,如图 4-9(a)所示;期间组装液压系统、电气控制部分,最后安装各层的梯子平台,如图 4-9(b)所示。

3. 吊装过程

组装完成的单组立柱重 13.3 t,采用 120 t 汽车吊进行每组立柱的整体吊装,具体如图 4-10 所示。安装完成的支腿平面位置如图 4-11 所示。支腿现场吊装如图 4-12 所示。

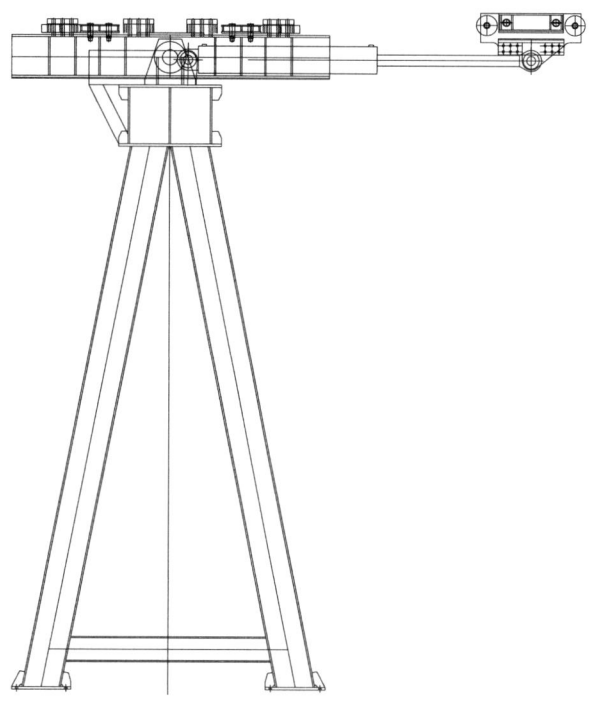

图 4-8 支腿上部连接示意

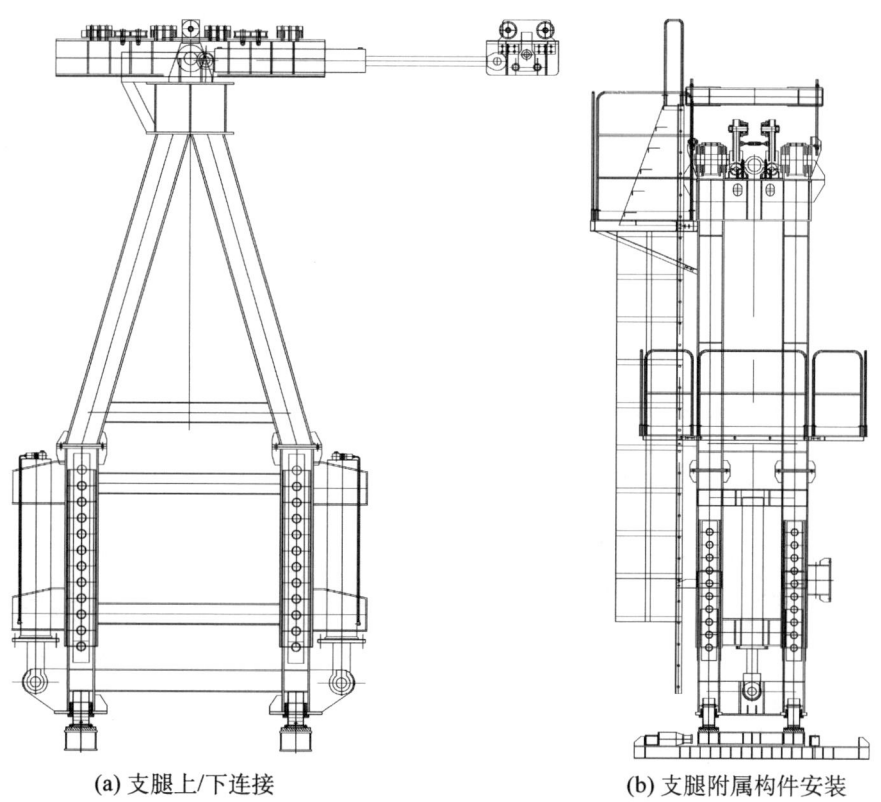

(a) 支腿上/下连接　　　　　(b) 支腿附属构件安装

图 4-9 支腿的上/下连接与附属构件安装示意

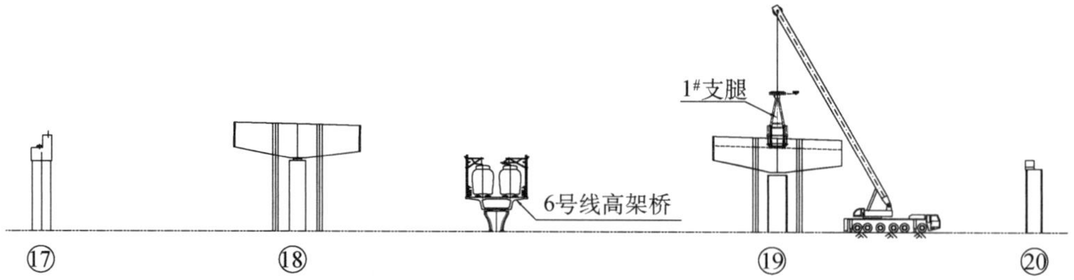

(a) 安装1#支腿

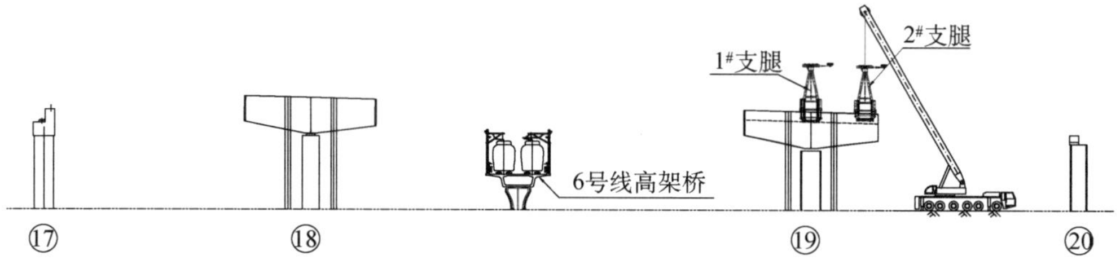

(b) 安装2#支腿

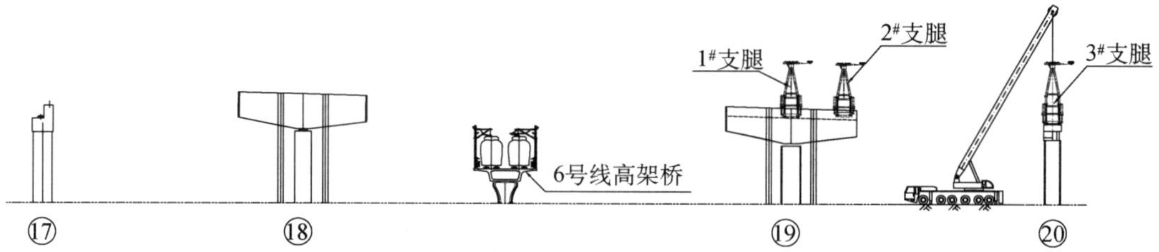

(c) 安装3#支腿

图 4-10 支腿的吊装过程

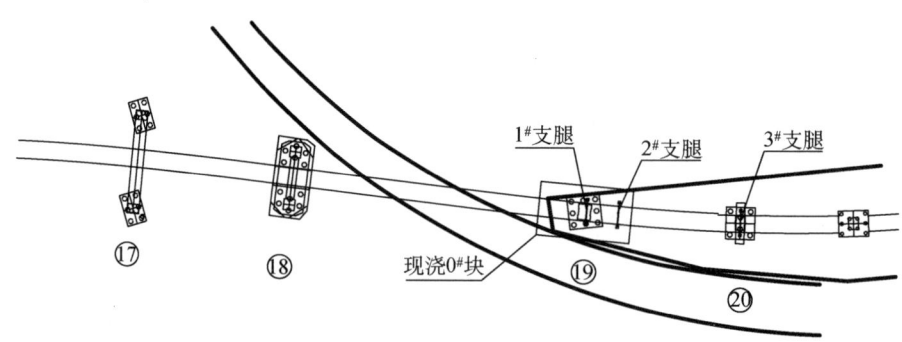

图 4-11 安装完成的支腿平面位置

图 4-12 支腿现场吊装

4.1.2 主桁梁组装与安装

1. 安装思路

由于主桁梁总长 84 m,受限于现场施工场地与周边环境,不具备整体起吊的条件,因此采用"地面分段拼装,空中对接完整"的安装思路。

从提高施工效率与作业安全性考虑,应尽量减少空中对接次数,为此将主桁梁按照 12 m 长标准节的模数划分为"一长一短"两只节段,只需进行一次空中对接即可。

同时,为满足主桁梁空中对接的可操作性,提高安全性,要求长节段安装后可以在 1#, 2#,3# 支腿上实现"三点支撑",故在拼装场地面积允许的情况下,将 84 m 长主桁梁划分为 60 m 长节段和 24 m 短节段。

安装时,先吊装长节段至支腿顶部固定,再吊装短节段进行空中对接。

2. 地面组装

主桁梁在工厂内制造完成后,按照方便运输、模块分解、快速组装的原则先编号再拆解成多个标准节段后运输至施工现场。

两根主桁梁共分 14 个安装节间,每节长度为 12 m,高 3 m,重 12 t。利用汽车吊在地面上依次组装成 24 m 短节段与 60 m 长节段(图 4-13)。

(1) 安放前端梁节:搭起 1.5 m 高的龙骨墩作为临时垫座,用汽车吊或其他起重设备把最前段主梁节段摆放在垫座上。

(2) 依次组拼主梁单桁节段:搭起一组临时垫座,用汽车吊吊装下一节主梁节段至垫座上,安装 M68 高强螺杆并施拧至设计拧紧力矩,重复上述步骤由下到上顺着一个方向按编号依次组拼各主梁节段。

3. 吊装过程

组装完成的 24 m 主桁梁重 48.06 t,60 m 主桁梁重 120.2 t。长节段采用一台 200 t 汽车吊

(a) 主桁梁立面示意

(b) 上弦连接示意

(c)下弦连接示意

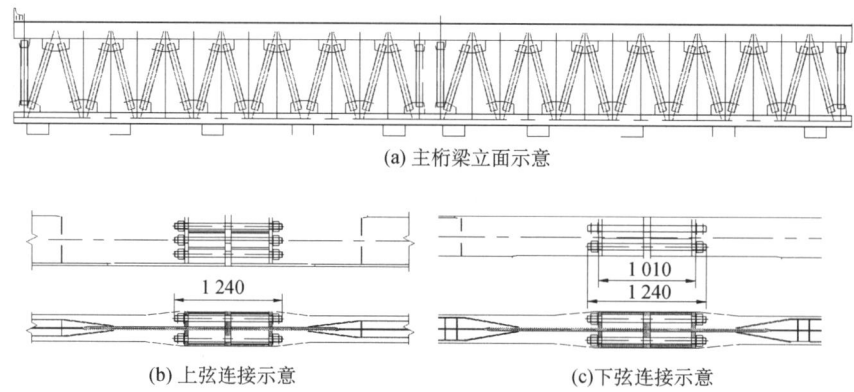

图 4-13　架桥机主桁梁的地面组装

与一台 250 t 汽车吊抬吊安装，短节段采用一台 200 t 汽车吊单机安装。安装步骤如下：

(1) 250 t 汽车吊站位于 19 号与 20 号墩中间，200 t 汽车吊站位于 20 号墩东侧，协同吊装单榀长节段，待其与 3 个支腿锚固并用缆风绳临时固定后，采用同样方法吊装另一榀长节段，如图 4-14 所示。

(a) 汽车吊吊装单榀长节段

(b) 汽车吊的作业半径示意

(c) 汽车吊吊装第2榀长节段

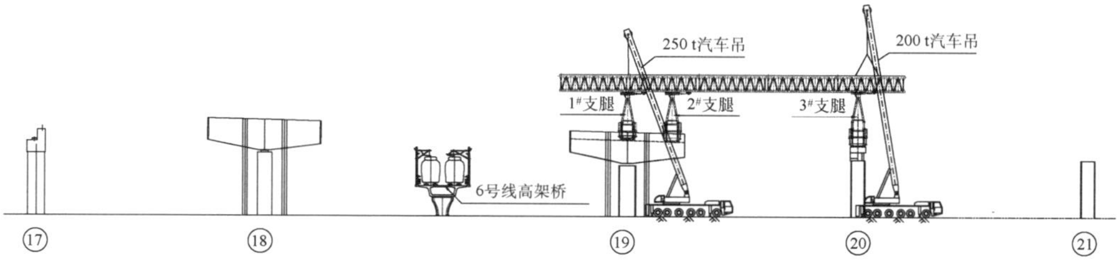

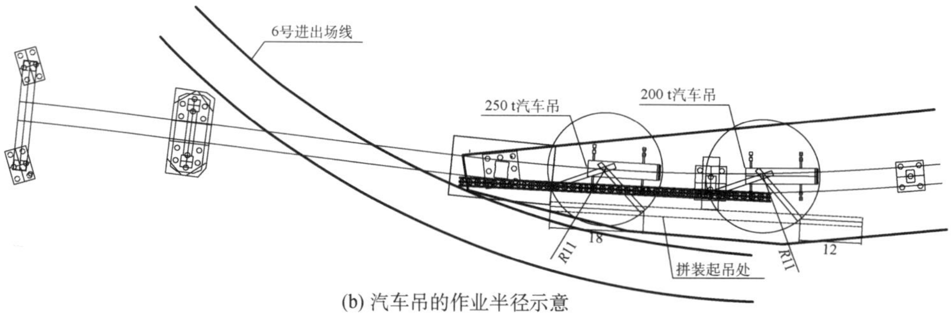

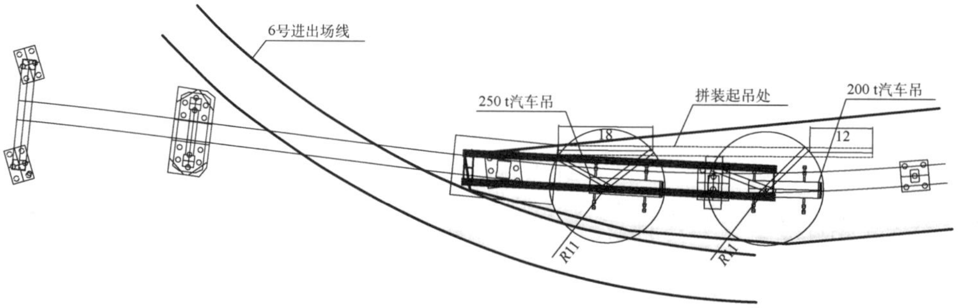

图 4-14　长节段吊装示意

(2)两榀长节段均应水平放置于支腿上,确保中心距为 5.5 m,且两侧端头齐平[图 4-15(a)]。主桁梁安装位置经测量确认正确后,外端头及时安装横联,对接处端头应采用临时连接杆进行加固[图 4-15(b)],以保证安装过程中的横向刚度。

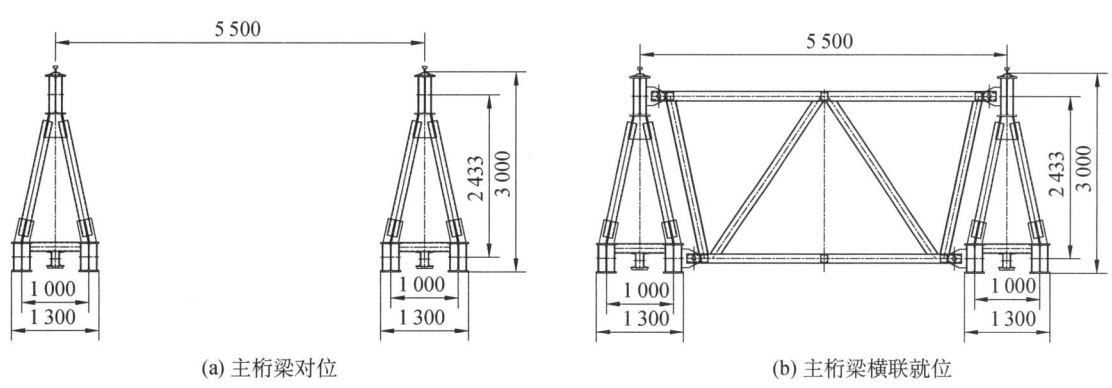

(a) 主桁梁对位　　　　　　　　　　(b) 主桁梁横联就位

图 4-15　主桁梁定位

(3)由于短节段安装后会影响吊车的起吊安装,因此在长节段安装完成后,应分别将两部天车吊装至 3# 支腿上方位置,如图 4-16 所示。天车的具体安装工艺详见本书 4.1.3 节。

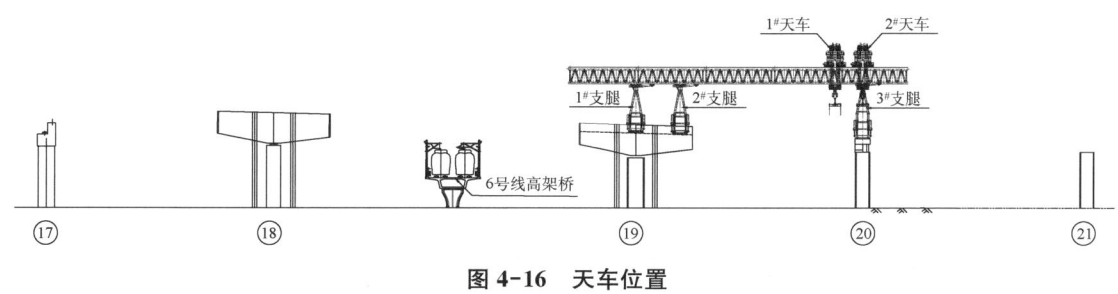

图 4-16　天车位置

(4)如图 4-17 所示,用 200 t 汽车吊起吊短节段,控制吊车吊臂将短节段吊至安装位置附近,采用手拉葫芦配合的方式精确调整节段方位,使定位销插进定位孔,通过高强螺栓完成节段连接。待短节段外端头的横联安装完成后,拆除对接处两榀主桁梁间的临时连接杆。

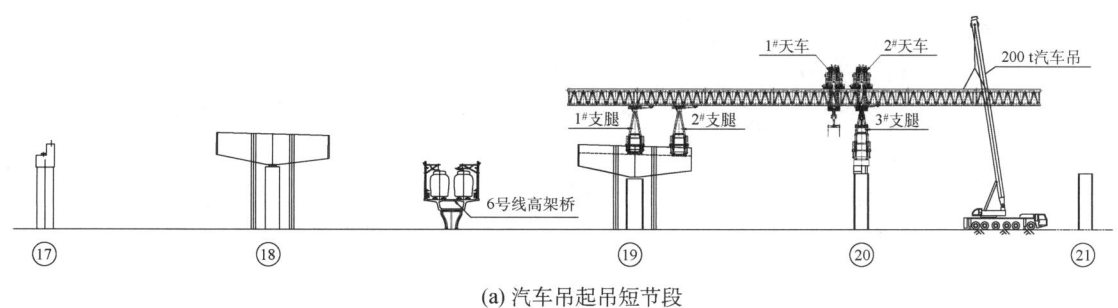

(a) 汽车吊起吊短节段

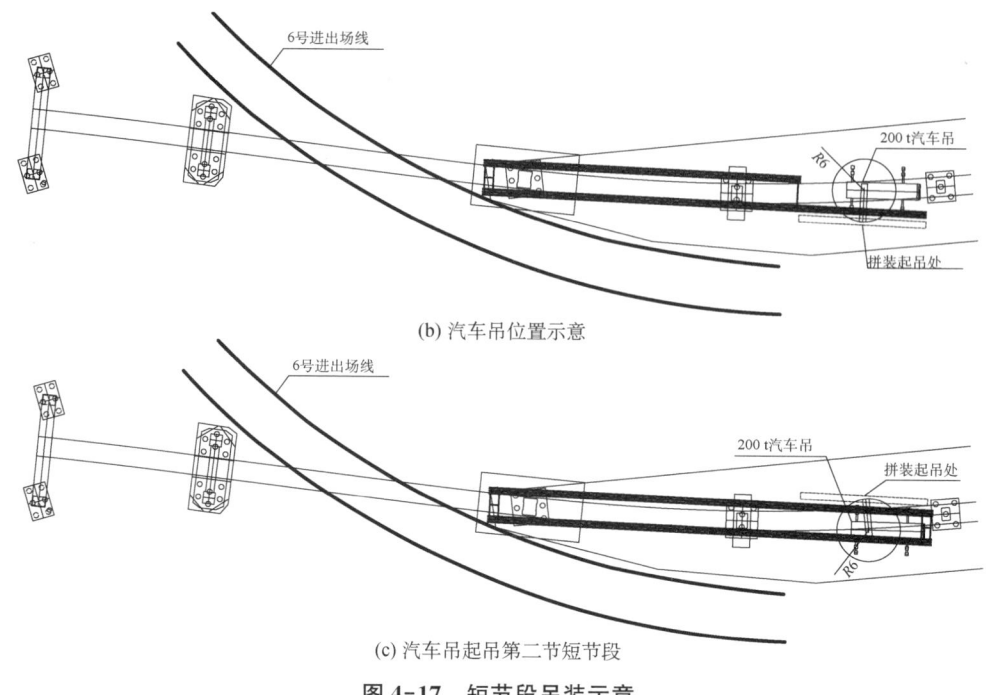

(b) 汽车吊位置示意

(c) 汽车吊起吊第二节短节段

图 4-17 短节段吊装示意

吊装现场如图 4-18、图 4-19 所示。

图 4-18 架桥机汽车吊吊装现场

图 4-19 架桥机主桁梁节段拼装现场

4.1.3 天车组装与安装

1. 安装思路

天车地面组装的具体流程依次为:

① 将整体安装好的走行轮箱通过与走行支腿栓接,完成与天车主梁连接,如图 4-20 所示。

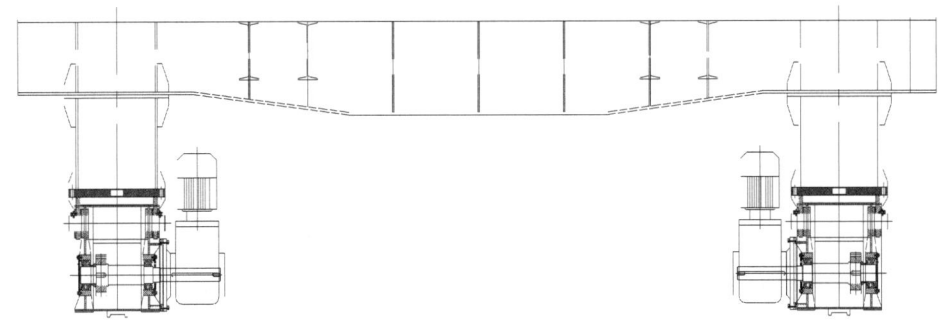

图 4-20 走行轮箱与天车主梁连接

② 将安装好的走行轮箱和天车主梁整体吊装到架桥机主梁上。

③ 安装定滑轮组:把定滑轮组安放在天车车架上,栓接在天车车架上,注意将两个定滑轮组的位置对齐。

④ 安装卷扬机:把卷扬机摆放在天车车架上,用螺栓固定,添加齿轮油,安装完成后如图 4-21 所示。

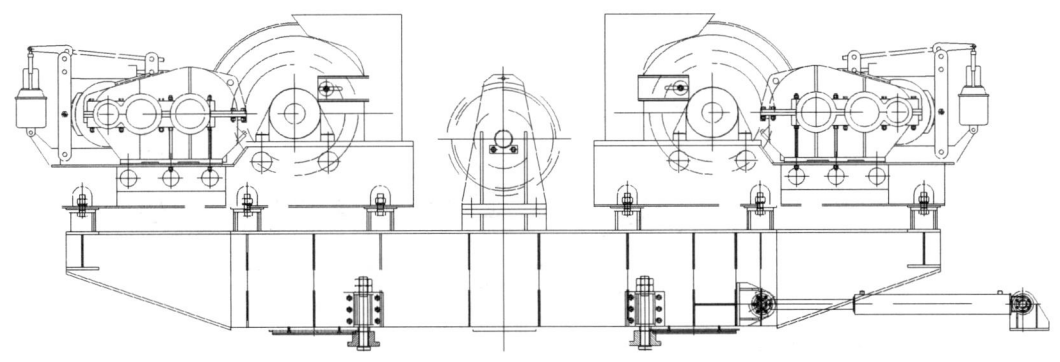

图 4-21 卷扬机安装示意

⑤ 将安装好的天车车架、卷扬机、定滑轮组整体吊装至天车主梁上。

⑥ 安装吊钩与吊具:卷扬机松绳,缠绕钢丝绳,用绳扣固定钢丝绳,把定滑轮组与旋转吊钩连接,再将吊具安装在旋转吊钩上。

2. 吊装过程

天车在地面组装完成后,总重 47.6 t,采用一台 250 t 汽车吊分别将 1#、2# 天车吊装到预定位置,如图 4-22、图 4-23 所示。

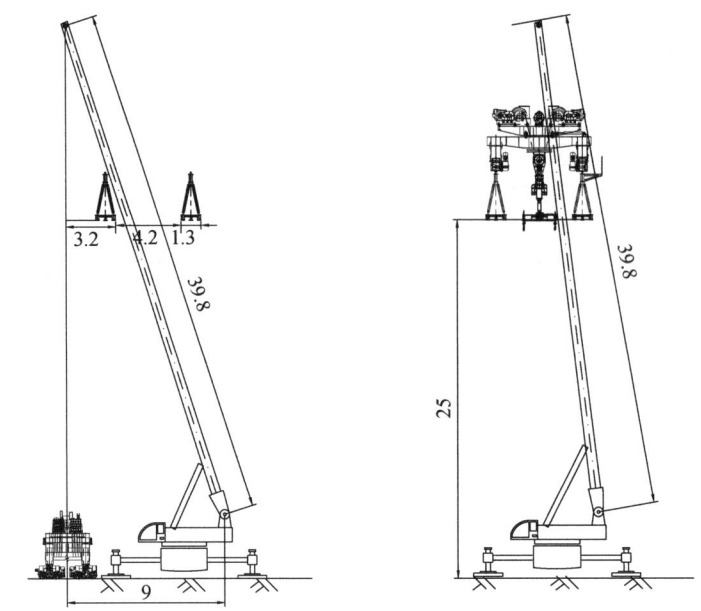

图 4-22 天车系统吊装立面示意

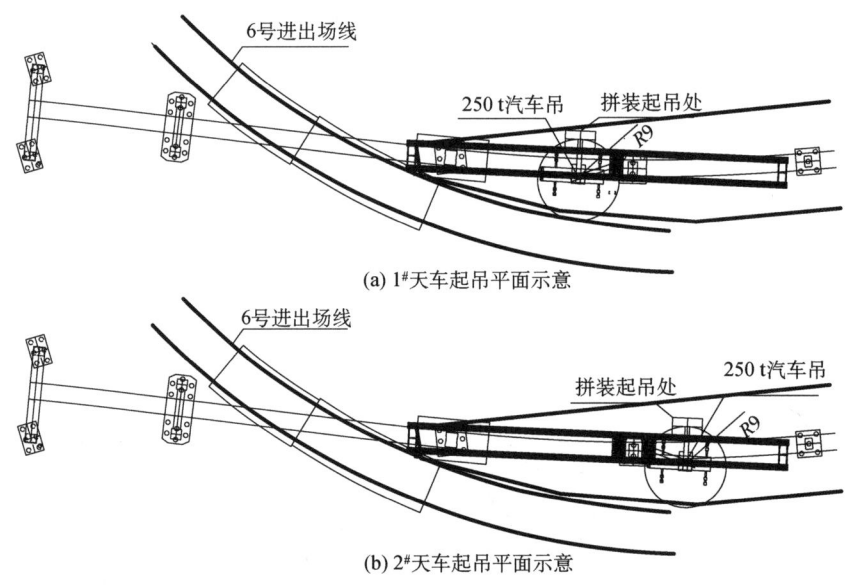

图 4-23 天车起吊平面示意

待架桥机主要结构件安装到位后进行其他附属设施的安装,包括操作平台、梯子平台、液压站、走行装置和安全装置等设施。全部构件安装完整后,按照架桥机设计说明书要求进行油路和线路的布置。

4.1.4 架桥机就位

整机调试完成后,需先安装防护棚,再将天车与支腿位置进行调整,安装张拉吊篮,最后将主桁梁向中跨侧走行至预定位置,即可具备作业条件。

(1) 先将天车前移，再采用汽车吊安装可调移动式防护平台[图 4-24(a)]。

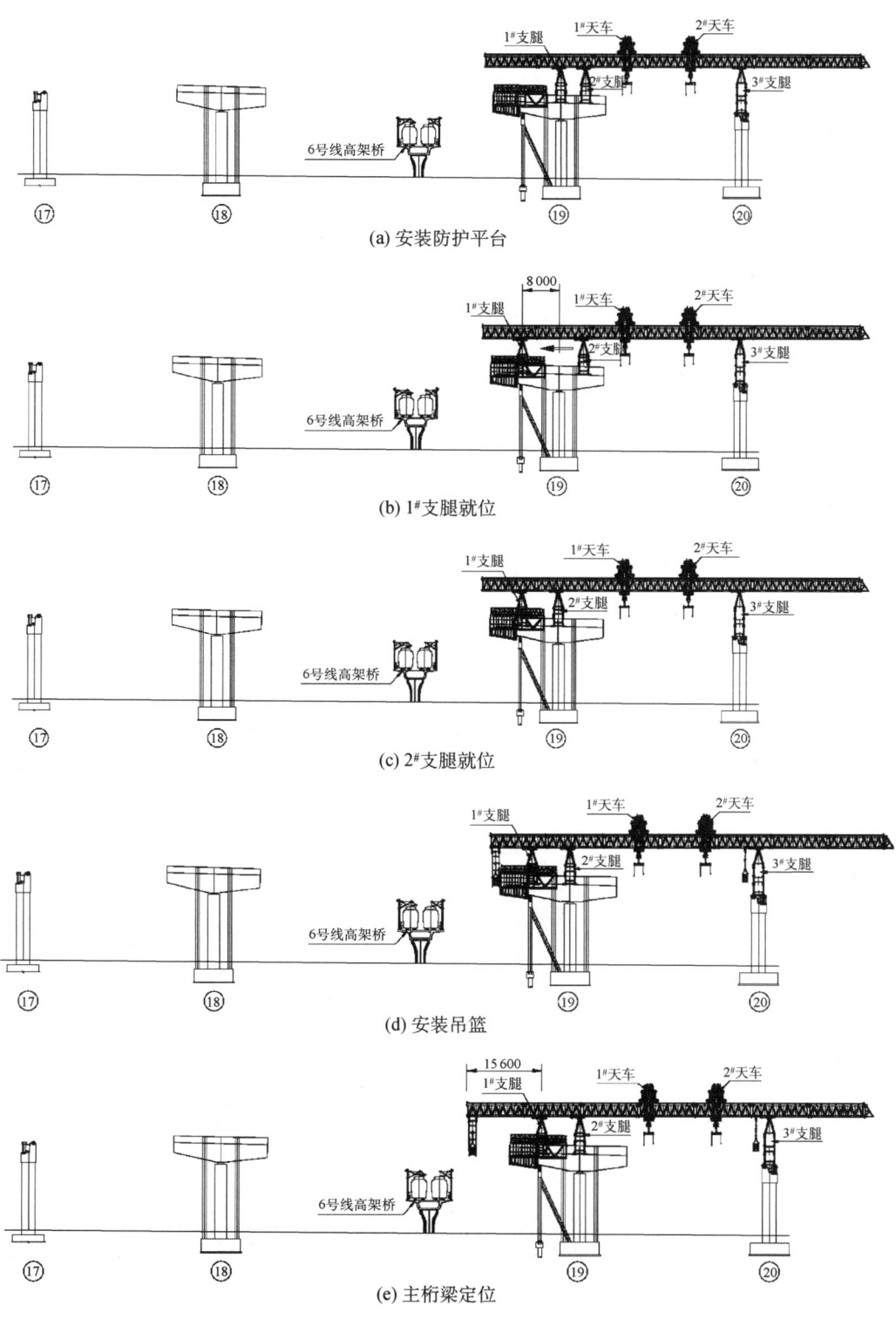

图 4-24　架桥机就位调试流程

(2) 依靠支腿上方的液压顶推系统,将 1# 支腿从 19 号墩中前移 8 m[图 4-24(b)]。
(3) 依靠支腿上方的液压顶推系统,将 2# 支腿前移至 19 号墩中[图 4-24(c)]。
(4) 安装自动跟随式张拉吊篮[图 4-24(d)]。
(5) 依靠支腿上方的液压顶推系统,将主桁梁向跨中顶推至悬臂 15.6 m 后,即可投入正式使用[图 4-24(e)]。

4.2 悬臂拼装设备过孔工艺

悬臂拼装设备主要包括 U+箱梁单 T 构悬臂拼装架桥机、可调移动式辅助支腿、可调移动式防护平台、自动跟随式张拉吊篮和竖向轴力伺服系统。其中竖向轴力伺服系统无需进行过孔,辅助支腿、张拉吊篮均可采用汽车吊在地面进行拆运重装,架桥机、防护平台需要由东侧 T 构过孔至西侧 T 构。

4.2.1 架桥机过孔工艺比选

总重 433 t 的架桥机在悬臂 37.4 m 的 T 构上要实现步履式过孔,必须对工艺进行分析设计,以保证过孔期间设备与结构的安全性。

1. 步履式整体过孔工艺

在连续梁桥的预制节段拼装工艺中,步履式架桥机已成为施工的主导装备。无论是预制节段的整跨拼装还是悬臂拼装工艺,架桥机支腿一般支撑于墩顶结构上,节段拼装完成后架桥机通过支腿倒换采用步履式过孔。在不同的工程应用中,虽然步履式节段拼装架桥机的结构设计略有不同,但是过孔的思路基本一致,即在最前端支腿悬吊并锁定于架桥机主梁端头,天车在架桥机主梁最后方配重保持整机平衡,架桥机主梁向前顶推直至该支腿能够固定于下一跨墩顶。

(1) 整体过孔步骤。

在东半幅架设完毕后,收起 2# 支腿沿主桁梁移动到 1# 支腿后部[图 4-25(a)],放下 2# 支腿并收起 1# 支腿,此时为 2# 和 3# 支腿受力。接着将 1# 支腿与主桁梁锁定,将主桁梁悬臂前推[图 4-25(b)]至 1# 支腿到达下一跨墩顶[图 4-25(c)],然后将 3# 支腿转移到 17 号墩顶,主桁梁继续顶推直至到达 17 号墩顶,最后将 2# 支腿转移到 18 号墩顶,过孔过程完成[图 4-25(d)]。

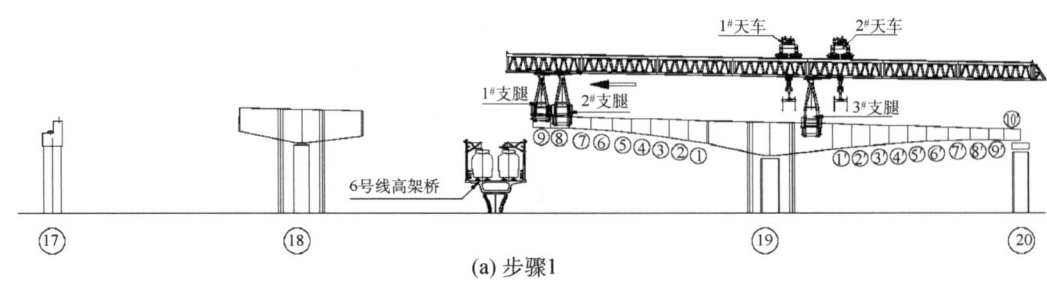

(a) 步骤1

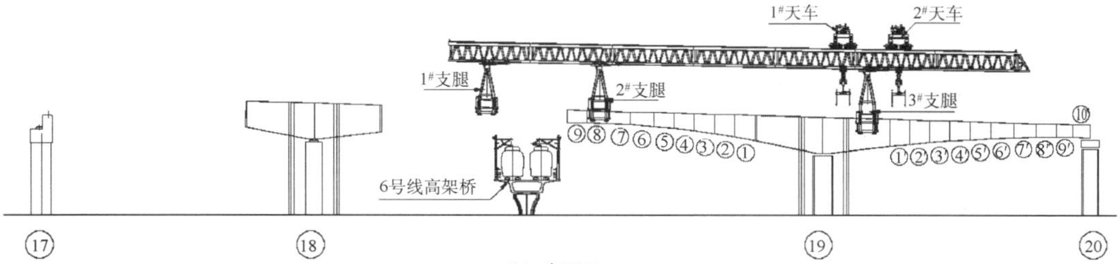

(b) 步骤2

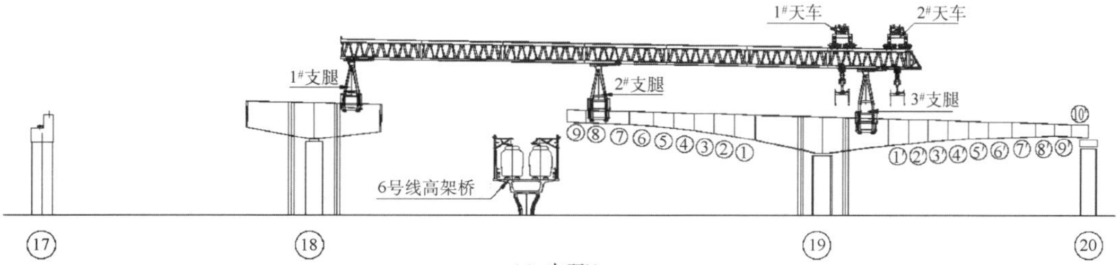

(c) 步骤3

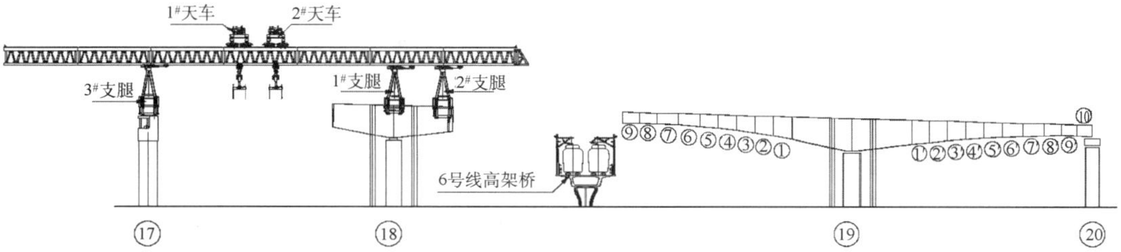

(d) 步骤4

图 4-25 初步方案流程

(2) 过孔工况分析。

在架桥机主桁梁前行过程中，1#支腿悬吊于主桁梁前端，2#支腿支于 T 构悬臂端头，主桁梁前端为悬臂段，则 1#支腿到达西侧 T 构墩顶但又未接触的状态为架桥机主桁梁弯矩达到最大、东侧 T 构桥的端头压力最大的工况。按照最不利工况进行结构建模（图 4-26）并验算，结果如表 4-2 所示。

图 4-26 计算模型

表 4-2　步履式整体过孔计算结果

控制项目	数值	限值
T构悬臂下压力/kN	2 700	预警值 2 200 kN（控制值 2 700 kN）
架桥机主梁应力/MPa	212.8～289.6	控制应力为 219.59 MPa
抗倾覆墩拉应力/MPa	4.5	C40 抗拉强度设计值 1.71 MPa
主梁顶缘拉应力/MPa	1.08	C60 抗拉强度设计值 2.09 MPa

（3）分析结论。

根据计算结果显示，在最不利工况下，架桥机自身以及 T 构都不满足安全控制条件，可见图 4-25 所示的步履式架桥机整体过孔方案难以满足安全性要求，因此必须另辟蹊径。由于东侧梁体架设完成后污水箱涵与 6 号线之间的区域被分割成两部分，施工场地过小无法满足吊车站位需求，"拆除转运、重新安装"的架桥机过孔方案不可行，只能重新考虑从桥面上直接过孔的方案。

2. 支腿局部拆解，主要构件整体过孔工艺

（1）支腿局部拆解与主要构件整体过孔相结合。

由上述分析可知，整体过孔时无论是架桥机还是 T 构，均出现构件受力过大的问题，因此必须设法减小过孔时构件所受荷载。架桥机主桁架和 T 构在过孔时均呈悬臂受力状态，而作用于架桥机主桁架悬臂端的支腿重量和主桁架自重是引起架桥机与 T 构应力超标的主要原因。受现场环境限制，架桥机主桁架和天车不具备拆解空间，必须整体高空过孔，只有支腿具备现场局部拆解条件。

为此，一方面通过支腿的局部拆解来减小作用于架桥机悬臂端的荷载，另一方面减少主桁梁的悬臂跨度，可在西侧 T 构端部增设辅助支腿为主桁梁提供临时支撑，进而减小主桁梁和 T 构应力。同时，在架桥机主桁梁的边跨侧，过孔时采用天车和 3# 支腿悬吊进行配重，进一步减小作用于 T 构悬臂端的支腿反力，从而减少 T 构的倾覆力矩。通过上述工艺上的改进，解决了架桥机主桁梁和 T 构应力过大的问题，即过孔时，1# 支腿立于东侧 T 构悬臂段端头，2# 支腿立于墩顶，3# 支腿立于 2# 支腿后侧，并在西侧 T 构墩顶离跨中最近位置处设置辅助支腿，主桁梁顶推时两部天车始终保持在墩顶东侧（图 4-27）。主桁梁逐步向前顶推，至悬臂段长 29 m 时，将 3# 支腿悬吊于主桁梁上作为配重。主桁梁端部顶推至西侧 T 构后支承在辅助支腿上后，将 3# 支腿拆下，通过汽车吊安装在西侧 T 构墩顶上。

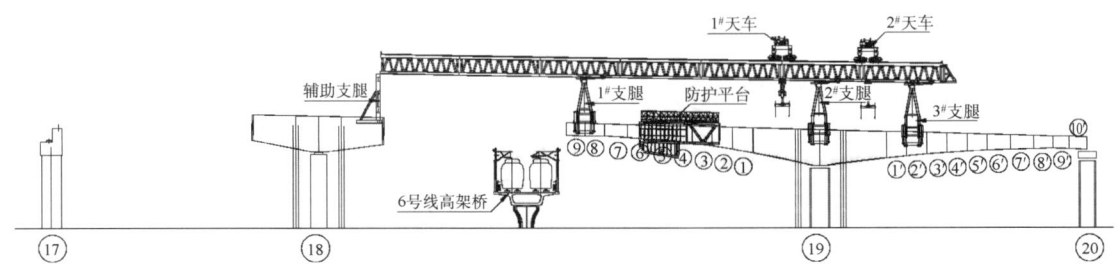

图 4-27　新方法最不利工况示意

(2) 过孔工况的受力分析。

根据改进后的工艺进行计算,最不利工况下的受力结果如表 4-3 所示。

表 4-3　新方案计算结果

控制项目	数值	限值
T 构悬臂下压力/kN	2 314	预警值 2 200 kN(控制值 2 700 kN)
架桥机主梁应力/MPa	139.4～192.7	控制应力为 219.59 MPa
抗倾覆墩拉应力/MPa	1.2	C40 抗拉强度设计值 1.71 MPa
主梁顶缘拉应力/MPa	0.11	C60 抗拉强度设计值 2.09 MPa

(3) 分析结论。

计算结果表明,采取上述技术后,架桥机与桥梁结构受力均有明显改善。一方面,架桥机主桁梁的最大压应力满足控制应力要求,保证了施工中设备的安全性;另一方面,悬臂端下压力和抗倾覆墩拉应力大幅度减小,仅略高于警戒值,桥梁 T 构倾覆力矩明显减小,结构顶缘拉应力显著减小。

(4) 主/被动控制技术。

架桥机主桁梁虽然通过工艺优化最大限度地减小了过孔过程中作用于悬臂端的荷载,但由于天车较重,天车过孔时对 T 构的影响不可忽视,最不利工况下依然存在 T 构拉应力和抗倾覆墩拉应力超出安全限值的风险。因此,必须考虑采用主/被动控制技术减小过孔时架桥机自身及 T 构的受力状况,对架桥机过孔时 T 构的力学状态进行辅助控制。

① 在悬臂端设置辅助支腿,以减少主桁架的悬臂跨度,进而减小主桁架和 T 构应力;

② 在主桁架边跨侧采用天车、3#支腿悬吊进行配重,进一步减小作用于 T 构悬臂端的支腿反力,从而减少 T 构的倾覆力矩;

③ 通过调节反顶装置顶力、调整抗拉束拉力、启用随动配重系统等方法,以"顶、拉"结合方式来抵消 T 构过大的倾覆弯矩;

④ 通过调整支腿高度减小天车过孔时东侧 T 构悬臂端上的支腿反力;

⑤ 通过桥面临时预应力装置,对 T 构施加一定的压应力,进一步抵消过孔时梁顶面产生的拉应力,提高结构安全性。

4.2.2　过孔前的准备工作

(1) 搭设 17 号墩的边墩拼装段支架、在边跨 8′#与 9′#节段上安装过孔配重[图 4-28(a)、图 4-29]。

(2) 在边跨 2′#节段上安装可调移动式辅助支腿以替代 3#支腿,将 3#支腿移动至 3′#节段锚固[图 4-28(b)]。

(3) 将可调移动式辅助支腿分解后用 1#天车转运至中跨 5#节段上拼装,用以替代 1#支腿[图 4-28(c)]。

(4) 将 1#支腿前移至 9#节段锚固[图 4-28(d)]。

（5）将可调移动式辅助支腿分解后转运至 18 号墩 0# 节段上，同时把可调移动式防护平台退回到 6# 节段之后，然后把两台天车对称停到 2# 支腿两侧，调整架桥机的平面与立面姿态，以适应桥梁的平曲线与坡度变化[图 4-28(e)]。

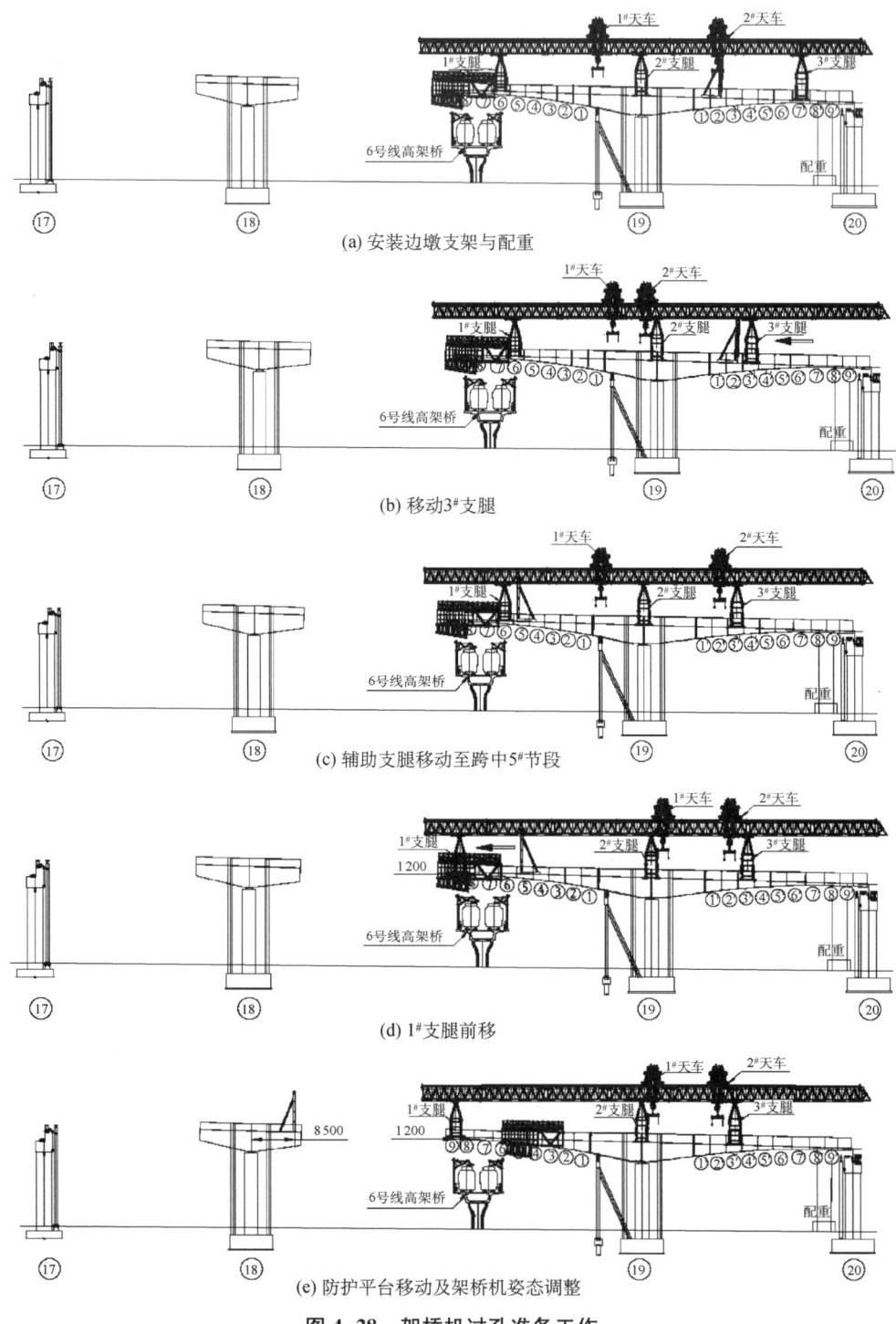

图 4-28　架桥机过孔准备工作

第 4 章　悬臂拼装设备的安拆及过孔

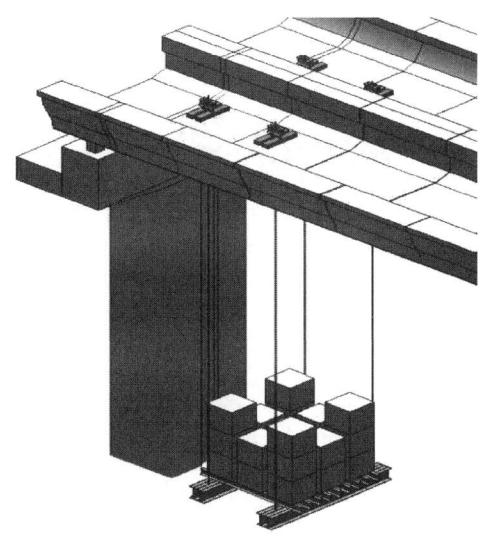

图 4-29　随动配重示意

4.2.3　架桥机过孔

（1）向跨中顶推主桁梁，两部天车反向同步移动，并始终保持不超过 2# 支腿，如图 4-30 所示。

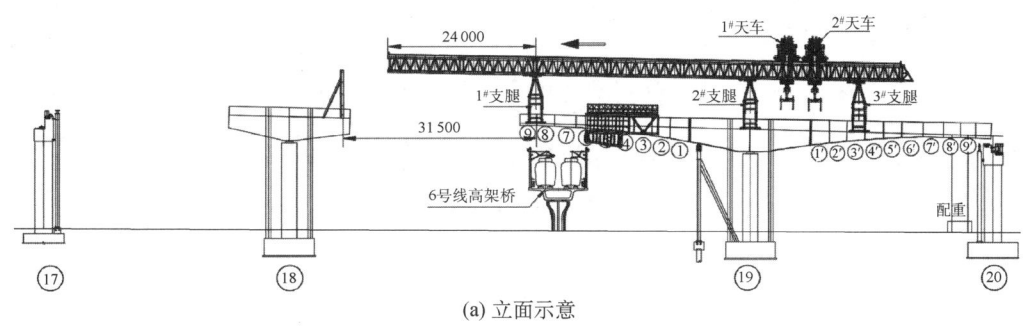

(a) 立面示意

(b) 现场实施

图 4-30　架桥机过孔步骤 1

105

(2) 循环步骤(1),直至主桁梁尾部要脱离 3# 支腿时临时停止,将 3# 支腿悬挂到主桁梁上后,继续循环顶推主桁梁前移,如图 4-31 所示。

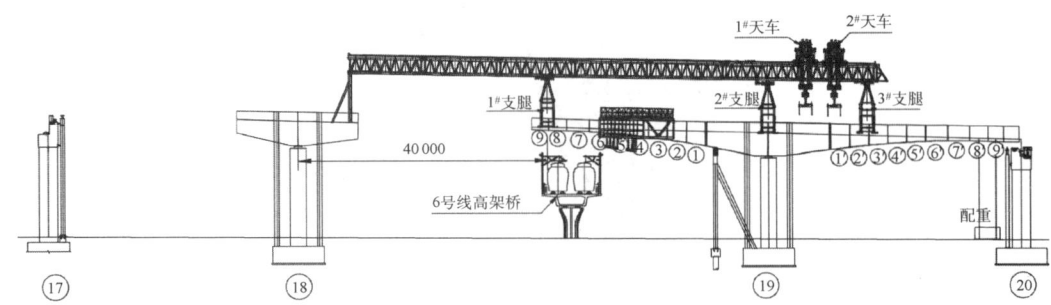

(b) 现场实施

图 4-31　架桥机过孔步骤 2

(3) 将 3# 支腿转运至 18 号墩 0# 块现浇段上锚固后,继续向前顶推主桁梁至 3# 支腿上,其间两部天车反向同步移动,并始终对称保持在 2# 支腿两侧,如图 4-32 所示。

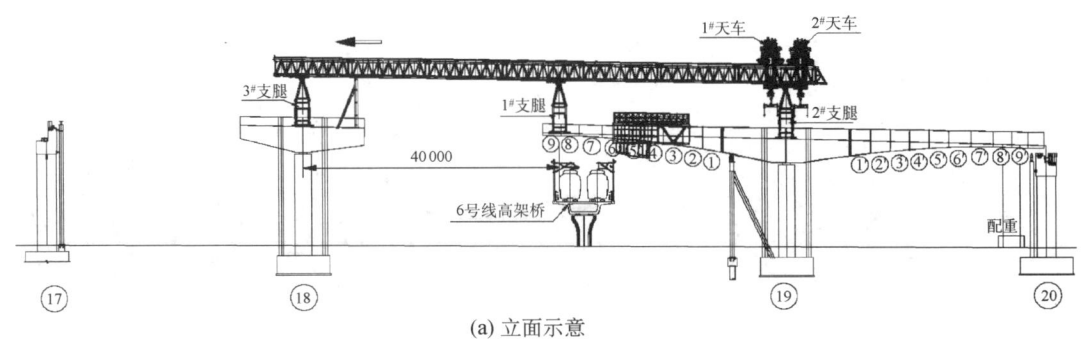

(a) 立面示意

(b) 现场实施

(c) 3#支腿拆除

图 4-32 架桥机过孔步骤 3

(4) 利用 1# 天车把可调移动式辅助支腿分解后转运至东侧 T 构 2# 节段上拼装锚固，准备替代 2# 支腿，如图 4-33 所示。

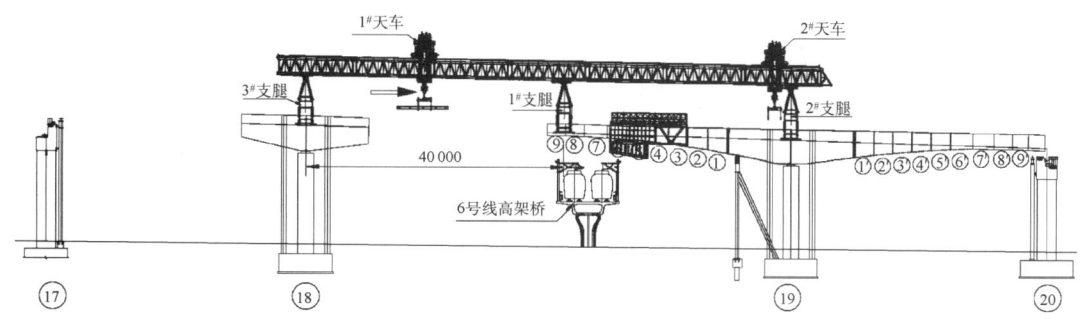

图 4-33 架桥机过孔步骤 4

(5) 将可调移动式防护平台前移至 T 构最前端，利用 1# 天车吊挂可调移动式防护平台与 T 构脱离，如图 4-34 所示。

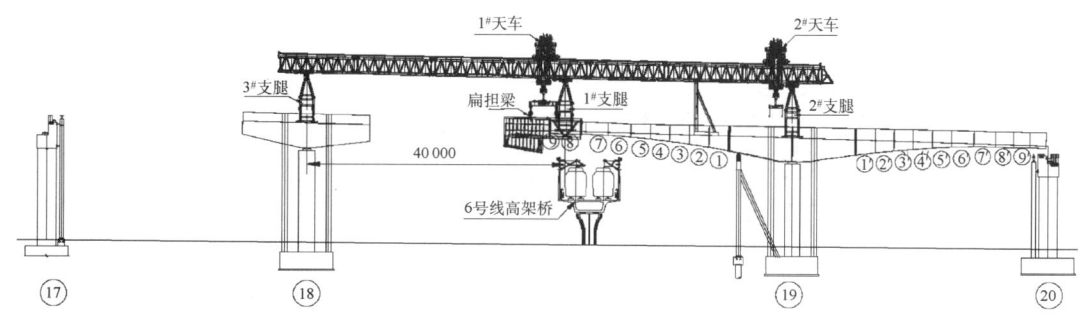

图 4-34 架桥机过孔步骤 5

(6) 天车携可调移动式防护平台向 18 号墩移动，吊运至接近 18 号墩 0# 块现浇段时，先将防护平台在空中平转 180°，再整体套进西侧 0# 块现浇段，调整底板高度后待用，如图 4-35 所示。

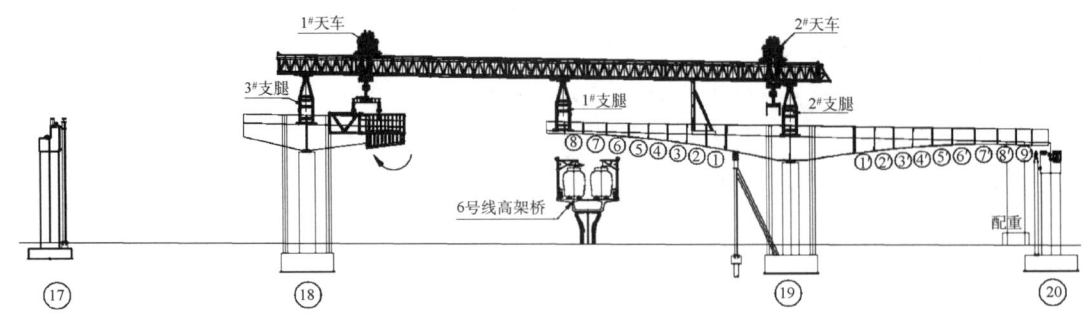

图 4-35　架桥机过孔步骤 6

(7) 将两部天车行驶至靠近 3# 支腿后，用可调移动式辅助支腿替代 2# 支腿，如图 4-36 所示。

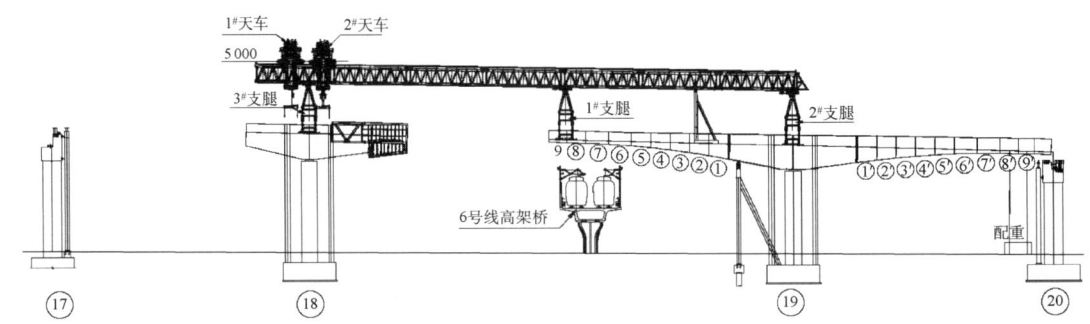

图 4-36　架桥机过孔步骤 7

(8) 继续向前顶推主桁梁，其间两部天车反向同步移动，并始终保持在 3# 支腿两侧，直至主桁梁脱离 2# 支腿后临时停止，如图 4-37 所示。

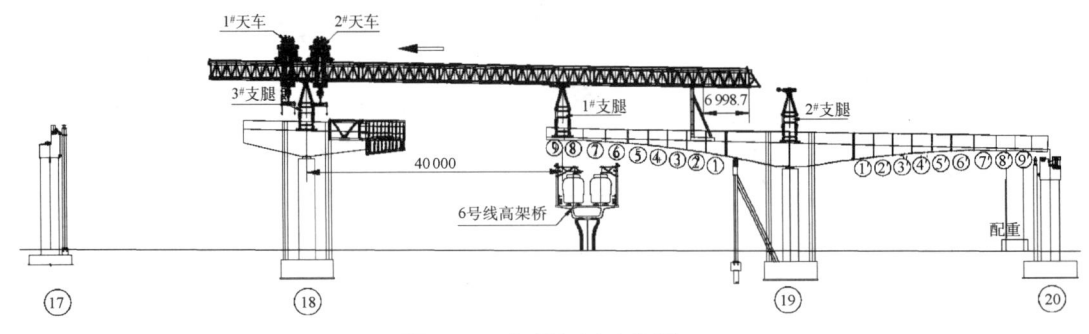

图 4-37　架桥机过孔步骤 8

(9) 将 2# 支腿吊运至 17 号墩锚固，同时将两部天车前移至悬臂端，如图 4-38 所示。

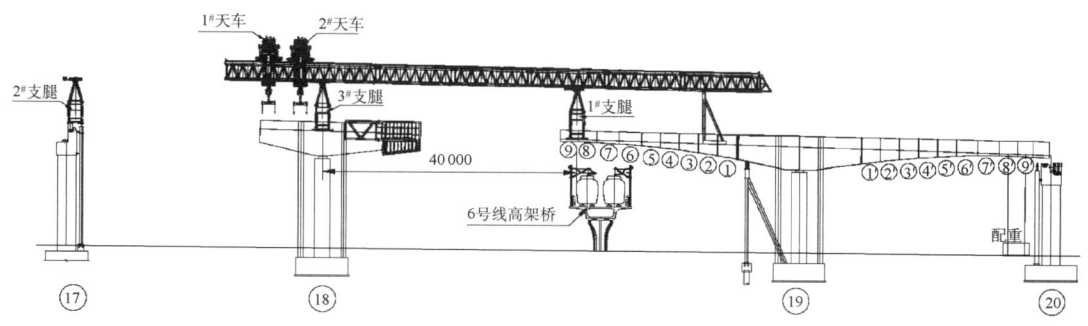

图 4-38 架桥机过孔步骤 9

（10）继续向前顶推主桁梁，两部天车反向同步移动，并始终对称保持在 3# 支腿左侧。循环往复，直至主桁梁超出 2# 支腿 3.8 m 时停止，如图 4-39 所示。

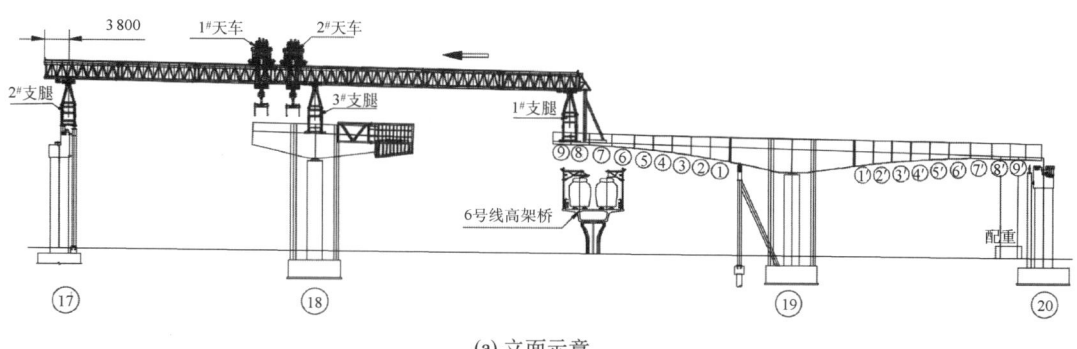

(a) 立面示意

(b) 现场实施

图 4-39 架桥机过孔步骤 10

（11）利用支腿顶部的液压顶推装置，将 1# 支腿走行至 18 号墩 0# 块现浇段上 7 m 处锚固，如图 4-40 所示。

109

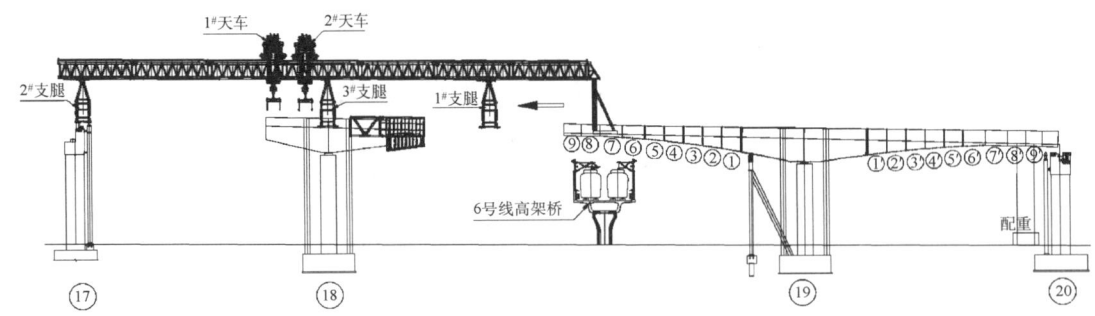

图 4-40 架桥机过孔步骤 11

（12）拆除可调移动式辅助支腿，继续向跨中顶推主桁梁，两部天车反向同步移动，并始终保持在 3# 支腿左侧，循环往复，直至主桁梁达到预定位置，完成过孔操作，如图 4-41 所示。

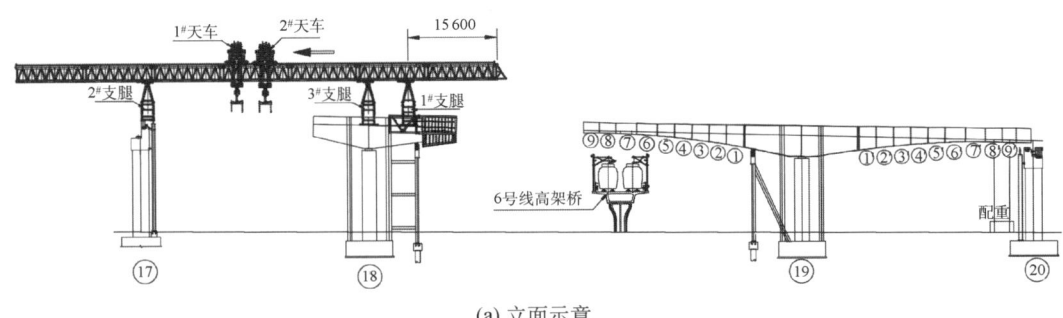

(a) 立面示意

(b) 现场实施

图 4-41 架桥机过孔步骤 12

4.2.4 防护平台过孔

防护平台主要用于中跨节段梁拼装过程中对下方轨道交通线的安全防护，阻止可能掉落的废料、废水、废浆等直接洒落到地铁接触网或者轨道上，以及因近接可能发生的接触网静电传导。在完成东侧 T 构的预制节段拼装后，需要将防护平台过孔至西侧 T 构 0# 块现浇段上，为后续预制节段拼装提供防护。

1. 拆除转运、重新安装方法

由于节点桥中跨除 18 号墩 0# 块现浇段之外,其他所有块段投影都与轨道交通 6 号线相交(图 4-42),而在完成东半幅桥 9# 节段梁安装后(图 4-43),防护平台所处位置在轨道交通 6 号线正上方,因此只有先将防护平台从 9# 节段后退至 0# 块现浇段上才具有拆除的可能性。

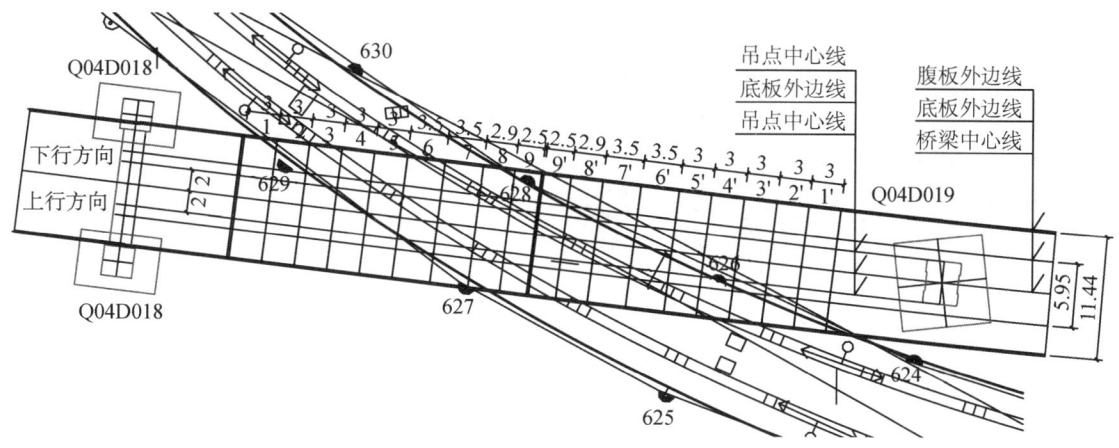

图 4-42 节点桥中跨节段梁与轨道交通 6 号线平面关系示意

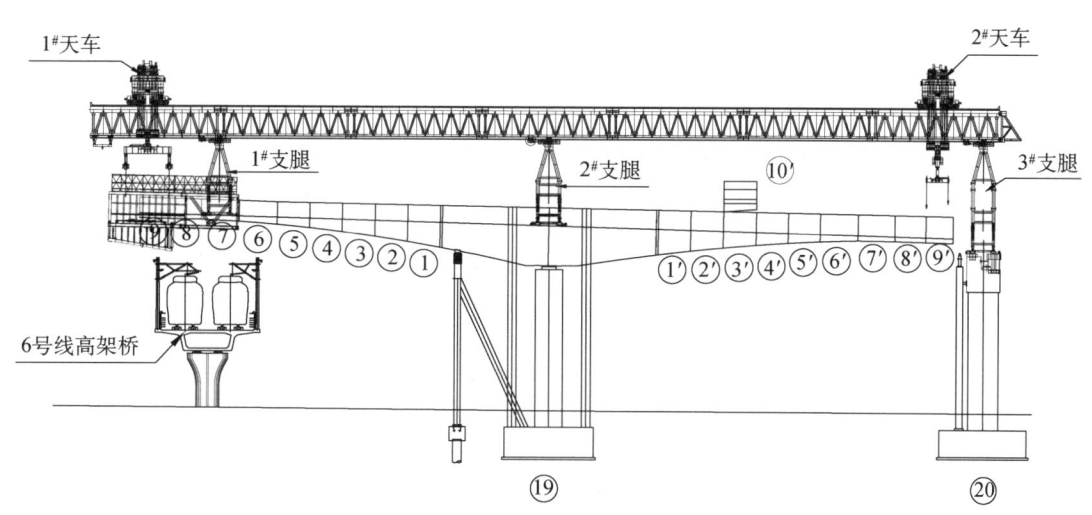

图 4-43 东半幅桥 9# 节段梁架设完成后的防护平台位置

根据现场实地查勘数据,利用 BIM 建模后发现,当防护平台位于 19 号墩 0# 块现浇段上时,防护平台的侧平台下有地铁接触网穿过(图 4-44);当防护平台位于 18 号墩 0# 块现浇段上时,防护平台下方无障碍物。

由于防护平台由防护骨架、封闭板、防抛网和走行轮构成,其防护骨架中的底板无法沿桥梁纵轴线进行横向分段分解,在安装时因上部桥梁尚未施工可用吊机从空中整体垂直落下就位,但拆除时受已建桥梁阻碍只能整体向下进行有限移动,垂直下落距离过小无法满足汽车吊吊臂钩头正常起吊所需的空间要求,垂直下落距离过大势必会冲撞到地铁接触网从而酿成安全事件,因此本方案不具备可行性。

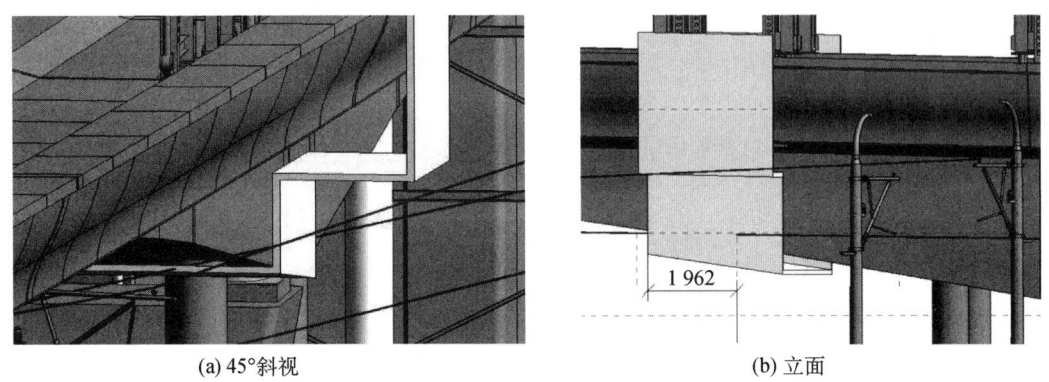

(a) 45°斜视　　　　　　　　(b) 立面

图 4-44　东侧 0# 块现浇段下防护棚与地铁接触网关系示意

2. 防护平台吊装过孔方法

考虑到防护平台自重仅 22 t,在不影响架桥机主桁梁与 T 构的安全性、不妨碍天车作为配重的前提下,在架桥机过孔进行到如图 4-45 所示工序时,防护平台移动至东侧 T 构最前端,采用天车吊具吊挂防护平台脱离 19 号墩 9# 节段,继续前移至西侧 T 构 0# 块现浇段前端先旋转 180°,再套装到 18 号墩 0# 现浇段上。

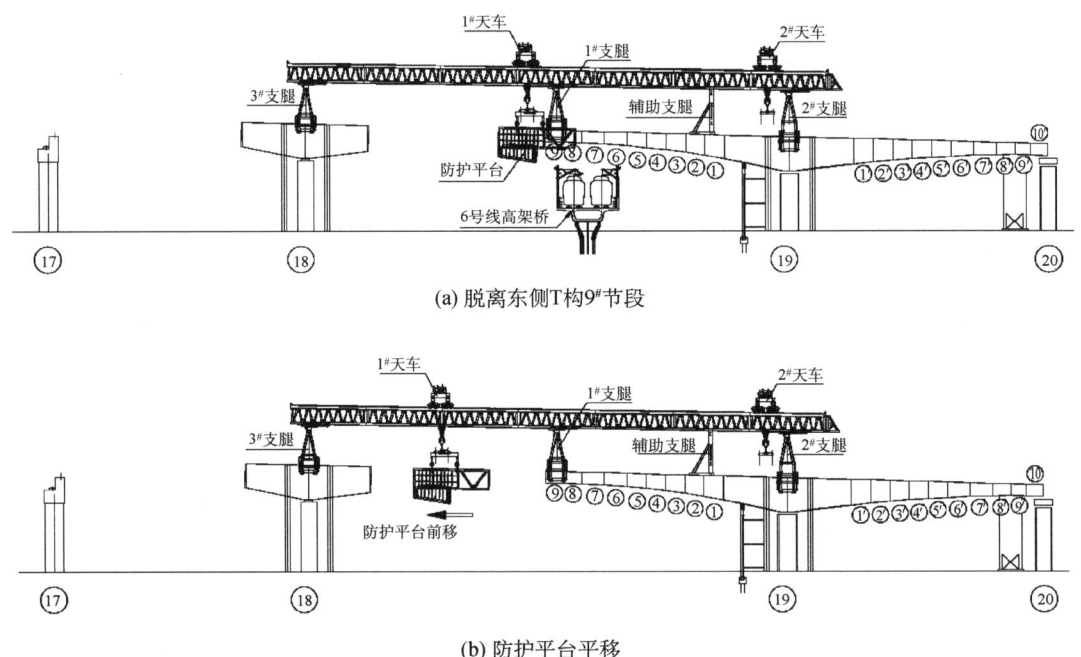

(a) 脱离东侧T构9#节段

(b) 防护平台平移

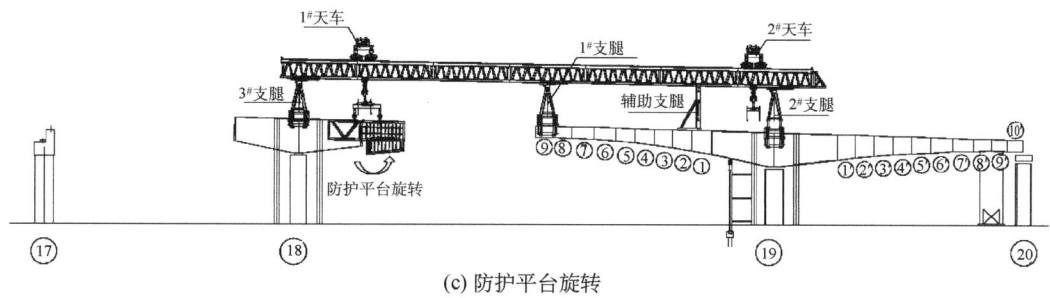

(c) 防护平台旋转

图 4-45 防护平台过孔流程

防护平台过孔工程如图 4-46 所示。

(a) 防护平台平移　　(b) 防护平台旋转

图 4-46 防护平台过孔工程

同时,由于天车下部横梁过短,无法满足起吊后防护平台的整体稳定性要求,因此应增加双拼 500H 型钢用作扁担梁。扁担梁位置示意如图 4-47 所示。

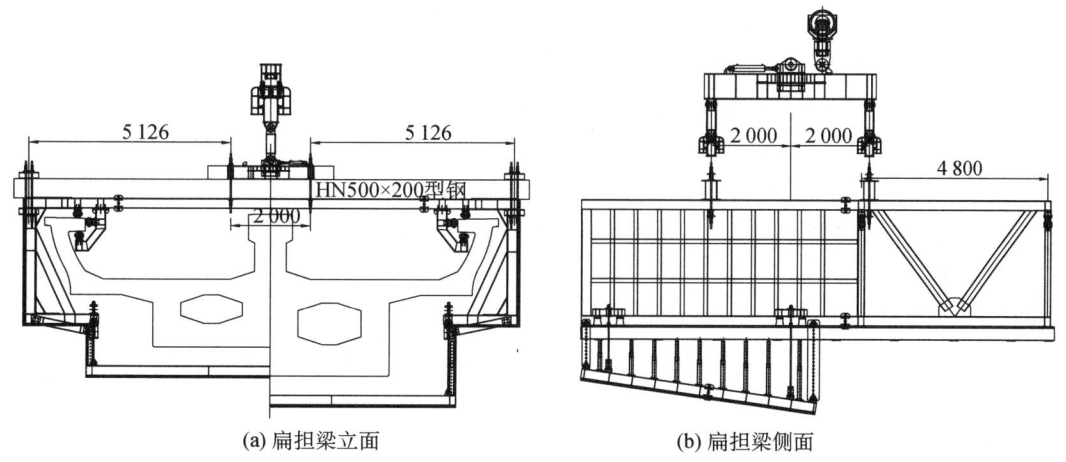

(a) 扁担梁立面　　(b) 扁担梁侧面

图 4-47 扁担梁位置示意

4.3 架桥机拆除工艺

节点桥的预制节段梁全部架设完成后,架桥机位于西半幅桥上。此时,整幅桥状态为"东侧边墩支架段+东侧单T构+西侧单T构+西侧边墩支架段",即边跨与中跨尚未进行合龙,如图4-48所示。

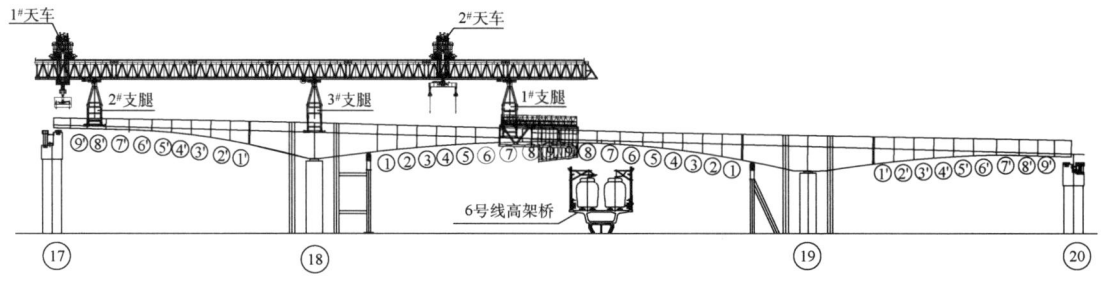

图4-48 架桥机拆除工艺

根据节点桥的设计要求,合龙前必须拆除架桥机,以减小其自重对合龙的线型影响。各构件的拆除顺序为:电气系统→液压系统与辅助构件→天车→主桁梁→支腿。

4.3.1 天车拆除

选用一台500 t汽车吊单机作业,将天车整体从主桁梁上吊运至地面再分解。1#天车与2#天车均在同一位置进行拆除,如图4-49所示。

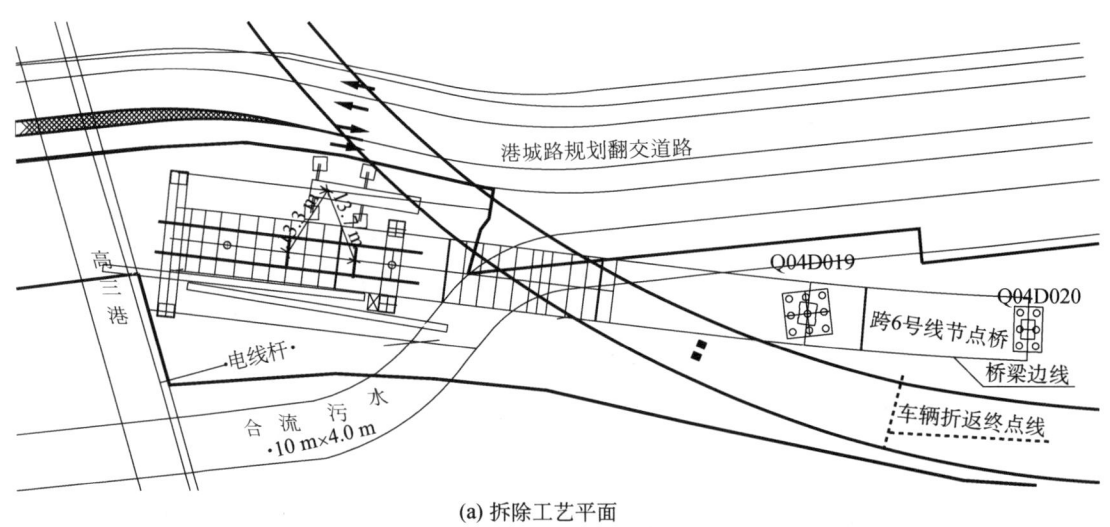

(a) 拆除工艺平面

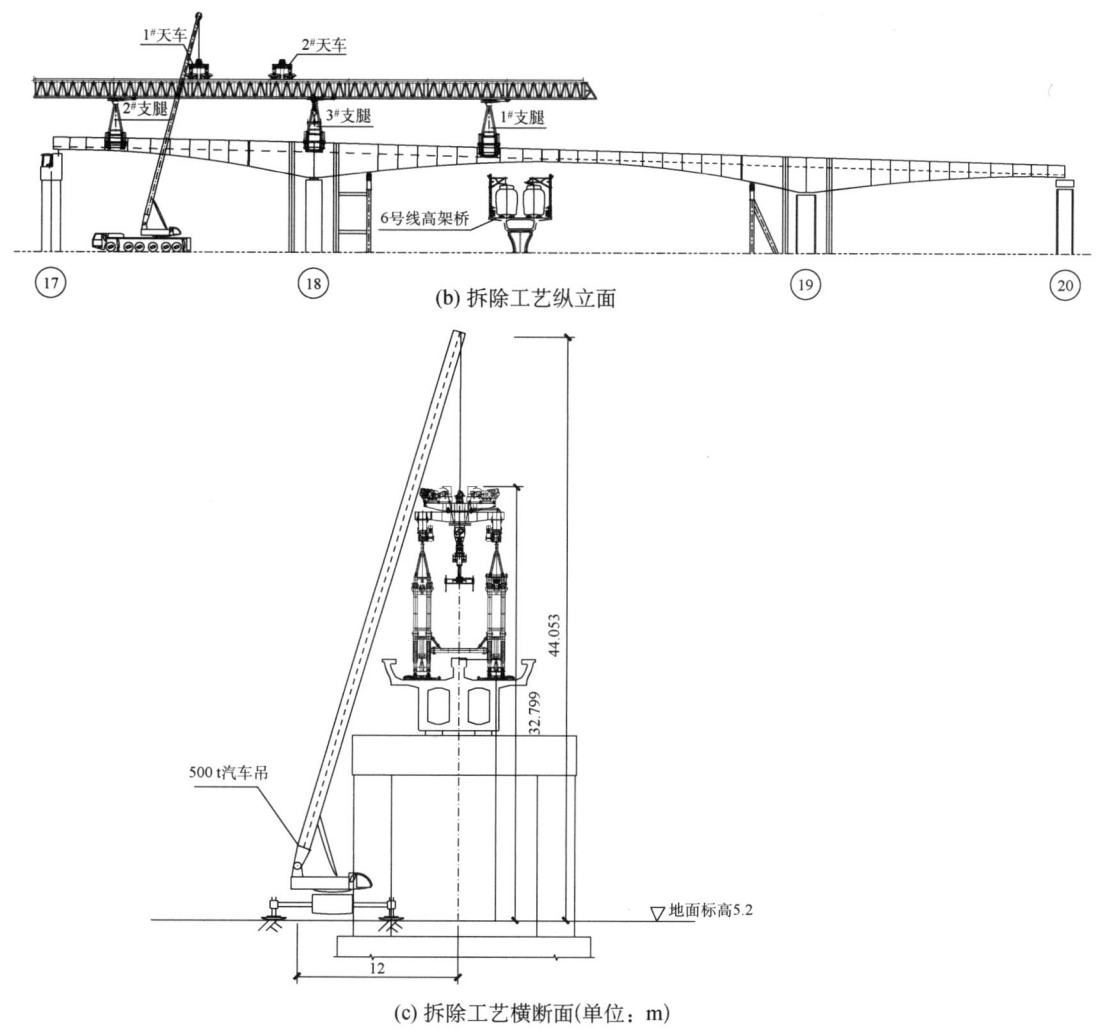

图 4-49 天车拆除工艺

4.3.2 主桁梁拆除

受施工场地与周边环境的限制,主桁梁不具备整体吊离的条件,因此采用"分段拆除"的安装思路。由于分段拆除需要施工人员对主桁梁进行空中拆解,从提高安全性角度来考虑,应尽量减少高空作业次数,为此将主桁梁按照 12 m 长标准节的模数划分为"一长一短"两只节段,长节段为 48 m,短节段为 36 m,只需进行一次空中拆解作业即可。

根据吊机的站位、吊装高度、额定起重荷载等参数来考虑,拆除时先吊离短节段,再吊离长节段。选用两台 500 t 汽车吊抬吊作业,将主桁梁的长节段与短节段分别吊运至地面再分解,吊装示意如图 4-50、图 4-51 所示。

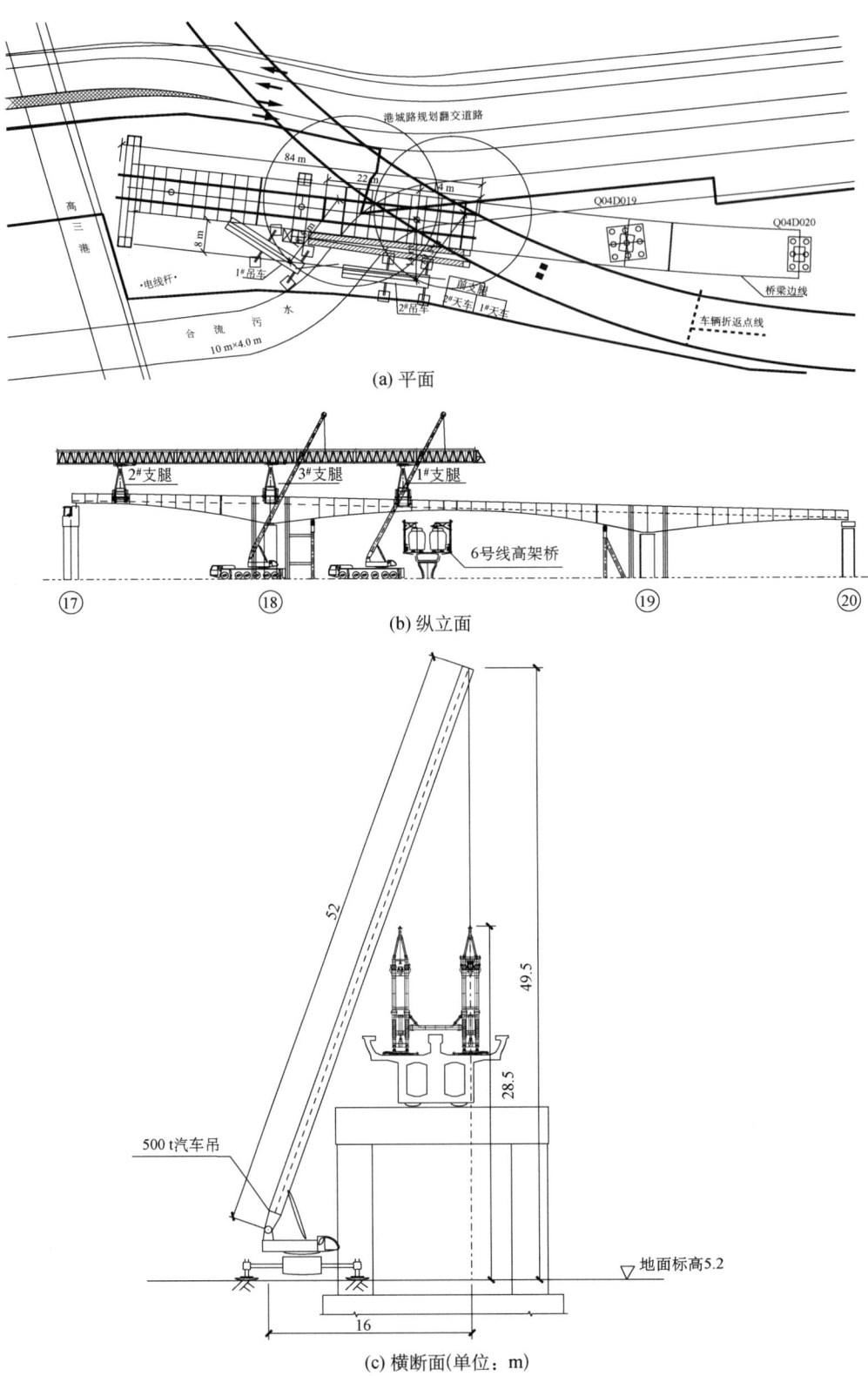

图 4-50 主桁梁(第一次)吊装示意

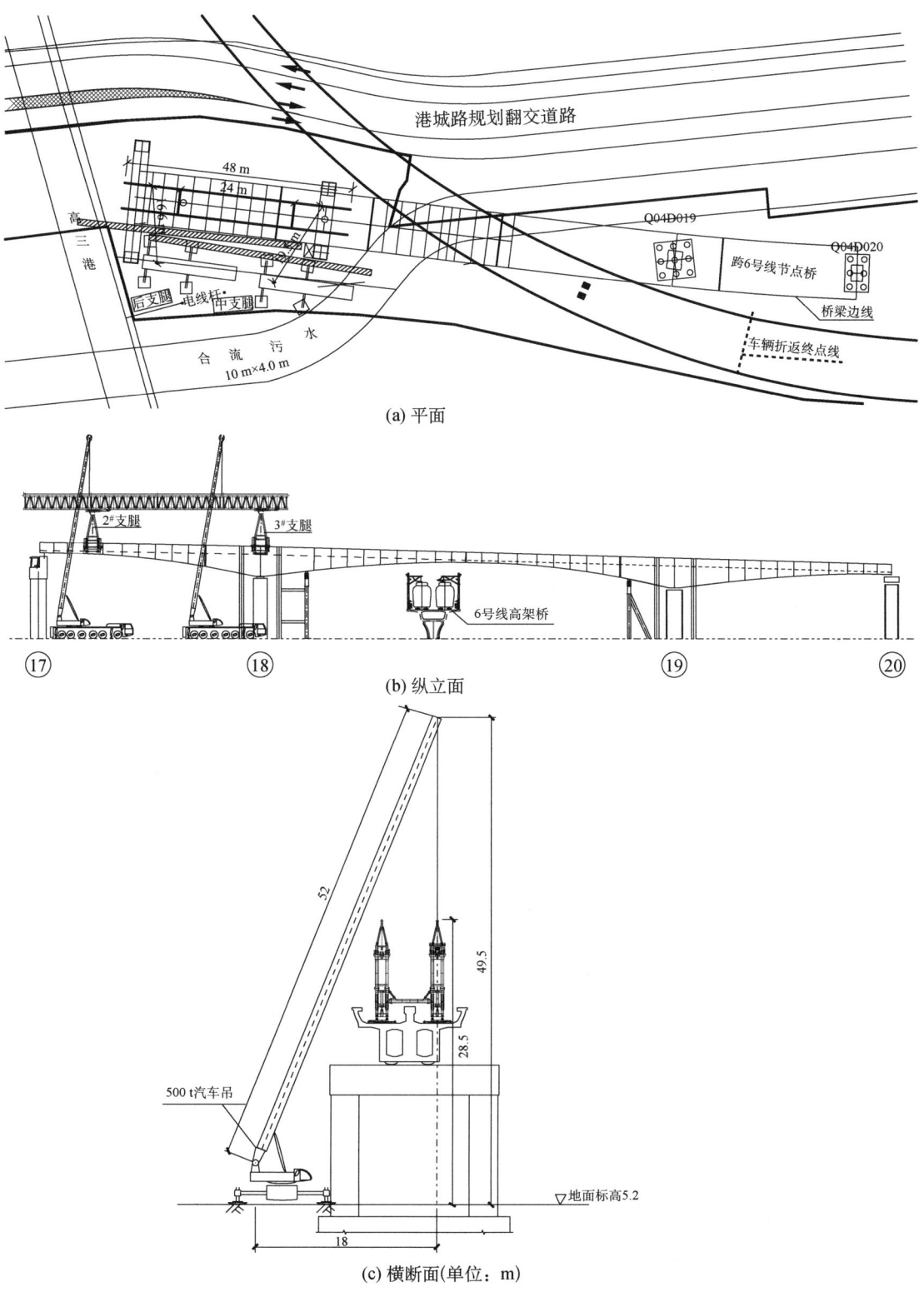

图 4-51 主桁梁(第二次)吊装示意

4.3.3 支腿拆除

选用一台 500 t 汽车吊单机作业,将各套支腿整体吊运至地面再分解,如图 4-52、图 4-53 所示。

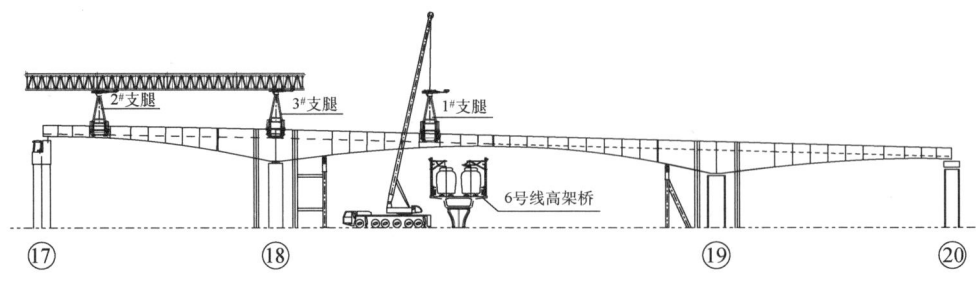

图 4-52 1#支腿拆除(在主桁梁短节段拆除的进行)

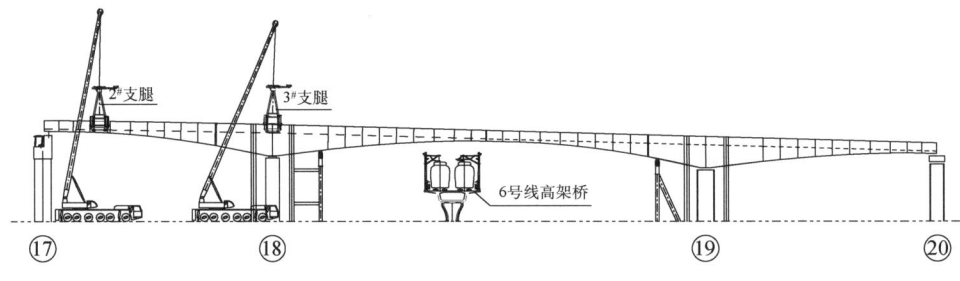

图 4-53 2#与 3#支腿拆除

4.4 本章小结

节点桥的周边环境既限制了节段拼装方法的选择,又限制了悬拼设备安装、过孔及拆除过程中大型设备的使用。

(1) 本工程场地狭小,地面情况错综复杂,无法满足大型吊车站位要求,故采用分段吊装、高空拼接的方式安装架桥机。主梁在地面分两段拼装,先吊装 60 m 长节段并固定于墩顶支腿上,后半部分 24 m 短节段由汽车吊悬吊,在空中完成节段间高强螺栓对接。

(2) 架桥机过孔时,支腿支撑于桥梁墩顶或已经安装好的桥梁结构上,支腿下方结构的承载能力较大,一般不会成为架桥机过孔的限制条件。本工程采用单 T 构悬臂拼装工艺,架桥机过孔时 T 构处于悬臂状态,承载能力较低,无法满足常规的架桥机过孔工艺。

(3) 受 T 构承载能力限制,在传统的步履式整体过孔基础上,采用支腿局部拆解、主要构件整体过孔的方案,结合桥面临时预应力加固、设置辅助支腿、天车及支腿配重、调整支腿高度、边跨设置随动配重系统等多种主/被动控制方式,解决了过孔过程中架桥机和 T 构力学状态控制问题,确保了施工的安全性。

(4) 由于防护平台受接触网空间限制,无法采用吊车安拆,为此,在架桥机过孔时,利用架桥机的主桁梁作为承载结构、天车作为运输工具,通过平移、旋转、套接等工序把防护平台由东侧 T 构转移至西侧 T 构,大大降低了对轨道交通 6 号线运营的影响。

第 5 章　T 构力学状态的主/被动控制技术

5.1　单 T 构悬臂拼装的力学问题及解决方法

5.1.1　力学问题

节点桥采用了架桥机单 T 构悬臂拼装工艺，先施工东侧 T 构 0# 块现浇段，利用该 T 构与边墩布置架桥机等悬臂拼装设备，在边跨起吊各预制节段，分别运至中跨与边跨设计位置旋转后进行拼装，逐渐延长 T 构[图 5-1(a)]；东侧 T 构完成后，架桥机过孔至西侧 T 构[图 5-1(b)]，进行西侧 T 构施工，最终完成中跨与边跨的合龙。

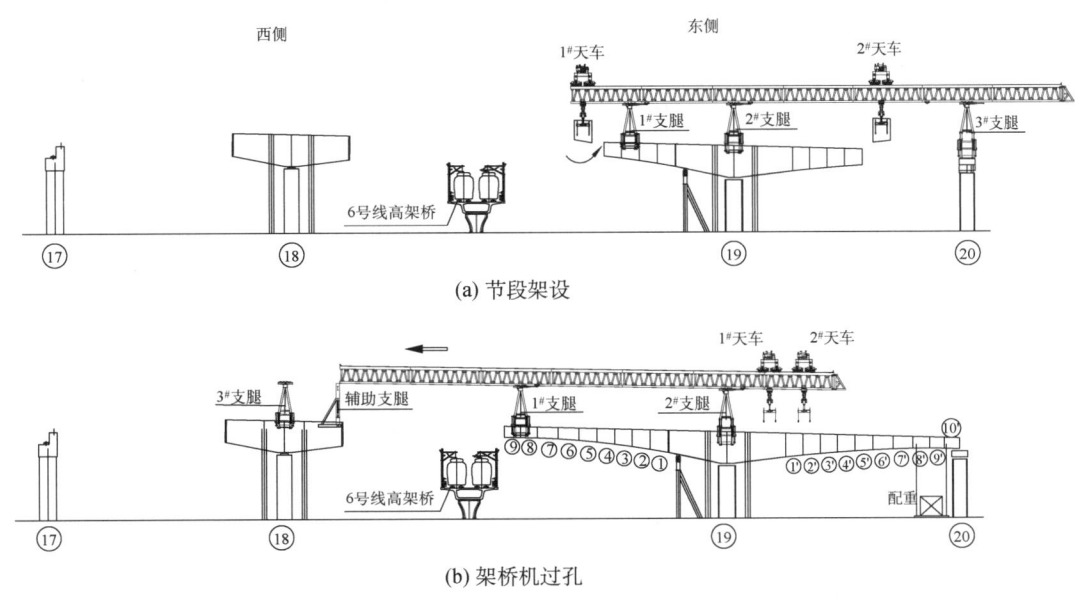

图 5-1　悬臂拼装工艺示意

节点桥在梁段架设过程中，架桥机 1# 支腿始终作用于桥梁中跨悬臂端，使 T 构呈偏载受力状态。在节段架设、架桥机支腿移动和悬臂拼装设备过孔期间，架桥机 1# 支腿下压力值不断增大或减小，会引起 T 构力学状态的大幅波动。而传统的大跨度预应力混凝土连续梁桥一般采用 T 构对称受力的悬臂施工方法，对称拼装时 T 构的力学状态与非对称受力 T 构力学状态差异较大，力学状态如图 5-2 所示。

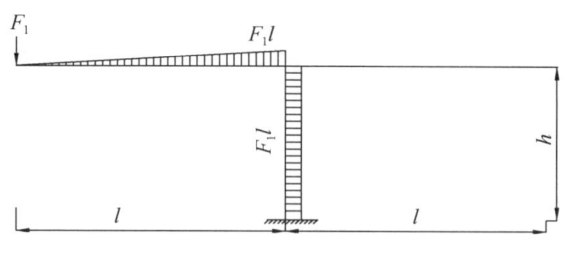

图 5-2 T构非对称受力示意

由于连续梁桥悬臂施工期间结构内力与变形也不断变化,各种因素影响下即使是对称施工也可能导致结构在施工过程及成桥状态偏离预期目标。为此,一般在理论分析的基础上通过设置预拱度等施工控制的方法来解决施工目标与成桥目标的差异问题。对于实际施工中受施工场地或施工方法等因素影响可能出现的T构非对称受力问题,由于对称施工工艺中可能出现的非对称荷载相对较小,一般采用墩梁固结的方法处理。而节点桥施工过程中出现的不平衡荷载较大,传统的不平衡荷载处理方法难以解决T构可能出现的倾覆或者局部拉应力超标的问题。因此,需要建立一套T构力学状态的控制技术,以确保施工过程中T构的安全。

5.1.2 解决方法

由于节点桥在设计时并未考虑到支撑于T构上的架桥机荷载,因此T构的承载能力无法满足悬臂拼装施工荷载的要求。根据单T构悬臂拼装工艺对T构力学状态的影响可知,T构的倾覆控制和应力控制是本工程力学状态控制的重点,同时兼顾T构的位移控制便于减小合龙偏差。由于施工过程中不确定因素较多,考虑到轨道交通6号线运营安全的重要性,在控制技术中引入"冗余控制"机制。T构力学状态的主/被动控制技术如图5-3所示。

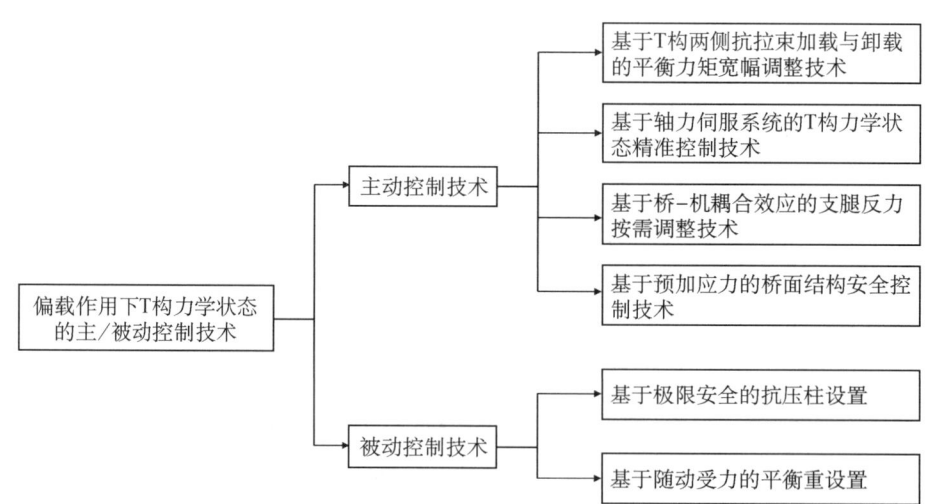

图 5-3 T构力学状态的主/被动控制技术

整套控制技术分为主动控制技术和被动控制技术。主动控制技术的原理:利用设置的监测设备及时感知结构体系的力学参数,感知数据与数值分析结果进行比对后,通过调整主动控制设备,精准地控制T构的力学状态使其处于安全范围内。被动控制技术的原理:控制装置作为冗余控制被动地承担荷载,确保即使主动控制技术失效T构也不会倾覆或倒塌,确保轨道交通6号线的运营安全。

主动控制技术分外部主动控制与内部主动控制两类(图5-3),内部主动控制是基于架桥机与T构的力学耦合效应,通过改变耦合结构体系的内力分配实现T构力学状态的控制,如架桥机移动天车的运行控制、架桥机支腿高度的调整等。外部主动控制是额外设置的、可改变T构力学状态且具有一定调节功能的技术,如在T构主墩两侧额外设置的预应力抗拉束、T构中跨设置的反顶系统和临时通长预应力束。从经济角度看,采用主动控制技术时应优先运用内部主动控制,当内部主动控制无法满足要求时再运用外部主动控制。

5.2 T构力学状态的主/被动控制方法

5.2.1 悬臂拼装阶段的内部主动控制方法

为解决架桥机支腿荷载过大的问题,可利用桥-机耦合效应调节耦合结构体系内的荷载分配,通过改变架桥机支腿反力来调整T构的力学状态。

根据架桥机单T构悬臂拼装工艺,1#支腿支撑于T构的悬臂梁上,中跨天车移动荷载主要作用于架桥机主桁梁1#支腿外侧的悬臂跨,由架桥机主桁梁悬臂跨与T构悬臂端共同承担,形成复合悬臂吊装体系,其力学图式如图5-4所示。

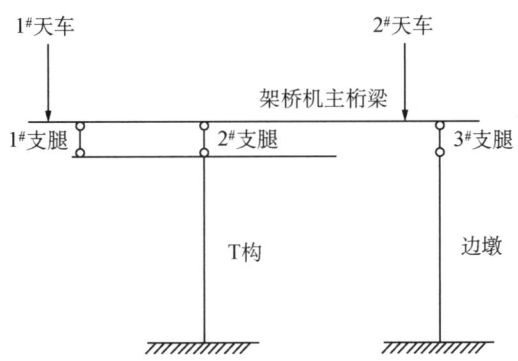

图5-4 复合悬臂吊装体系示意

在架桥机与T构组成的复合悬臂吊装体系中,一方面,当结构体系不变时,可通过移动天车荷载的布载来改变体系内各构件的力学状态;另一方面,当荷载位置一定时,利用超静定体系中的支点变位原理,通过调节1#支腿高度来减小1#支腿反力,充分利用架桥机主桁梁的富余强度分担一部分T构所受荷载,优化T构的力学状态。

1. 基于影响线最有利位置的移动天车布载控制

承载天车在架桥机主桁梁上移动时,不同的运行位置下复合悬臂吊装体系各构件的内力也有所不同。因此,可利用结构力学中的影响线加载原理,通过建立支点反力影响线,寻求最有利的移动天车荷载位置,使1#支腿反力减小。

主桁梁抗弯刚度为 3.3×10^{16} N·mm^2，2$^\#$支腿与 3$^\#$支腿间的跨度为 40 m，当吊装 1$^\#$～2$^\#$节段、3$^\#$～4$^\#$节段、5$^\#$～6$^\#$节段时，1$^\#$支腿与 2$^\#$支腿间的跨度分别为 8 m、14.5 m、20.5 m，1$^\#$支腿前方的主桁梁悬臂跨度分别为 15.6 m、15.6 m、12 m。根据 1$^\#$支腿的安放位置，得到不同位置处的 1$^\#$支腿支点反力影响线，如图 5-5～图 5-7 所示。由影响线图可知，随着吊装节段进行，天车荷载对 1$^\#$支腿反力的影响逐渐减小，吊装 5$^\#$、6$^\#$节段时天车荷载对 1$^\#$支腿反力的影响已非常小，因此不再讨论吊装 7$^\#$、8$^\#$节段时中跨天车与边跨天车对 1$^\#$支腿反力的影响。

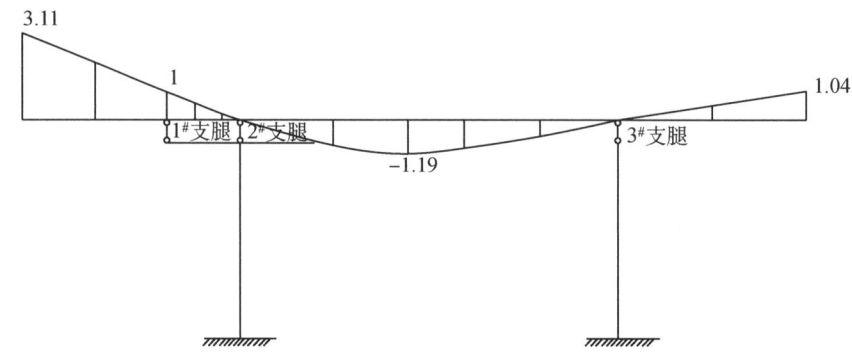

图 5-5　吊装 1$^\#$、2$^\#$节段时 1$^\#$支腿反力影响线

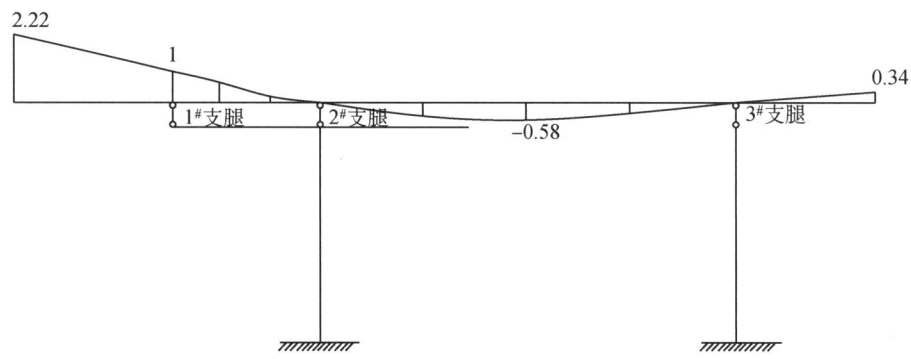

图 5-6　吊装 3$^\#$、4$^\#$节段时 1$^\#$支腿反力影响线

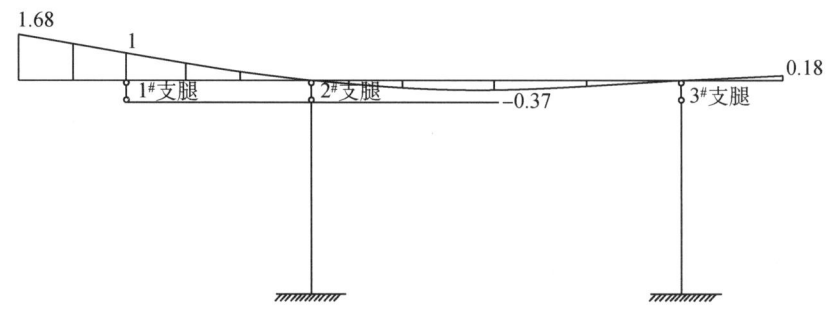

图 5-7　吊装 5$^\#$、6$^\#$节段时 1$^\#$支腿反力影响线

由 1#支腿反力影响线可知,天车运行位置的不同,其对支腿反力的影响不同,但是,各工况下 1#支腿反力的最有利位置始终为边跨跨中(图5-8~图5-10)。吊装 1#、2#节段梁体时,由于 1#支腿与 2#支腿间的跨度较小,边跨天车荷载对 1#支腿反力影响较大;当边跨天车位于边跨跨中时,最大可减小 1#支腿反力的 119%;吊装 3#、4#节段梁体时,1#支腿向前移动两个节段,与 2#支腿间的跨度变大,此时边跨天车荷载对 1#支腿反力影响变小,边跨天车荷载位于边跨跨中时最大可减小 1#支腿反力的 58%;吊装 5#、6#节段梁体时,1#支腿再向前移动两个节段,与 2#支腿间的跨度更大,边跨天车荷载对 1#支腿反力的影响更小,最大可减小 1#支腿反力的 37%。

另外,由影响线图可知,中跨天车从边跨向前运行时,1#支腿反力逐步增大,超过 1#支腿后反力继续增大,距离 1#支腿越远,反力增加得越大,因此应严格控制中跨天车在主桁梁悬臂端的运行范围;边跨天车作用于主桁梁的边跨跨中时对 1#支腿反力最有利,因此可以用边跨天车在边跨跨中布载来减小 1#支腿反力。

由上述分析可知,吊装 1#~6#节段时,由于节段重量较大、影响程度高,可通过中跨、边跨天车位置的移动来减小 1#支腿反力:中跨天车吊运梁段到达 1#支腿时暂停不动,边跨天车起吊梁段后,1#支腿反力减小,中跨天车再继续向前运行至预定位置,在满足节段旋转要求的情况下,天车的运行范围控制在 1#支腿悬臂 8 m 内。

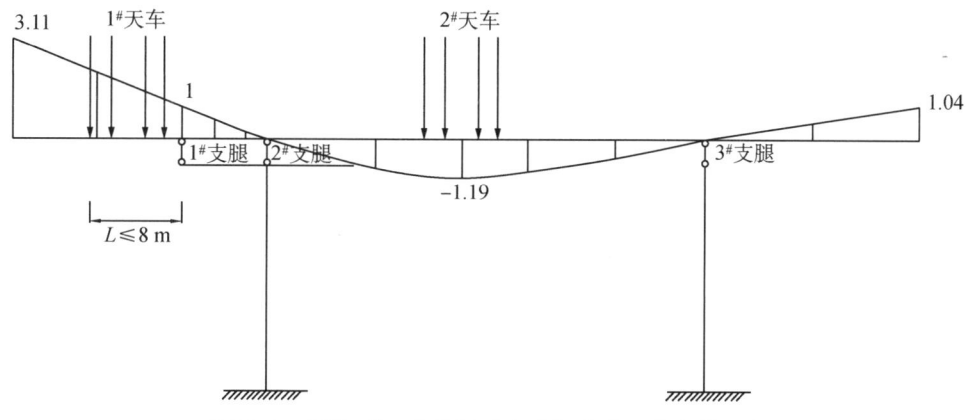

图 5-8　吊装 1#、2#节段时中跨与边跨天车布载示意

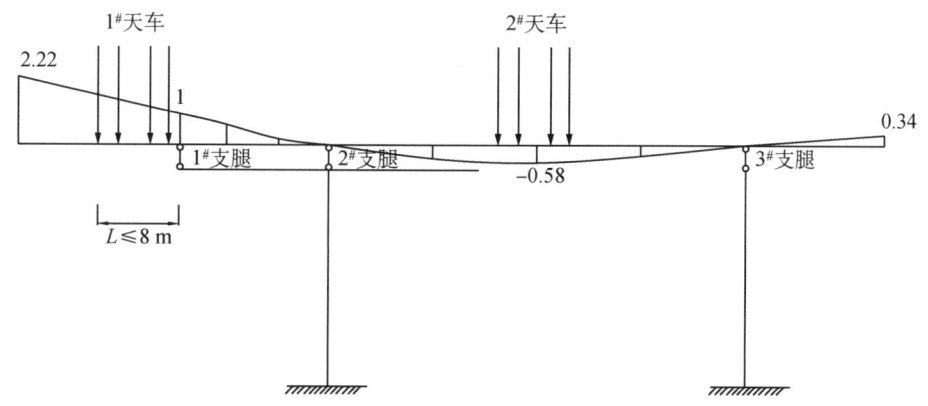

图 5-9　吊装 3#、4#节段时中跨与边跨天车布载示意

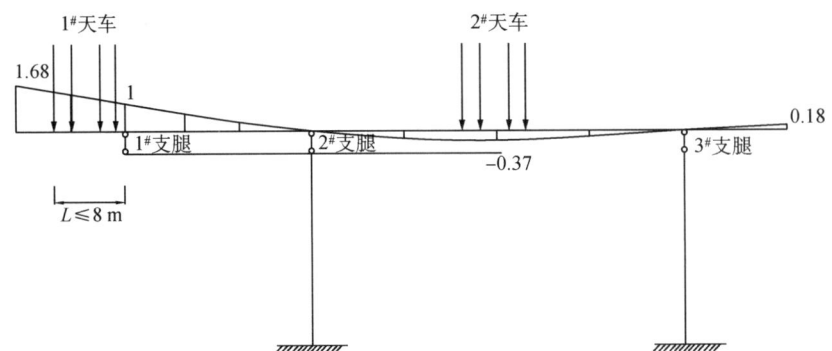

图 5-10　吊装 5#、6# 节段时中跨与边跨天车布载示意

2. 基于超静定体系支点变位原理的支腿反力调整

在悬臂拼装状态下，架桥机为一次超静定、三支点多跨连续梁，当一个支点发生变位时，梁下所有支点的反力会重新分配。基于该原理，通过调节架桥机 1# 支腿的高度，可改变 1# 支腿的反力。对于三支点连续梁，当边支点发生变位时，边支点变化高度 δ 与边支点反力变化值 F 关系如图 5-11 所示。

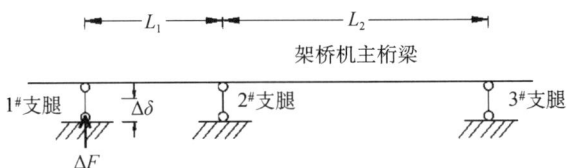

图 5-11　支腿反力调整原理示意

根据计算得到 1# 支腿反力变化值 F 与支腿高度变化值 δ 的关系为

$$F = -\frac{3EI}{L_1^3 + L_1^2 L_2}\delta \tag{5.1}$$

1# 支腿反力变化值 F 与支腿高度变化值 δ 成正比关系，与 1# 支腿和 2# 支腿的间距成反比关系，且 F 为负表示 1# 支腿高度降低时，1# 支腿反力减小。由于节段吊装期间 1# 支腿与 2# 支腿间的跨度在变化，通过计算得到了不同 1# 支腿位置处支点反力与支腿高度变化、主桁梁刚度之间的关系，如图 5-12 所示。

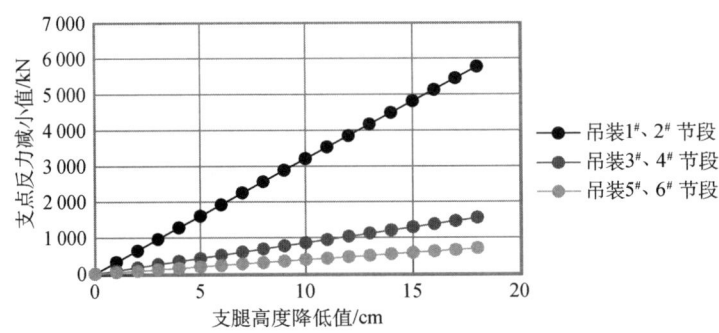

图 5-12　支腿高度变化值与支点反力变化值的关系

架桥机 $1^{\#}$ 支腿高度变化越大,支点反力减小得越多;$1^{\#}$ 支腿距离 $2^{\#}$ 支腿越远,支腿高度调整对支点反力的影响越小。主梁刚度越大,同等支腿减小高度对其反力影响越大。本工程主梁刚度为 3.3×10^{16} N·mm^2,吊装 $1^{\#}$、$2^{\#}$ 节段梁时,支腿每降低 2 cm,支腿反力可减小 641 kN;吊装 $3^{\#}$、$4^{\#}$ 节段梁时,支腿每降低 2 cm,支腿反力可减小 172 kN;吊装 $5^{\#}$、$6^{\#}$ 节段梁时,支腿每降低 2 cm,支腿反力可减小 78 kN。

施工过程中,可在 $1^{\#}$ 支腿下方设置压力传感器,如图 5-14 所示。当目标支腿反力 F_1 超过 T 构所容许的安全受力值 $[F]$ 时,将支腿高度 h 降低为 h',此时临近支腿受力由 F_2 增加至 F'_2,目标支腿受力由 F_1 减小为 F'_1,支腿反力 F'_1 产生的 T 构倾覆力矩减小,如图 5-13 所示。

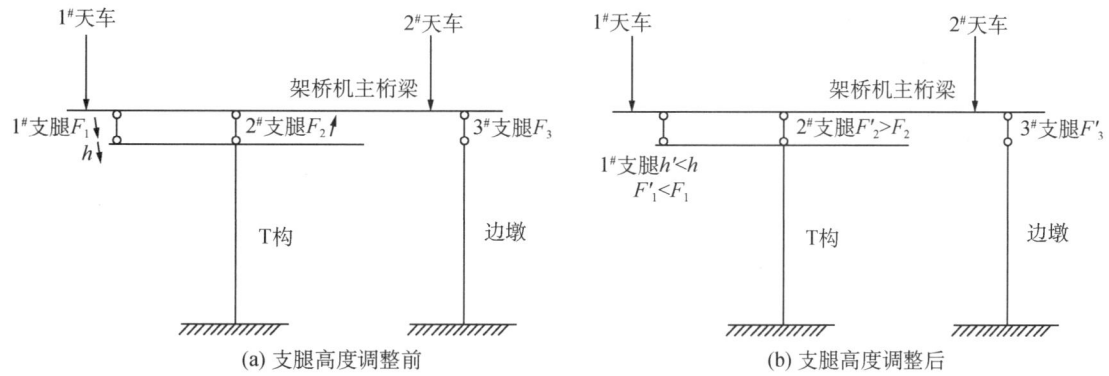

图 5-13 支腿高度调整示意

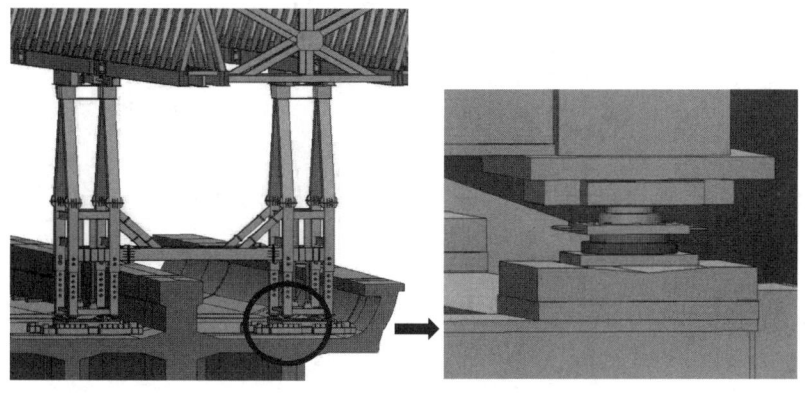

图 5-14 $1^{\#}$ 支腿反力监测装置布置

5.2.2 架桥机过孔阶段的内部主动控制方法

过孔期间作用于 T 构上的荷载主要是架桥机支腿重量、主桁梁重量、天车重量,其中东侧 T 构施工期间的 $2^{\#}$、$3^{\#}$ 支腿可在其与主桁梁分离后采用吊车拆运至西侧 T 构,而 $1^{\#}$ 支腿无法拆运,须由主桁梁携带过孔。另外,两部天车也无法拆运,须通过主桁梁过孔至西侧 T 构,其中 $1^{\#}$ 天车还需携带防护系统过孔。

由于 T 构悬臂端设计限载 2 200 kN,因此在整个过孔过程中需通过多种方法减小东侧 T 构悬臂端的支腿反力。过孔时架桥机与 T 构的耦合关系比较复杂,存在多种结构体系,因此可把过孔过程分为以下三种工况。

（1）工况一：过孔初期，架桥机通过 $1^\#$、$2^\#$ 两个支腿支撑于 T 构上，主桁梁为静定结构体系，天车在架桥机后方配重，如图 5-15 所示。

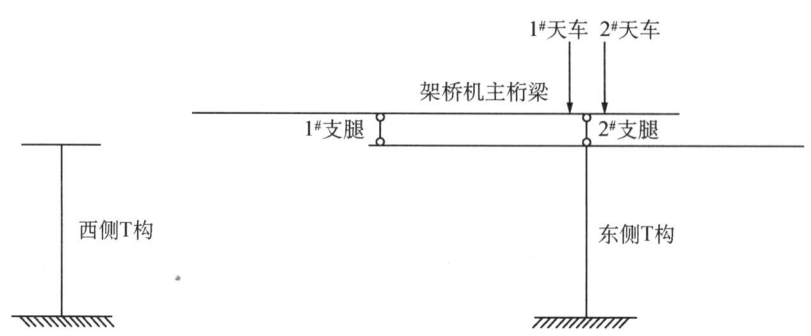

图 5-15　工况一力学图式

（2）工况二：架桥机的三个支腿分别支撑于西侧 T 构和东侧 T 构上，主桁梁为三支点超静定结构体系，两部天车需要携带防护棚由东侧 T 构过孔至西侧 T 构，如图 5-16 所示。

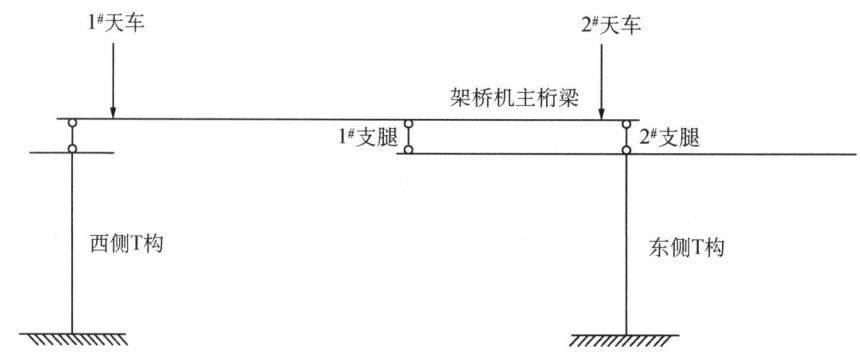

图 5-16　工况二力学图式

（3）工况三：架桥机通过两个支腿支撑于西侧 T 构墩顶和东侧 T 构悬臂端，由三支点超静定体系转化为两支点静定体系，两部天车可在西侧 T 构配重，$1^\#$ 支腿需随主桁梁一同过孔，如图 5-17 所示。

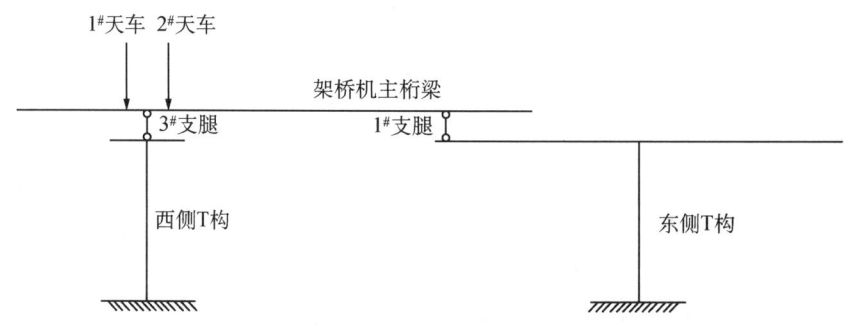

图 5-17　工况三力学图式

1. 基于影响线最有利位置的移动天车布载控制

对于工况一和工况三中的静定结构体系,可利用影响线加载原理通过移动天车位置配重的方式减小支腿反力,如图 5-18、图 5-19 所示。

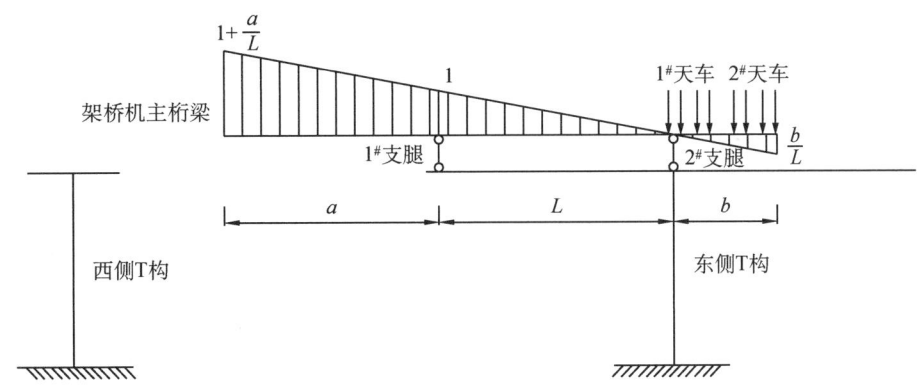

图 5-18 工况一 1# 支腿反力影响线及天车布载

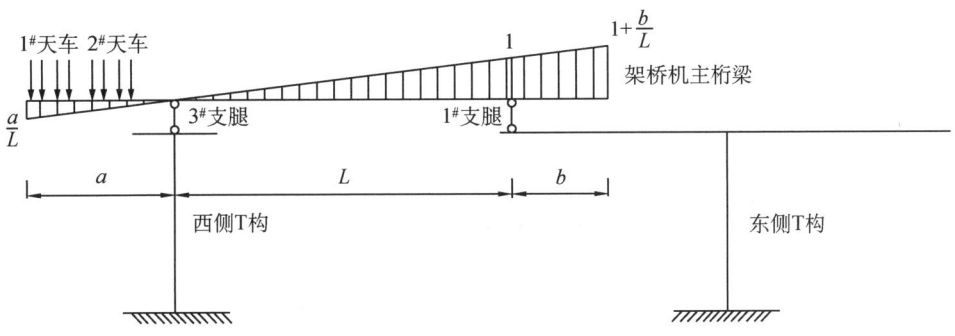

图 5-19 工况三 1# 支腿反力影响线及天车布载

对于工况一,主桁梁到达西侧 T 构前,两台天车均移动至主桁梁的最东端,可减小东侧 T 构悬臂端支腿反力;对于工况三,主桁梁到达西侧 T 构后,两台天车均移动至主桁梁的最西端,可减小东侧 T 构悬臂端支腿反力。

2. 基于超静定体系支点变位原理的支腿反力调整

对于超静定结构体系,可以利用支点变位原理,通过改变西侧 T 构支腿高度的方式减小东侧 T 构悬臂端的 1# 支腿反力。对于三支点连续梁,当边支点发生变位时,边支点变化高度 δ 与中支点反力变化值 F 关系如图 5-20 所示。

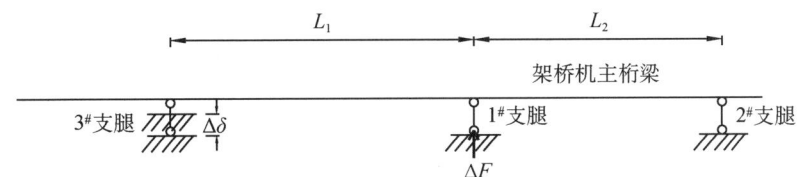

图 5-20 调整支腿高度力学原理示意

根据计算得到东侧 T 构悬臂端支腿反力变化值 F 与西侧 T 构支腿高度变化值 δ 的关系为

$$F = \frac{3EI}{L_1^2 L_2}\delta \tag{5.2}$$

东侧 T 构悬臂端支腿反力变化值 F 与西侧 T 构支腿高度变化值 δ 成正比关系,与三个支腿的间距成反比关系,且 F 为正表示西侧 T 构支腿高度抬高时,东侧 T 构悬臂端支腿反力减小。通过计算得到了不同 $1^{\#}$ 支腿位置处支点反力与支腿高度变化、主桁梁刚度之间的关系,如图 5-21 所示。

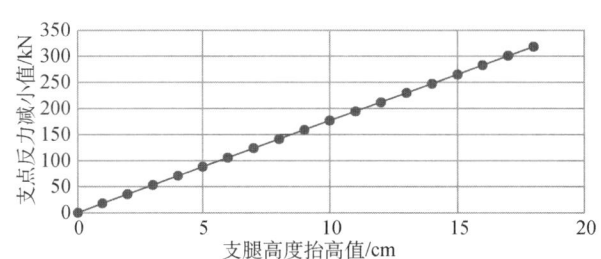

图 5-21 支腿高度变化值与支点反力变化值的关系

在三个支腿间距保持不变的情况下,主梁刚度越大,同等支腿降低高度对其反力影响越大。本工程主梁刚度为 3.3×10^{16} N·mm²,架桥机主桁梁到达西侧 T 构 $2^{\#}$ 支腿时,西侧 T 构支腿与东侧 T 构悬臂端支腿的跨度为 40 m,东侧 T 构悬臂端支腿与东侧 T 构墩顶支腿的跨度为 35 m。根据计算,西侧 T 构支腿高度每抬高 2 cm,东侧 T 构悬臂端支腿反力可减小 35 kN。

因此,当架桥机主桁梁到达西侧 T 构支腿上时,可通过适当提高该支腿高度来减小东侧 T 构悬臂端的支腿反力。确保主桁梁过孔和天车过孔时 T 构应力不超标,满足 220 t 的设计限载要求。如图 5-22 所示,当西侧 T 构支腿高度抬高时,西侧 T 构支腿反力增大,东侧 T 构悬臂端的支腿反力减小。

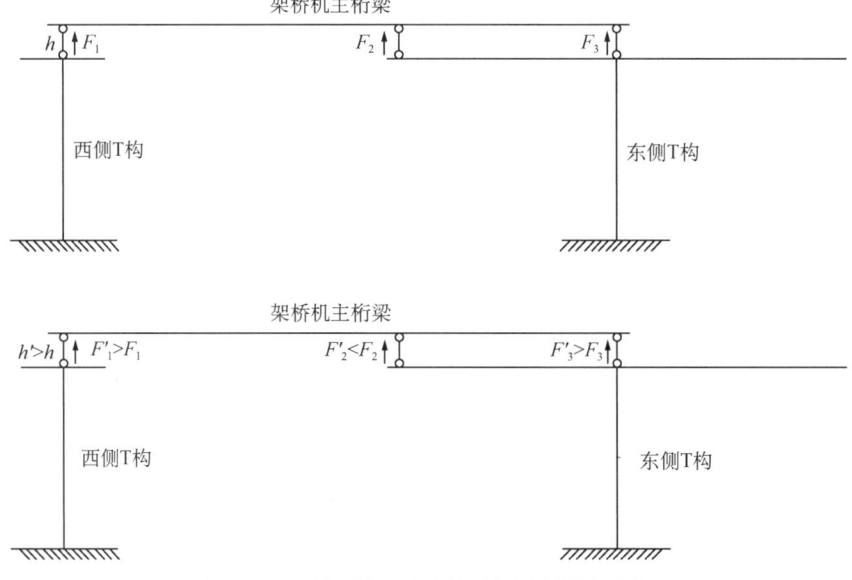

图 5-22 过孔期间架桥机的支腿调整示意

5.2.3 外部主动控制方法

1. 基于 T 构两侧抗拉束加载与卸载的平衡力矩宽幅调整技术

为平衡架桥机非对称加卸载下 T 构的倾覆力矩,采用了基于 T 构两侧抗拉束加载与卸载的平衡力矩宽幅调整技术,确保 T 构的整体稳定性。根据施工过程中不断变化的 T 构受力情况,充分利用预应力钢绞线可以分两次张拉的特点(为保证锚具夹片的使用效果,预应力束一般只能张拉两次),分阶段、分批次地张拉竖向预应力束,对 T 构的平衡力矩进行宽幅调整。由于预应力束张拉提供的平衡力矩不能连续变化,因此该技术所提供的平衡力矩在较大的幅度范围内跳跃变化,平衡力矩与倾覆力矩之间存在一定的差值。如图 5-23 所示,当 T 构一侧受到不平衡力 F 作用时,倾覆力矩 $M_F=FL$;在另一侧对钢绞线施加拉力 T 作用,平衡力矩 $M_N=TL_1$ 可抵消一定范围内的倾覆力矩 M_F。

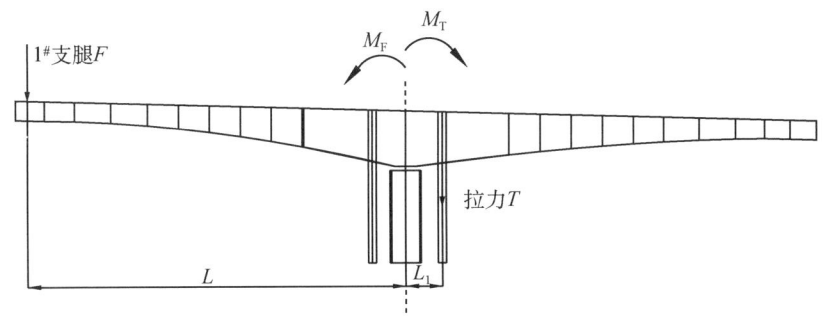

图 5-23 抗拉束原理示意

由于预应力束提供的平衡力矩是一个静态值,无法实时动态调整,并且抗拉束张拉值只能进行有限次的张拉,而作业过程中的倾覆力矩是动态变化的,因此抗拉束只能在一定范围内实现 T 构力矩的平衡,调节范围有限。但是该方法操作简单,预应力束抗拉能力强,平衡力矩调节幅度大,可平衡大部分的倾覆力矩,经济性好。

2. 基于轴力伺服系统的 T 构力学状态精准控制技术

为了精准平衡架桥机支腿反力在中跨引起的 T 构倾覆力矩,减小 T 构梁体顶缘的拉应力,在 T 构中跨侧设置了竖向轴力伺服系统,可对 T 构梁底施加实时、动态、向上的反顶力 N。根据施工过程中 T 构的受力情况,T 构的倾覆力矩 $M_F=FL$,平衡力矩 $M_T+M_N=TL_1+NL_2$,令二者相等即可得到所需反顶力 N,L、L_1、L_2 分别为 1# 支腿反力 F、抗拉束拉力 T、反顶力 N 到桥墩中心的力矩。该力形成的平衡力矩与抗拉束的平衡力矩相叠加,可实现 T 构倾覆力矩的精准平衡。同时,反顶力 N 在 T 构顶缘产生与 F 相反的弯矩,通过调节 N 值可减小 T 构顶缘拉应力,防止主梁结构开裂。其原理示意如图 5-24 所示。

通过对架桥机 1# 支腿压力荷载的感知,根据 T 构平衡力矩与倾覆力矩的差值,及时对 T 构施加实时、连续、可调的主动控制力矩,可实现对倾覆力矩的精准化、动态化控制。

另外,T 构所受外部施工荷载的方向一般向下,当荷载较大时,其在 T 构主梁顶面产生的拉应力可能会引起结构开裂。而 T 构梁底设置的轴力伺服系统能对梁体产生向上的反顶力,该力可在梁体顶缘产生压应力,从而减小外荷载产生的拉应力,如图 5-25 所示。

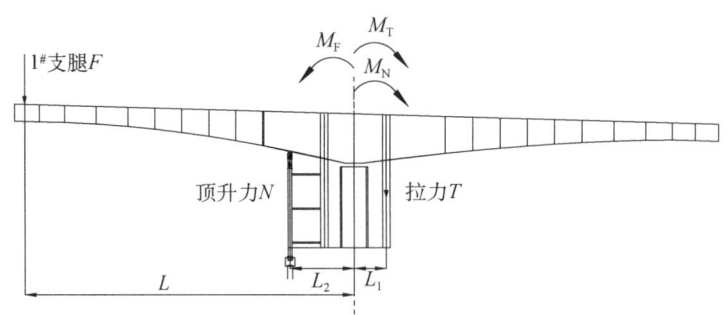

图 5-24　轴力伺服系统对 T 构力矩的影响

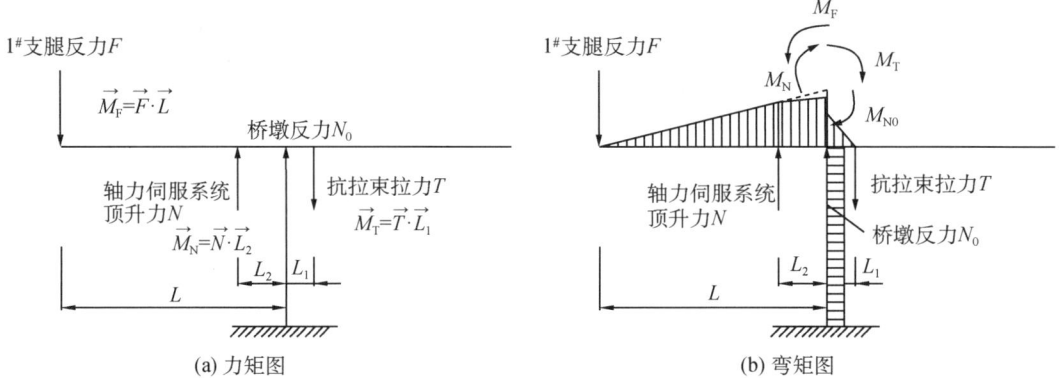

(a) 力矩图　　　　　　　　　　　　(b) 弯矩图

图 5-25　轴力伺服系统对 T 构弯矩的影响

3. 基于临时预应力的主梁强度控制方法

为解决架桥机过孔时 T 构主梁顶面拉应力过大问题,可通过在 T 构梁体中施加临时预应力,增加 T 构顶缘的压应力储备,从而提高 T 构的安全性。

通过在梁体内设置纵向通长临时预应力束、在梁体悬臂端阶段建外安装临时锁定装置,一方面可对 T 构顶缘施加一定的压应力,能平衡支腿反力产生的拉应力,确保梁顶不发生开裂,如图 5-26、图 5-27 所示;另一方面可提高 1# 支腿下方节段间的抗剪能力,确保支腿区域的主梁不发生抗剪破坏。该方法利用现有的预应力孔道施加纵向临时预应力,有效地解决了混凝土梁体抗拉与抗剪强度问题。

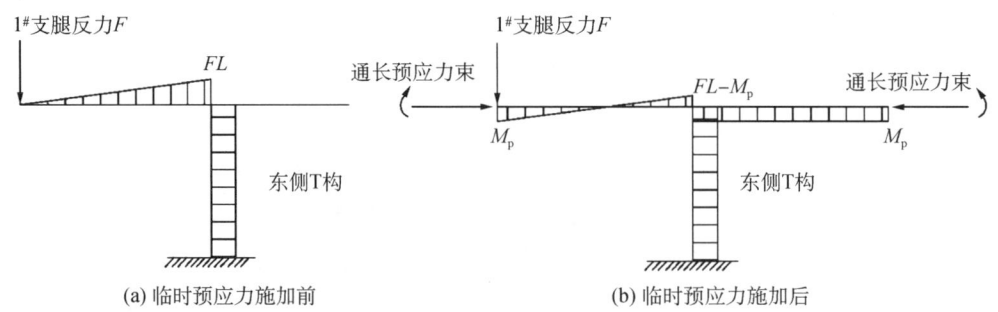

(a) 临时预应力施加前　　　　　　　　(b) 临时预应力施加后

图 5-26　临时预应力施加前、后的力学状态

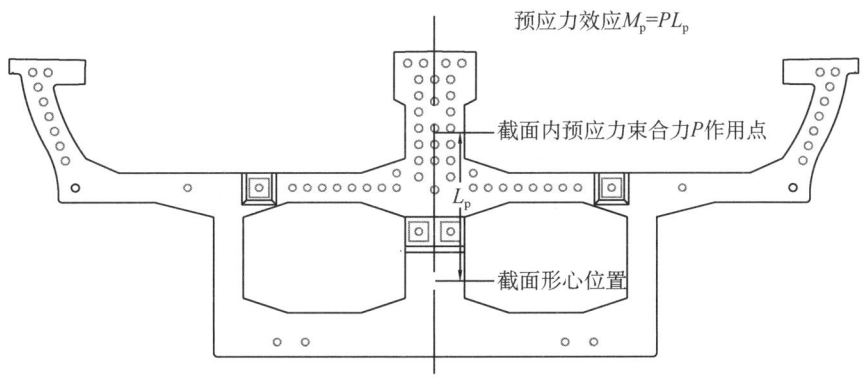

图 5-27 桥面预加应力机理示意

5.2.4 基于极限安全的抗压柱设置

在 T 构两侧设置抗倾覆墩作为临时固结体系,使梁体与桥墩形成 T 构,抗倾覆墩具有足够的强度与刚度,确保即使主动控制方式全部失效 T 构仍然安全。假定不平衡荷载由一侧抗倾覆墩和主墩组成的两支点体系承担,该工况下 T 构可能发生较大的变位但结构体系不会倒塌,如图 5-28(a)所示。

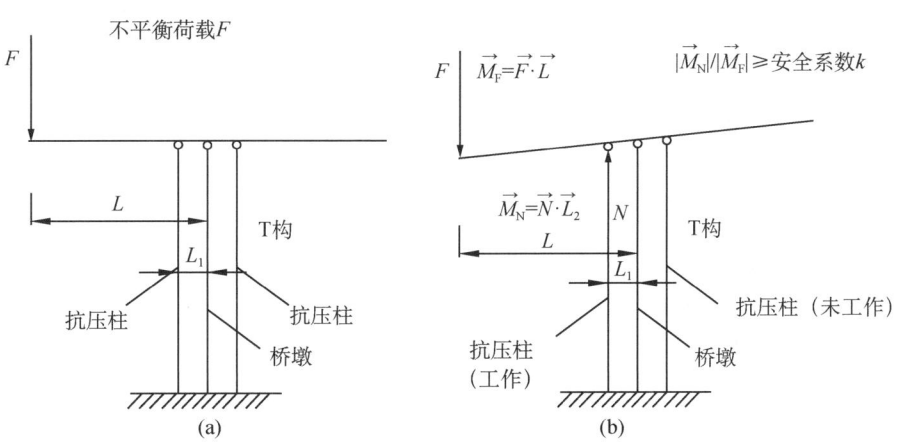

图 5-28 抗倾覆墩力学计算图示

只要抗倾覆墩的强度与稳定性满足极限荷载要求,如图 5-28(b)所示,抗倾覆弯矩 M_N 与倾覆弯矩 M_F 的比值大于等于安全系数 k,则整个 T 构就不会发生倾覆,但由于其是被动受力,因此无法控制 T 构变形。

5.2.5 基于随动受力的平衡重设置

为提高架桥机过孔过程中 T 构的抗倾覆能力,在边跨设置了随动受力的平衡压重,通过随动平衡力矩来减小 T 构的倾覆力矩,如图 5-29 所示。随动平衡重产生的平衡力矩与 T 构变形有关,倾覆力矩下 T 构变位越大,随动平衡重产生的平衡力矩也越大,直至随动平衡重完全脱离地面,此时平衡力矩达到最大值。该方法避免了吊装压重的不便,具有连续性和实时性。

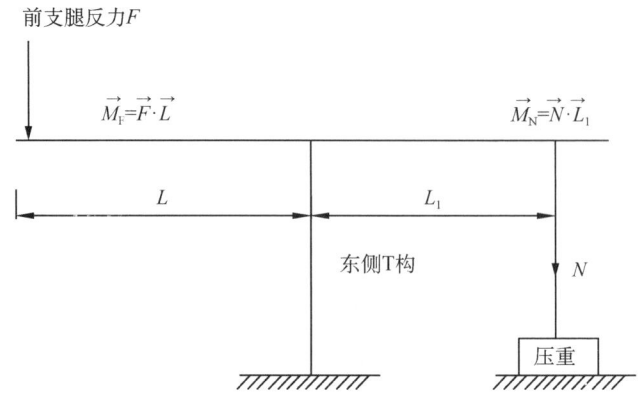

图 5-29 随动平衡压重力学机理示意

5.3 主/被动控制装置

主/被动控制装置主要涉及反顶装置、抗倾覆墩、抗拉束、主梁临时预应力、随动平衡重等。

5.3.1 反顶装置

反顶装置由基础、立柱、竖向轴力伺服系统和传力装置四部分组成,分别在 18 号墩与 19 号墩的 0# 块现浇段跨中侧各布设一套,其中心顺桥向距离墩中心 8.2 m。以 18 号墩为例说明,括弧内数据为 19 号墩,18 号、19 号墩的反顶装置分别如图 5-30、图 5-31 所示。

单套反顶装置的基础采用 2 只单桩承台,各承台中心横桥向距墩中心为 2.625 m(1.75 m)。具体构造为 ϕ800 mm 水下 C30 钻孔灌注桩＋C30 承台。根据地质参数计算,桩长为 36 m(30 m),承台尺寸均为 1.5 m×1.5 m×1.3 m(长×宽×厚)。

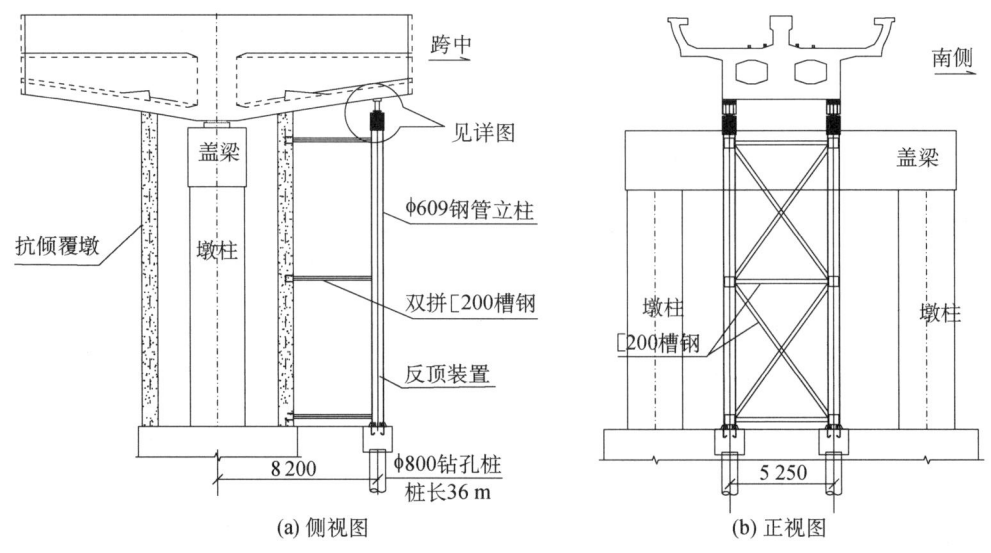

图 5-30 18 号墩反顶装置

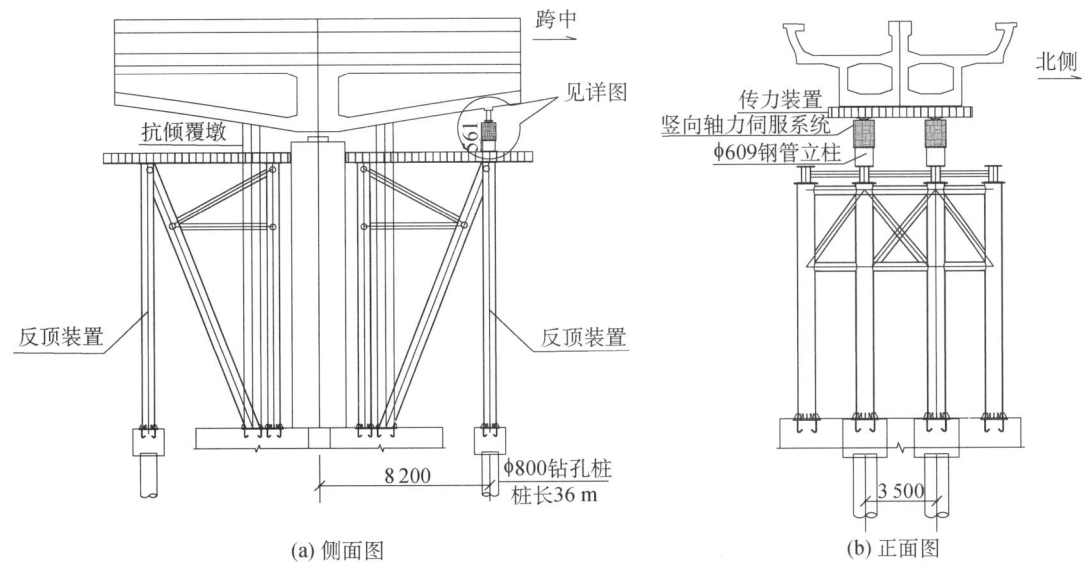

(a) 侧面图　　　　　　　　　(b) 正面图

图 5-31　19 号墩反顶装置

立柱采用 ϕ609 mm×16 mm 钢管立柱，底部与承台顶面的预留钢板进行焊接固定。18 号墩立柱之间设置双拼[20 槽钢作为横向连系，与抗倾覆混凝土柱之间设置双拼[20 槽钢作为纵向连系；19 号墩立柱顶部直接与 0# 块现浇段型钢支架的立柱固定在一起。

竖向轴力伺服系统的硬件主要包括主机、数控泵站、支撑头总成箱三部分（图 5-32）。在每根立柱顶部安装一只 0.95 m 高的支撑头总成箱（内部包含一只顶推力为 3 000 kN 的千斤顶），与放置在地面上的数控泵站通过高压液压油管连接，主机与数控泵站通过数据线进行连接控制。

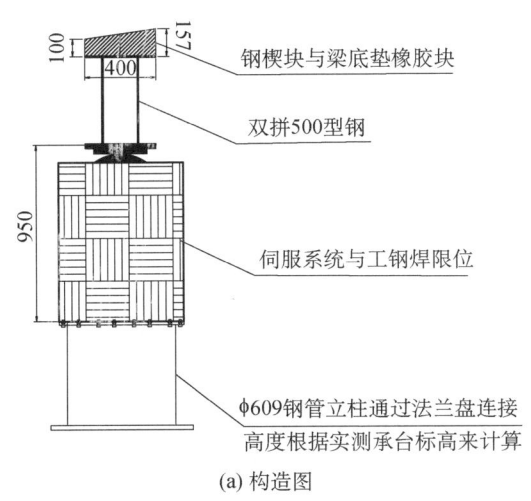

(a) 构造图　　　　　　　　　(b) 实物图

图 5-32　反顶装置节点详图

传力装置为一根采用加劲板加强的双拼 HN500×200 型钢，在顶面焊装与 0# 块现浇段梁底坡度一致的钢楔块，其上再铺设橡胶垫板。在千斤顶的挤压作用下，与梁体之间形成可靠的滑动面。

5.3.2 抗倾覆墩与抗拉束

1. 构造设计

抗倾覆墩采用钢筋混凝土柱，抗拉束采用预应力钢绞线，二者的顶部均与 0# 块现浇段结构相连，底部与承台结构相连。以 18 号墩为例说明，括弧内数据为 19 号墩，18 号、19 号墩的反顶装置分别如图 5-33、图 5-34 所示，锚固端详图见图 5-35、图 5-36，现场布设图如图 5-37 所示。

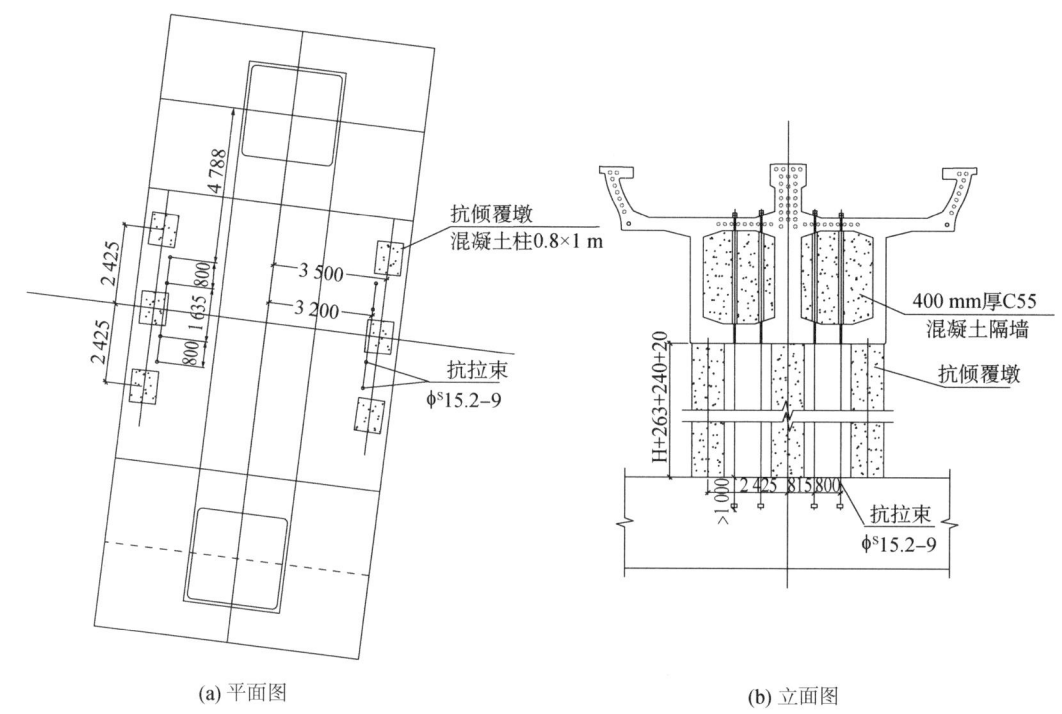

图 5-33 18 号抗倾覆墩布置

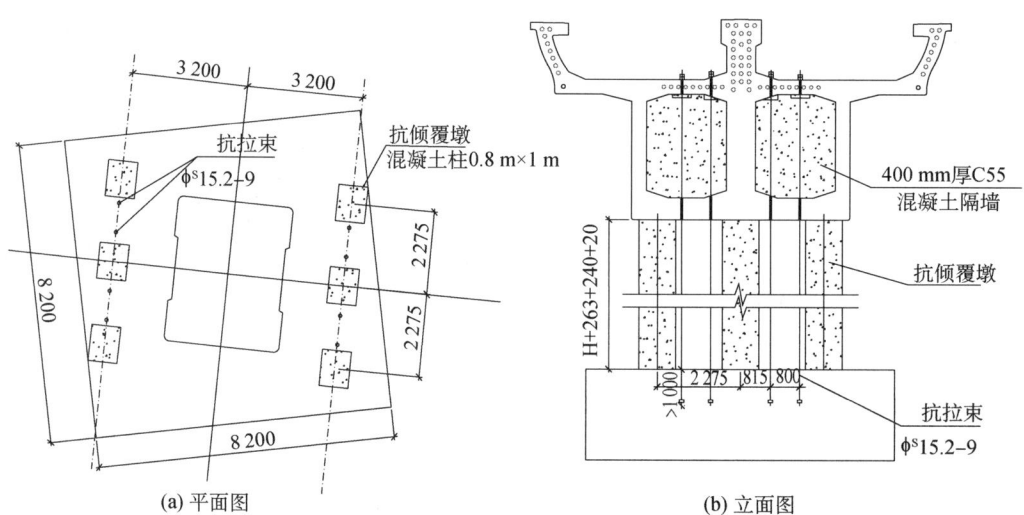

图 5-34 19 号抗倾覆墩布置

OLM张拉端

图 5-35 锚固钢束顶端大样

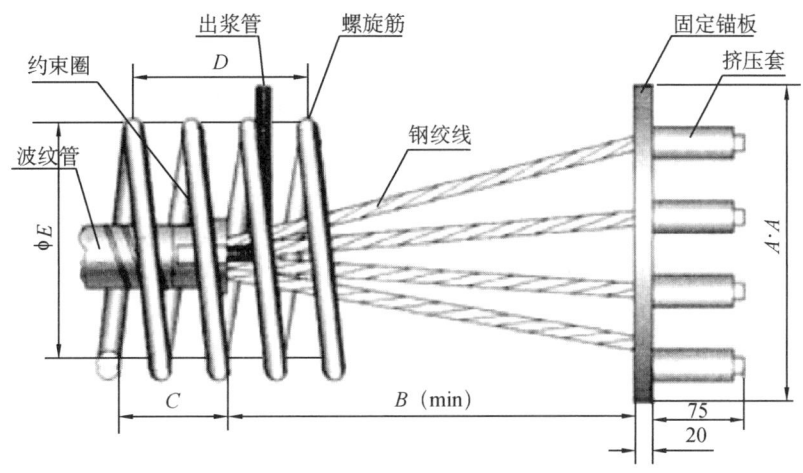

图 5-36 锚固钢束底端大样

图 5-37 抗倾覆墩、抗拉束结构示意

在 0#块现浇段顺桥向两侧各设置 3 根横截面为 1.0 m×0.8 m 的 C40 钢筋混凝土立柱，柱中心顺桥向距离墩中心 3.5 m(3.2 m)，横桥向相互间距 2.475 m(2.275 m)。墩柱配筋为 14Φ20 主筋＋Φ10@200 箍筋，钢筋底部伸入承台 1.0 m，顶部伸入 0#块 0.5 m。

在 0#块现浇段顺桥向两侧各设置 4 道 $\phi^s15.2$-9 预应力钢绞线(每束最多提供 3 000 kN

拉力),分别布置在各钢筋混凝土柱中间,每处位置布置 2 道。预应力钢绞线中心顺桥向距离墩中心 3.2 m,横桥向相互间距 0.8 m。底部为固定端,采用 P 形锚具锚入承台不少于 1 m;顶部为张拉端,穿过 0# 块现浇段梁体的底板、空腔、顶板后,在顶板上按需分批张拉锚固。为避免拉裂 0# 块现浇段顶板,需在穿过的空腔处增设一道 0.4 m 厚 C55 混凝土隔墙。

抗倾覆墩与抗拉束在边跨合龙完成后拆除,拆除时应先放张预应力钢绞线,再拆除钢筋混凝土立柱。

2. 抗倾覆墩设计

由抗倾覆墩的构造可知,墩柱最大可承受 12 752 kN 的轴向压力,在极限轴向压力下三根墩柱一共可提供 133 896 kN·m 的抗倾覆力矩,在最不利的过孔最大悬臂工况下,仍可提供 $133\,896/(2\,200 \times 34.9) = 1.74$ 的安全系数,保障施工无倾覆风险。

5.3.3 主梁临时预应力

架桥机过孔至最大悬臂位置时,1# 支腿反力过大导致主梁上翼缘局部位置出现 0.31 MPa 的拉应力,如图 5-38 所示。

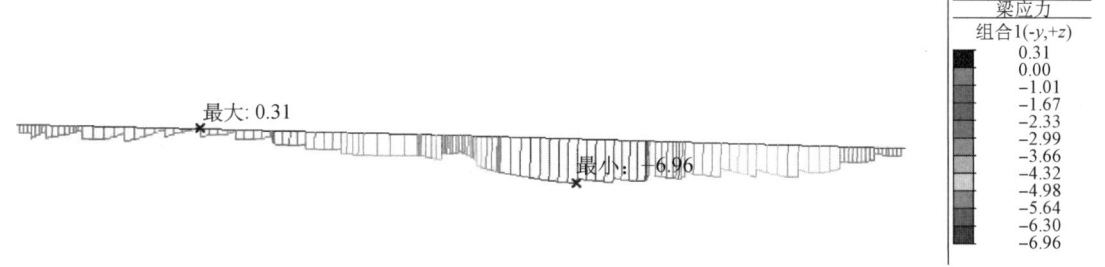

图 5-38 过孔最大悬臂工况主梁应力云图(单位:MPa)

为增加主梁的压应力储备,在已拼装完成的 T 构两端施加 200 t 的预压力,如图 5-39 所示,预拉力与梁截面顶点距离 380 mm。增加预压力后,最大悬臂位置主梁上翼缘受力情况如图 5-40 所示,此时主梁上翼缘不再出现拉应力。

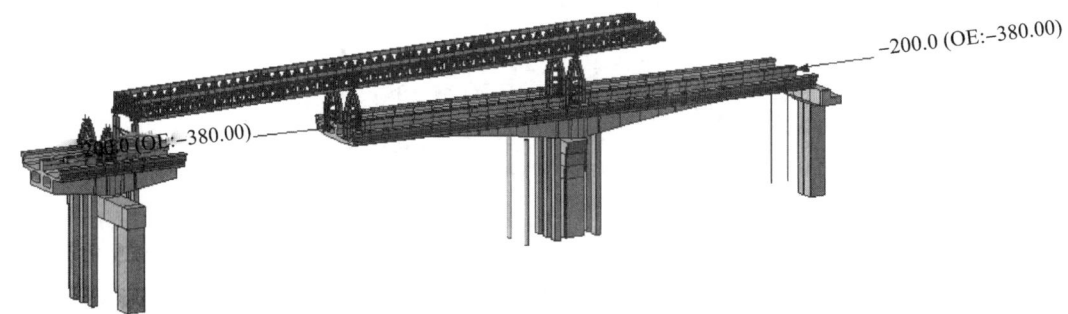

图 5-39 过孔最大悬臂工况增加预拉力

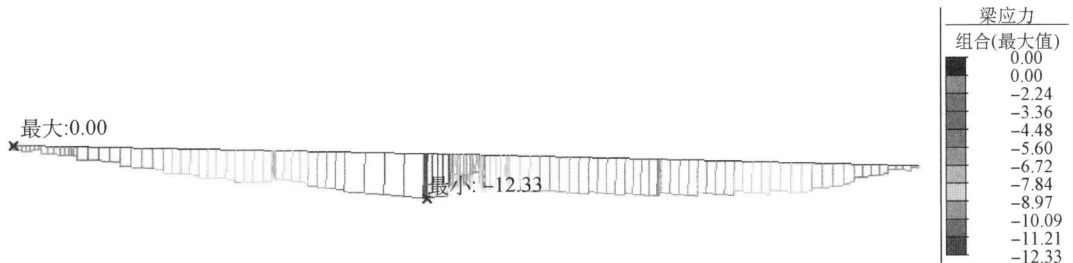

图 5-40　增加预拉力后的主梁应力云图(单位:MPa)

施工现场利用预应力孔道施加临时预压力。

1. 提高 T 构顶缘压应力的临时预应力束

在 9# 节段梁安装完成后,根据主梁剩余预应力孔道与截面形心的关系,利用 9# 块与 9'# 块间的 H1、H2 孔道设置通长的临时预应力束。H1 孔道每束张拉 5 根 $\phi^s15.2$ 钢绞线,H1 束总张拉力为 2 000 kN;每束 H2 孔道则穿 2 根 $\phi^s15.2$ 钢绞线,H2 束总张拉力 500 kN,结构示意如图 5-41、图 5-42 所示。

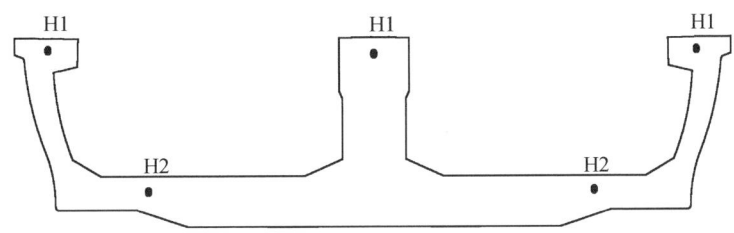

图 5-41　纵向通长临时预应力布置示意

图 5-42　临时通长束现场布置

2. 提高节段间压应力的临时锁定装置

在 9# 节段梁安装完成后,利用 9# 块与 8# 块、9'# 块与 8'# 块拼装用的临时锁定装置,对梁体施加一定的预应力,如图 5-43、图 5-44 所示。每只临时锁定装置的张拉力均为 100 kN,腹板的总张拉力为 200 kN,底板的总张拉力为 400 kN。

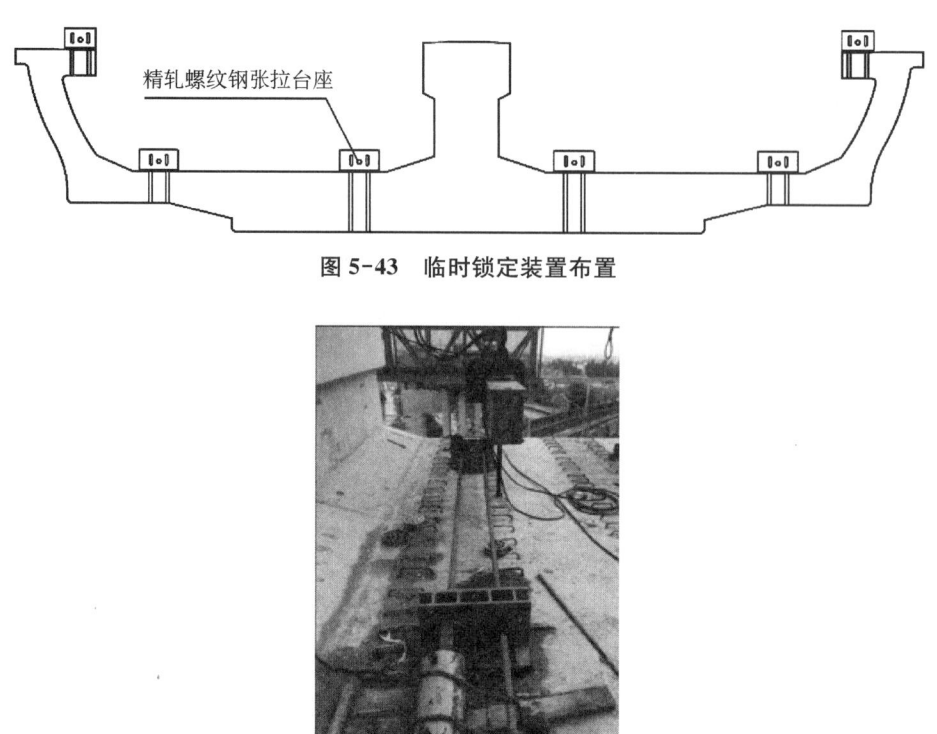

图 5-43 临时锁定装置布置

图 5-44 临时锁定装置现场布置

5.3.4 随动平衡重

过孔时架桥机与 T 构呈叠加悬臂状态,最大悬臂可达 68 m,悬臂端 1# 支腿反力由小到大、再由大到小变化。为此,可通过在 T 构边跨侧端地面设置压重,跟随支腿的反力大小来自动平衡部分倾覆力矩,压重装置结构如图 5-45 所示。

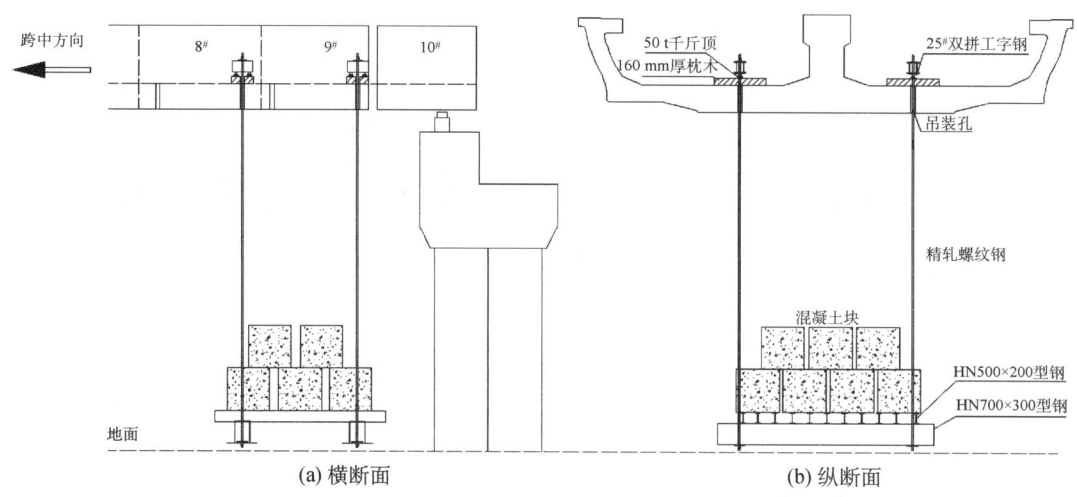

图 5-45 压重装置结构示意

压重平台采用 HN500×200 型钢制作,其上放置总重量为 1 500 kN 的若干混凝土块作为压重。四个角点各设置 1 根 φ32 精轧螺纹钢,顶部与桥面采用型钢吊挂方式进行锚固,现场配重如图 5-46 所示。当 T 构变形时,该压重会部分或全部参与受力,在边跨端产生 0~1 500 kN 的下压力,最大可产生 52 350 kN·m 的平衡力矩,与抗倾覆墩共同作用,使被动控制下体系的抗倾覆安全系数达到 2.4,提高了 T 构的抗倾覆能力。

图 5-46 随动配重实物

5.4 主/被动控制技术在 T 构力学状态控制中的应用

5.4.1 悬臂拼装期间主/被动控制技术的应用

以东侧 T 构的预制节段吊装为例进行说明。

1. 节段安装前

正式吊装 1# 节段前,边跨侧抗拉束每束张拉 500 kN(设计值的 17%),对中跨提供的平衡力矩为 14 000 kN·m,如图 5-47 所示。

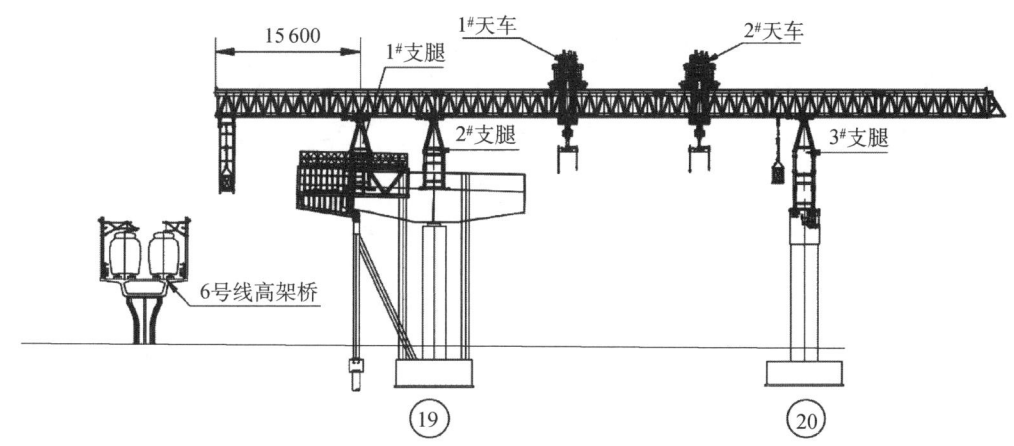

图 5-47 边跨抗拉束第一次张拉

2. 1#节段安装期间

(1) 正式吊装前,先将竖向轴力伺服系统加力至700 kN(单点加力350 kN),同时调整1#支腿合力至700 kN后,采用1#天车竖向提升中跨1#节段并旋转90°,如图5-48所示。

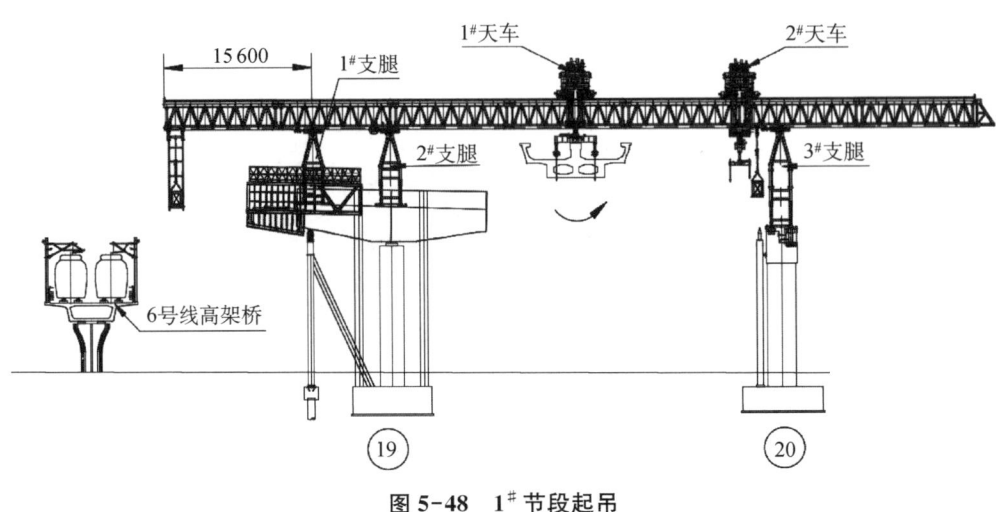

图 5-48 1#节段起吊

(2) 1#天车携节段前移过2#支腿后停止,2#天车起吊边跨1'#节段,利用移动荷载的影响线加载原理在边跨加载,预先减小1#支腿反力,降低1#天车向前移动时增大的支腿反力对T构的影响,如图5-49所示。

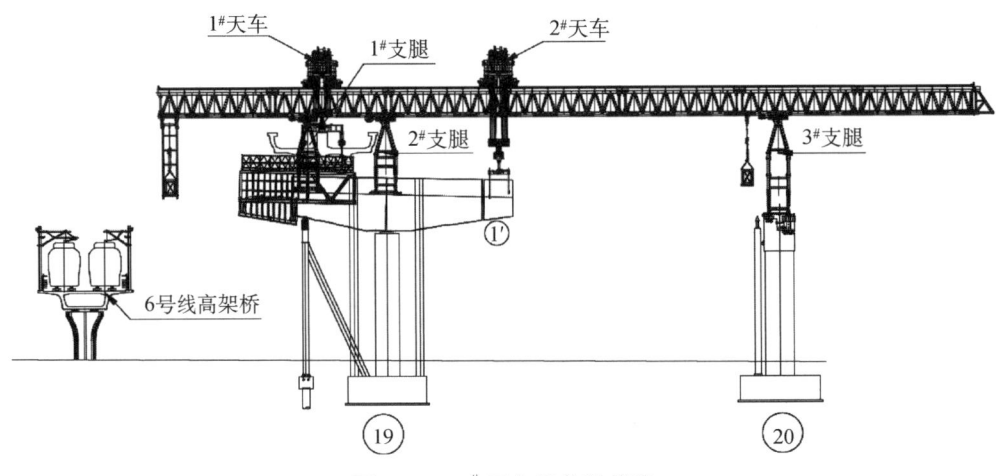

图 5-49 1#天车携节段前移

(3) 1#天车继续携梁前移,其间持续监测1#支腿轴力,当1#支腿合力接近2 000 kN时,天车暂停移动,待伺服系统加力2 500 kN(单点加力1 250 kN)后继续前行至悬臂8 m处,反向旋转90°后移动就位,如图5-50所示。

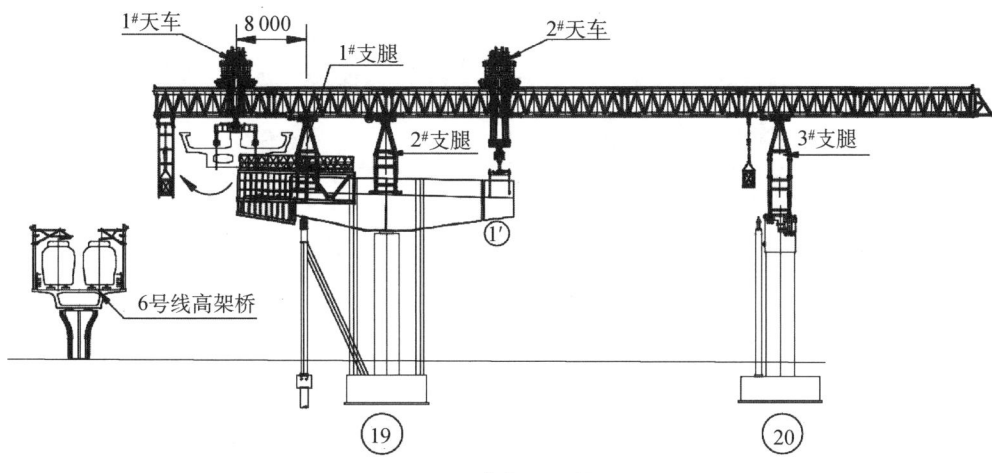

图 5-50 1#节段旋转就位

(4) 完成预拼对位后,进行湿接头施工,待节段梁永久预应力施工完成,且天车卸载、吊具拆除后,将伺服系统卸压至 900 kN(单点卸压至 450 kN)。完成此节段梁的安装,如图 5-51 所示。

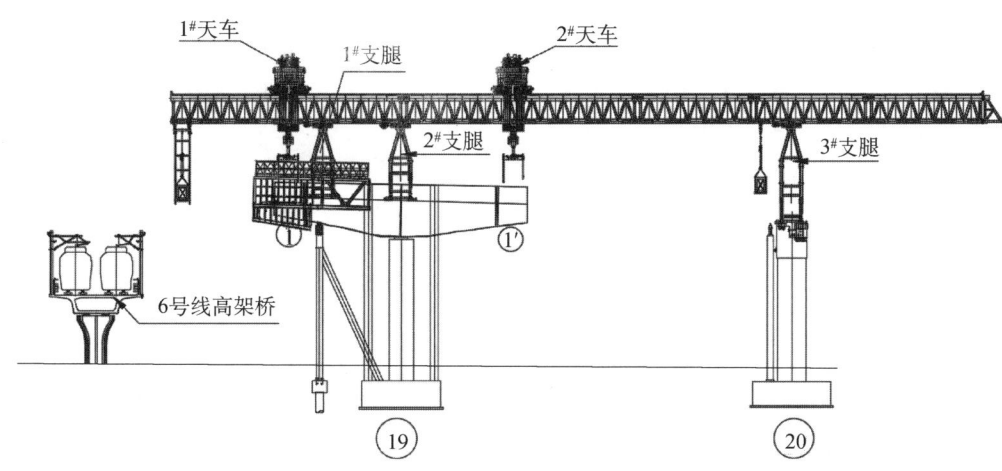

图 5-51 1#块拼装完成

3. 2#节段安装期间

(1) 前移防护棚后,先用 1#天车竖向提升中跨 2#节段并旋转 90°后携节段前移、过 2#支腿后停止,接着 2#天车起吊边跨 2'#节段,利用移动荷载的影响线加载原理在边跨加载,预先减小 1#支腿反力,减少 1#天车向前移动时增大的支腿反力对 T 构的影响,如图 5-52 所示。

(2) 1#天车继续携节段前移,其间持续监测 1#支腿轴力,当 1#支腿合力接近 2 000 kN 时,天车暂停移动,待伺服系统加力至 2 000 kN(单点加力 1 000 kN)后,继续前行至悬臂 8 m 处,反向旋转 90°后移动就位,如图 5-53 所示。

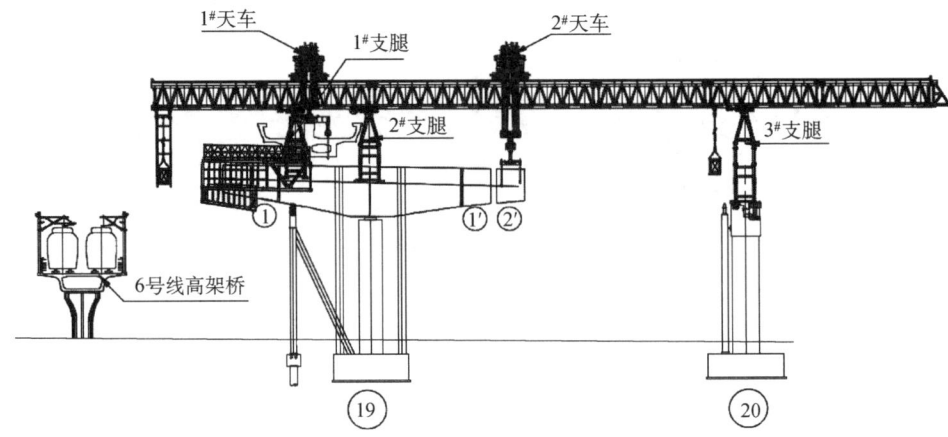

图 5-52　2#块起吊、移动

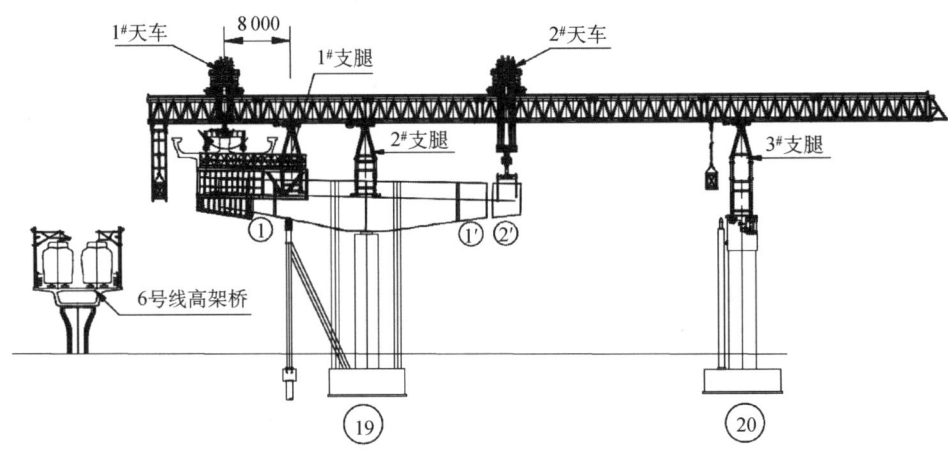

图 5-53　两侧 2#块移动到位

(3) 完成预拼对位后,进行干接缝施工,待节段永久预应力施工完成,且天车卸载、吊具拆除后,将伺服系统卸压至 200 kN(单点卸压至 100 kN),完成此节段的安装,如图 5-54 所示。

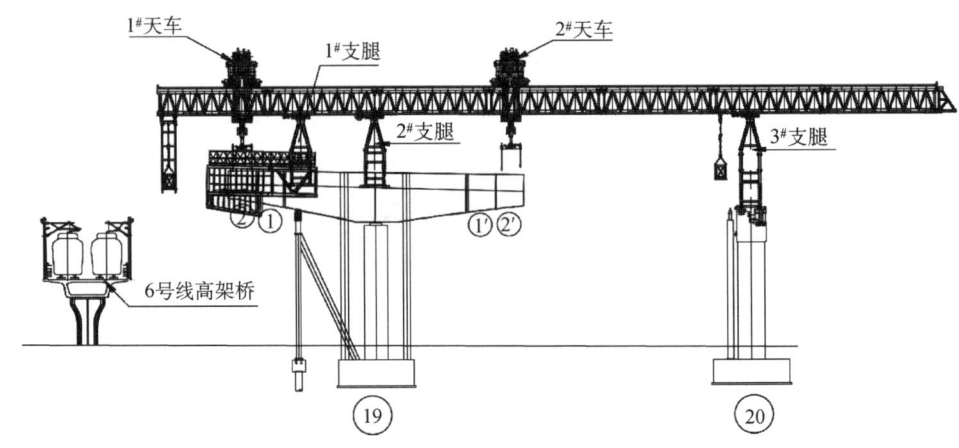

图 5-54　2#块拼装完成

4. 3#节段安装期间

(1) 前移防护棚、主桁架,此时天车行至边跨配重,减小1#支腿反力,如图5-55所示。

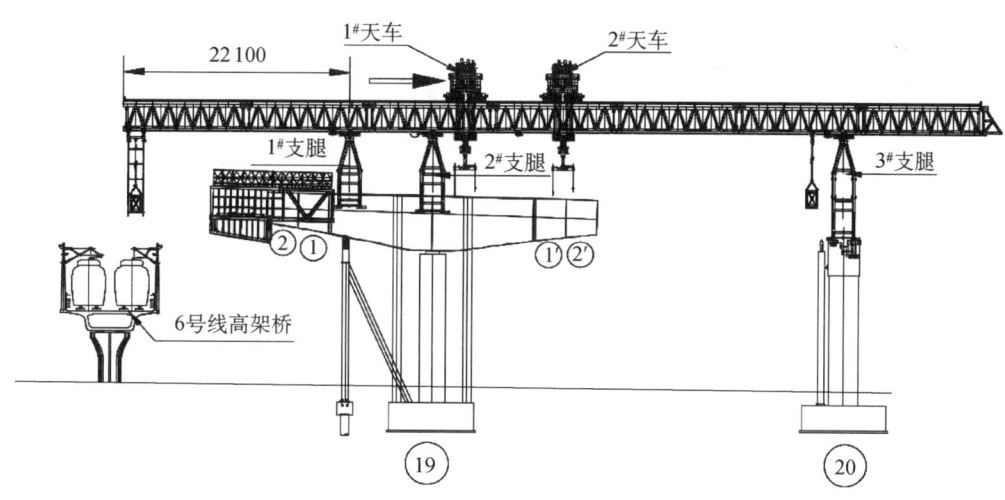

图 5-55 前移主桁梁与防护棚

(2) 将1#支腿前移至2#块上锚固,调整1#支腿合力至824 kN,如图5-56所示。

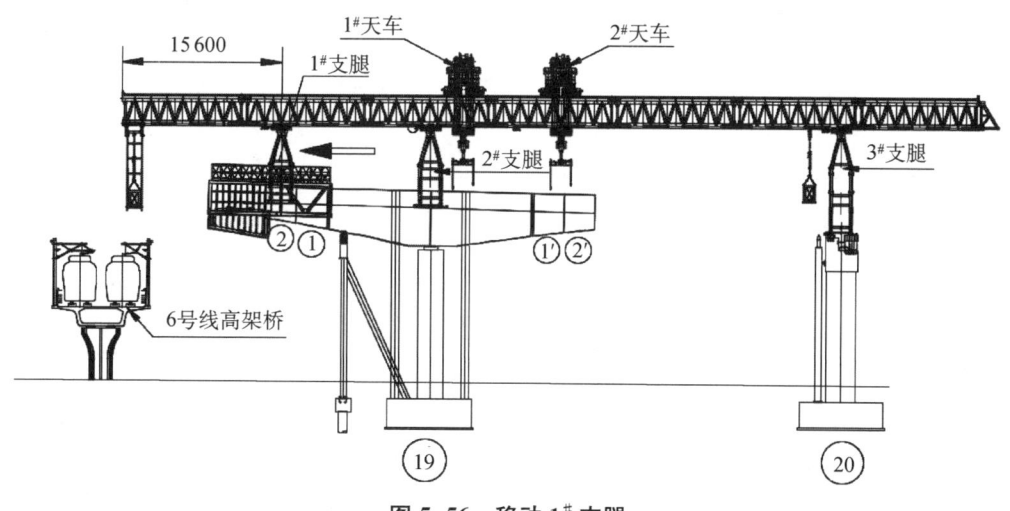

图 5-56 移动1#支腿

(3) 1#天车竖向提升中跨3#节段并旋转90°后,向跨中运行至越过2#支腿后停止,待边跨侧抗拉束张拉完成后,2#天车起吊边跨3'#节段,此时2#天车通过影响线加载可减小1#支腿反力。边跨侧抗拉束每束均张拉至2 925 kN(设计值75%),对中跨提供的平衡力矩为81 900 kN·m,如图5-57所示。

(4) 1#天车继续前行至悬臂8 m处,反向旋转90°后移动就位,进行后续工序(预拼对位、干接缝施工、永久预应力施工),如图5-58所示。

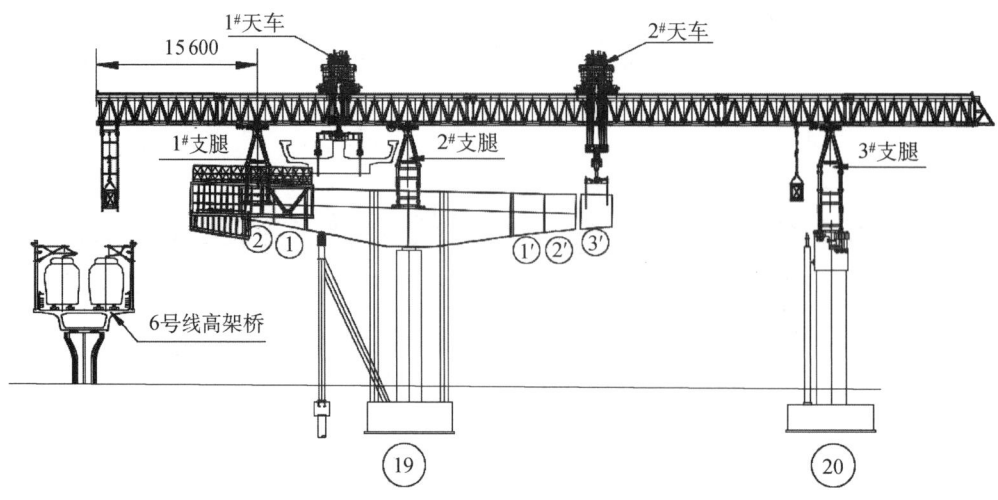

图 5-57　边跨抗拉束第二次张拉

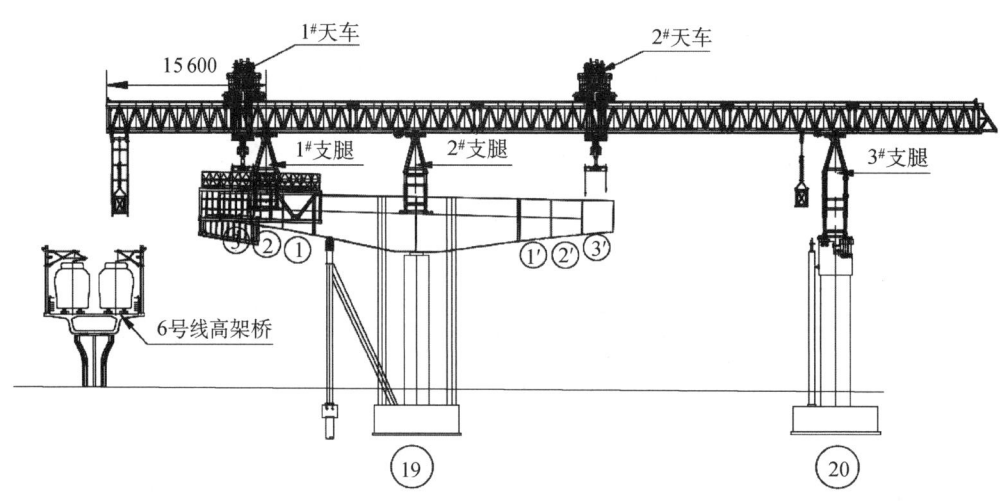

图 5-58　3#块拼装完成

5. 5#节段梁安装期间

（1）两台天车运行至边跨，通过影响线加载原理减小 1#支腿反力，完成防护棚与主桁梁前移后，拆除中跨侧自动跟随式张拉平台，如图 5-59 所示。

（2）在 1#节段安装辅助支腿，1#支腿卸载、前移至 4#节段，调整 1#支腿合力至 850 kN，如图 5-60 所示。

（3）拆除辅助支腿，1#天车竖向提升跨中 5#节段并旋转 90°后，前移过 2#支腿后停止，2#天车起吊边跨 5'#节段，通过影响线加载原理减小 1#支腿反力，如图 5-61 所示。

（4）1#天车继续前行至悬臂 8 m 处，反向旋转 90°后移动就位，进行后续工序（预拼对位、干接缝施工、永久预应力施工），如图 5-62 所示。

6. 7#节段安装期间

（1）先前移防护棚，然后在 3#节段安装辅助支腿，两台天车移至边跨，1#支腿卸载、前移至 6#节段，调整 1#支腿合力至 940 kN，如图 5-63 所示。

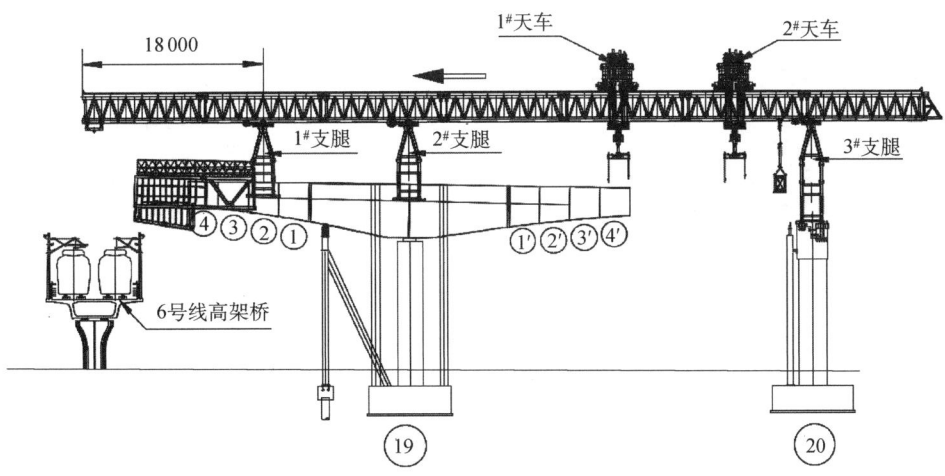

图 5-59 防护棚与主桁梁前移

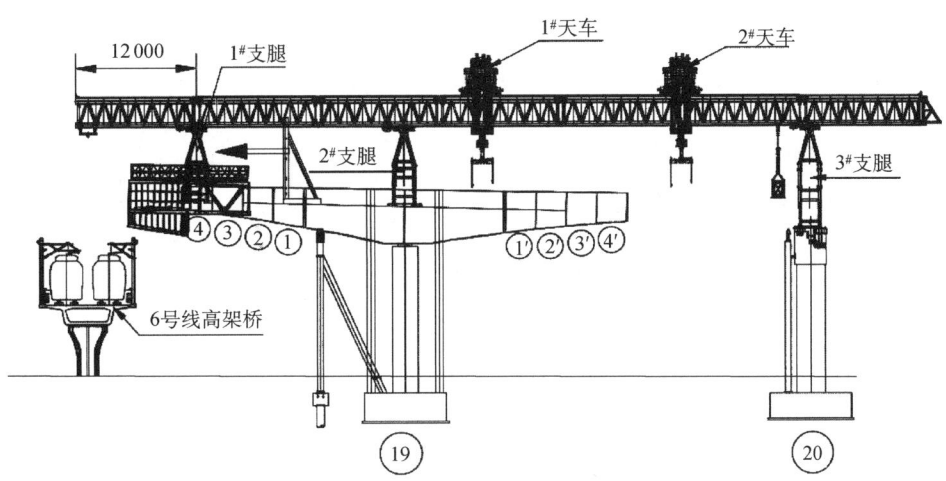

图 5-60 1#支腿拆卸、移动

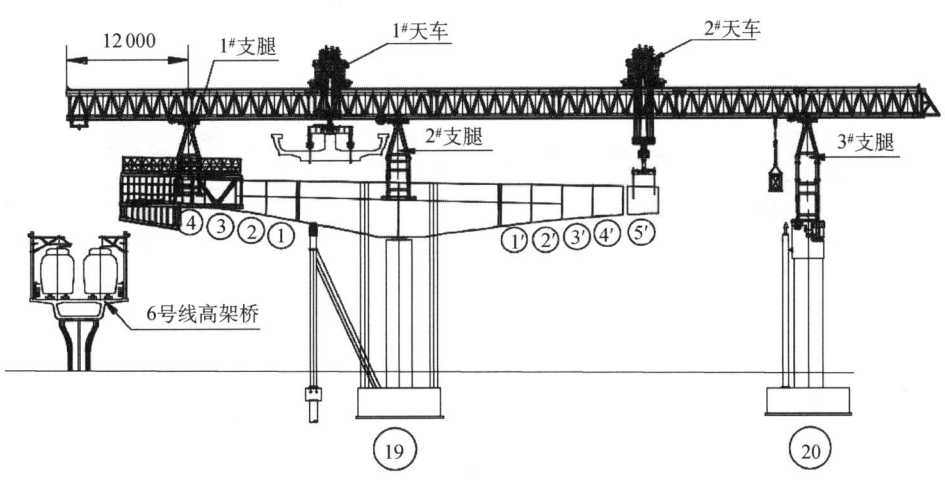

图 5-61 5#块起吊、移动

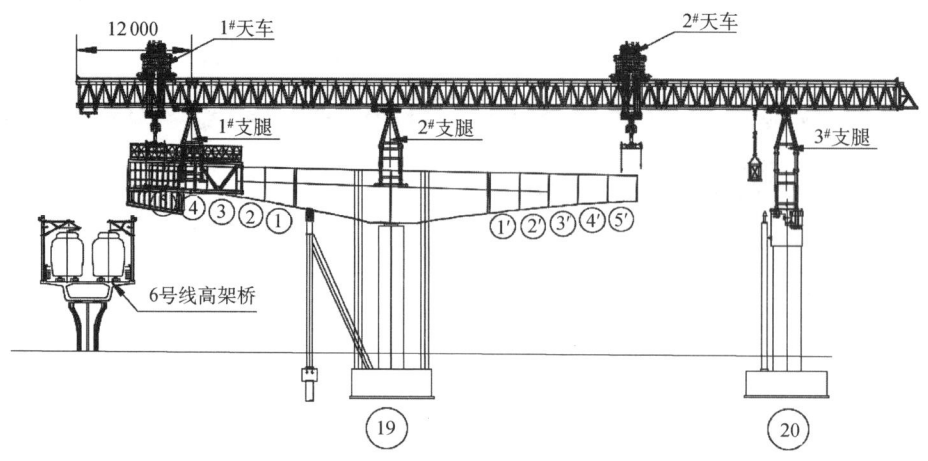

图 5-62 5#块拼装完成

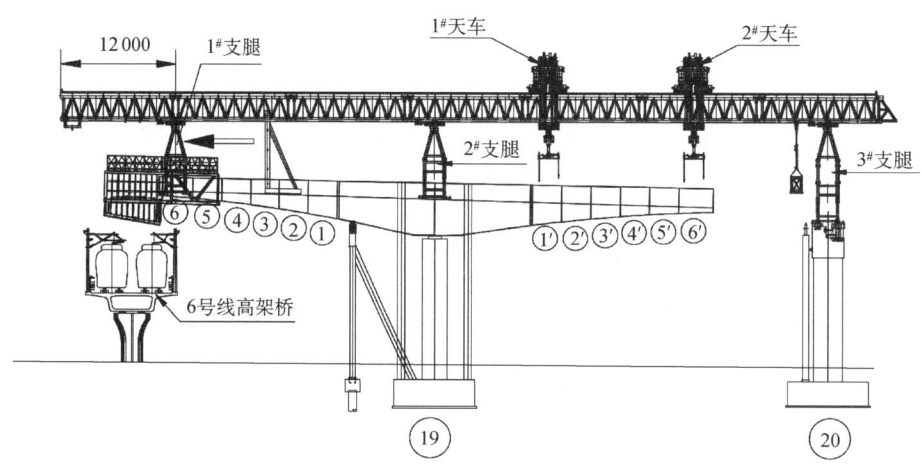

图 5-63 1#支腿前移

(2) 拆除辅助支腿,先将伺服系统加力至 2 000 kN(单点加力至 1 000 kN);然后 1#天车竖向提升跨中 7#节段并旋转 90°,如图 5-64 所示。

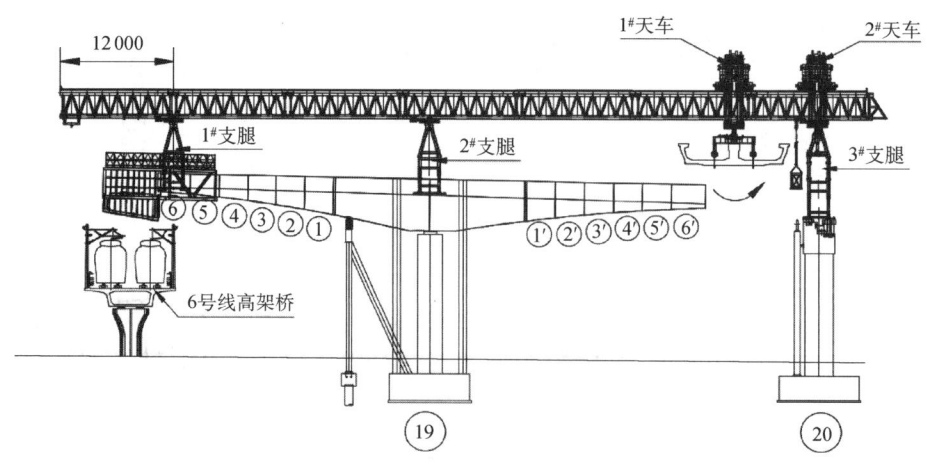

图 5-64 跨中侧 7#块起吊、旋转

(3) 1#天车携梁前移至 2#支腿位置停止,2#天车起吊边跨 7'#节段,如图 5-65 所示。

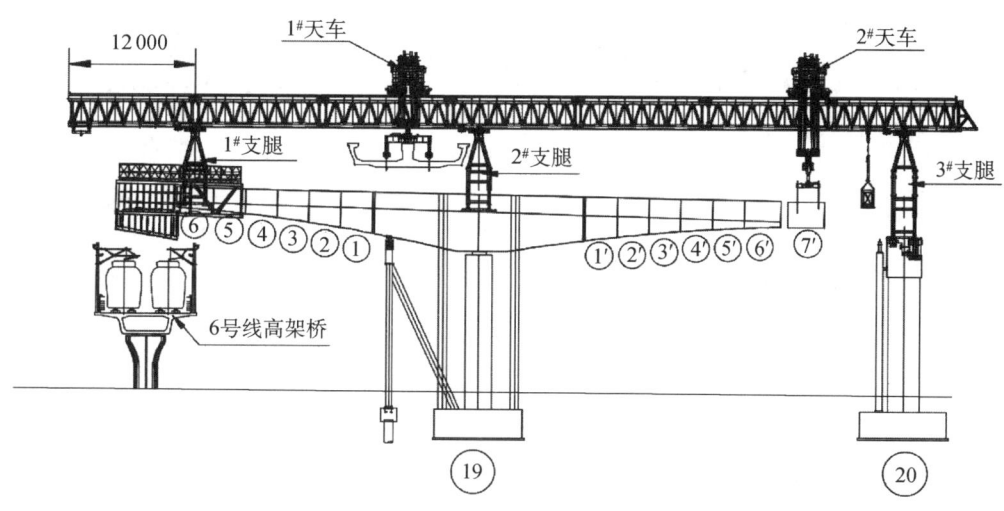

图 5-65 边跨侧 7#块起吊

(4) 1#天车携 7#节段前行至悬臂 8 m 处,反向旋转 90°后移动就位,进行后续工序(预拼对位、干接缝施工、永久预应力施工),如图 5-66 所示。

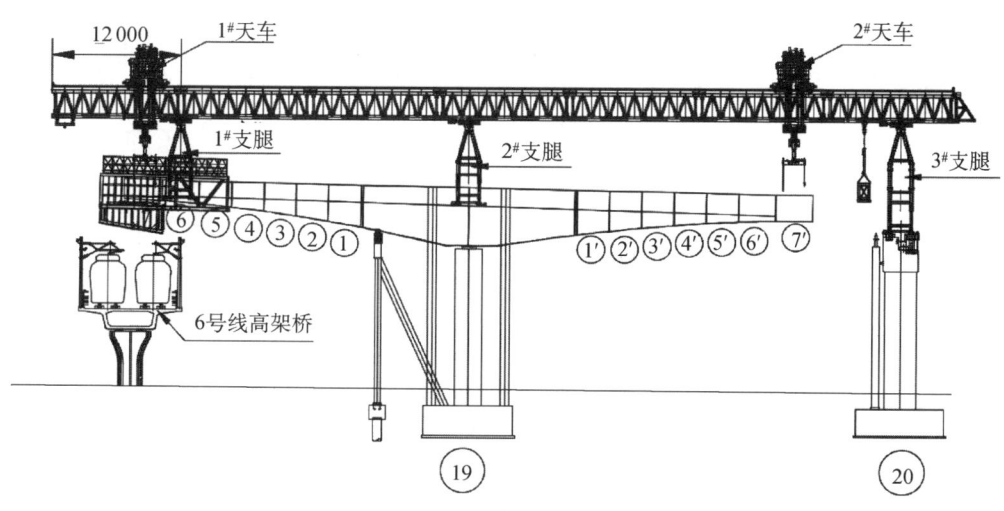

图 5-66 7#块拼装完成

7. 8#节段安装期间

(1) 前移防护棚,先用 1#天车竖向提升中跨 8#节段并旋转 90°后前移过 2#支腿后停止,2#天车起吊边跨 8'#节段,如图 5-67 所示。

(2) 1#天车携 8#节段前行至悬臂 8 m 处,反向旋转 90°后移动就位,进行后续工序(预拼对位、干接缝施工、永久预应力施工)。待永久预应力施工完成,且天车卸载、吊具拆除后,将伺服系统卸压至 200 kN(单点卸压至 100 kN),如图 5-68 所示。

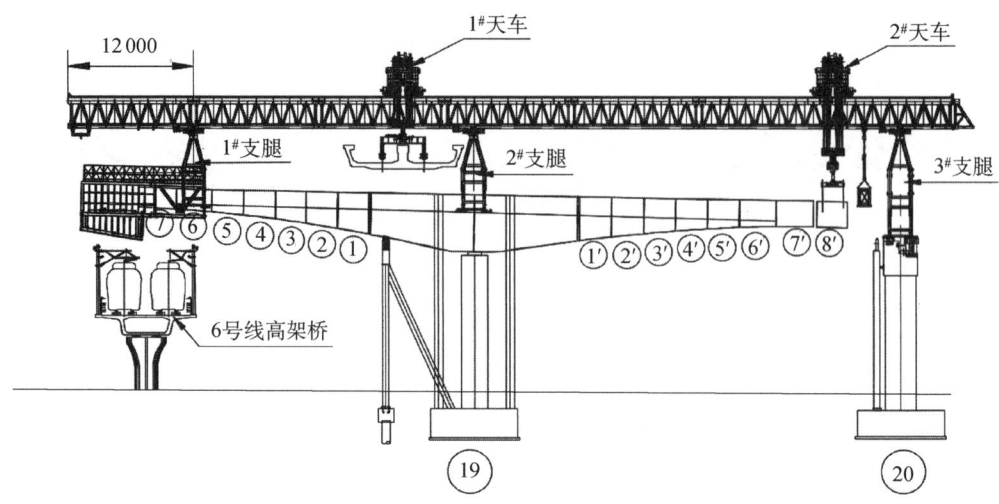

图 5-67 两侧 8# 块吊装到位

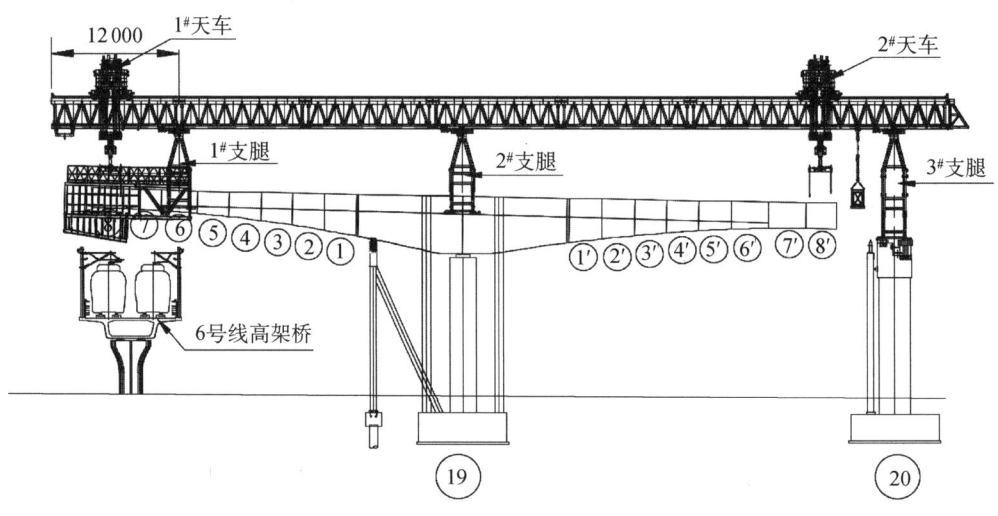

图 5-68 8# 块拼装完成

8. 10# 节段安装期间

(1) 在边跨 6'# 节段上安装辅助支腿,先将 2# 天车移动至 2# 支腿处,3# 支腿前移至 7'# 节段,然后拆除辅助支腿,张拉中跨侧抗拉束,1# 天车移动到悬臂端作配重。中跨侧抗拉束每束张拉至 2 925 kN(设计值 75%),对边跨提供的平衡力矩为 81 900 kN·m,如图 5-69、图 5-70 所示。

(2) 使用 2# 天车将 10# 节段吊运就位,等待进行后续工序(预拼对位、湿接缝施工),如图 5-71 所示。

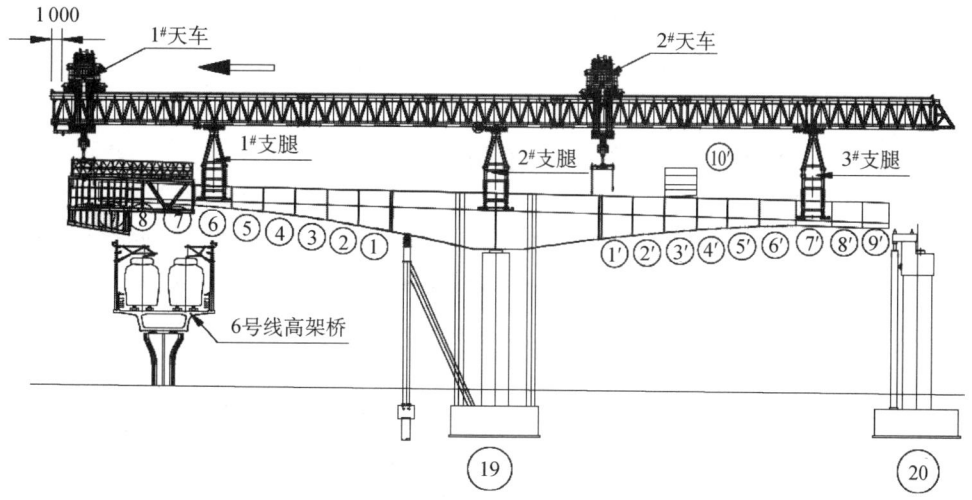

图 5-69 跨中抗拉束一次张拉到位

图 5-70 抗拉束布置示意

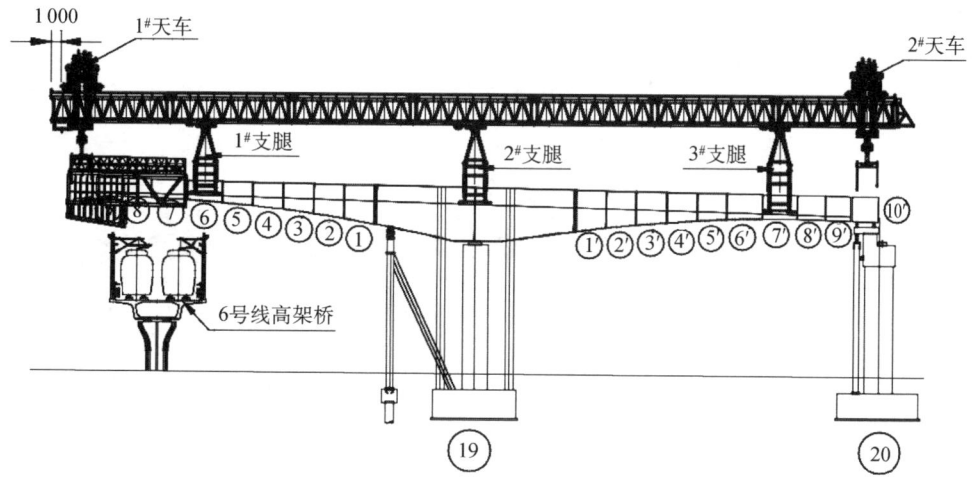

图 5-71 10#块吊装到位

5.4.2 架桥机过孔期间主/被动控制技术的应用

过孔前做好随动配重安装,过孔期间 1# 支腿合力预警值 2 200 kN,目标值 1 600~2 200 kN,主要控制方法是天车移动配重、支腿高度调整。

1. 过孔前准备阶段

在架桥机的姿态调整前,1# 与 2# 天车应对称位于 2# 支腿两侧,以起到重量平衡作用(图 5-72);在姿态调整完成后,1# 与 2# 天车应全部行驶到边跨配重(图 5-73)。

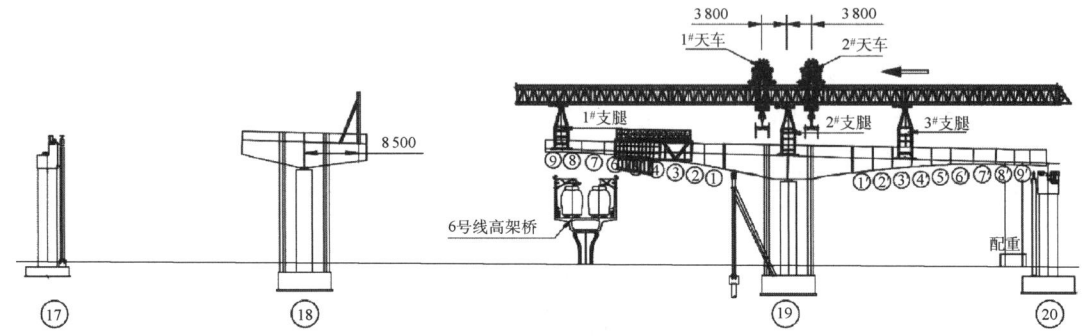

图 5-72 架桥机姿态调整前的天车位置

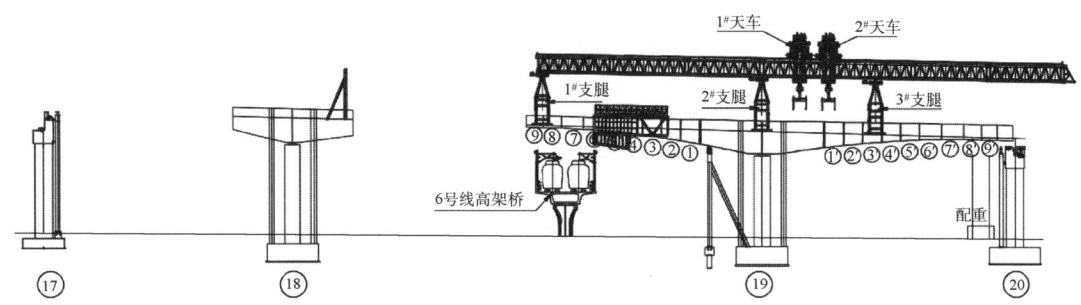

图 5-73 架桥机姿态调整完成的天车位置

2. 过孔阶段一

向跨中顶推主桁梁,在前移过程中两部天车应持续同步后退,始终保持不过 2# 支腿,以起到配重作用,如图 5-74 所示。

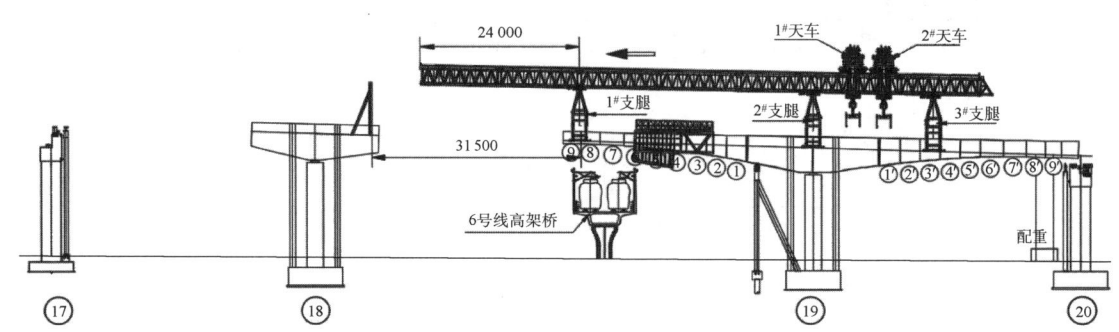

图 5-74 主桁梁前移期间的天车位置

3. 过孔阶段二

主桁梁前端搁置到可调移动式辅助支腿上,通过辅助支腿横梁上设置的两台竖向千斤顶将主桁梁向上顶升至无下挠现象,总顶力不超过 300 kN,其间实时监测 1# 支腿反力不超过 2 100 kN,如图 5-75 所示。

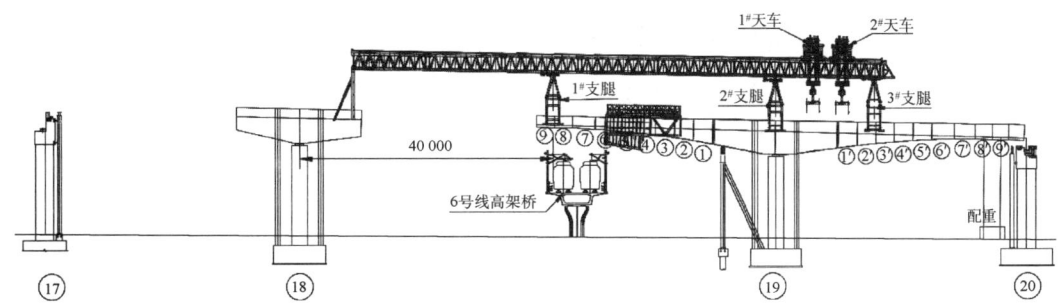

图 5-75　主桁梁过孔至辅助支腿期间的天车位置

待辅助支腿承力后,1# 天车与 2# 天车应对称位于 2# 支腿两侧,拆运 3# 支腿至 18 号墩上,如图 5-76 所示。

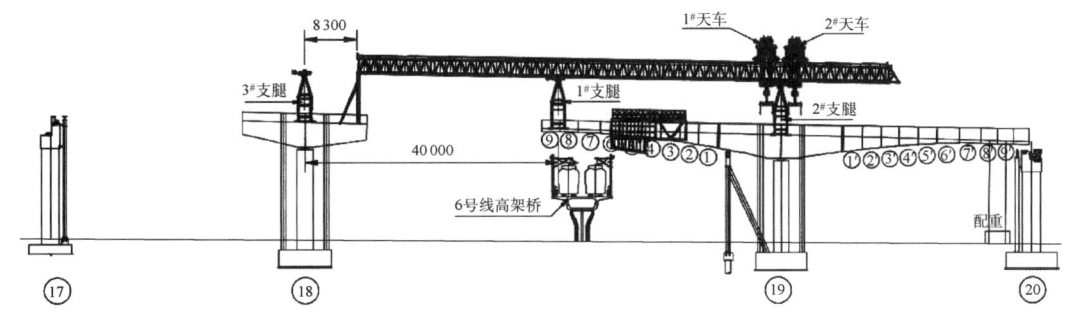

图 5-76　3# 支腿拆运前的天车位置

4. 过孔阶段三

继续向前顶推主桁梁,前移过程中两部天车持续同步后退,始终对称保持在 2# 支腿两侧,直至主桁梁过孔至 3# 支腿上。

将 3# 支腿调高 0.3 m,使辅助支腿不再受力,1# 支腿轴力实测为 2 096 kN,如图 5-77 所示。

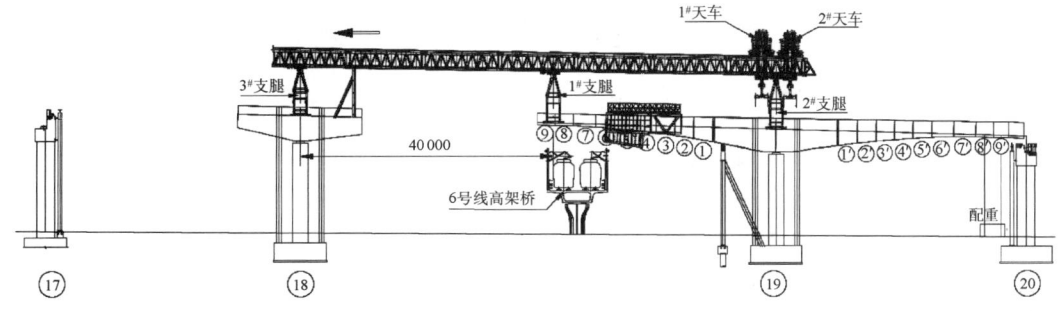

图 5-77　主桁梁过孔至 18 号墩支腿时的天车位置

5. 过孔阶段四

采用1#天车将辅助支腿吊运至2#块上拼装,其间2#天车靠近2#支腿停放,如图5-78、图5-79所示。

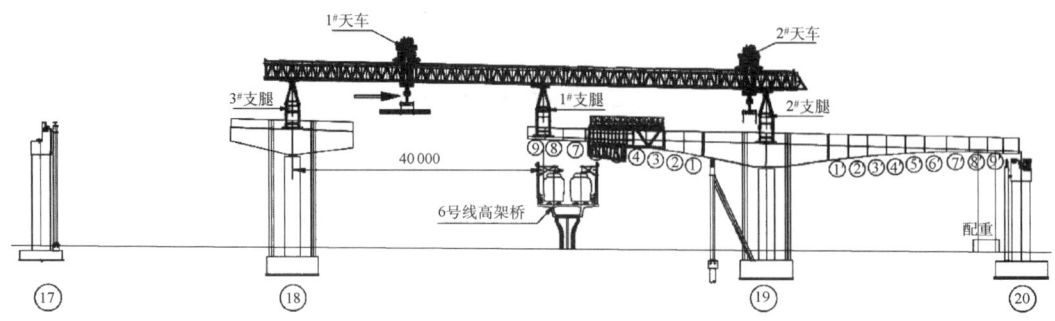

图5-78 辅助支腿拆除过程中的天车位置

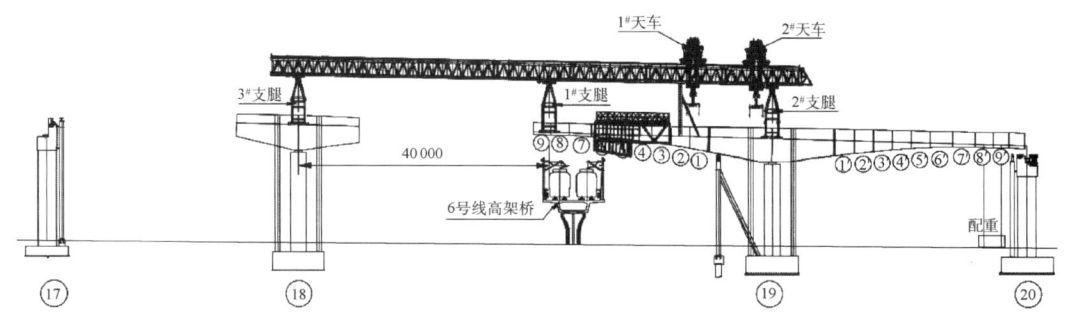

图5-79 辅助支腿安装完成后的天车位置

6. 过孔阶段五

采用1#天车将防护棚吊运至18号墩0#块安装,其间2#天车靠近2#支腿停放。完成作业后,1#天车靠近3#支腿停放,如图5-79、图5-80所示。

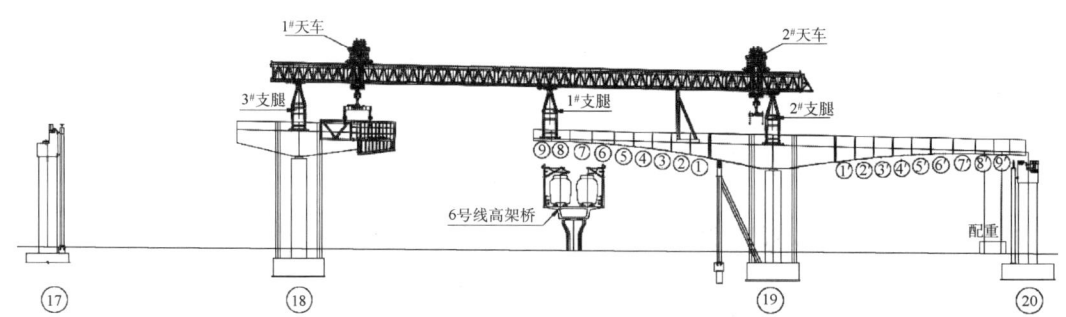

图5-80 防护棚吊运过程中的天车位置

7. 过孔阶段六

继续向前顶推主桁梁,前移过程中两部天车持续同步后退,1#天车始终保持在3#支腿附近,2#天车始终保持在2#支腿附近;直至主桁梁尾部即将脱离2#支腿时停止,将1#天车与2#天车均行驶至3#支腿两侧对称布置,如图5-82、图5-83所示。

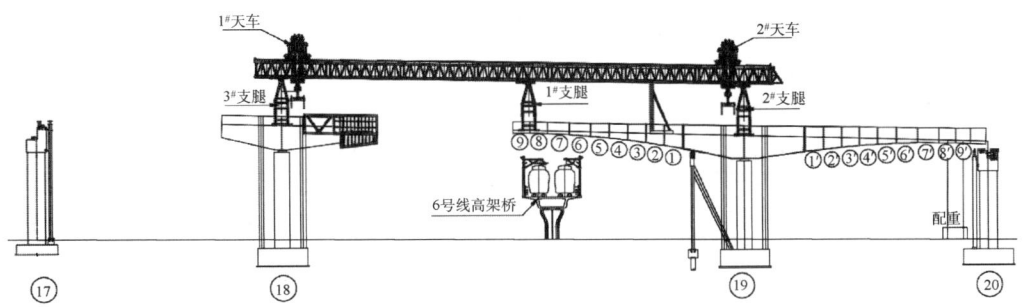

图 5-81　防护棚安装完成后的天车位置

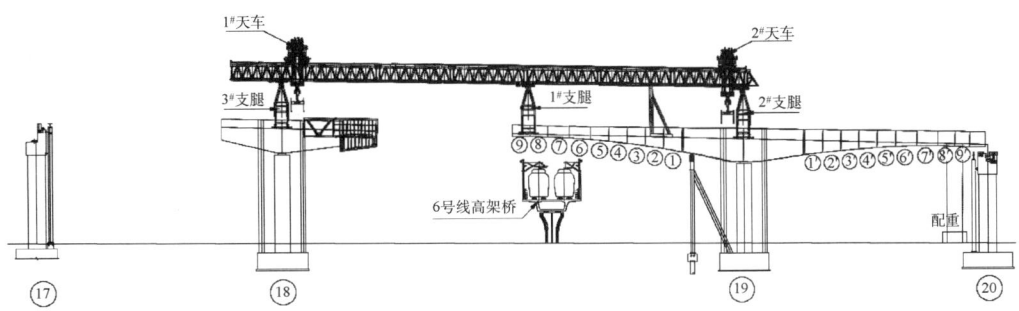

图 5-82　主桁梁前移至脱离 2# 支腿期间的天车位置

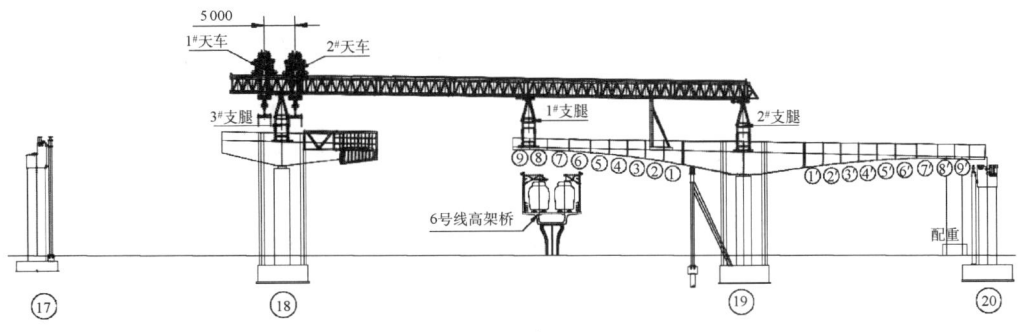

图 5-83　主桁梁脱离 2# 支腿前的天车位置

8. 过孔阶段七

继续向前顶推主桁梁,前移过程中两部天车持续同步后退,始终对称保持在 3# 支腿两侧,直至主桁梁与 2# 支腿脱离,如图 5-84 所示。

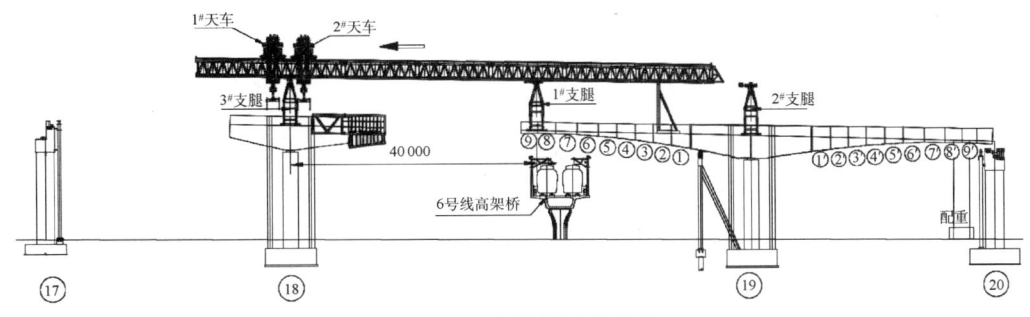

图 5-84　主桁梁继续前移

拆运 2# 支腿至 17 号墩上,同时将两天车移动至 3# 支腿左侧,如图 5-85 所示。

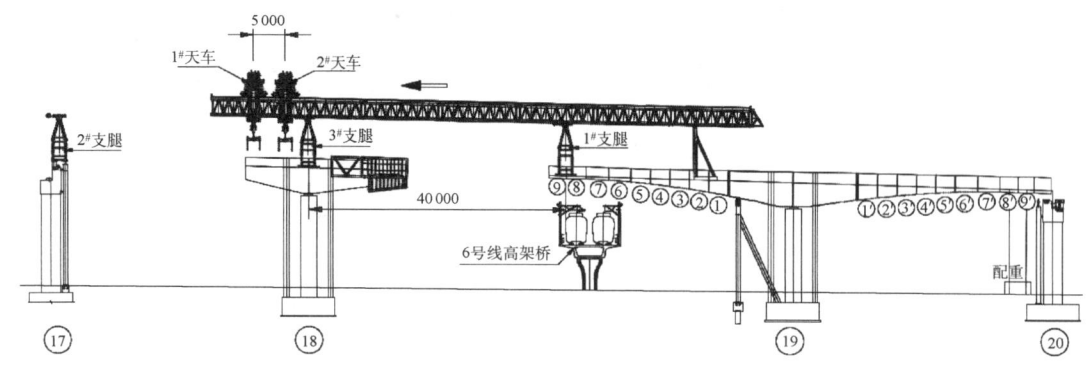

图 5-85　拆运 2# 支腿

9. 过孔阶段八

继续向前顶推主桁梁,过孔至 2# 支腿,前移过程中两部天车持续同步后退,始终对称保持在 3# 支腿左侧,如图 5-86 所示。

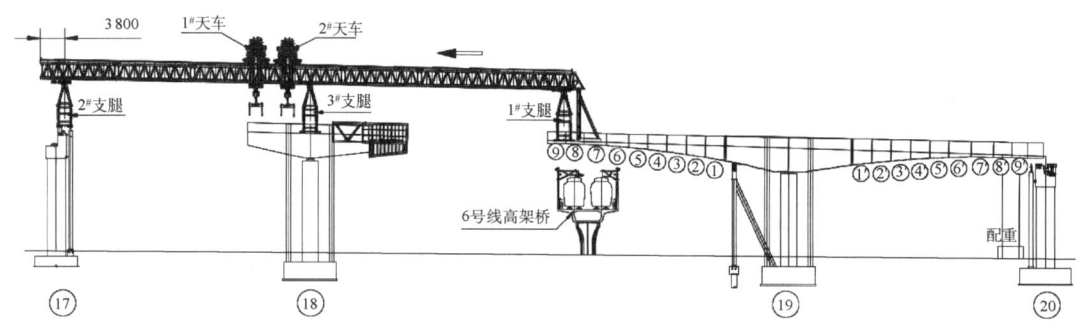

图 5-86　主桁梁脱离 1# 支腿前的天车位置

10. 过孔阶段九

1# 支腿过孔后,先将辅助支腿拆除,继续向前顶推主桁梁,前移过程中两部天车持续同步后退,始终对称保持在 3# 支腿左侧,循环往复,直至主桁梁达到预定位置,完成过孔操作,如图 5-87、图 5-88 所示。

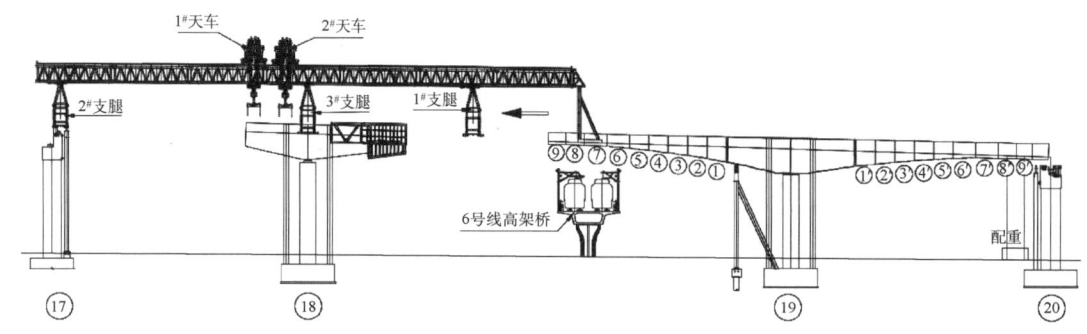

图 5-87　过孔过程中的天车位置

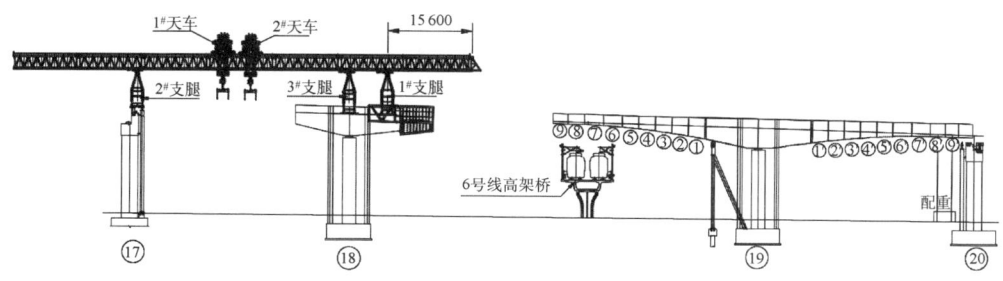

图 5-88 过孔完成示意

5.5 本章小结

在大跨度预应力混凝土连续梁悬臂施工过程中,体系的形成过程一般为 T 构→伸臂梁→连续梁,T 构是由下部结构与上部悬臂梁体构成的基本结构单元。在传统的架桥机悬臂拼装中,架桥机一般支撑于墩顶,与 T 构梁体之间在力学上没有关联,且作用于 T 构上的施工荷载一般较小,因此施工荷载一般不会成为 T 构的内力控制工况。在 T 构形成过程中通过设置预拱度进行的线型控制,不会改变 T 构的内力。

但在架桥机单 T 构悬臂拼装施工过程中,架桥机与 T 构之间是耦合的,二者的力学状态是相互影响的。架桥机的支腿反力不仅会影响 T 构的位移和整体稳定,而且当该支腿反力较大时,其对 T 构的内力影响也是不可忽略的,甚至成为 T 构在施工阶段的内力控制工况。为了满足施工阶段的内力控制要求,提出的主/被动控制技术,较好地解决了 T 构施工期间的力学状态控制问题。

(1) 通过引入主动控制技术来调整 T 构的力学状态,在解决 T 构倾覆问题的基础上,一方面可减少 T 构的位移波动以便于线型控制;另一方面可降低架桥机荷载下 T 构主梁的拉应力水平以防止主梁开裂。同时考虑到下方轨道交通的运营安全,引入被动控制技术,对结构安全进行冗余控制,确保即使主动控制技术失效,结构体系仍然是安全的。

(2) 在主动控制技术的应用中,把架桥机与 T 构视为一体,充分利用桥-机耦合效应,通过天车的运行控制和支腿高度的调整尽量降低架桥机对 T 构的影响。实践表明这种方法只要运用得当,可大大减小支腿反力,减少影响。当这种体系内的主动控制技术仍无法满足要求时,再在体系中引入外部主动控制技术来提高控制效果。

(3) 由于预应力束的抗拉能力强、构造简单,首先通过抗拉束的分批次加载与卸载平衡大部分的倾覆力矩,然后再由体系中设置的反顶装置,根据体系内各类传感器获得的感知数据,通过轴力伺服系统,根据需要对 T 构力学状态实施精准、实时控制。该方法主动操控性强,通过科学设计可满足多种控制工况的需要。

(4) 抗倾覆墩、随动平衡重、主梁内的临时预应力张拉等被动控制技术,施工方便、操作简单、经济性好,大大提高了整个体系的安全性。

这种在内部控制基础上增加外部控制的方法减小了控制的代价,经济性好;在主动控制的基础上引入被动控制,冗余控制的方法大大提高了施工过程的系统安全。

第 6 章 桥-机耦合体系的计算方法与全过程分析

6.1 架桥机单 T 构悬臂拼装施工过程的力学特点

在常规的架桥机架梁过程中,架桥机支腿通常支撑于 0# 节段现浇段或桥墩上方,支腿反力直接通过 0# 节段现浇段传至桥墩,梁体一般不承担施工设备产生的外部荷载,桥梁结构计算分析时不考虑架桥机支腿反力的影响。而架桥机的结构计算分析一般以自重荷载、吊装荷载、风荷载为主,通常不考虑支腿变位对架桥机主桁梁力学状态的影响,受力比较明确,天车荷载施加比较简单,通过选取几种最不利工况进行计算就可以判断架桥机结构是否满足受力要求。

在节点桥的架桥机悬臂拼装过程中,创造性地采用了单 T 构悬臂拼装方法,利用边墩、中墩及已建成的梁体结构形成三个支点来支承架桥机,天车从边跨起吊节段运至中跨上方安装,每拼装两个节段,架桥机 1# 支腿和主桁梁向前移动一次,2# 支腿和 3# 支腿保持不动。这种方法导致架桥机与桥梁结构之间的力学关系发生了明显变化,具有耦合性和时变性两个特点。

(1) 耦合性。

架桥机 1# 支腿支撑于 T 构中跨侧的梁体上,T 构梁体将直接承担架桥机支腿反力所带来的附加荷载,可能造成 T 构倾覆以及构件应力超限。同时,T 构梁体受力下挠,架桥机支腿发生沉降变位,一方面会引起架桥机主桁梁产生附加内力,可能导致架桥机主桁梁应力超标;另一方面该变形与架桥机主梁的自身变形相叠加,导致天车因主桁梁轨道坡度过大而产生制动失效的风险。即架桥机与 T 构之间的力学状态具有耦合性。

(2) 时变性。

在整个架梁过程中,架桥机在 T 构梁体上的支撑位置、架桥机主桁梁的跨度、两台天车的荷载值以及在主桁梁上的分布位置在不断发生变化,这些变化时刻影响着整个体系的力学状态,即架桥机与 T 构组成的体系具有时变性。由于结构体系、结构跨度、荷载大小与荷载位置均在随着工况的发展而不断变化,时变结构体系的计算工况极其复杂,传统的计算方法极易遗漏危险工况和最不利工况,从而为施工过程带来系统性风险。

因此对于节点桥,数值计算过程中必须建立桥-机耦合模型,并能够获得时变结构体系中各构件在最不利工况下的力学状态。

6.2 基于桥-机耦合效应的全过程计算方法

根据拼装工艺,将整个施工过程拆分为系列工况,把施工期间的桥梁结构和架桥机作为一个整体,建立不同施工阶段、具有耦合效应的桥-机体系分析模型,通过自定义车辆荷载、在架桥机两榀主桁梁间引入虚拟横梁与虚拟车道，利用影响线加载方法获得移动天车荷载下耦合体系中各个构件在最不利工况下的力学包络效应。该方法可以涵盖天车移动中的所有工况，防止遗漏某些危险工况和最不利工况。

由于施工过程中涉及天车荷载的移动，因此计算工况分成节段吊装工况、非吊装工况两类。

(1) 节段吊装工况。

该工况下结构体系相对不变、天车荷载变化，用影响线加载方法可获得移动天车荷载下结构体系内各个构件在最不利工况下的力学包络效应。分析过程中，将天车荷载简化定义为车辆移动荷载，在架桥机两榀主桁梁间引入虚拟横梁与虚拟车道，把移动天车荷载自动分配至两榀主桁梁上，通过影响线加载方法找出移动荷载下构件的最不利效应值，形成架桥机与T构各构件的力学包络图。

(2) 非吊装工况。

该工况下，针对架桥机主桁梁/支腿移动、抗倾覆拉索张拉等非吊装施工过程，进行静力荷载下的结构整体受力分析。

6.2.1 桥-机耦合模型

1. 分析工况

根据架桥机与桥梁的相对位置是否变化，将整个施工过程的模拟分析划分为两组，包括节段吊装工况以及非吊装工况，详细计算说明见表6-1。

表 6-1 计算工况说明

分类	分析工况	计算内容
节段吊装工况	吊装1#～2#节段 吊装3#～4#节段 吊装5#～6#节段 吊装7#～9#节段 吊装10#节段	①架桥机上缘、下缘及临时支腿承重的结构受力；②梁体的结构受力；③抗倾覆墩的结构受力；④天车移动过程中的结构受力及变形
非吊装工况	架桥机最大悬臂工况 架桥机西侧悬臂端过孔至临时支腿上 架桥机东侧端头以临时支腿支撑	①架桥机上缘、下缘及临时支腿承重的结构受力；②梁体的结构受力；③抗倾覆墩的结构受力；④过孔过程中的结构变形

2. 计算模型

主梁、墩柱及架桥机结构均采用梁单元，架桥机支腿与主梁结构间的连接采用刚性连接，所有转动及平动方向均施加约束。基本模型如图6-1所示。

图 6-1 模型示意

6.2.2 移动天车荷载影响线加载方法

1. 空间模型中天车荷载的加载方法

天车通过 8 个车轮在两榀主桁梁顶部的轨道上运行，每个车轮对轨道的作用可简化为一个集中荷载，因此一个天车荷载是由两组具有固定间距、同步运行的集中荷载组成的。对于空间结构模型，如果在每个轨道上分别设置虚拟车道，那么一个天车的两组荷载需要定义为两个独立的车辆荷载，加载时两组车辆荷载存在不同步性，与实际不符。

为此把天车荷载简化为一组由 4 个集中荷载组成的自定义车辆荷载，基于桥梁结构中的梁格法，在架桥机空间模型中引入虚拟横梁，在虚拟横梁的中间定义虚拟车道，在虚拟车道上进行车辆荷载布载时，程序将自动把荷载均分到两侧的主桁梁上，从而实现移动天车荷载在空间结构模型中的影响线加载，如图 6-2 所示。

图 6-2 空间模型中天车荷载加载方法

2. 移动荷载模型

天车荷载可转化为具有固定间距的 4 个集中荷载，两部天车分别自定义为两组车辆荷载，每组车辆荷载内含 4 个集中荷载，集中荷载间距与天车轮对间距一致，集中荷载数值为天车自重及所吊节段重力之和的四分之一。自定义车辆荷载模型如图 6-3 所示。

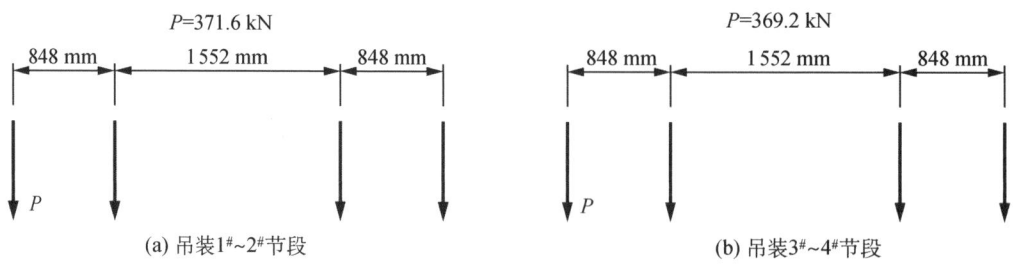

(a) 吊装1#~2#节段　　(b) 吊装3#~4#节段

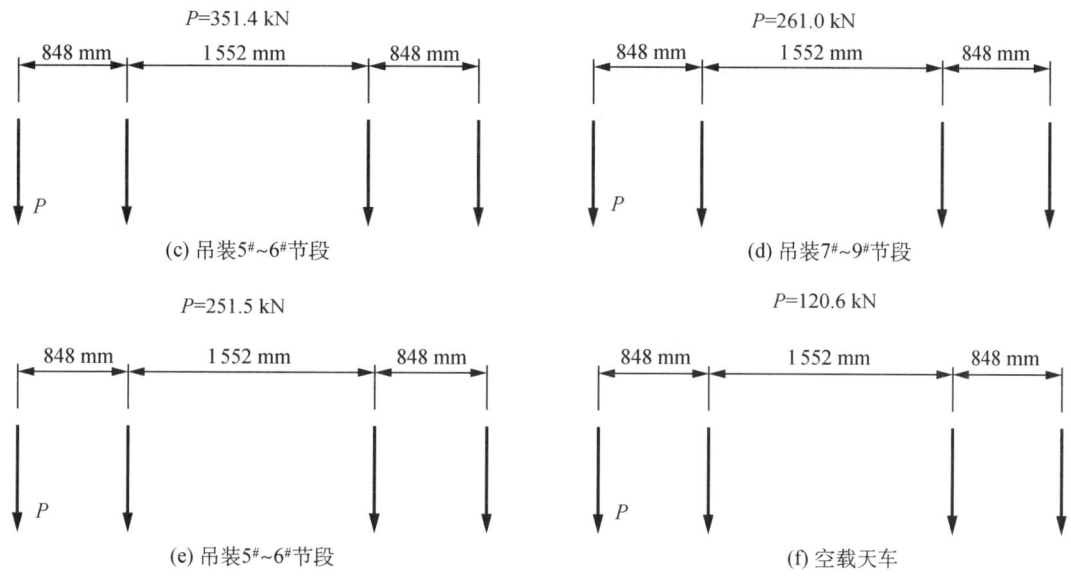

图 6-3　各工况自定义车辆荷载模型

3. 加载区间

根据施工组织,先吊装中跨节段再吊装边跨节段,因此两台天车的加载区间为从边跨节段起吊位置分别向两侧布载。

根据实际操作顺序,两部天车在主桁梁上的车道位置设置如图 6-4 所示,每个天车设置一条车道单元,作为天车荷载施加的载体。设置天车荷载工况时,按两条车道同时作用进行组合,并且不考虑同时作用的折减效应。

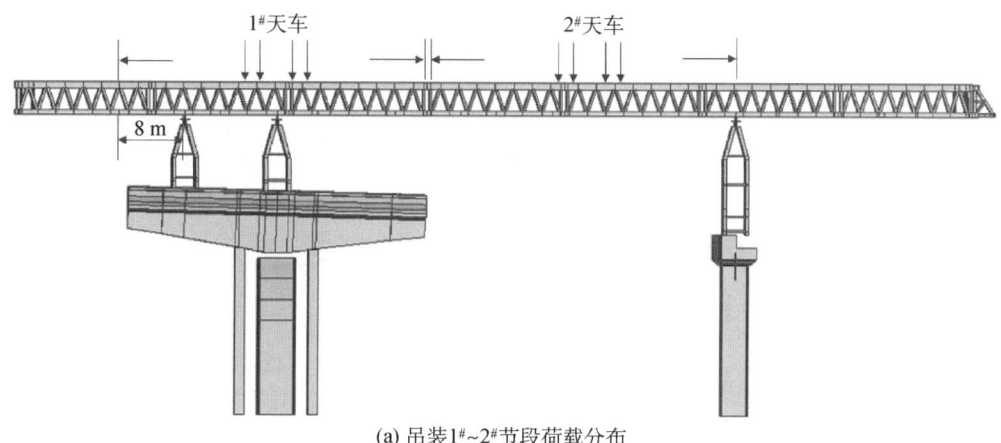

(a) 吊装1#~2#节段荷载分布

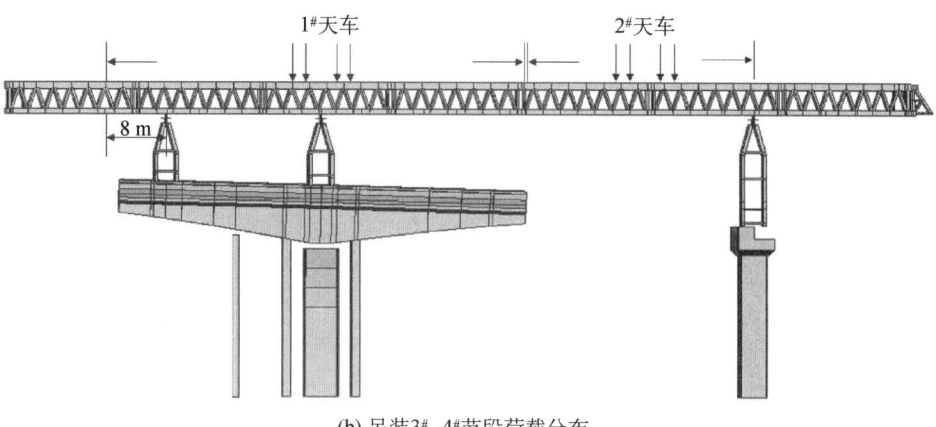

(b) 吊装3#~4#节段荷载分布

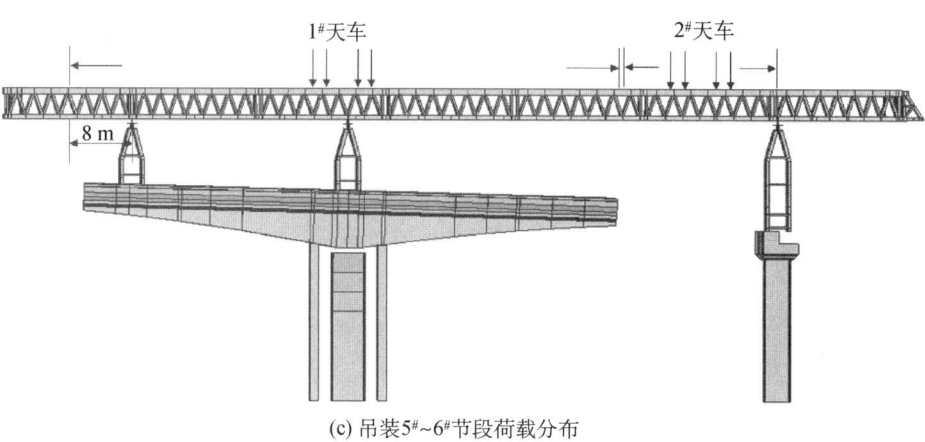

(c) 吊装5#~6#节段荷载分布

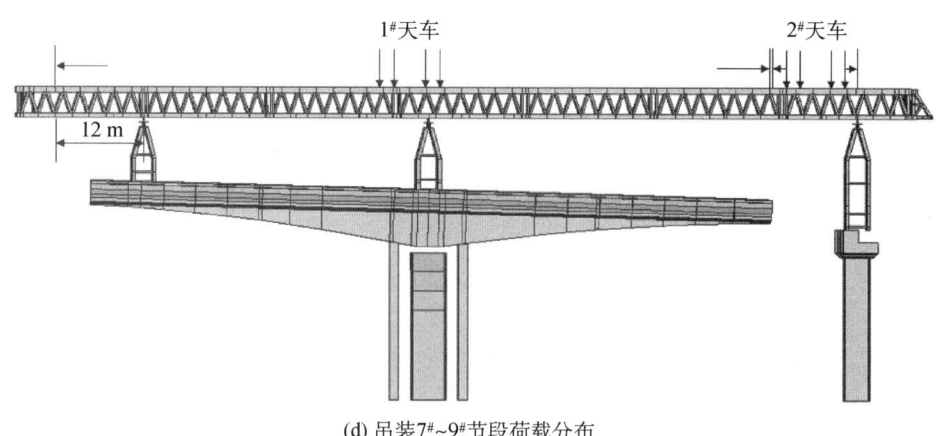

(d) 吊装7#~9#节段荷载分布

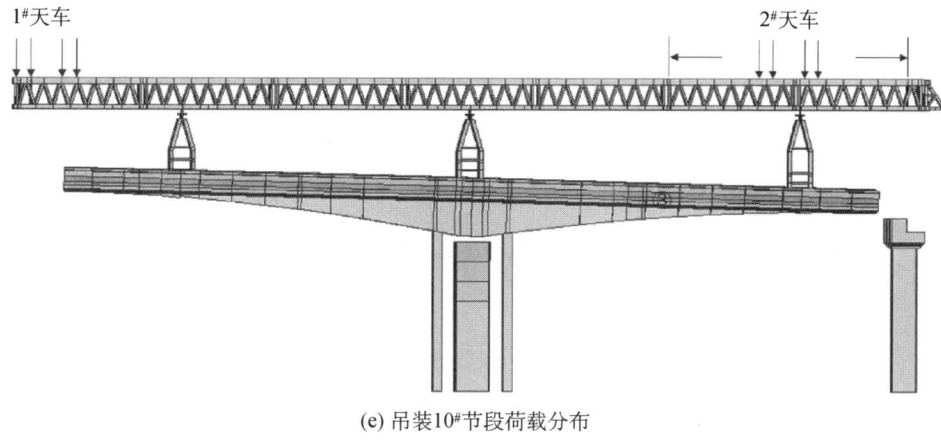

(e) 吊装10#节段荷载分布

图 6-4 有限元加载示意

6.3 基于桥-机耦合效应的悬臂拼装施工全过程分析

6.3.1 吊装 1#~2# 节段

吊装 1#~2# 节段时,架桥机结构及墩梁应力包络图如图 6-5~图 6-7 所示,变形图如图 6-8 所示。架桥机主桁梁结构最大拉、压应力分别为 192.9 MPa、−285.3 MPa,均小于 Q345 钢材拉压强度设计值 310 MPa。梁体最大拉应力为 1.2 MPa,小于 C60 抗拉强度设计值 1.96 MPa;最大压应力为 −3.3 MPa,小于 C60 抗压强度设计值 26.5 MPa。抗倾覆墩的最大拉应力为 0.8 MPa,小于 C40 抗拉强度设计值 1.71 MPa;最大压应力为 −8.9 MPa,小于 C40 抗压强度设计值 18.4 MPa。

架桥机最大挠度 −94.2 mm,大于规范限值 42.9 mm($l/350$)。

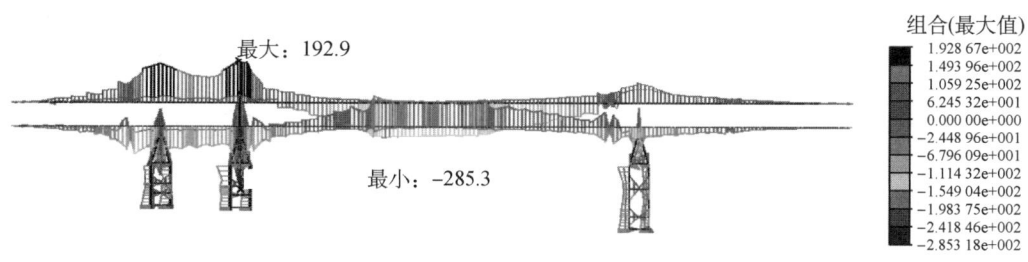

图 6-5 吊装 1#~2# 节段架桥机应力包络图(单位:MPa)

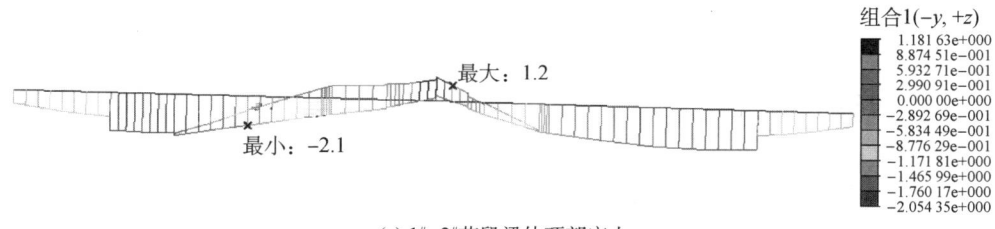

(a) 1#~2# 节段梁体顶部应力

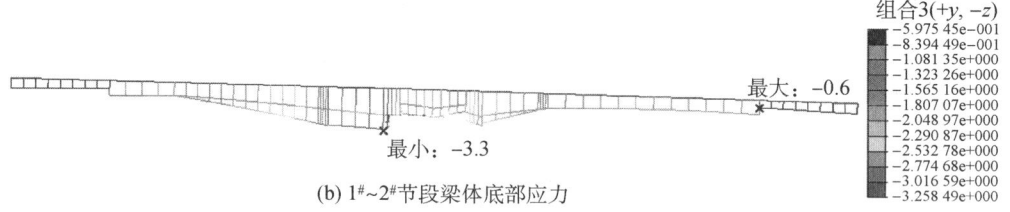

(b) 1#~2#节段梁体底部应力

图6-6 吊装1#~2#节段梁体应力包络图(单位:MPa)

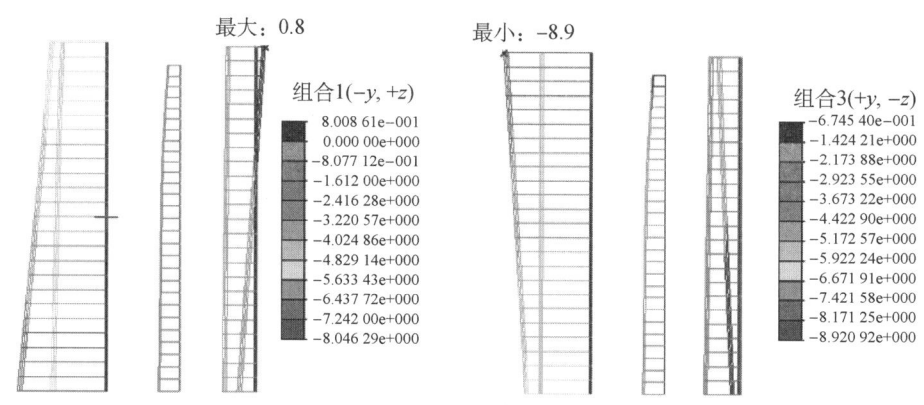

图6-7 吊装1#~2#节段抗倾覆墩应力包络图(单位:MPa)

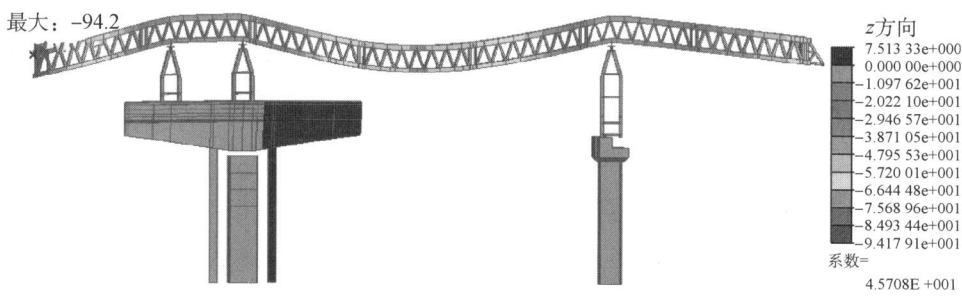

图6-8 吊装1#~2#节段整体变形图(单位:mm)

6.3.2 吊装3#~4#节段

吊装3#~4#节段时,架桥机及墩梁应力包络图如图6-9~图6-11所示,变形图如图6-12所示。架桥机结构最大拉、压应力分别为172.4 MPa、−201.8 MPa,均小于Q345钢材拉压强度设计值310 MPa。梁体最大拉应力为1.0 MPa,小于C60抗拉强度设计值1.96 MPa;最大压应力为−7.0 MPa,小于C60抗压强度设计值26.5 MPa。抗倾覆墩的最大拉应力为7.4 MPa,大于C40抗拉强度设计值1.71 MPa;最大压应力为−11.1 MPa,小于C40抗压强度设计值18.4 MPa。

架桥机最大挠度−114.0 mm,大于规范限值34.3 mm($l/350$)。

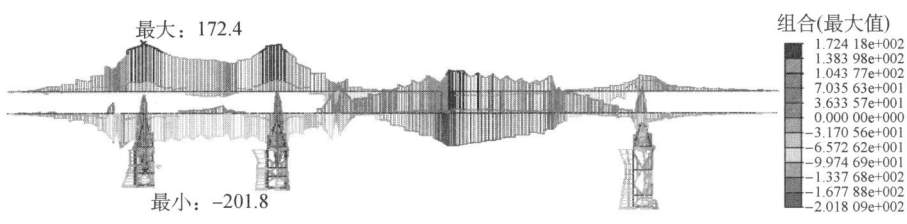

图 6-9 吊装 3#~4# 节段架桥机应力包络图（单位：MPa）

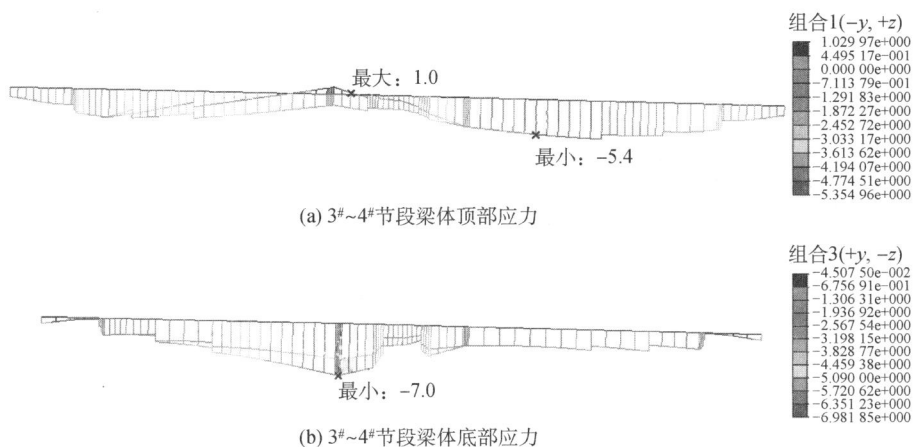

(a) 3#~4# 节段梁体顶部应力

(b) 3#~4# 节段梁体底部应力

图 6-10 吊装 3#~4# 节段梁体应力包络图（单位：MPa）

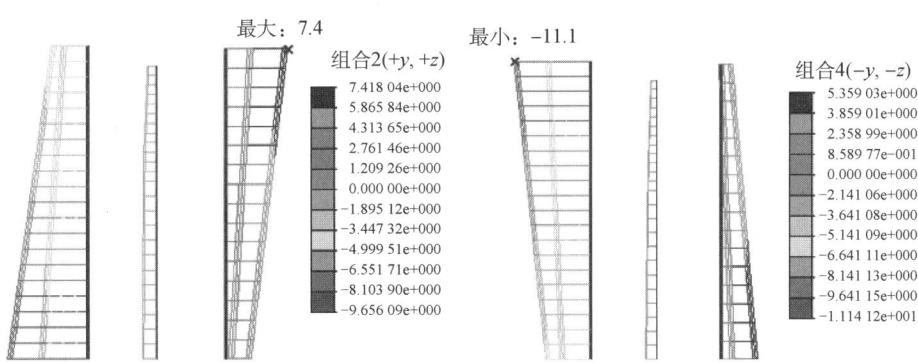

图 6-11 吊装 3#~4# 节段抗倾覆墩应力包络图（单位：MPa）

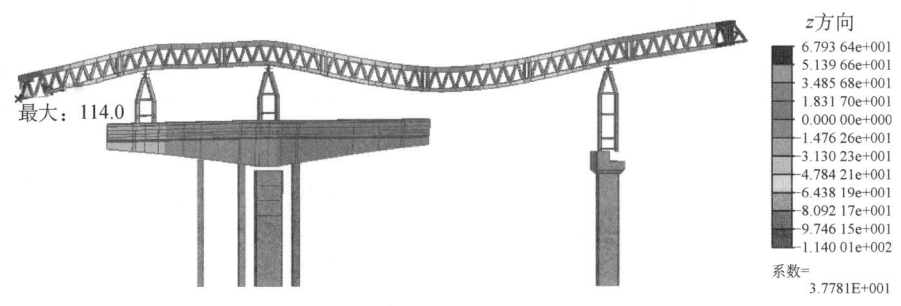

图 6-12 吊装 3#~4# 节段整体变形图（单位：mm）

6.3.3 吊装5#~6#节段

吊装5#~6#节段时,架桥机及墩梁应力包络图如图6-13~图6-15所示,变形图如图6-16所示。架桥机结构最大拉、压应力分别为244.2 MPa、−266.6 MPa,均小于Q345钢材拉压强度设计值310 MPa。梁体最大拉应力为2.9 MPa,大于C60抗拉强度设计值1.96 MPa;最大压应力为−11.8 MPa,小于C60抗压强度设计值26.5 MPa。抗倾覆墩的最大拉应力为12.5 MPa,大于C40抗拉强度设计值1.71 MPa;最大压应力为−16.2 MPa,小于C40抗压强度设计值18.4 MPa。

架桥机最大挠度−160.5 mm,大于规范限值34.3 mm($l/350$)。

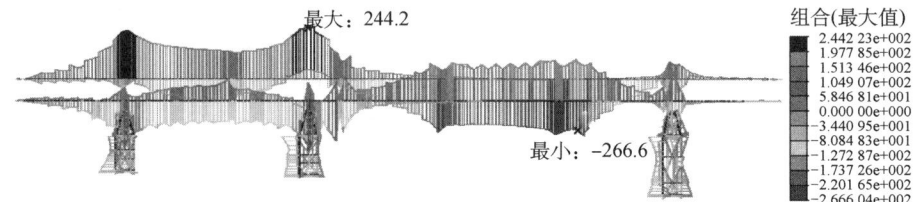

图6-13 吊装5#~6#节段架桥机应力包络图(单位:MPa)

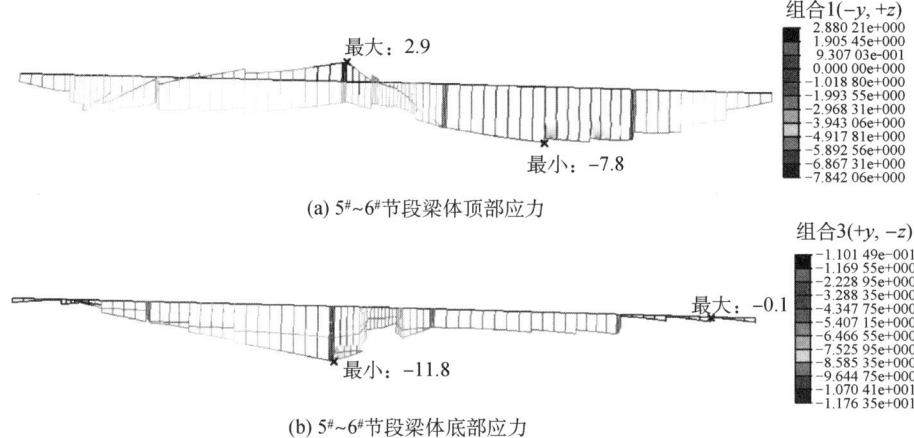

(a) 5#~6#节段梁体顶部应力

(b) 5#~6#节段梁体底部应力

图6-14 吊装5#~6#节段梁体应力包络图(单位:MPa)

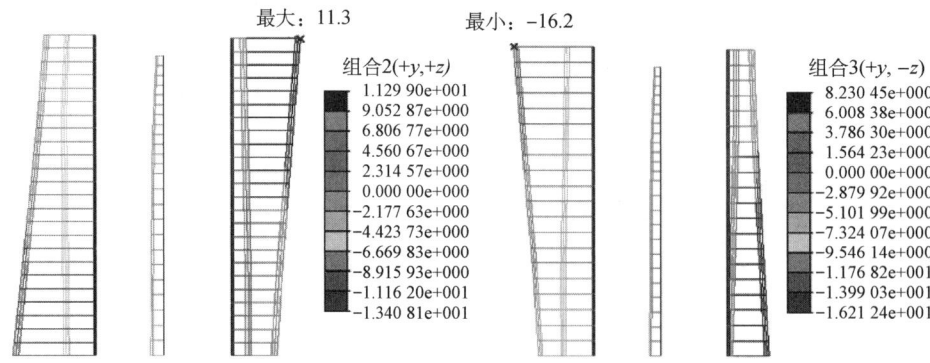

图6-15 吊装5#~6#节段抗倾覆墩应力包络图(单位:MPa)

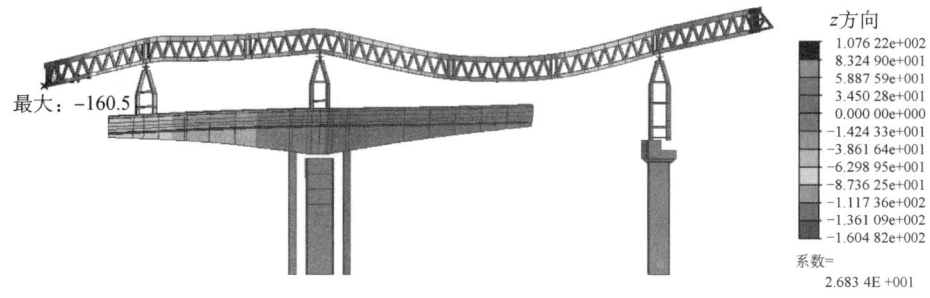

图 6-16 吊装 $5^\#\sim6^\#$ 节段整体变形图(单位:mm)

6.3.4 吊装 $7^\#\sim9^\#$ 节段

吊装 $7^\#\sim9^\#$ 节段时,架桥机及墩梁应力包络图如图 6-17~图 6-19 所示,变形图如图 6-20 所示。架桥机结构最大拉、压应力分别为 180.6 MPa、−212.5 MPa,均小于 Q345 钢材拉压强度设计值 310 MPa。梁体最大拉应力为 3.3 MPa,大于 C60 抗拉强度设计值 1.96 MPa;最大压应力为−13.6 MPa,小于 C60 抗压强度设计值 26.5 MPa。抗倾覆墩的最大拉应力为 12.5 MPa,大于 C40 抗拉强度设计值 1.71 MPa;最大压应力为−17.0 MPa,小于 C40 抗压强度设计值 18.4 MPa。

架桥机最大挠度−170.9 mm,大于规范限值 33.1 mm($l/350$)。

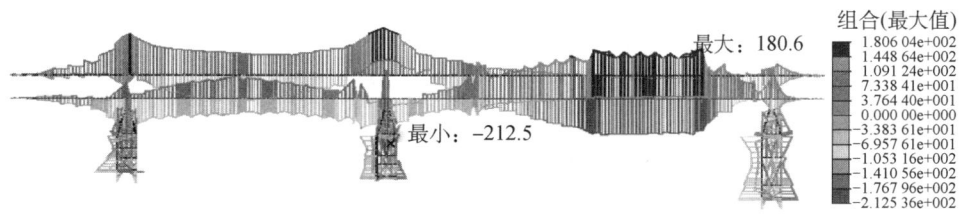

图 6-17 吊装 $7^\#\sim9^\#$ 节段架桥机应力包络图(单位:MPa)

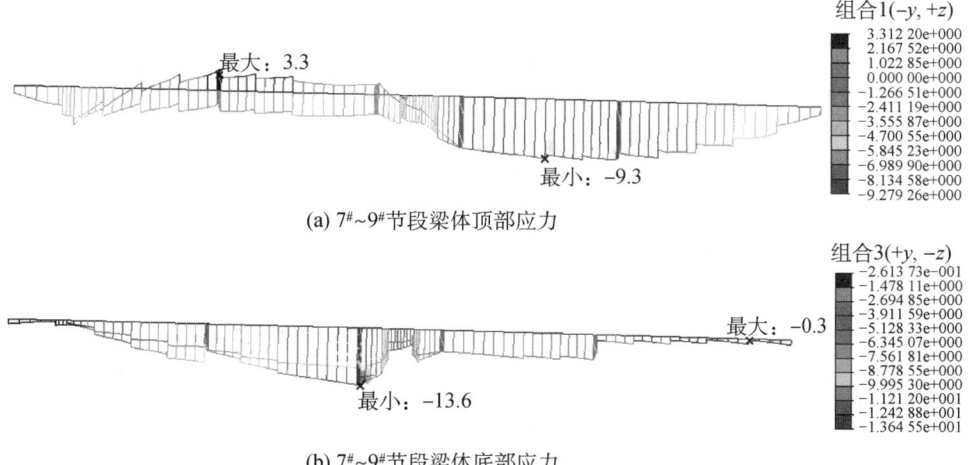

(a) $7^\#\sim9^\#$ 节段梁体顶部应力

(b) $7^\#\sim9^\#$ 节段梁体底部应力

图 6-18 吊装 $7^\#\sim9^\#$ 节段梁体应力包络图(单位:MPa)

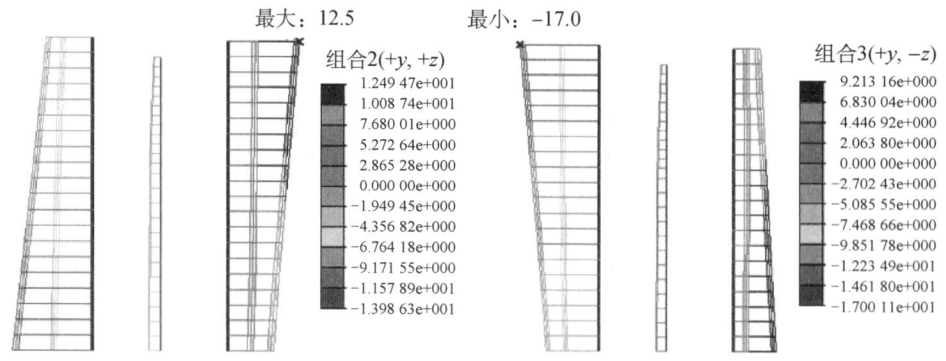

图 6-19　吊装 7#～9# 节段抗倾覆墩应力包络图(单位:MPa)

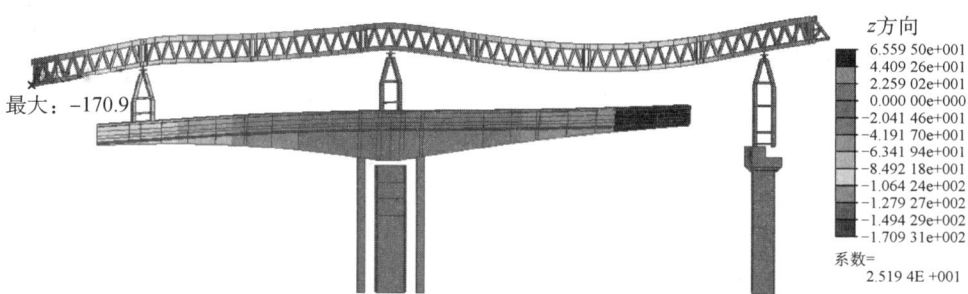

图 6-20　吊装 7#～9# 节段整体变形图(单位:mm)

6.3.5　吊装 10# 节段

吊装 10# 节段时,架桥机及墩梁应力包络图如图 6-21～图 6-23 所示,变形图如图 6-24 所示。架桥机结构最大拉、压应力分别为 83.8 MPa、—77.4 MPa,均小于 Q345 钢材拉压强度设计值 310 MPa。梁体最大拉应力为 0.1 MPa,大于 C60 抗拉强度设计值 1.96 MPa;最大压应力为—13.1 MPa,小于 C60 抗压强度设计值 26.5 MPa。抗倾覆墩的最大拉应力为 0.3 MPa,小于 C40 抗拉强度设计值 1.71 MPa;最大压应力为—12.9 MPa,小于 C40 抗压强度设计值 18.4 MPa。

架桥机最大挠度—86.2 mm,大于规范限值 33.1 mm(l/350)。

图 6-21　吊装 10# 节段架桥机应力包络图(单位:MPa)

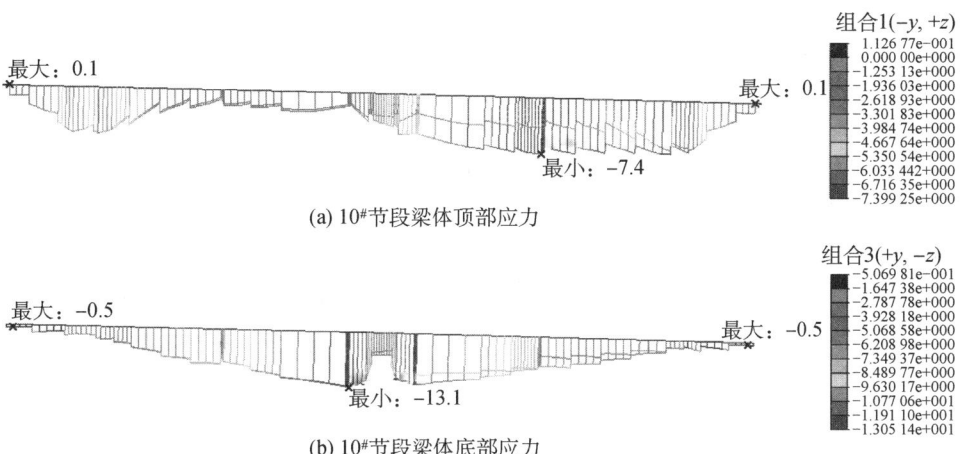

图 6-22 吊装 10# 节段梁体应力包络图(单位:MPa)

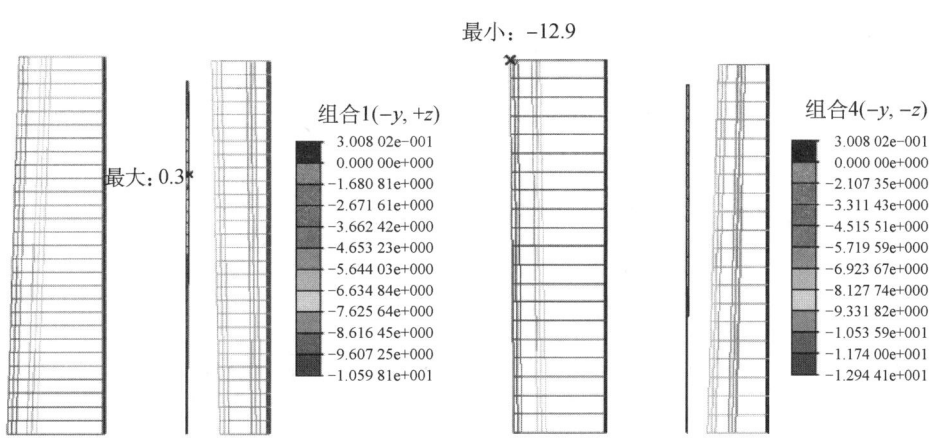

图 6-23 吊装 10# 节段抗倾覆墩应力包络图(单位:MPa)

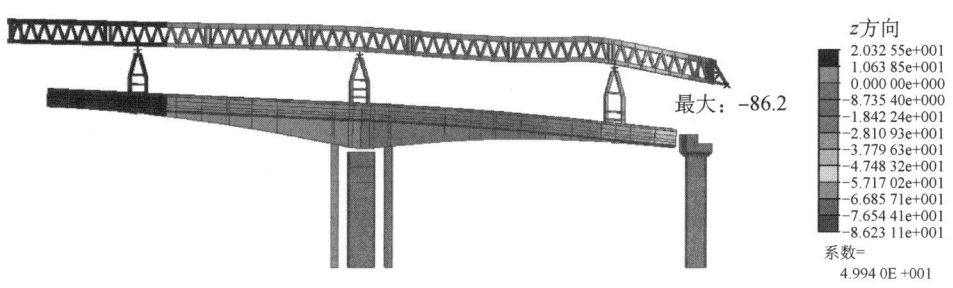

图 6-24 吊装 10# 节段整体变形图(单位:mm)

6.3.6 过孔计算工况 1

过孔计算工况 1 阶段计算模型如图 6-25 所示,为架桥机最大悬臂工况。架桥机及墩梁应力包络图如图 6-26~图 6-28 所示,变形图如图 6-29 所示。架桥机结构最大拉、压应力分别为 145.5 MPa、-156.5 MPa,均小于 Q345 钢材拉压强度设计值 310 MPa。梁体最大拉应力为 1.2 MPa,小于 C60 抗拉强度设计值 1.96 MPa;最大压应力为-12.3 MPa,小于 C60 抗压强度设计值 26.5 MPa。抗倾覆墩的最大拉应力为 1.4 MPa,小于 C40 抗拉强度设计值 1.71 MPa;最大压应力为-12.8 MPa,小于 C40 抗压强度设计值 18.4 MPa。

图 6-25 过孔计算工况 1 架桥机位置示意

架桥机最大挠度-358.7 mm,大于规范限值 94.9 mm($l/350$)。

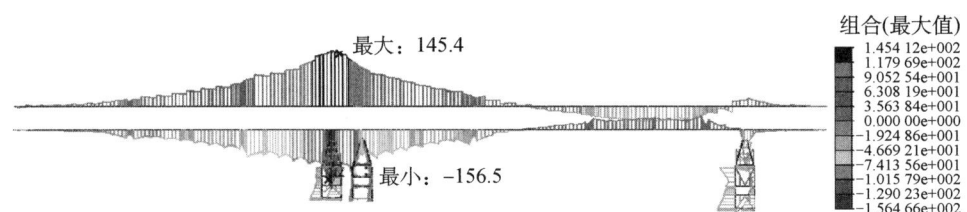

图 6-26 过孔计算工况 1 架桥机应力包络图(单位:MPa)

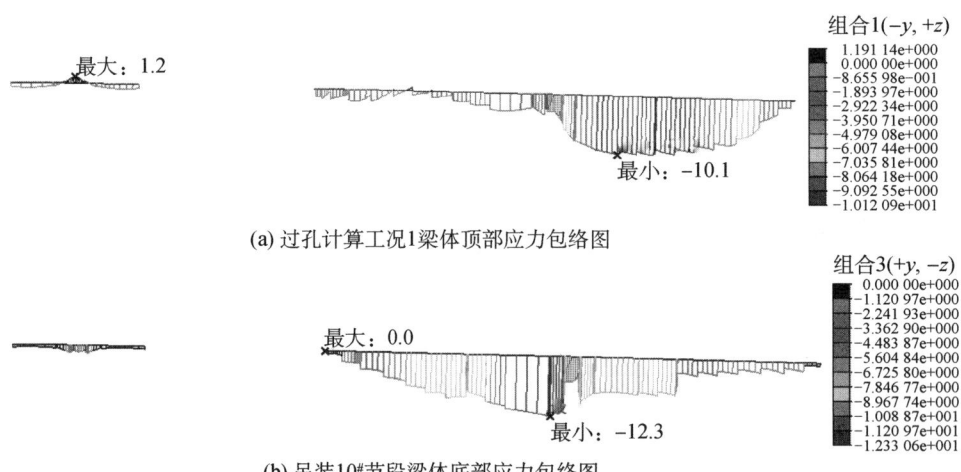

(a) 过孔计算工况 1 梁体顶部应力包络图

(b) 吊装 10# 节段梁体底部应力包络图

图 6-27 过孔计算工况 1 梁体应力包络图(单位:MPa)

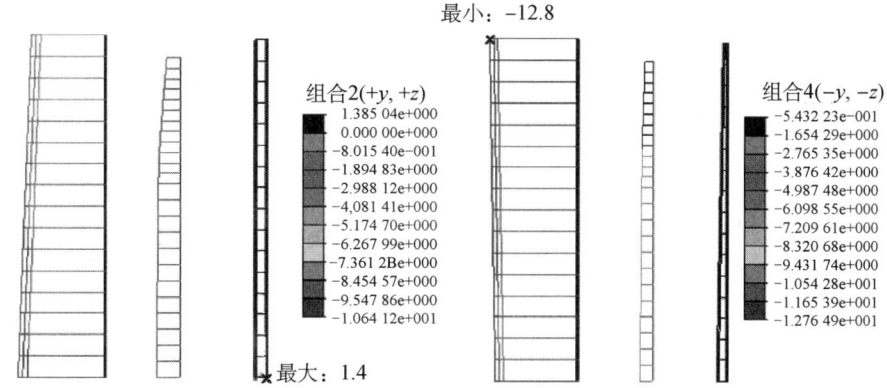

图6-28 过孔计算工况1抗倾覆墩应力包络图(单位:MPa)

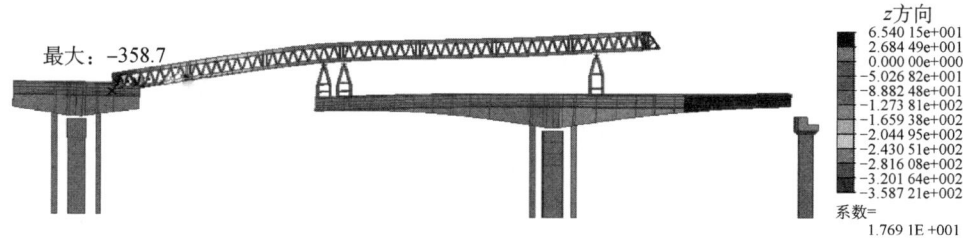

图6-29 过孔计算工况1整体变形图(单位:mm)

6.3.7 过孔计算工况2

过孔计算工况2阶段计算模型如图6-30所示,架桥机悬臂端过孔至临时支腿上。架桥机及墩梁应力包络图如图6-31～图6-33所示,变形图如图6-34所示。架桥机结构最大拉、压应力分别为56.6 MPa、-62.0 MPa,均小于Q345钢材拉压强度设计值310 MPa。梁体最大拉应力为1.2 MPa,大于C60抗拉强度设计值1.96 MPa;最大压应力为-10.5 MPa,小于C60抗压强度设计值26.5 MPa。抗倾覆墩的最大拉应力为1.9 MPa,大于C40抗拉强度设计值1.71 MPa;最大压应力为-9.6 MPa,小于C40抗压强度设计值18.4 MPa。

架桥机最大挠度-45.2 mm,小于规范限值79.6 mm($l/500$)。

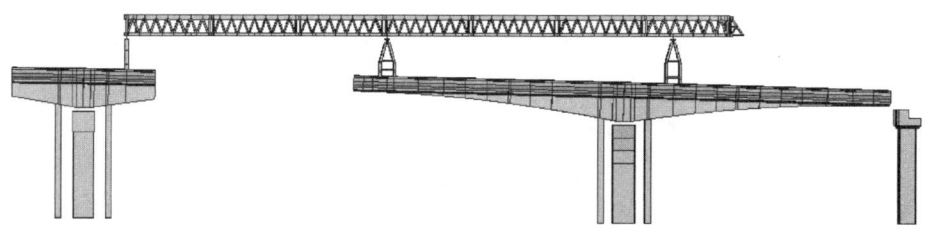

图6-30 过孔计算工况2架桥机位置示意

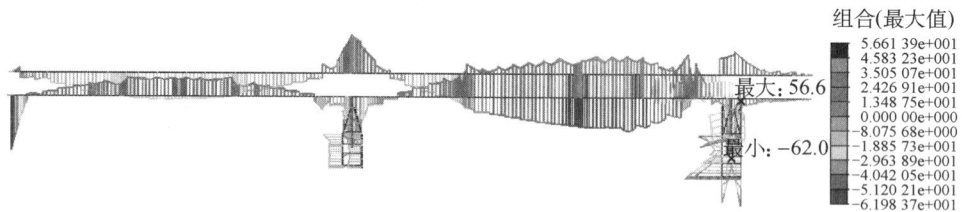

图 6-31 过孔计算工况 2 架桥机应力包络图(单位:MPa)

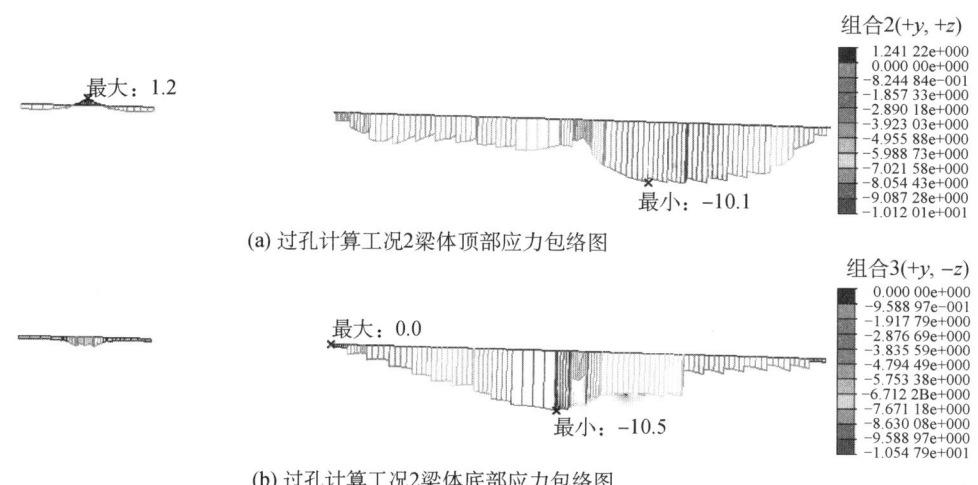

(a) 过孔计算工况2梁体顶部应力包络图

(b) 过孔计算工况2梁体底部应力包络图

图 6-32 过孔计算工况 2 梁体应力包络图(单位:MPa)

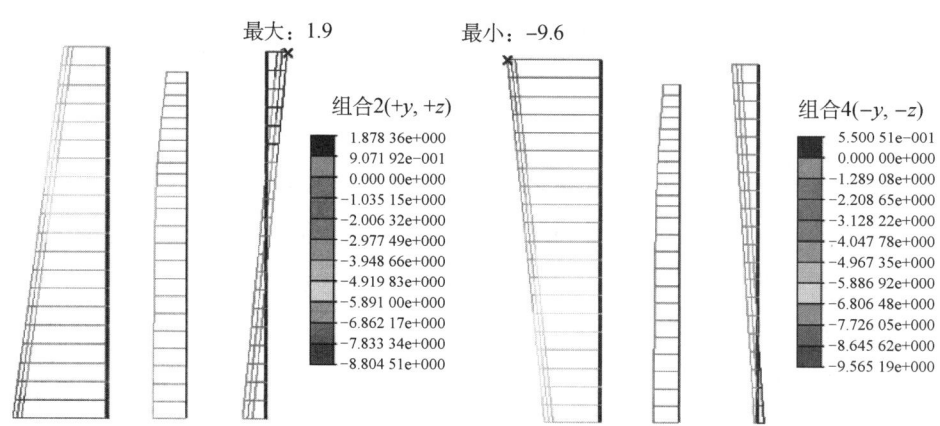

图 6-33 过孔计算工况 2 抗倾覆墩应力包络图(单位:MPa)

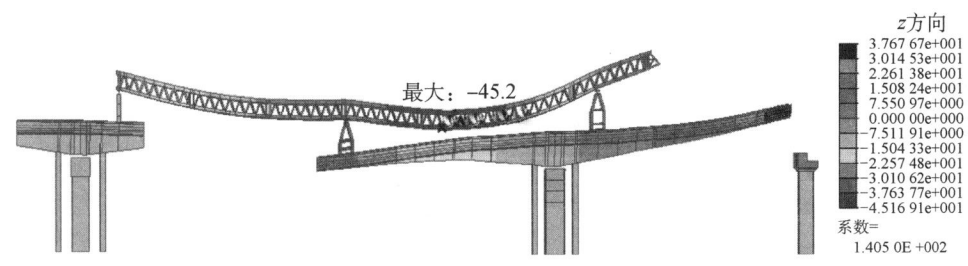

图 6-34　过孔计算工况 2 整体变形图(单位:mm)

6.3.8　过孔计算工况 3

过孔计算工况 3 阶段计算模型如图 6-35 所示,此时东侧中墩上支腿已吊至西侧边墩上。架桥机及墩梁应力包络图如图 6-36~图 6-38 所示,变形图如图 6-39 所示。架桥机结构最大拉、压应力分别为 34.7 MPa、-65.9 MPa,均小于 Q345 钢材拉压强度设计值 310 MPa。梁体最大拉应力为 1.3 MPa,大于 C60 抗拉强度设计值 1.96 MPa;最大压应力为 -10.1 MPa,小于 C60 抗压强度设计值 26.5 MPa。抗倾覆墩的最大拉应力为 1.9 MPa,大于 C40 抗拉强度设计值 1.71 MPa;最大压应力为 -9.2 MPa,小于 C40 抗压强度设计值 18.4 MPa。

架桥机最大挠度 -39.1 mm,小于规范限值 75.5 mm($l/500$)。

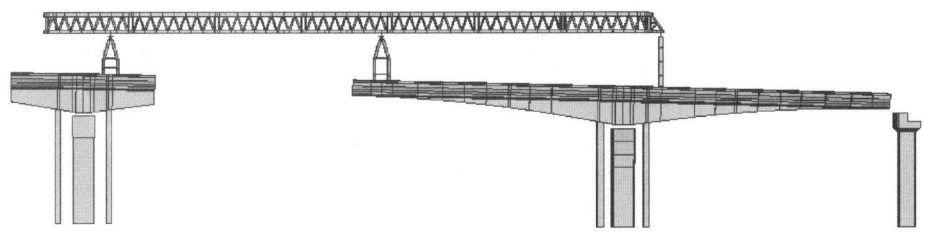

图 6-35　过孔计算工况 3 架桥机位置示意

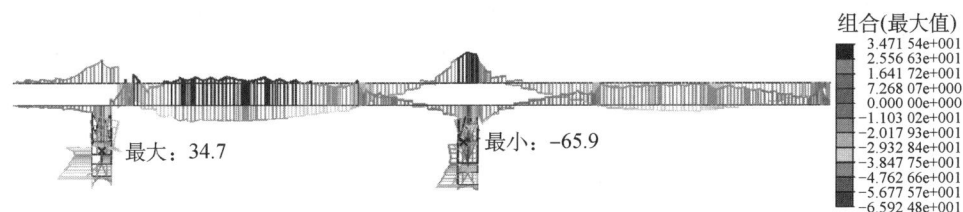

图 6-36　过孔计算工况 3 架桥机应力包络图(单位:MPa)

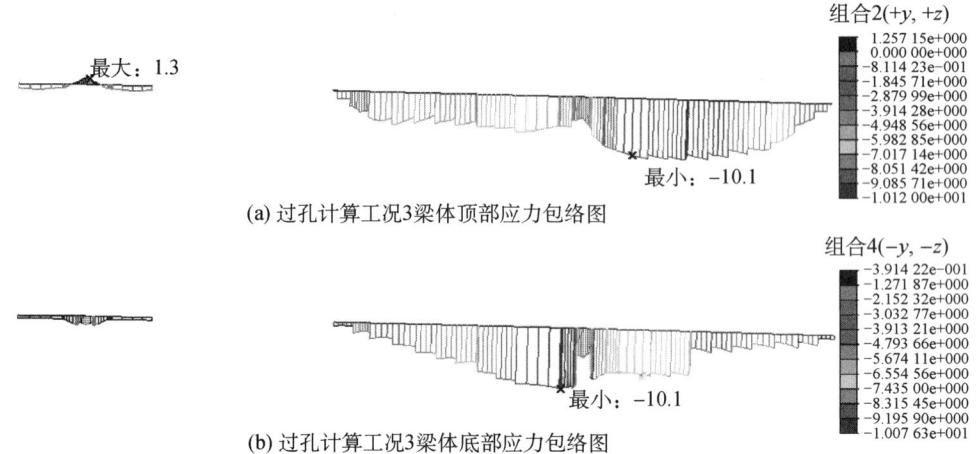

图 6-37 过孔计算工况 3 梁体应力包络图（单位：MPa）

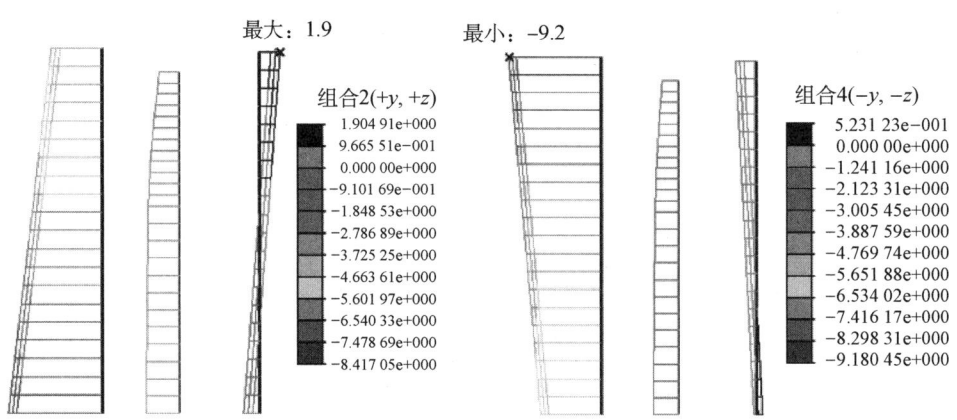

图 6-38 过孔计算工况 3 抗倾覆墩应力包络图（单位：MPa）

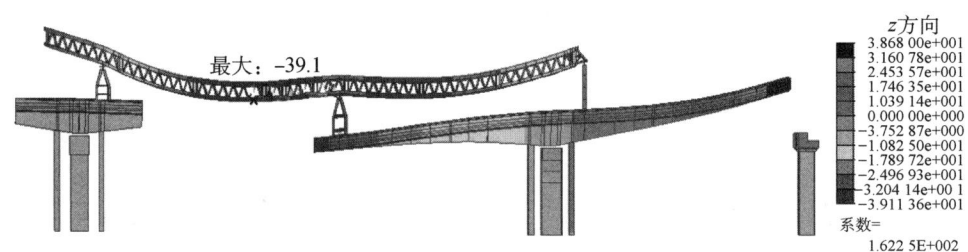

图 6-39 过孔计算工况 3 整体变形图（单位：mm）

6.3.9 计算结果汇总

根据以上计算结果，将吊装过程中梁体、架桥机结构变形、应力等受力数据汇总于表 6-2 中。

表 6-2 悬拼施工过程中节段和架桥机的应力及变形

工况	架桥机		梁体		抗倾覆墩		变形	
	拉应力/MPa	压应力/MPa	拉应力/MPa	压应力/MPa	拉应力/MPa	压应力/MPa	挠度/mm	限值/mm
吊装1#~2#节段	192.2	−285.3	1.2	−3.3	0.8	−8.9	−94.2	42.9
吊装3#~4#节段	172.4	−201.8	1.0	−7.0	7.4	−11.1	−114.0	34.3
吊装5#~6#节段	244.2	−266.6	2.9	−11.8	12.5	−16.2	−160.5	34.3
吊装7#~9#节段	180.6	−212.5	3.3	−13.6	12.5	−17.0	−170.9	33.1
吊装10#节段	83.8	−77.4	0.1	−13.1	0.3	−12.9	−86.2	33.1
过孔计算工况1	145.4	−156.5	1.2	−12.3	1.4	−12.8	−358.7	94.9
过孔计算工况2	56.6	−62.0	1.2	−10.5	1.9	−9.6	−45.2	79.6
过孔计算工况3	34.7	−65.9	1.3	−10.1	1.9	−9.2	−39.1	75.5

注：架桥机拉、压应力限值为 Q345 抗拉压强度设计值 310 MPa；梁体拉应力限值为 C60 抗拉强度设计值 1.96 MPa，压应力限值为 C60 抗压强度设计值 26.5 MPa；抗倾覆墩拉应力限值为 C40 抗拉强度设计值 1.71 MPa，压应力限值为 C40 抗压强度设计值 18.4 MPa。架桥机悬臂端总挠度包含由梁体变形引起的下挠 F。

6.3.10 结论

通过对架桥机和桥梁结构的耦合仿真分析，可得出如下结论：

(1) 桥梁上部结构在悬拼过程中，结构压应力均满足规范要求，其中桥梁结构最大压应力出现在吊装 7#~9# 节段，最大压应力为 −17.0 MPa，小于 C60 抗压强度设计值 26.5 MPa。梁体拉应力在吊装 5#~9# 节段不满足规范要求，其他阶段均满足规范要求，其中梁体最大拉应力出现在吊装 7#~9# 节段，最大拉应力为 3.3 MPa，大于 C60 抗拉强度设计值 1.96 MPa。抗倾覆墩拉应力在吊装 3#~9# 节段不满足规范要求，其他阶段均满足规范要求，其中抗倾覆墩最大拉应力出现在吊装 5#~9# 节段，最大拉应力为 12.5 MPa，大于 C40 抗拉强度设计值 1.71 MPa。

(2) 架桥机在拼装过程中主桁梁结构的应力满足规范要求，其中主桁梁在吊装 5#~6# 节段会出现最大拉应力 244.2 MPa，在吊装 1#~2# 节段会出现最大压应力 −285.3 MPa，均小于 Q345 钢材拉压设计强度 310 MPa。

(3) 在吊装 1#~10# 节段过程中，架桥机悬臂端最大总挠度为 −170.9 mm，超出规范限值 33.1 mm($l/350$)。

(4) 在过孔过程中，架桥机会出现较大的竖向变形，过孔计算工况 1 阶段架桥机悬臂端最大总挠度为 −358.7 mm。由于 19 号墩处于下坡段，如果架桥机过孔前端（悬臂端）总挠度过大，在悬臂端不做任何处理的情况下，架桥机悬臂端可能与竖向位置较高的 18 号墩 0# 节段现浇段接触。

6.4 基于主动控制技术的桥-机耦合体系力学状态优化分析

在架桥机单 T 构悬臂拼装工艺下,节点桥仅采用在主墩两侧设置抗倾覆墩的措施,T 构梁体顶缘和边跨侧抗倾覆墩的拉应力都较大,超过了规范限值,从而会引发结构开裂。同时 T 构的位移较大,进而导致支撑于 T 构上的架桥机主桁梁悬臂端位移较大,无法满足天车吊装时架桥机的刚度控制要求。因此有必要采取主动控制技术对 T 构的力学状态进行控制,其中 T 构顶缘拉应力要求控制在 1.0 MPa 以内。

6.4.1 主动控制计算工况

为了进一步优化桥-机耦合体系的力学状态,施工过程中设置了一系列主动控制技术,通过主动干预体系内荷载的传递来优化构件的力学状态,具体控制内容可详见第 5 章。主动控制施工工况见表 6-3。

表 6-3 桥梁悬拼施工工况

阶段	工况	工况说明	中跨拉索/t	边跨拉索/t	伺服	伺服反顶/t	空天车位置	压重重量	压重位置
吊装 1# 节段	1	1# 支腿合力 200 t		50	钢支撑				
	2	中跨反顶 250 t		50		250			
	3	吊装 1#(无伺服)		50	无		边跨		
	4	吊装 1#(反顶 250 t)		50		250	边跨		
	5	1# 完成(反顶 250 t)		50		250	1#		
	6	1# 完成(钢支撑)		50	钢支撑		1#		
吊装 2# 节段	1	吊装 2#(无伺服)		50	无		边跨		
	2	吊装 2#(反顶 200 t)		50		200	边跨		
吊装 3# 节段	1	1# 支腿移至 2# 节段		50	无		边跨		
	2	起梁 3#		50	钢支撑		边跨		
	3	运梁 3#(二次张拉边索)		298.93	钢支撑		边跨		
	4	吊装 3#(无伺服)		298.93	无		边跨		
	5	吊装 3#(钢支撑)		298.93	钢支撑		边跨		
吊装 4# 节段	1	吊装 4#(无伺服)		298.93	无		边跨		
	2	吊装 4#(钢支撑)		298.93	钢支撑		边跨		
吊装 5# 节段	1	1# 支腿悬挂 4#(临时支腿)		298.93	钢支撑		2#、3# 支腿		
	2	1# 支腿锚固 4#		298.93	钢支撑		2#、3# 支腿		
	3	吊装 5#(无伺服)		298.93	无		边跨		
	4	吊装 5#(钢支撑)		298.93	钢支撑		边跨		

(续表)

阶段	工况	工况说明	中跨拉索/t	边跨拉索/t	伺服	伺服反顶/t	空天车位置	压重重量	压重位置
吊装6#节段	1	吊装6#（无伺服）		298.93	无		边跨		
	2	吊装6#（钢支撑）		298.93	钢支撑		边跨		
吊装7#节段	1	1#支腿悬挂6#（临时支腿）		298.93	钢支撑		2#、3#支腿		
	2	1#支腿锚固6#（钢支撑）		298.93	钢支撑		2#、3#支腿		
	3	1#支腿锚固6#（反顶200 t）		298.93		200	2#、3#支腿		
	4	吊装7#（无伺服）		298.93	无		边跨		
	5	吊装7#（反顶200 t）		298.93		200	边跨		
	6	起梁8#（反顶200 t）		298.93		200	边跨		
吊装8#节段	1	吊装8#（无伺服）		298.93	无		边跨		
	2	吊装8#（反顶200 t）		298.93		200	边跨		
	3	8#完成（钢支撑）		298.93	钢支撑		8#		
吊装9#节段	1	1#支腿悬挂7#（临时支腿）		298.93	钢支撑		边跨		
	2	1#支腿锚固7#		298.93	钢支撑		边跨		
	3	吊装9#（无伺服）		298.93	无		边跨		
	4	吊装9#（10#压重）		298.93	钢支撑		边跨	10#节段52.35 t	3'#节段
吊装10#节段	1	2#支腿悬挂2'#		298.93	钢支撑		中跨端、3#支腿	10#节段52.35 t	3'#节段
	2	2#支腿锚固2'#		298.93	钢支撑		中跨端、3#支腿	10#节段52.35 t	3'#节段
	3	张拉中跨拉索	298.93	298.93	钢支撑		中跨端、3#支腿	10#节段52.35 t	3'#节段
	4	3#支腿悬挂8'#	298.93	298.93	钢支撑		中跨端、2#支腿	10#节段52.35 t	3'#节段
	5	3#支腿锚固8'#	298.93	298.93	钢支撑		中跨端、2#支腿	10#节段52.35 t	3'#节段
	6	吊装10#	298.93	298.93	钢支撑		中跨端		

(续表)

阶段	工况	工况说明	中跨拉索/t	边跨拉索/t	伺服	伺服反顶/t	空天车位置	压重重量	压重位置
过孔1	1-1	过孔1(钢支撑)		298.93	钢支撑		2#支腿		
过孔1	1-2	过孔1(反顶200 t)		298.93		200	距离19号墩12 m		
过孔2	2	过孔2(无临时支腿)		298.93		200	3#支腿	50 t	8#、9#节段
过孔3	3	过孔3(临时支腿)		298.93		200	1#、3#支腿		
过孔4	4	过孔4(3#支腿受力)		298.93		200	1#支腿		
过孔5	5-1	过孔5-1（无临时支腿）		298.93		200	1#支腿		
过孔5	5-2	过孔5-2（临时支腿）		298.93		200	1#支腿		
过孔5	5-3	过孔5-3（撤3#支腿）		298.93		200	1#支腿		
过孔6	6	过孔6（松边跨索）		298.93(2道)		200	1#支腿		
过孔7	7-1	过孔7-1（无临时支腿）		298.93(2道)		200	2#支腿		
过孔7	7-2	过孔7-2（无伺服）		298.93(2道)	无		2#支腿		
过孔7	7-3	过孔7-3（撤3#支腿）		298.93(2道)	无		2#支腿		
过孔7	7-4	过孔7-4（松边跨索）			无		2#支腿		

注："钢支撑"表示此工况下伺服系统仅作钢支撑作用；"无"表示此工况下伺服系统无作用。

6.4.2 主动控制计算结果

悬拼施工各工况计算模型示意如图6-40所示。进行结果分析时,针对每个节段悬拼过程,选取最不利结果进行分析：如吊装第1#节段时,选取吊装1#节段和1'#节段两个工况中最大的结果进行分析。

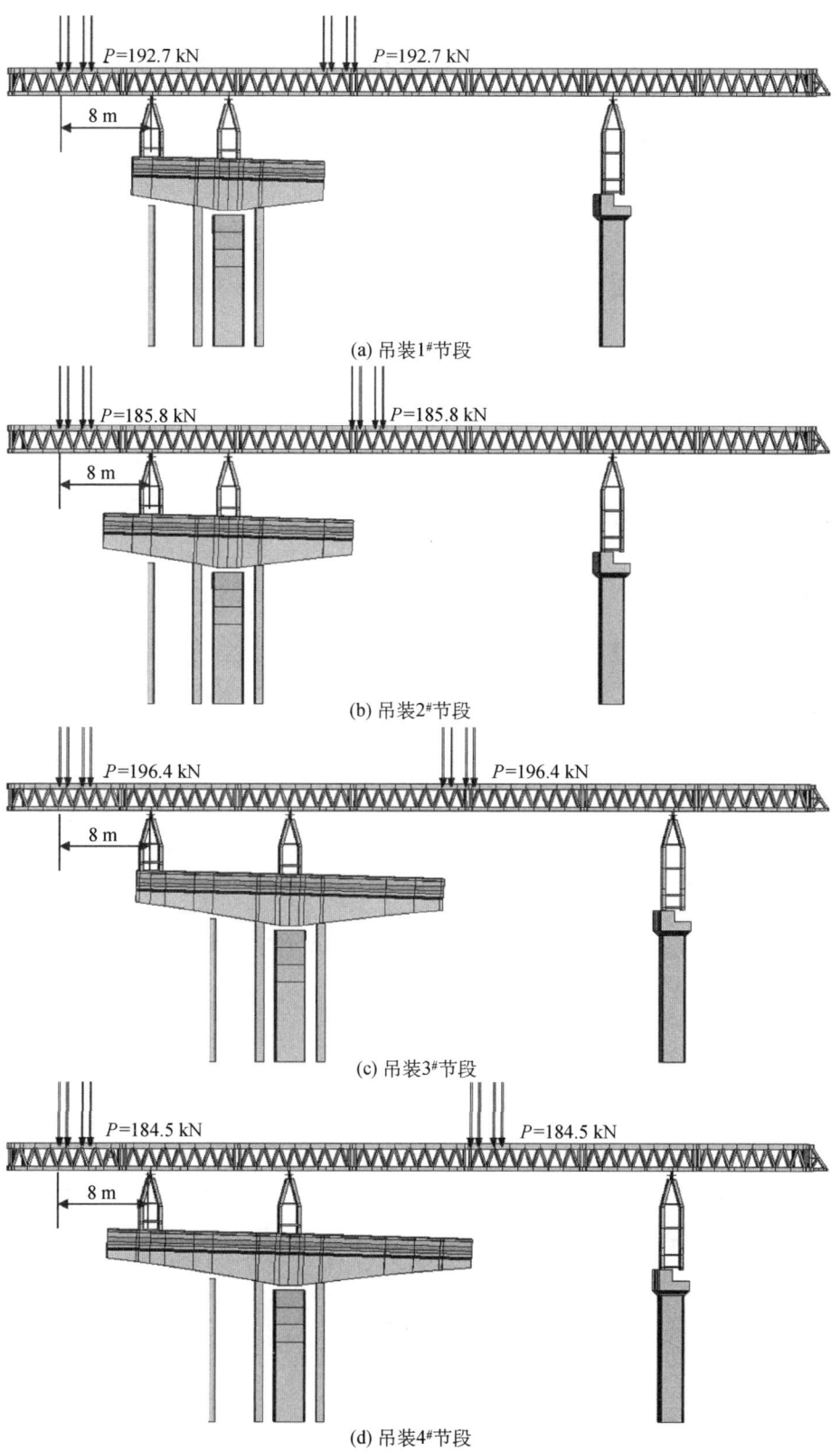

(a) 吊装1#节段

(b) 吊装2#节段

(c) 吊装3#节段

(d) 吊装4#节段

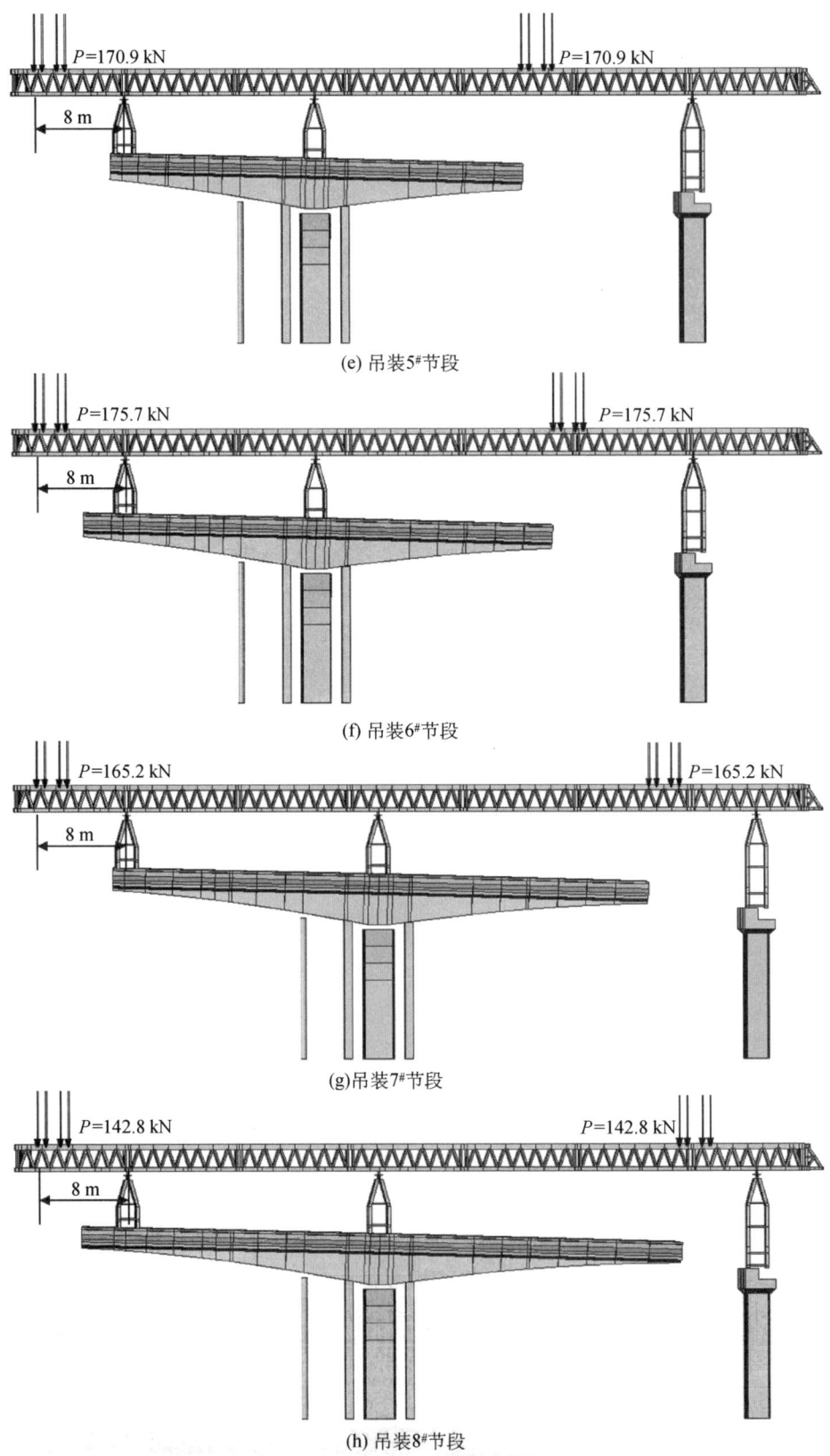

(e) 吊装5#节段

(f) 吊装6#节段

(g) 吊装7#节段

(h) 吊装8#节段

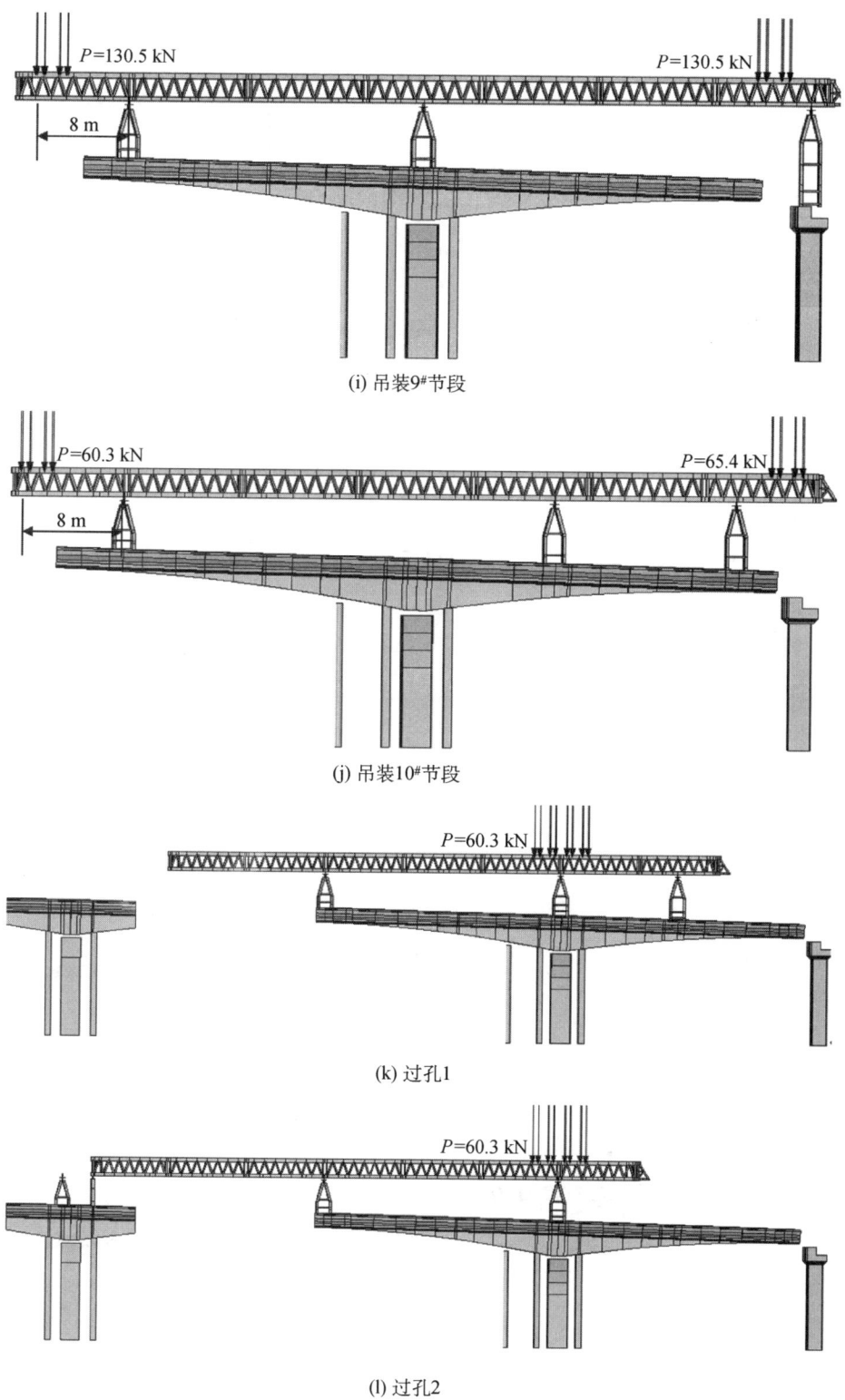

(i) 吊装9#节段

(j) 吊装10#节段

(k) 过孔1

(l) 过孔2

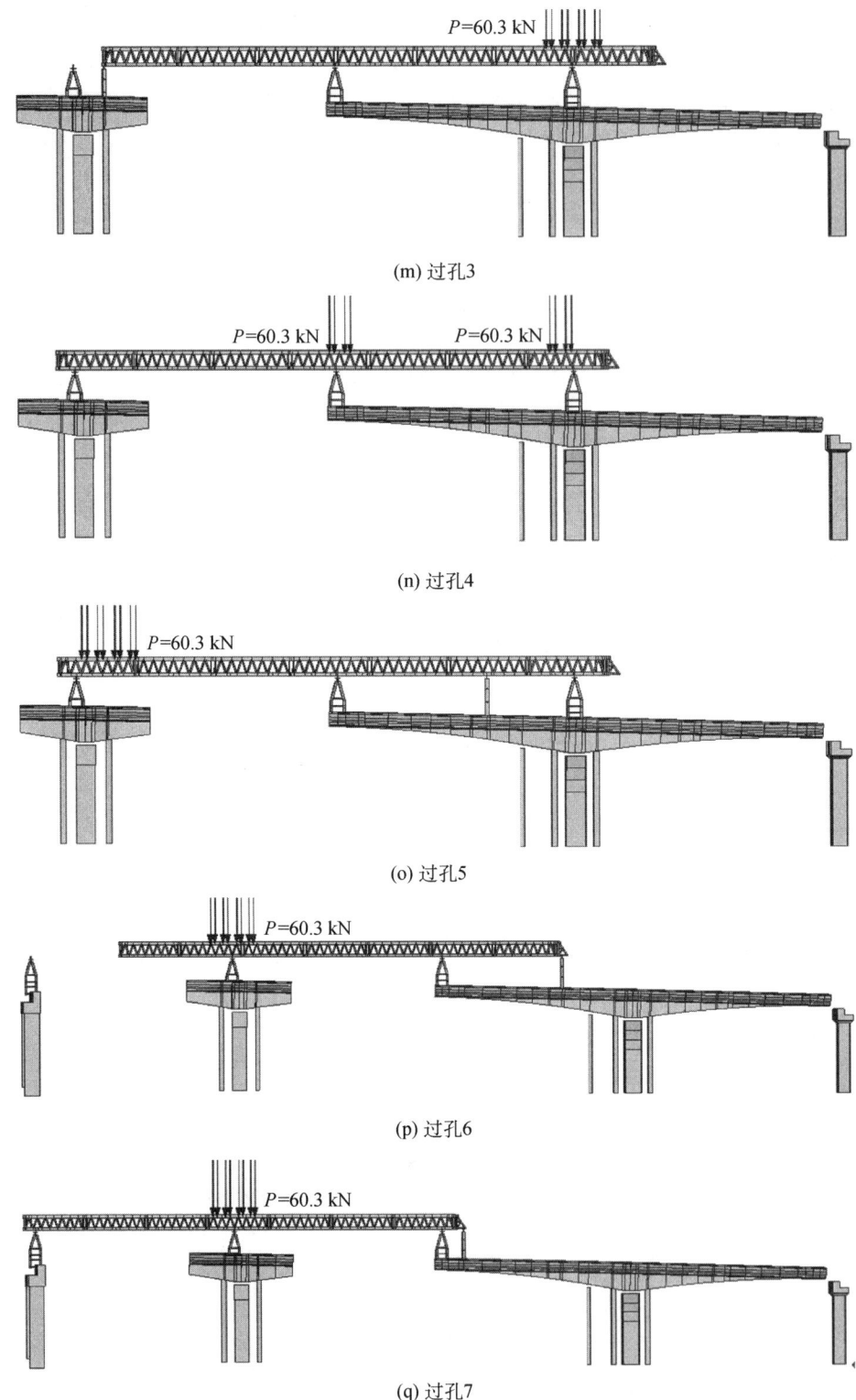

图 6-40 各施工工况计算模型示意

1. 应力

抗倾覆墩布置如图 6-41 所示,悬拼施工过程中结构各部分应力云图如图 6-42～图 6-44 所示。主梁在吊装及过孔过程中,主要以受压为主;但在吊装 1# 节段中的工况 1、3、4 及 2# 节段的工况 1 过程中,墩顶截面会出现拉应力,其中最大拉应力为 0.7 MPa。在吊装 10# 节段及过孔工况中,主梁悬臂端头截面顶缘会出现 0.1 MPa 的拉应力。

边跨抗倾覆墩顶部在吊装 1#、2#、6#、7#、8#、9# 节段及过孔 6 阶段会出现拉应力,其中主要在不考虑伺服的工况(无伺服)下会出现大于 1 MPa 的拉应力,其他工况下的拉应力均在 1 MPa 以内。在吊装 9# 节段(无伺服)工况下,边跨侧抗倾覆墩顶部会出现最大拉应力 1.5 MPa;在吊装 9# 节段,中跨侧抗倾覆墩顶部会出现最大压应力 −7.5 MPa。

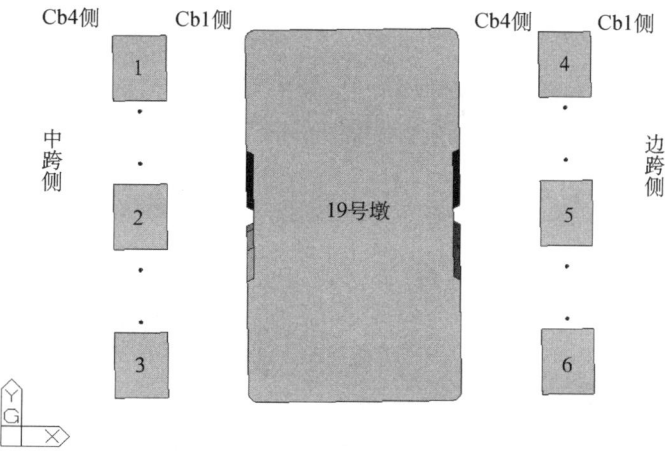

图 6-41 19 号墩抗倾覆墩布置示意

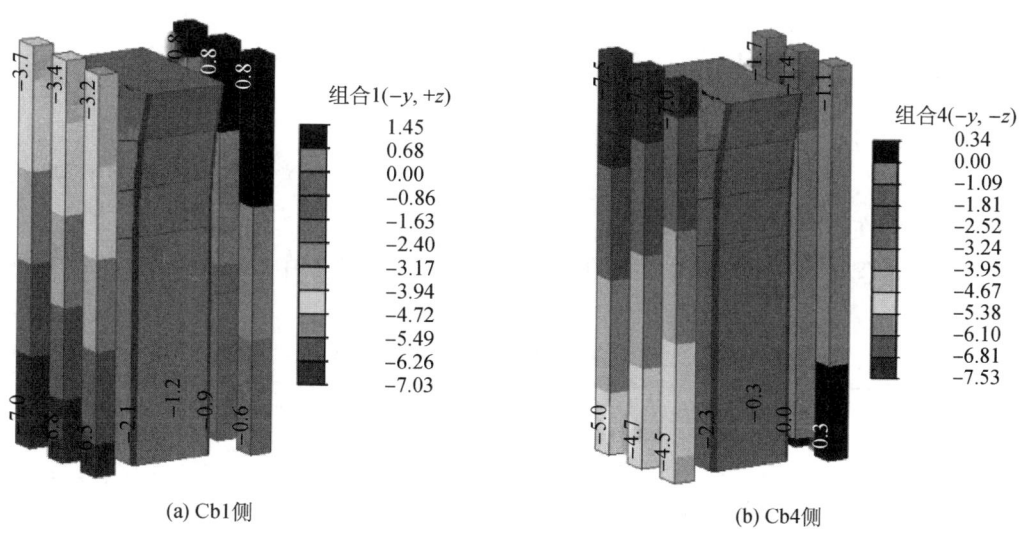

图 6-42 吊装 9# 节段工况 3 的 19 号墩抗倾覆墩应力云图(单位:MPa)

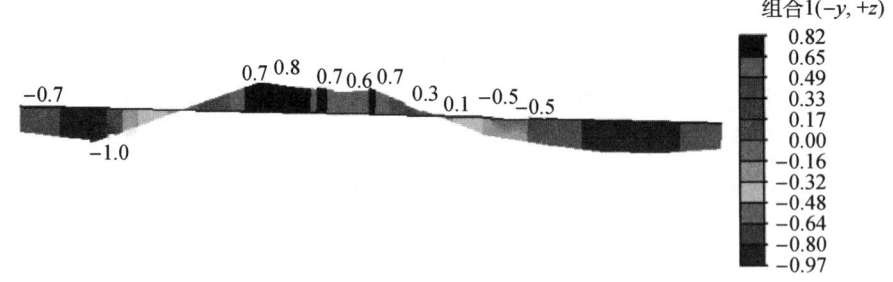

图 6-43 吊装 1# 节段中工况 3 的主梁顶缘应力图(单位:MPa)

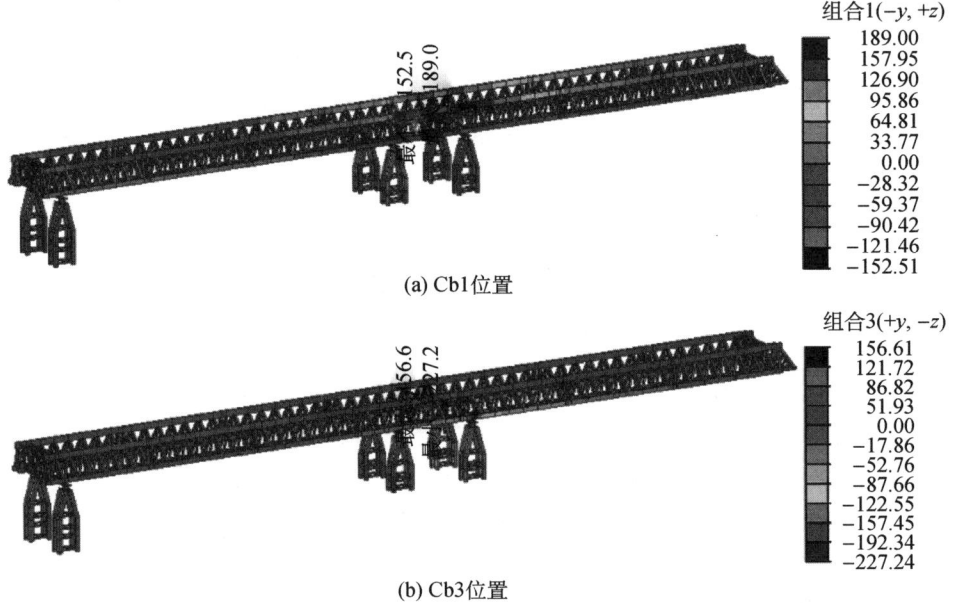

图 6-44 过孔 7-4 工况的架桥机应力云图(单位:MPa)

架桥机上、下弦杆在吊装 1# 节段工况 3、4，过孔 7 工况 3、4 时会出现较大的拉压应力，且在过孔 7 过程中会出现最大压应力 -227.2 MPa，最大拉应力 189.0 MPa。其余工况下，架桥机主体结构应力在 190 MPa 以内。

悬拼施工过程中抗倾覆墩、主梁结构应力数据汇总于表 6-4 中，架桥机结构应力数据汇总于表 6-5 中。

表 6-4 抗倾覆墩及主梁最大应力   单位:MPa

阶段	工况	工况说明	顶部 Cb1		顶部 Cb4		底部 Cb1		底部 Cb4		主梁顶缘		
			中跨	边跨	中跨	边跨	中跨	边跨	中跨	边跨	墩顶	中跨	边跨
吊装 1# 节段	1	1# 支腿合力 200 t	-0.9	-0.4	-1.5	-0.6	-1.7	-0.9	-1.5	-0.8	**0.3**	-0.7	-0.7
	2	中跨反顶 250 t	-0.3	-1.6	**0.2**	-1.0	-0.3	-1.5	-0.5	-1.8	-0.1	-0.7	-0.7
	3	吊装 1#（无伺服）	-1.8	**1.3**	-3.7	-0.2	-3.6	-0.2	-2.6	**0.5**	**0.7**	-0.7	-0.7
	4	吊装 1#（反顶 250 t）	-1.0	-0.4	-1.6	-0.7	-1.8	-1.0	-1.5	-0.8	**0.3**	-0.7	-0.7

(续表)

阶段	工况	工况说明	顶部 Cb1		顶部 Cb4		底部 Cb1		底部 Cb4		主梁顶缘		
			中跨	边跨	中跨	边跨	中跨	边跨	中跨	边跨	墩顶	中跨	边跨
吊装 1# 节段	5	1# 完成（反顶 250 t）	−0.6	−1.7	−0.1	−1.2	−0.6	−1.7	−0.8	−1.9	−0.8	−0.7	−0.7
	6	1# 完成（钢支撑）	−1.1	−0.5	−1.7	−0.8	−1.9	−1.1	−1.6	−1.0	−0.4	−0.7	−0.7
吊装 2# 节段	1	吊装 2#（无伺服）	−1.9	**1.2**	−3.8	−0.3	−3.7	−0.3	−2.7	**0.4**	**0.1**	−0.7	−0.7
	2	吊装 2#（反顶 200 t）	−1.2	−0.2	−2.1	−0.7	−2.3	−0.9	−1.8	−0.7	−0.3	−0.7	−0.7
吊装 3# 节段	1	1# 支腿移至 2# 节段	−1.5	−0.2	−2.3	−0.8	−2.5	−1.0	−2.1	−0.8	−1.4	**0.0**	**0.0**
	2	起梁 3#	−1.4	−0.7	−1.9	−1.0	−2.2	−1.3	−1.9	−1.2	−1.6	**0.0**	**0.0**
	3	运梁 3#（二次张拉边索）	−1.6	−2.8	−1.8	−2.4	−2.2	−2.8	−2.0	−3.1	−0.6	**0.0**	**0.0**
	4	吊装 3#（无伺服）	−2.3	−0.8	−4.0	−1.7	−3.9	−1.8	−3.0	−1.5	**0.0**	**0.0**	**0.0**
	5	吊装 3#（钢支撑）	−2.1	−1.1	−3.6	−1.8	−3.6	−1.9	−2.8	−1.7	−0.1	**0.0**	**0.0**
吊装 4# 节段	1	吊装 4#（无伺服）	−2.4	−0.9	−4.0	−1.8	−4.0	−1.9	−3.1	−1.6	−1.0	−1.3	−1.3
	2	吊装 4#（钢支撑）	−2.2	−1.2	−3.6	−1.9	−3.7	−2.1	−2.9	−1.9	−1.1	−1.3	−1.3
吊装 5# 节段	1	1# 支腿悬挂 4# 节段（临时支腿）	−1.6	−3.5	−1.1	−2.7	−1.7	−3.3	−1.8	−3.7	−2.7	**0.0**	−1.5
	2	1# 支腿锚固 4# 节段	−1.6	−3.4	−1.2	−2.7	−1.7	−3.2	−1.8	−3.6	−2.7	**0.0**	−1.5
	3	吊装 5#（无伺服）	−2.7	**0.0**	−4.9	−1.7	−4.8	−1.6	−3.6	−1.1	−1.8	**0.0**	−1.5
	4	吊装 5#（钢支撑）	−2.5	−0.6	−4.4	−1.8	−4.3	−1.8	−3.3	−1.4	−1.9	**0.0**	−1.5
吊装 6# 节段	1	吊装 6#（无伺服）	−2.9	**0.3**	−5.4	−1.7	−5.2	−1.6	−3.9	−1.0	−2.3	−1.2	−1.2
	2	吊装 6#（钢支撑）	−2.7	−0.6	−4.7	−1.8	−4.6	−1.8	−3.5	−1.4	−2.5	−1.2	−1.2
吊装 7# 节段	1	1# 支腿悬挂 6# 节段（临时支腿）	−2.1	−2.8	−2.5	−2.6	−2.8	−3.0	−2.5	−3.2	−3.7	**0.0**	−1.2
	2	1# 支腿锚固 6# 节段（钢支撑）	−2.1	−2.8	−2.5	−2.6	−2.8	−3.0	−2.5	−3.2	−3.7	**0.0**	−1.2
	3	1# 支腿锚固 6# 节段（反顶 200 t）	−1.5	−4.1	−0.8	−3.0	−1.4	−3.6	−1.6	−4.2	−4.0	**0.0**	−1.2

(续表)

阶段	工况	工况说明	顶部 Cb1 中跨	顶部 Cb1 边跨	顶部 Cb4 中跨	顶部 Cb4 边跨	底部 Cb1 中跨	底部 Cb1 边跨	底部 Cb4 中跨	底部 Cb4 边跨	主梁顶缘 墩顶	主梁顶缘 中跨	主梁顶缘 边跨
吊装7#节段	4	吊装7#（无伺服）	−3.4	1.4	−7.0	−1.4	−6.5	−1.1	−4.6	0.3	−2.5	0.0	−1.2
	5	吊装7#（反顶200 t）	−2.8	0.3	−5.4	−1.7	−5.2	−1.6	−3.8	−1.0	−2.8	0.0	−1.2
	6	起梁8#（反顶200 t）	−1.6	−4.5	−0.7	−3.2	−1.4	−3.8	−1.7	−4.7	−4.6	−1.2	−1.2
吊装8#节段	1	吊装8#（无伺服）	−3.4	0.9	−6.6	−1.7	−6.2	−1.4	−4.5	−0.6	−3.1	−1.2	−1.2
	2	吊装8#（反顶200 t）	−2.8	−0.7	−5.1	−1.9	−5.0	−1.9	−3.7	−1.5	−3.5	−1.2	−1.2
	3	8#完成（钢支撑）	−2.9	−1.4	−4.6	−2.3	−4.6	−2.3	−3.6	−2.1	−4.4	−1.2	−1.2
吊装9#节段	1	1#支腿悬挂7#节段（临时支腿）	−2.6	−2.4	−3.6	−2.6	−3.8	−2.8	−3.1	−2.9	−4.7	−1.2	−1.2
	2	1#支腿锚固7#节段	−2.6	−2.5	−3.5	−2.6	−3.7	−2.8	−3.1	−3.0	−4.7	−1.2	−1.2
	3	吊装9#（无伺服）	−3.7	1.5	−7.5	−1.7	−7.0	−1.2	−5.0	0.3	−3.5	−1.2	−1.2
	4	吊装9#（10#压重）	−3.2	0.1	−5.9	−2.0	−5.7	−1.8	−4.2	−1.4	−3.6	−1.2	−1.2
吊装10#节段	1	2#支腿悬挂2'#节段	−3.3	0.0	−6.1	−1.7	−5.8	−1.6	−4.4	−1.5	−3.5	0.1	0.1
	2	2#支腿锚固2'#节段	−2.5	−3.3	−3.9	−2.9	−4.1	−3.2	−3.1	−3.6	−3.3	0.1	0.1
	3	张拉中跨拉索	−4.3	−1.6	−7.2	−2.7	−7.0	−2.6	−5.3	−2.4	−2.9	0.1	0.1
	4	3#支腿悬挂8'#节段	−3.8	−4.1	−5.2	−3.6	−5.4	−3.9	−4.5	−4.5	−2.6	0.1	0.1
	5	3#支腿锚固8'#节段	−3.7	−4.4	−5.3	−3.5	−5.4	−3.9	−4.4	−4.6	−2.0	0.1	0.1
	6	吊装10#	−2.9	−7.2	−2.8	−4.4	−3.4	−5.2	−3.1	−6.8	−1.6	0.1	0.1
过孔1	1-1	过孔1（钢支撑）	−2.6	−2.1	−4.6	−2.7	−4.8	−2.4	−3.5	−2.3	−4.1	−1.0	0.1
	1-2	过孔1（反顶200 t）	−2.0	−3.2	−3.1	−3.0	−3.5	−3.0	−2.7	−3.2	−4.5	−1.0	0.1
过孔2	2	过孔2（无临时支腿）	−2.4	−2.2	−4.3	−2.7	−4.5	−2.5	−3.3	−2.4	−4.1	−1.0	0.1
过孔3	3	过孔3（临时支腿）	−2.0	−2.9	−2.9	−3.0	−3.3	−2.9	−2.6	−3.0	−5.2	−1.0	0.1
过孔4	4	过孔4（3支腿受力）	−2.3	−1.3	−4.7	−2.6	−4.8	−2.2	−3.2	−1.6	−4.8	−1.0	0.1

(续表)

阶段	工况	工况说明	顶部 Cb1		顶部 Cb4		底部 Cb1		底部 Cb4		主梁顶缘		
			中跨	边跨	中跨	边跨	中跨	边跨	中跨	边跨	墩顶	中跨	边跨
过孔5	5-1	过孔5-1（无临时支腿）	−2.1	−1.9	−3.8	−2.8	−4.1	−2.5	−2.8	−2.1	−5.0	−1.0	0.1
	5-2	过孔5-2（临时支腿）	−2.1	−1.9	−3.8	−2.8	−4.1	−2.5	−2.8	−2.1	−5.0	−1.0	0.1
	5-3	过孔5-3（撤3#支腿）	−2.3	−1.8	−4.0	−2.5	−4.2	−2.3	−3.1	−2.0	−4.9	−1.0	0.1
过孔6	6	过孔6（松边跨索）	−2.3	0.2	−4.6	−1.4	−4.6	−0.9	−3.3	−0.5	−5.3	−1.0	0.1
过孔7	7-1	过孔7-1（无临时支腿）	−1.7	−1.9	−2.3	−2.0	−2.8	−1.9	−2.3	−2.0	−5.9	−1.0	0.1
	7-2	过孔7-2（无伺服）	−2.3	−0.6	−4.0	−1.7	−4.2	−1.3	−3.1	−1.0	−5.5	−1.0	0.1
	7-3	过孔7-3（撤3#支腿）	−1.2	−3.4	−0.6	−2.7	−1.4	−2.8	−1.4	−3.2	−6.4	−1.0	0.1
	7-4	过孔7-4（松边跨索）	−1.4	−1.2	−1.8	−1.6	−2.4	−1.4	−1.9	−1.3	−6.7	−1.0	0.1

注：表中罗列了19号墩抗倾覆墩顶、底最大拉压应力，主梁墩顶和中、边跨端部截面顶缘最大拉压应力；抗倾覆墩的Cb1、Cb4位置详见图6-44；正值代表拉应力，负值代表压应力。

表6-5 架桥机主体结构最大应力 单位：MPa

阶段	工况	工况说明	上弦杆		下弦杆		腹杆	
			max	min	max	min	max	min
吊装1#节段	1	1#支腿合力200 t	—	—	—	—	—	—
	2	中跨反顶250 t	—	—	—	—	—	—
	3	吊装1#（无伺服）	164.1	−18.5	74.1	−200.8	149.3	−169.5
	4	吊装1#（反顶250 t）	164.7	−21.0	76.1	−202.6	149.4	−169.7
	5	1#节段完成（反顶250 t）	80.9	−29.7	31.5	−96.0	75.0	−82.2
	6	1#节段完成（钢支撑）	80.5	−27.9	30.0	−94.7	75.9	−82.1
吊装2#节段	1	吊装2#（无伺服）	158.9	−19.5	71.6	−194.7	144.3	−163.9
	2	吊装2#（反顶200 t）	159.4	−21.4	73.2	−195.8	144.3	−164.0
吊装3#节段	1	1#支腿移至2#节段	66.6	−72.5	57.9	−77.9	88.5	−94.8
	2	起梁3#	112.4	−136.3	102.6	−132.2	158.0	−164.1
	3	运梁3#（二次张拉边索）	57.4	−48.0	39.4	−76.8	69.6	−76.5
	4	吊装3#（无伺服）	162.1	−45.5	62.4	−191.5	151.4	−171.7
	5	吊装3#（钢支撑）	162.3	−47.4	63.5	−192.3	151.7	−172.0

(续表)

阶段	工况	工况说明	上弦杆		下弦杆		腹杆	
			max	min	max	min	max	min
吊装4#节段	1	吊装4#(无伺服)	155.1	−48.9	60.3	−183.5	144.6	−164.1
	2	吊装4#(钢支撑)	155.2	−49.2	60.5	−183.6	144.7	−164.1
吊装5#节段	1	1#支腿悬挂4#节段(临时支腿)	83.2	−22.2	36.7	−96.2	65.6	−78.1
	2	1#支腿锚固4#节段	41.8	−26.3	38.4	−55.9	60.6	−71.7
	3	吊装5#(无伺服)	123.8	−45.8	39.1	−123.8	87.5	−91.2
	4	吊装5#(钢支撑)	124.2	−49.8	42.0	−124.1	89.0	−92.6
吊装6#节段	1	吊装6#(无伺服)	127.2	−48.0	42.1	−126.7	90.9	−94.5
	2	吊装6#(钢支撑)	127.3	−48.4	42.5	−126.8	91.1	−94.7
吊装7#节段	1	1#支腿悬挂6#节段(临时支腿)	86.4	−32.3	26.0	−96.3	55.1	−69.3
	2	1#支腿锚固6#节段(钢支撑)	51.1	−32.9	40.5	−76.7	50.6	−65.3
	3	1#支腿锚固6#节段(反顶200 t)	48.2	−33.9	40.6	−74.2	49.9	−64.4
	4	吊装7#(无伺服)	120.1	−45.6	40.9	−122.5	82.5	−86.2
	5	吊装7#(反顶200 t)	120.4	−49.4	43.4	−122.2	84.8	−88.3
	6	起梁8#(反顶200 t)	89.6	−117.8	97.2	−117.7	123.9	−128.5
吊装8#节段	1	吊装8#(无伺服)	107.4	−39.8	35.0	−108.9	73.3	−76.5
	2	吊装8#(反顶200 t)	107.8	−42.8	37.4	−108.7	75.6	−78.7
	3	8#节段完成(钢支撑)	60.3	−42.8	37.2	−63.2	46.5	−47.0
吊装9#节段	1	1#支腿悬挂7#节段(临时支腿)	64.8	−38.2	34.3	−72.4	53.5	−65.3
	2	1#支腿锚固7#节段	44.0	−37.0	45.5	−74.9	52.9	−64.9
	3	吊装9#(无伺服)	100.1	−31.6	26.2	−93.2	65.6	−68.2
	4	吊装9#(10#节段压重)	101.6	−36.1	29.3	−92.9	68.3	−70.4
吊装10#节段	1	2#支腿悬挂2′#节段	76.7	−140.3	112.5	−86.7	69.4	−74.0
	2	2#支腿锚固2′#节段	67.6	−18.3	15.9	−66.6	46.5	−47.4
	3	张拉中跨拉索	67.4	−15.5	15.2	−65.3	46.0	−47.0
	4	3#支腿悬挂8′#节段	162.3	−3.2	9.1	−151.3	85.5	−93.4
	5	3#支腿锚固8′#节段	67.8	−20.5	16.6	−68.0	47.3	−48.1
	6	吊装10#	68.7	−14.7	20.6	−71.6	62.3	−66.4
过孔1	1-1	过孔1(钢支撑)	83.4	−13.1	31.8	−80.8	51.6	−53.0
	1-2	过孔1(反顶200 t)	83.4	−13.3	31.8	−81.1	51.4	−52.8
过孔2	2	过孔2(无临时支腿)	167.1	−6.3	24.4	−152.4	65.7	−70.5

(续表)

阶段	工况	工况说明	上弦杆		下弦杆		腹杆	
			max	min	max	min	max	min
过孔 3	3	过孔 3(临时支腿)	49.9	−25.4	33.0	−64.9	41.4	−48.8
过孔 4	4	过孔 4(3 支腿受力)	28.4	−36.0	42.2	−55.1	41.1	−45.7
过孔 5	5-1	过孔 5-1(无临时支腿)	37.8	−53.7	51.6	−56.2	52.2	−61.3
	5-2	过孔 5-2(临时支腿)	37.8	−53.7	51.6	−56.2	52.2	−61.3
	5-3	过孔 5-3(撤 3# 支腿)	52.2	−53.9	47.6	−78.3	53.2	−61.2
过孔 6	6	过孔 6(松边跨索)	84.8	−1.4	23.6	−86.2	56.0	−67.5
过孔 7	7-1	过孔 7-1(无临时支腿)	61.7	−26.5	30.5	−71.0	57.0	−63.9
	7-2	过孔 7-2(无伺服)	63.4	−25.6	28.9	−71.4	57.6	−64.6
	7-3	过孔 7-3(撤 3# 支腿)	189.0	−19.0	71.5	−227.2	160.9	−152.5
	7-4	过孔 7-4(松边跨索)	189.0	−19.0	71.5	−227.2	160.9	−152.5

注:正值代表拉应力,负值代表压应力。

2. 反力

模型坐标如图 6-45 所示,施工过程中结构反力数据汇总于表 6-6~表 6-10 中。在吊装 10# 节段的工况 3 中,19 号墩会承担最大竖向反力 39 057.7 kN;在过孔 7 阶段,18 号墩会承担最大竖向反力,其中北侧墩最大竖向反力为 2 723.0 kN,南侧墩最大竖向反力为 2 542.0 kN。

在吊装 1#、2# 节段时,19 号墩的边跨侧抗倾覆墩会出现竖向拉力,其中最大竖向拉力为 −156.7 kN。在吊装 10# 节段的工况 3 中,19 号墩的中跨侧抗倾覆墩会承担最大竖向反力 4 841.0 kN。

在过孔 7 阶段,18 号墩的边跨侧抗倾覆墩会承担最大竖向反力 2 294.2 kN。

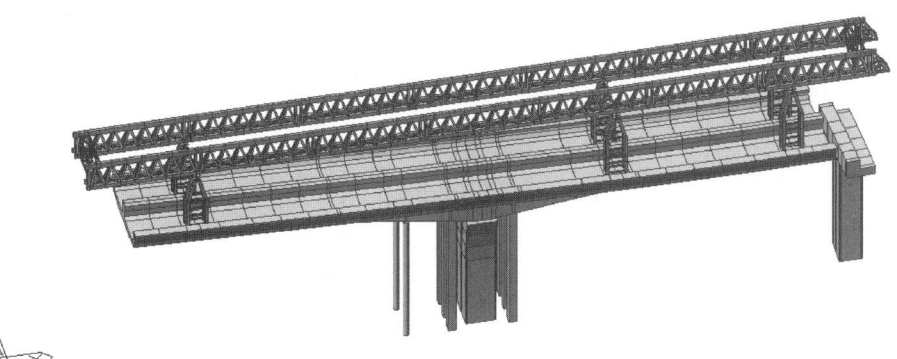

x—顺桥向,19号墩→20号墩;y—横桥向,南→北;z—竖向

图 6-45 模型坐标系示意

表 6-6 19 号墩反力

阶段	工况	工况说明	F_x/kN	F_y/kN	F_z/kN	M_x/(kN·m)	M_y/(kN·m)	M_z/(kN·m)
吊装1#节段	1	1#支腿合力 200 t	9.7	1.2	12 222.3	39.9	135.6	−8.8
	2	中跨反顶 250 t	−18.1	0.0	11 122.3	38.6	−252.6	0.1
	3	吊装1#（无伺服）	10.8	0.5	13 734.8	291.3	151.2	20.3
	4	吊装1#（反顶 250 t）	−10.2	0.4	12 290.6	251.4	−141.8	17.7
	5	1#节段完成（反顶 250 t）	−15.4	0.5	13 302.2	210.4	−214.1	14.4
	6	1#节段完成（钢支撑）	−4.6	1.9	14 341.2	208.6	−63.2	5.5
吊装2#节段	1	吊装2#（无伺服）	13.5	0.5	15 211.3	324.6	189.1	20.3
	2	吊装2#（反顶 200 t）	−4.3	0.4	14 022.8	290.5	−59.1	18.2
吊装3#节段	1	1#支腿移至2#节段	36.3	0.8	16 414.0	682.9	507.8	0.8
	2	起梁3#	48.4	1.3	17 008.6	864.2	678.0	−6.9
	3	运梁3#（二次张拉边索）	12.5	0.7	23 125.1	925.3	176.5	−0.5
	4	吊装3#（无伺服）	15.8	0.0	22 905.8	846.6	223.0	15.1
	5	吊装3#（钢支撑）	17.4	−0.1	22 570.6	838.2	244.5	11.6
吊装4#节段	1	吊装4#（无伺服）	25.6	0.0	24 557.9	944.2	359.4	11.2
	2	吊装4#（钢支撑）	22.0	0.0	24 274.4	938.7	309.3	9.6
吊装5#节段	1	1#支腿悬挂4#节段（临时支腿）	−4.4	0.3	25 618.1	1 019.9	−58.4	−5.0
	2	1#支腿锚固4#节段	11.9	0.7	25 605.3	1 009.9	168.0	−6.6
	3	吊装5#（无伺服）	27.9	0.2	26 003.6	1 178.9	392.1	18.1
	4	吊装5#（钢支撑）	35.2	0.1	25 501.9	1 163.1	493.7	5.2
吊装6#节段	1	吊装6#（无伺服）	46.4	0.1	27 289.8	1 362.0	650.7	8.1
	2	吊装6#（钢支撑）	39.2	0.1	26 764.1	1 352.4	550.9	5.3
吊装7#节段	1	1#支腿悬挂6#节段（临时支腿）	17.8	0.4	28 346.3	1 525.3	251.9	−3.7
	2	1#支腿锚固6#节段（钢支撑）	31.6	0.8	28 355.8	1 522.5	445.4	−5.0
	3	1#支腿锚固6#节段（反顶 200 t）	15.7	0.8	27 211.6	1 501.5	222.3	−11.0
	4	吊装7#（无伺服）	38.0	0.2	28 630.3	1 644.5	534.1	31.6
	5	吊装7#（反顶 200 t）	40.8	0.1	27 397.0	1 611.7	573.5	11.2
	6	起梁8#（反顶 200 t）	50.7	1.2	28 843.8	1 946.8	711.9	−31.2

(续表)

阶段	工况	工况说明	F_x/kN	F_y/kN	F_z/kN	M_x/(kN·m)	M_y/(kN·m)	M_z/(kN·m)
吊装8#节段	1	吊装8#(无伺服)	39.8	0.2	29 778.4	1 937.5	560.5	28.0
	2	吊装8#(反顶200 t)	42.9	0.1	28 543.5	1 903.4	602.7	7.5
	3	8#完成(钢支撑)	59.8	0.4	30 595.2	2 145.7	840.4	−4.4
吊装9#节段	1	1#支腿悬挂7#节段(临时支腿)	45.5	0.5	30 730.3	2 189.1	640.4	−1.8
	2	1#支腿锚固7#节段	63.4	0.8	30 740.0	2 189.0	890.6	−9.2
	3	吊装9#(无伺服)	43.2	0.3	31 423.6	2 221.1	609.0	32.8
	4	吊装9#(10#节段压重)	54.7	0.3	30 517.1	2 258.8	768.6	13.8
吊装10#节段	1	2#支腿悬挂2′#节段	189.3	1.1	30 219.9	2 282.4	2 647.3	−56.6
	2	2#支腿锚固2′#节段	−7.0	0.7	31 270.3	2 539.0	−91.7	57.6
	3	张拉中跨拉索	16.3	1.1	37 944.5	2 566.7	234.2	67.0
	4	3#支腿悬挂8′#节段	13.5	−0.7	**39 057.7**	2 909.7	195.6	−4.0
	5	3#支腿锚固8′#节段	11.2	−0.7	38 772.5	2 909.3	164.1	−3.7
	6	吊装10#	−34.0	−1.3	38 629.6	2 984.6	−467.0	−3.6
过孔1	1-1	过孔1(钢支撑)	31.8	168.6	31 753.3	636.5	451.1	2 147.1
	1-2	过孔1(反顶200 t)	5.6	168.5	30 735.0	622.0	85.9	2 147.3
过孔2	2	过孔2(无临时支腿)	27.8	168.5	30 703.5	833.1	396.1	2 145.7
过孔3	3	过孔3(临时支腿)	−24.5	172.1	30 545.4	406.8	−335.3	1 940.5
过孔4	4	过孔4(3支腿受力)	−134.6	170.3	30 115.0	465.2	−1 871.1	2 149.5
过孔5	5-1	过孔5-1(无临时支腿)	−121.6	169.8	29 786.1	282.2	−1 689.9	2 150.4
	5-2	过孔5-2(临时支腿)	−121.6	169.8	29 786.1	282.2	−1 689.9	2 150.4
	5-3	过孔5-3(撤3#支腿)	11.2	168.7	29 543.9	239.1	163.2	2 117.1
过孔6	6	过孔6(松边跨索)	118.7	168.7	25 334.7	69.5	1 662.9	2 073.5
过孔7	7-1	过孔7-1(无临时支腿)	81.4	168.1	25 250.1	−132.2	1 141.2	2 089.9
	7-2	过孔7-2(无伺服)	83.4	168.3	26 403.5	−119.7	1 168.8	2 100.6
	7-3	过孔7-3(撤3#支腿)	−28.7	168.4	26 075.0	−410.4	−395.2	2 146.1
	7-4	过孔7-4(松边跨索)	3.5	168.6	22 473.5	−429.0	53.9	2 146.4

注:x—顺桥向,19号墩→20号墩;y—横桥向,南→北;z—竖向。

表6-7 18号墩北侧墩反力

工况	工况说明	F_x/kN	F_y/kN	F_z/kN	M_x/(kN·m)	M_y/(kN·m)	M_z/(kN·m)
1-1	过孔1(钢支撑)	0.4	2 831.1	2 032.6	−13 432.4	5.5	0.2
1-2	过孔1(反顶200 t)	0.4	2 831.1	2 032.6	−13 432.4	5.5	0.2
2	过孔2(无临时支腿)	0.5	2 818.4	2 093.6	−13 379.9	8.0	0.3
3	过孔3(临时支腿)	15.4	2 796.3	2 198.4	−13 285.0	228.2	5.9
4	过孔4(3支腿受力)	91.3	2 789.5	2 234.0	−13 261.7	1 375.9	51.7
5-1	过孔5-1(无临时支腿)	77.0	2 751.6	2 415.8	−13 104.6	1 160.7	43.7
5-2	过孔5-2(临时支腿)	77.0	2 751.6	2 415.8	−13 104.6	1 160.7	43.7
5-3	过孔5-3(撤3#支腿)	10.6	2 751.2	2 416.6	−13 100.9	160.3	6.0
6	过孔6(松边跨索)	−31.8	2 715.9	2 584.8	−12 953.3	−480.2	−19.0
7-1	过孔7-1(无临时支腿)	−40.4	2 709.4	2 616.5	−12 927.3	−609.0	−23.1
7-2	过孔7-2(无伺服)	−29.9	2 709.1	2 618.4	−12 926.2	−450.9	−17.1
7-3	过孔7-3(撤3#支腿)	−1.4	2 690.3	2 723.0	−12 853.3	−29.4	−7.6
7-4	过孔7-4(松边跨索)	−1.4	2 690.3	2 723.0	−12 853.3	−29.4	−7.6

注:x—顺桥向,18号墩→19号墩;y—横桥向,南→北;z—竖向。

表6-8 18号墩南侧墩反力

工况	工况说明	F_x/kN	F_y/kN	F_z/kN	M_x/(kN·m)	M_y/(kN·m)	M_z/(kN·m)
1-1	过孔1(钢支撑)	0.4	−2 827.9	1 903.4	14 502.7	5.4	−0.3
1-2	过孔1(反顶200 t)	0.4	−2 827.9	1 903.4	14 502.7	5.4	−0.3
2	过孔2(无临时支腿)	0.5	−2 815.1	1 961.4	14 448.7	7.7	−0.4
3	过孔3(临时支腿)	13.3	−2 795.7	2 050.5	14 370.7	208.3	−13.1
4	过孔4(3支腿受力)	86.9	−2 784.7	2 097.3	14 319.6	1 333.0	−67.7
5-1	过孔5-1(无临时支腿)	73.4	−2 746.4	2 270.4	14 159.1	1 125.1	−57.1
5-2	过孔5-2(临时支腿)	73.4	−2 746.4	2 270.4	14 159.1	1 125.1	−57.1
5-3	过孔5-3(撤3#支腿)	10.1	−2 747.2	2 268.2	14 164.1	155.2	−7.9
6	过孔6(松边跨索)	−30.7	−2 712.6	2 425.9	14 020.3	−469.7	23.0
7-1	过孔7-1(无临时支腿)	−38.5	−2 705.5	2 457.6	13 989.5	−590.9	29.9
7-2	过孔7-2(无伺服)	−28.6	−2 704.9	2 459.9	13 986.7	−437.6	22.1
7-3	过孔7-3(撤3#支腿)	−4.5	−2 684.2	2 542.0	13 895.1	−59.5	−3.2
7-4	过孔7-4(松边跨索)	−4.5	−2 684.2	2 542.0	13 895.1	−59.5	−3.2

注:x—顺桥向,18号墩→19号墩;y—横桥向,南→北;z—竖向。

表6-9 19号墩抗倾覆墩反力

阶段	工况	工况说明	位置	F_x/kN	F_y/kN	F_z/kN	M_x/(kN·m)	M_y/(kN·m)	M_z/(kN·m)
吊装1#节段	3	吊装1（无伺服）	中跨侧	−10.3	0.0	2 470.3	0.8	−50.0	0.1
				−10.3	0.0	2 438.9	0.8	−49.9	0.1
				−10.3	0.0	2 407.6	0.8	−49.8	0.1
			边跨侧	−7.6	0.0	−98.4	1.2	−34.0	0.1
				−7.6	0.0	−127.5	1.2	−33.9	0.1
				−7.5	0.0	−156.7	1.2	−33.8	0.1
吊装2#节段	1	吊装2（无伺服）	中跨侧	−10.2	0.0	2 544.6	1.0	−49.9	0.1
				−10.2	0.0	2 510.3	1.0	−49.9	0.1
				−10.2	0.0	2 475.9	1.0	−49.8	0.1
			边跨侧	−7.5	0.0	−8.6	1.4	−33.0	0.1
				−7.5	0.0	−40.9	1.4	−32.9	0.1
				−7.5	0.0	−73.2	1.4	−32.8	0.1
吊装10#节段	3	张拉中跨拉索	中跨侧	−16.1	−0.2	4 841.0	10.8	−86.6	0.2
				−16.1	−0.2	4 587.4	10.8	−86.4	0.2
				−16.1	−0.2	4 333.8	10.8	−86.1	0.2
			边跨侧	−4.8	0.3	1 965.8	7.2	−12.3	0.3
				−4.8	0.3	1 691.0	7.2	−12.0	0.3
				−4.7	0.3	1 416.1	7.2	−11.7	0.3

注：x—顺桥向，19号墩→20号墩；y—横桥向，南→北；z—竖向。

表6-10 18号墩抗倾覆墩反力

阶段	工况	工况说明	位置	F_x/kN	F_y/kN	F_z/kN	M_x/(kN·m)	M_y/(kN·m)	M_z/(kN·m)
过孔7	7-3	过孔7-3	中跨侧	4.1	−0.8	504.8	4.9	19.8	−0.1
				4.0	−0.8	542.3	4.9	19.7	−0.1
				4.0	−0.8	579.8	4.9	19.6	−0.1
			边跨侧	5.6	−0.8	2 211.3	5.8	29.4	−0.1
				5.5	−0.9	2 252.8	5.8	29.3	−0.1
				5.5	−1.0	2 294.2	5.8	29.2	−0.1

(续表)

阶段	工况	工况说明	位置	F_x/kN	F_y/kN	F_z/kN	M_x/(kN·m)	M_y/(kN·m)	M_z/(kN·m)
过孔7	7-4	过孔7-4	中跨侧	4.1	−0.8	504.8	4.9	19.8	−0.1
				4.0	−0.8	542.3	4.9	19.7	−0.1
				4.0	−0.8	579.8	4.9	19.6	−0.1
			边跨侧	5.6	−0.8	2 211.3	5.8	29.4	−0.1
				5.5	−0.9	2 252.8	5.8	29.3	−0.1
				5.5	−1.0	2 294.2	5.8	29.2	−0.1

注:x—顺桥向,18号墩→19号墩;y—横桥向,南→北;z—竖向。

3. 支腿力

施工过程中架桥机支腿反力数据汇总于表6-11中。在吊装1#节段的工况4中,1#支腿承担最大竖向反力−375.8 t。

表6-11 架桥机支腿反力　　　　　　　　　　　　　　　单位:t

阶段	工况	工况说明	1#支腿	2#支腿	3#支腿
吊装1#节段	1	1#支腿合力200 t	0.0	0.0	0.0
	2	中跨反顶250 t	0.0	0.0	0.0
	3	吊装1#(无伺服)	−369.0	−11.4	−174.2
	4	吊装1#(反顶250 t)	**−375.8**	−3.4	−175.6
	5	1#完成(反顶250 t)	−184.9	−82.4	−180.2
	6	1#完成(钢支撑)	−180.0	−88.3	−179.2
吊装2#节段	1	吊装2#(无伺服)	−358.3	−7.3	−176.3
	2	吊装2#(反顶200 t)	−363.7	−0.9	−177.4
吊装3#节段	1	1#支腿移至2#节段	−85.4	−181.0	−181.2
	2	起梁3#	−52.1	−289.1	−215.2
	3	运梁3#(二次张拉边索)	−180.2	−211.3	−164.9
	4	吊装3#(无伺服)	−334.3	−64.3	−157.7
	5	吊装3#(钢支撑)	−337.9	−59.5	−159.0
吊装4#节段	1	吊装4#(无伺服)	−324.0	−59.5	−163.4
	2	吊装4#(钢支撑)	−324.7	−58.5	−163.7
吊装5#节段	1	1#支腿悬挂4#(临时支腿)	0.0	−117.8	−173.6
	2	1#支腿锚固4#	−85.8	−171.0	−176.7

(续表)

阶段	工况	工况说明	1#支腿	2#支腿	3#支腿
吊装5#节段	3	吊装5#（无伺服）	−265.4	−105.7	−150.9
	4	吊装5#（钢支撑）	−268.4	−101.1	−152.5
吊装6#节段	1	吊装6#（无伺服）	−274.2	−95.0	−156.6
	2	吊装6#（钢支撑）	−275.1	−93.7	−157.1
吊装7#节段	1	1#支腿悬挂6#（临时支腿）	0.0	−142.7	−148.5
	2	1#支腿锚固6#（钢支撑）	−93.2	−191.2	−149.1
	3	1#支腿锚固6#（反顶200 t）	−94.6	−188.9	−150.0
	4	吊装7#（无伺服）	−258.3	−124.6	−134.7
	5	吊装7#（反顶200 t）	−261.5	−119.1	−136.8
	6	起梁8#（反顶200 t）	−74.5	−257.2	−167.8
吊装8#节段	1	吊装8#（无伺服）	−236.6	−123.3	−139.6
	2	吊装8#（反顶200 t）	−239.9	−117.8	−141.8
	3	8#完成（钢支撑）	−155.0	−136.3	−142.2
吊装9#节段	1	1#支腿悬挂7#（临时支腿）	0.0	−159.6	−143.0
	2	1#支腿锚固7#	−100.5	−190.9	−142.1
	3	吊装9#（无伺服）	−223.9	−133.8	−132.0
	4	吊装9#（10#压重）	−232.0	−119.5	−138.2
吊装10#节段	1	2#支腿悬挂2'#	−230.3	0.0	−203.2
	2	2#支腿锚固2'#	−181.6	−133.9	−118.1
	3	张拉中跨拉索	−180.0	−138.3	−115.3
	4	3#支腿悬挂8'#	−146.6	−284.5	0.0
	5	3#支腿锚固8'#	−182.9	−162.2	−85.9
	6	吊装10#	−180.2	−96.4	−206.8
过孔1	1-1	过孔1（钢支撑）	−175.1	−173.6	−84.9
	1-2	过孔1（反顶200 t）	−175.3	−172.8	−85.4
过孔2	2	过孔2（无临时支腿）	−215.6	−186.8	0
过孔3	3	过孔3（临时支腿）	−133.7	−219.6	0
过孔4	4	过孔4（3支腿受力）	−191.8	−144.6	−90.4
过孔5	5-1	过孔5-1（无临时支腿）	−162.6	−93.5	−170.6
	5-2	过孔5-2（临时支腿）	−162.6	−93.5	−170.6
	5-3	过孔5-3（撤3#支腿）	−129.5	0	−169.3

(续表)

阶段	工况	工况说明	1#支腿	2#支腿	3#支腿
过孔6	6	过孔6(松边跨索)	−156.2	0	−242.6
过孔7	7-1	过孔7-1(无临时支腿)	−81.6	−88.3	−256.9
	7-2	过孔7-2(无伺服)	−81	−87.7	−258
	7-3	过孔7-3(撤3#支腿)	−49.2	−76.4	−298.2
	7-4	过孔7-4(松边跨索)	−49.2	−76.4	−298.2

注:过孔1～过孔5,1#支腿位于东侧T构9#节段上,2#支腿位于东侧T构0#节段现浇段上,3#支腿位于西侧T构0#节段现浇段上;过孔6～过孔7,1#支腿位于东侧T构9#节段上,2#支腿位于西侧边墩(17号墩)上,3#支腿位于西侧T构0#节段现浇段上。

4. 变形

主梁悬臂端变形数据汇总于表6-12。施工过程中,主梁在吊装9#节段时会产生最大上挠39.6 mm,小于限值$l/300=116.3$ mm,如图6-46所示;在吊装10#节段阶段会产生最大下挠−47.2 mm,小于限值$l/300=124.7$ mm,如图6-47所示。

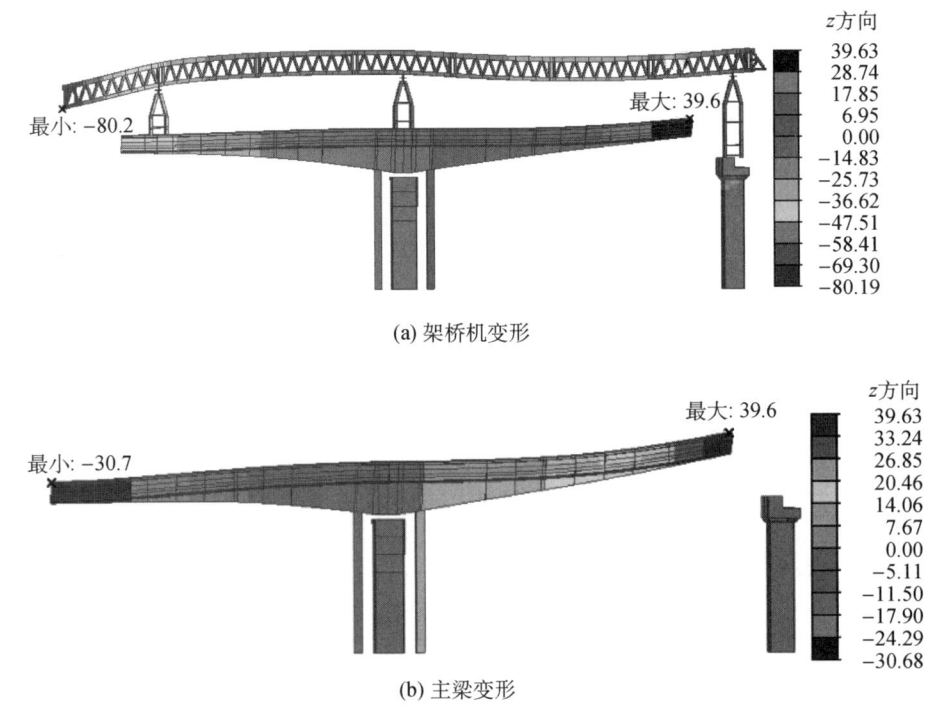

(a) 架桥机变形

(b) 主梁变形

图6-46 吊装9#节段中工况3的变形云图(单位:mm)

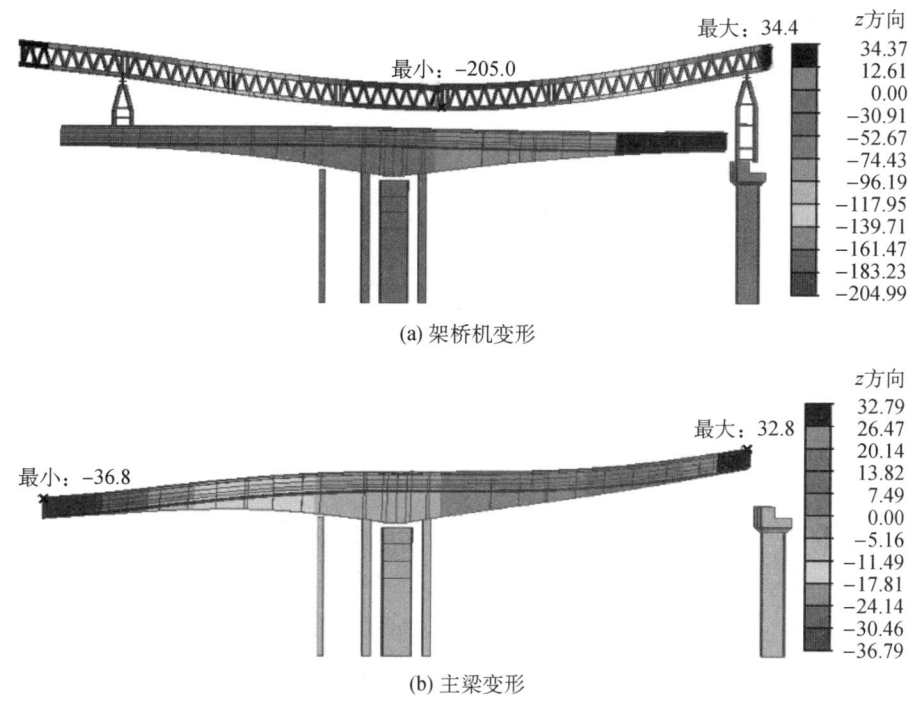

(a) 架桥机变形

(b) 主梁变形

图 6-47 吊装 10# 节段中工况 1 的变形云图(单位:mm)

表 6-12 主梁悬臂端变形　　　　　　　　　　　　　单位:mm

阶段	工况	工况说明	中跨侧	边跨侧
吊装 1# 节段	1	1# 支腿合力 200 t	−1.3	0.1
	2	中跨反顶 250 t	0.6	−1.3
	3	吊装 1#(无伺服)	−3.6	1.7
	4	吊装 1#(反顶 250 t)	−1.3	0.0
	5	1# 完成(反顶 250 t)	1.8	−0.9
	6	1# 完成(钢支撑)	−0.4	0.7
吊装 2# 节段	1	吊装 2#(无伺服)	−3.5	2.9
	2	吊装 2#(反顶 200 t)	−1.0	1.2
吊装 3# 节段	1	1# 支腿移至 2# 节段	−2.2	2.4
	2	起梁 3#	−1.2	1.7
	3	运梁 3#(二次张拉边索)	−1.2	−0.6
	4	吊装 3#(无伺服)	−5.9	2.5
	5	吊装 3#(钢支撑)	−5.2	2.0

(续表)

阶段	工况	工况说明	中跨侧	边跨侧
吊装4#节段	1	吊装4#(无伺服)	−5.8	4.5
	2	吊装4#(钢支撑)	−5.0	3.8
吊装5#节段	1	1#支腿悬挂4#(临时支腿)	4.7	1.9
	2	1#支腿锚固4#	2.9	2.2
	3	吊装5#(无伺服)	−9.9	9.4
	4	吊装5#(钢支撑)	−8.9	8.5
吊装6#节段	1	吊装6#(无伺服)	−11.8	13.6
	2	吊装6#(钢支撑)	−9.8	12.1
吊装7#节段	1	1#支腿悬挂6#(临时支腿)	4.3	11.0
	2	1#支腿锚固6#(钢支撑)	0.6	11.0
	3	1#支腿锚固6#(反顶200 t)	5.6	7.2
	4	吊装7#(无伺服)	−24.5	22.1
	5	吊装7#(反顶200 t)	−20.4	18.9
	6	起梁8#(反顶200 t)	10.4	11.1
吊装8#节段	1	吊装8#(无伺服)	−23.6	27.2
	2	吊装8#(反顶200 t)	−19.0	23.8
	3	8#完成(钢支撑)	−5.2	31.3
吊装9#节段	1	1#支腿悬挂7#(临时支腿)	5.5	27.9
	2	1#支腿锚固7#	0.5	27.7
	3	吊装9#(无伺服)	−30.7	39.6
	4	吊装9#(10#压重)	−25.5	32.8
吊装10#节段	1	2#支腿悬挂2′#	−47.2	36.3
	2	2#支腿锚固2′#	−26.7	21.0
	3	张拉中跨拉索	−35.2	29.1
	4	3#支腿悬挂8′#	−23.6	21.4
	5	3#支腿锚固8′#	−30.9	5.4
	6	吊装10#	−5.4	−27.3
过孔1	1-1	过孔1(钢支撑)	−24.5	29.6
	1-2	过孔1(反顶200 t)	−18.5	24.9
过孔2	2	过孔2(无临时支腿)	−30.0	21.4
过孔3	3	过孔3(临时支腿)	−7.6	29.5

(续表)

阶段	工况	工况说明	中跨侧	边跨侧
过孔 4	4	过孔 4(3 支腿受力)	−27.7	35.5
过孔 5	5-1	过孔 5-1(无临时支腿)	−17.7	32.7
	5-2	过孔 5-2(临时支腿)	−17.7	32.7
	5-3	过孔 5-3(撤 3# 支腿)	−11.8	33.6
过孔 6	6	过孔 6(松边跨索)	−22.4	38.8
过孔 7	7-1	过孔 7-1(无临时支腿)	2.6	31.3
	7-2	过孔 7-2(无伺服)	−3.8	36.5
	7-3	过孔 7-3(撤 3# 支腿)	32.6	24.9
	7-4	过孔 7-4(松边跨索)	26.6	31.6

6.4.3 结论

通过对主动控制技术下架桥机和桥梁结构的耦合仿真分析,可得出如下结论:

(1) 主梁在吊装及过孔过程中,主要以受压为主;在吊装 1# 节段(无伺服)工况下,墩顶截面出现最大拉应力 0.7 MPa。在吊装 10# 节段及过孔工况中,主梁悬臂端头截面顶缘会出现 0.1 MPa 拉应力。

边跨抗倾覆墩顶部在不考虑伺服的工况(无伺服)下会出现大于 1 MPa 的拉应力,其他工况下的拉应力均在 1 MPa 以内。在吊装 9# 节段(无伺服)工况下,边跨侧抗倾覆墩顶部会出现最大拉应力 1.5 MPa;中跨侧抗倾覆墩顶部会出现最大压应力 −7.5 MPa。

施工过程中架桥机上、下弦杆的最大压应力为 −227.2 MPa,最大拉应力为 189.0 MPa。腹杆最大拉应力为 160.9 MPa,最大压应力为 164.1 MPa。

(2) 吊装过程中,19 号墩承担的最大竖向反力为 39 057.7 kN。过孔阶段,18 号墩承担的最大竖向反力为:北侧墩 2 723.0 kN、南侧墩 2 542.0 kN。

吊装 1#、2# 节段时,19 号墩的边跨侧抗倾覆墩会出现竖向拉力,其中最大竖向拉力为 156.7 kN。在吊装 10# 节段的工况 3 中,19 号墩的中跨侧抗倾覆墩会承担最大竖向反力 4 841.0 kN。在过孔 7 阶段,18 号墩的边跨侧抗倾覆墩承担最大竖向反力 2 294.2 kN。

在吊装 1# 节段的工况 4 中,1# 支腿承担最大竖向反力 −3682.8 kN。

(3) 施工过程中,主梁在吊装 10# 节段产生最大下挠 −47.2 mm,小于限值 $l/300 = 124.7$ mm;在吊装 9# 节段时产生最大上挠 39.6 mm,小于限值 $l/300 = 116.3$ mm。

由上述分析可知,通过主动控制技术的实施,施工过程中 T 构的力学状态得到了有效控制,所获得的支腿反力可为架桥机纵移过程 2# 支腿高度的确定、适时张拉抗拉束和施加反顶力提供依据,实现 T 构力学状态的自适应控制。

6.5 单 T 构悬臂拼装架桥机抗风性能分析

本工程架桥机支撑于 T 构上,与 T 构桥面形成耦合作用,架桥机结构在强风作用下可能面临如下安全隐患。

(1) 当风速较大时,架桥机主梁需承担较大的等效静阵风荷载,可能导致最不利位置的应力超出材料的屈服极限(345 MPa)。

(2) 当脉动风效应较为剧烈时,引起结构发生抖振,架桥机可能产生较大的竖向及横桥向位移,威胁结构安全。

(3) 当脉动风效应较为剧烈时,引起结构发生抖振,架桥机与桥梁结构的连接位置可能产生负反力,存在支座脱空的风险。

经过研究分析,选取施工过程中的三个最不利工况进行分析:吊装 1# 节段、过孔最大悬臂工况及架桥机顺利过渡到 18 号墩的工况。其中,吊装 1# 节段时架桥机与一侧桥梁结构连接薄弱,对其受力状态可能有所不利;最大悬臂工况下,架桥机在强风作用下的响应更为剧烈,对结构安全也更为不利;过渡到 18 号墩的施工时间为气象部门预测的台风经过期间,面临强风威胁的概率最高。

6.5.1 基本风参数计算

1. 设计基准风速

根据《公路桥梁抗风设计规范》(JTG/T 3360-01—2018)附录 A 中全国主要地区不同重现期的风速值的规定,上海市百年一遇基本风速值应取 32.8 m/s。根据架桥机处的实际高度,不考虑施工期的折减系数(施工时间确定为台风高发期,因此暂不考虑折减),可计算得到架桥机 100 年重现期设计基准风速为 $U_d = 39.88$ m/s。

2. 等效静阵风速

根据《公路桥梁抗风设计规范》(JTG/T 3360-01—2018)第 5.2.1 条和表 5.2.1 规定,静风响应分析时应采用等效静阵风速,其值为 $U_g = G_v U_d = 58.8$ m/s。

3. 横向力系数确定

根据《公路桥梁抗风设计规范》(JTG/T 3360-01—2018)中第 5.3.2 条规定,架桥机每片桁架的横向力系数应取 ηC_H,查阅规范中表 5.3.2-1 和表 5.3.2-1 可知,η 应取 $0.6 C_H$ 需考虑斜腹板折减的影响,考虑折减后取 $C_H = 1.4$。因此,横向力系数最终取 $\eta C_H = 0.84$。

4. 等效静阵风荷载

在横桥向风作用下,作用于架桥机单位长度上的等效静阵风荷载可表示为

$$F_H = \frac{1}{2} \rho U_g^2 \eta C_H H = 4\,272.6 \text{ N/m} \tag{6.1}$$

6.5.2 抖振分析基本理论

除对架桥机进行等效静阵风荷载下的内力和位移响应安全分析外,还需要考虑架桥机结

构在脉动风作用下的动态响应,评估其瞬时响应的可接受程度。

1. 随机风场模拟

风荷载一般是用风速来表示的。空间中某一点的风速通常用一个标准的随机过程来描述[70],因此其全部特性可完全由功率谱密度(Power Spectral Density,PSD)函数反映。对于体量较大的结构,需要反映空间不同位置风速之间的相互关系,此时,空间的风速为一个时变随机场。对于时变随机场,空间中任意一点的风速 V 不仅依赖该点的空间坐标(x_1, x_2, x_3),还依赖时间 t:

$$V = V(x_1, x_2, x_3, t) \tag{6.2}$$

可见,随机 $V(x_1, x_2, x_3, t)$ 是一个所谓的单变量(1V-4D)随机场。在进行随机风场模拟时,通常首先将三维单变量随机过程进行离散化。令 $x_j, y_j, z_j, j=1, 2, \cdots, n$ 为空间中的 n 个点,$V_j(t) = V(x_j, y_j, z_j, t)$ 为一维单变量(1V-1D)随机过程。将上述随机过程集成到一个 n 维向量 $\boldsymbol{V}(t)$ 中,则可以将初始的单变量四维(1V-4D)随机场转换为多变量一维随机过程(nV-1D)。

$\boldsymbol{V}(t)$ 为一个零均值正态随机向量过程,其特征可以由双边功率谱密度矩阵 $\boldsymbol{S_V}(\omega)$ 完全描述。该矩阵为一对称、正定矩阵(不考虑虚部):

$$\boldsymbol{S_V}(\omega) = \begin{bmatrix} S_{V_1V_1}(\omega) & S_{V_1V_2}(\omega) & \cdots & S_{V_1V_n}(\omega) \\ S_{V_1V_2}(\omega) & S_{V_2V_2}(\omega) & \cdots & S_{V_2V_n}(\omega) \\ \vdots & \vdots & & \vdots \\ S_{V_1V_n}(\omega) & S_{V_2V_n}(\omega) & \cdots & S_{V_nV_n}(\omega) \end{bmatrix} \tag{6.3}$$

对于空间一个点而言,根据谱表现(Spectral Representation)定律,Shinozuka 等[71]给出了一维单变量(1D-1V)零均值平稳随机过程的数值模拟公式:

$$V(t) = \sqrt{2} \sum_{j=0}^{N-1} A_j \cos(\omega_j t + \phi_j) \tag{6.4}$$

式中,$A_j = \sqrt{2 S_{VV}(\omega_j) \Delta \omega}$,$\omega_j = j \Delta \omega$,$\Delta \omega = \omega_u / N$,$j = 0, 1, 2, \cdots, N-1$,$A_0 = 0$,$S_{VV}(\omega_0 = 0) = 0$,$\omega_u$ 为截断频率。

进一步,在一维单变量随机过程模拟研究的基础上,Deodatis[72]进行了平稳、多变量随机过程的模拟研究。为了模拟目标一维多变量(1D-nV)平稳随机过程 $V_j^o(t)$,$j=1, 2, \cdots, n$,首先可对目标双边功率谱密度矩阵 $\boldsymbol{S_V^o}(\omega)$ 进行如下形式的分解:

$$\boldsymbol{S_V^o}(\omega) = \boldsymbol{H}(\omega) \boldsymbol{H}^{T^*}(\omega) \tag{6.5}$$

上述分解可以通过 Cholesky 方法获得 $\boldsymbol{H}(\omega)$ 为下三角矩阵,且有如下形式:

$$\boldsymbol{H}(\omega) = \begin{bmatrix} H_{11}(\omega) & 0 & \cdots & 0 \\ H_{21}(\omega) & H_{22}(\omega) & \cdots & 0 \\ \vdots & \vdots & & \vdots \\ H_{n1}(\omega) & H_{n2}(\omega) & \cdots & H_{nn}(\omega) \end{bmatrix} \tag{6.6}$$

由于 $S_V^o(\omega)$ 通常为复数矩阵,因此 $H(\omega)$ 也为复数矩阵,其对角元为实数,非对角元为复数。$H^{T^*}(\omega)$ 为其共轭转置矩阵。通过对矩阵 $S_V^o(\omega)$ 进行分解,便可用式(6.7)对 $V_j^o(t)$,$j=1,2,\cdots,n$ 进行仿真:

$$V_j(t) = 2\sum_{m=1}^{j}\sum_{l=1}^{N}|H_{jm}(\omega_{ml})|\sqrt{\Delta\omega}\cos[\omega_{ml}t - \theta_{jm}(\omega_{ml}) + \phi_{ml}], \quad j=1,2,\cdots,n \quad (6.7)$$

式中,$\Delta\omega = \omega_u/N$,$\omega_u$ 为截断频率;ω_{ml} 为双索引频率;ϕ_{ml} 为在区间 $[0, 2\pi]$ 上均匀分布的随机相位角。为增大模拟样本的周期,双索引频率为

$$\omega_{ml} = (l-1)\Delta\omega + \frac{m}{n}\Delta\omega, \quad l=1,2,\cdots,N \quad (6.8)$$

2. 抖振风荷载

抖振是结构在紊流风作用下的随机性强迫振动,是一种限幅振动。根据来流紊流产生方式的不同,可以将结构抖振响应分为三类,即由结构物自身尾流引起的抖振、其他结构物紊流引起的抖振及自然风脉动成分引起的抖振。抖振分析理论主要有 Davenport[73] 提出的抖振分析理论与 Scanlan[74] 提出的颤抖振分析理论。本节所讨论的是关于来流紊流引起的抖振响应问题。

抖振时程分析中结构受到的风荷载包括静风力、抖振力和自激力。分析计算抖振惯性力时程的关键在于脉动风荷载的模拟,因此需要先模拟架桥机周围的脉动风速场,即单独模拟顺风向脉动风速和竖直向脉动风速,然后共同作用在结构上,即可转换为抖振惯性力时程。

获得架桥机单元上各模拟作用点的脉动风速时程后,即可得到作用在单元上各模拟作用点的抖振惯性力时程。基于准定常理论,Scanlan 在 Davenport 抖振理论的基础上考虑平均气动刚度的影响以及气动耦合效应,提出作用在架桥机上抖振惯性力公式为

$$\left.\begin{array}{l} F_H = \dfrac{1}{2}\rho U^2 H\left[C_D(\alpha)\left(2\dfrac{u(t)}{U}\right) + C_D'(\alpha)\dfrac{w(t)}{U}\right] \\[2mm] F_V = \dfrac{1}{2}\rho U^2 B\left[C_L(\alpha)\left(2\dfrac{u(t)}{U}\right) + C_L'(\alpha)\dfrac{w(t)}{U}\right] \\[2mm] F_M = \dfrac{1}{2}\rho U^2 B^2\left[C_M(\alpha)\left(2\dfrac{u(t)}{U}\right) + C_M'(\alpha)\dfrac{w(t)}{U}\right] \end{array}\right\} \quad (6.9)$$

式中 F_H,F_V,F_M——阻力、升力、升力矩;

C_H,C_V,C_M——体轴下风偏角为 α 的阻力系数、升力系数、力矩系数,本节取风攻角为 0 度工况;

U——各风速设计基准风速,架桥机不同高度处风速按照规范考虑梯度风效应;

u,w——横桥向和竖向脉动风分量;

H——迎风面高度;

B——桥宽。

利用 MATLAB 编制的计算程序,可以获得设计基准风速下主梁抖振风速和脉动风成分

的 Simiu 横向风谱及竖向风谱(图 6-48~图 6-50),进而可得到架桥机横向风荷载及竖向风荷载随时间变化的模拟效果(图 6-51、图 6-52)。

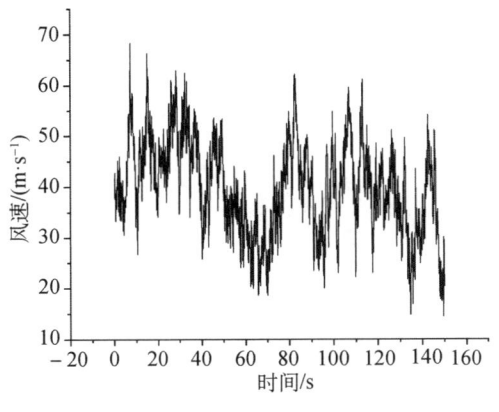

图 6-48 抖振阵风风速模拟效果

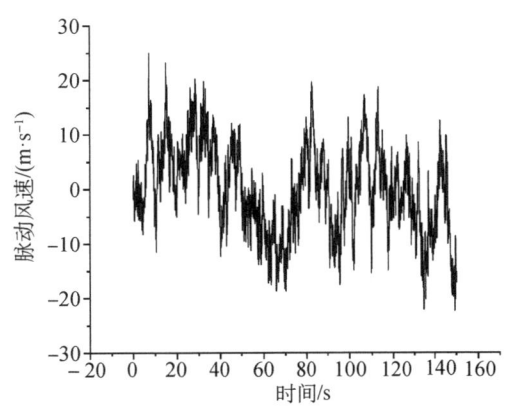

图 6-49 抖振横向脉动风速模拟效果

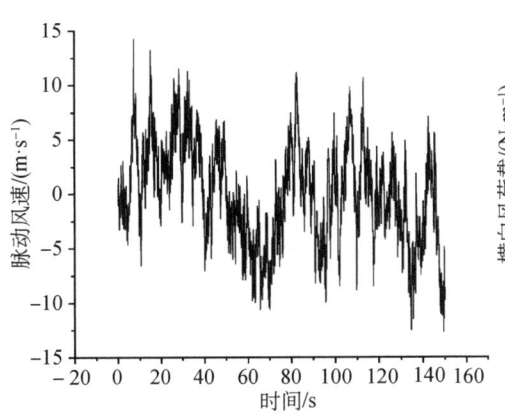

图 6-50 抖振竖向脉动风速模拟效果

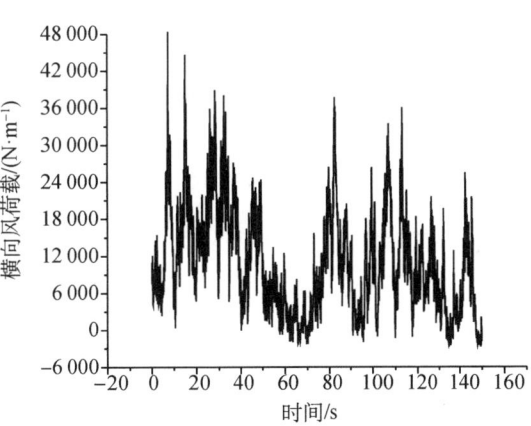

图 6-51 抖振横向风荷载模拟效果

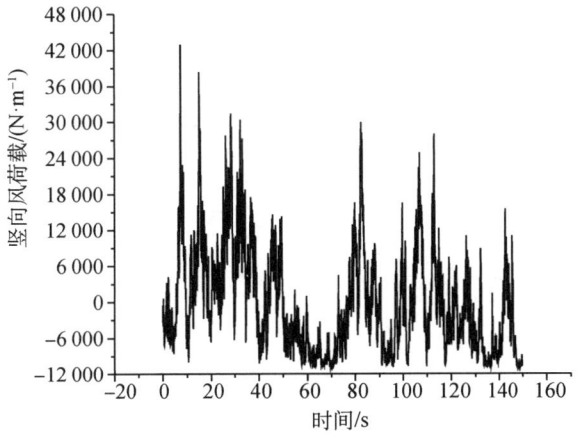

图 6-52 抖振竖向风荷载模拟效果

6.5.3 结构有限元模型及动力特性分析

1. 吊装 1# 节段

吊装 1# 节段的结构有限元模型如图 6-53 所示,表 6-13 给出了该阶段前 5 阶动力特性分析结果,图 6-54 给出了前 5 阶振型图。

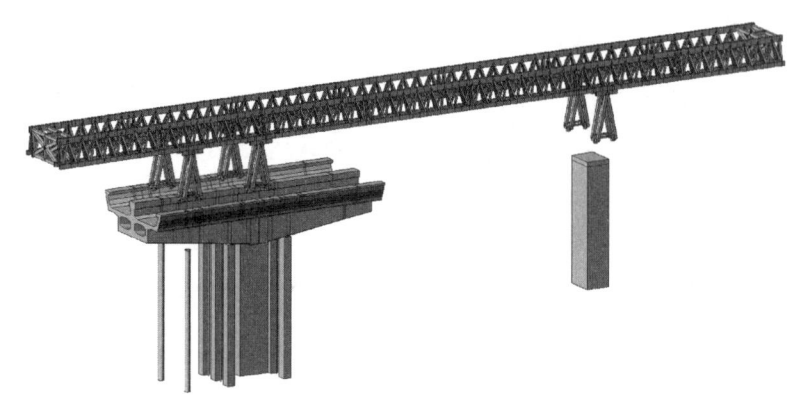

图 6-53 吊装 1# 节段有限元模型

表 6-13 吊装 1# 节段前 5 阶动力特性分析结果

振型阶数	振动频率/Hz	振型描述
1	1.025 633	架桥机一阶对称侧弯振动
2	1.517 124	架桥机一阶对称扭转振动
3	1.894 211	架桥机一阶反对称侧弯振动
4	2.278 927	架桥机一阶对称竖弯振动
5	2.420 974	桥梁结构与架桥机顺桥向漂移

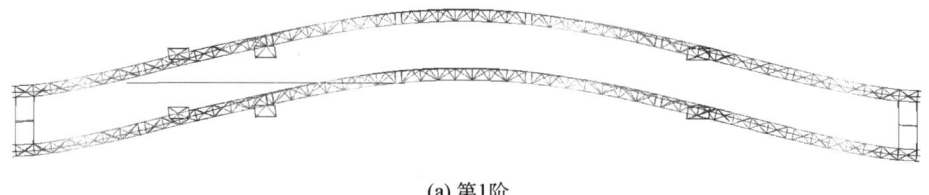

(a) 第1阶

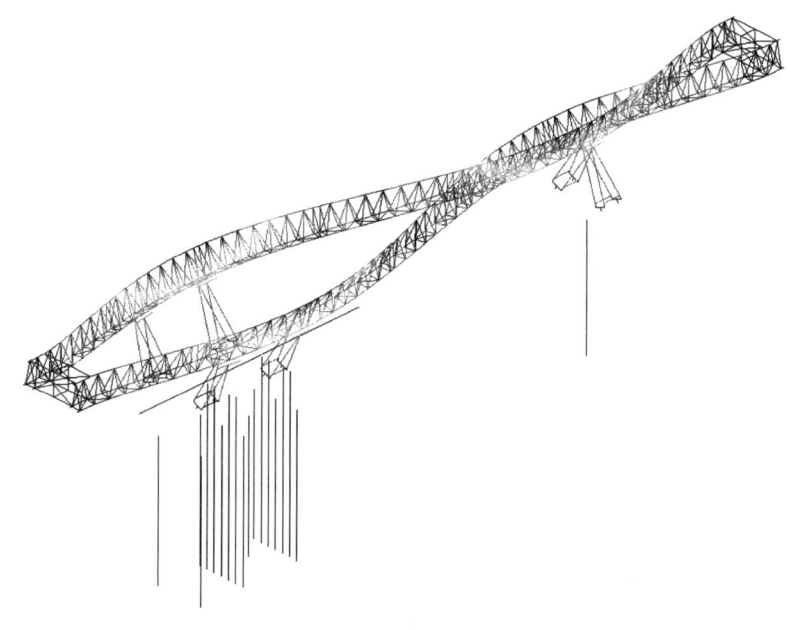

(b) 第2阶

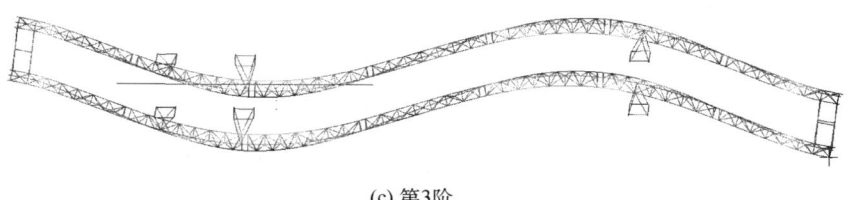

(c) 第3阶

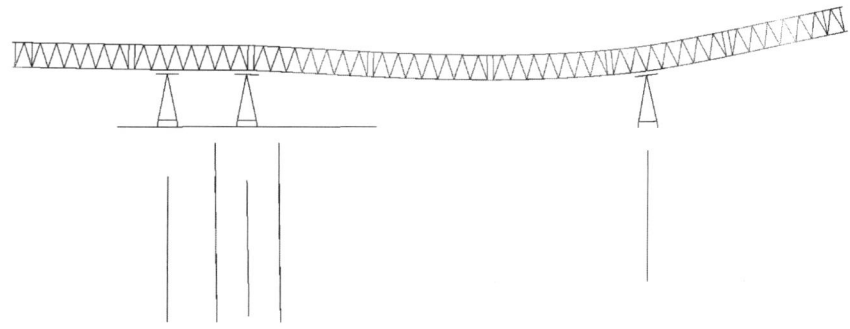

(d) 第4阶

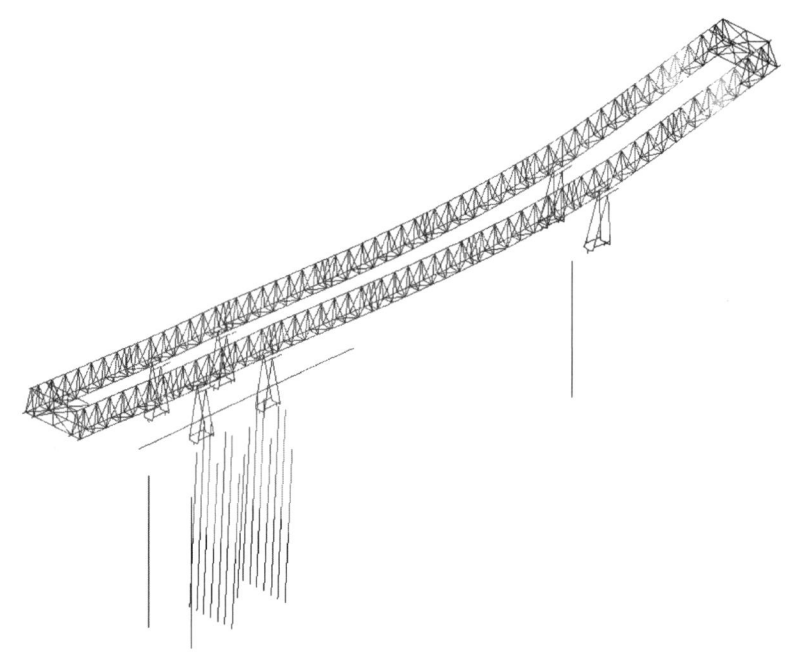

(e) 第5阶

图 6-54 吊装 1# 节段架桥机前 5 阶振型图

2. 典型过孔工况

典型过孔工况时的有限元模型如图 6-55 所示,表 6-14 给出了该阶段前 5 阶动力特性分析结果,图 6-56 给出了前 5 阶振型图。

图 6-55 典型过孔工况时的有限元模型

表 6-14 典型过孔工况前 5 阶动力特性分析结果

振型阶数	振动频率/Hz	振型描述
1	0.453 635	桥梁结构与架桥机共同侧弯振动
2	0.865 643	架桥机竖弯振动
3	1.119 206	架桥机侧弯振动
4	1.209 803	架桥机扭转振动
5	1.584 042	架桥机侧弯振动

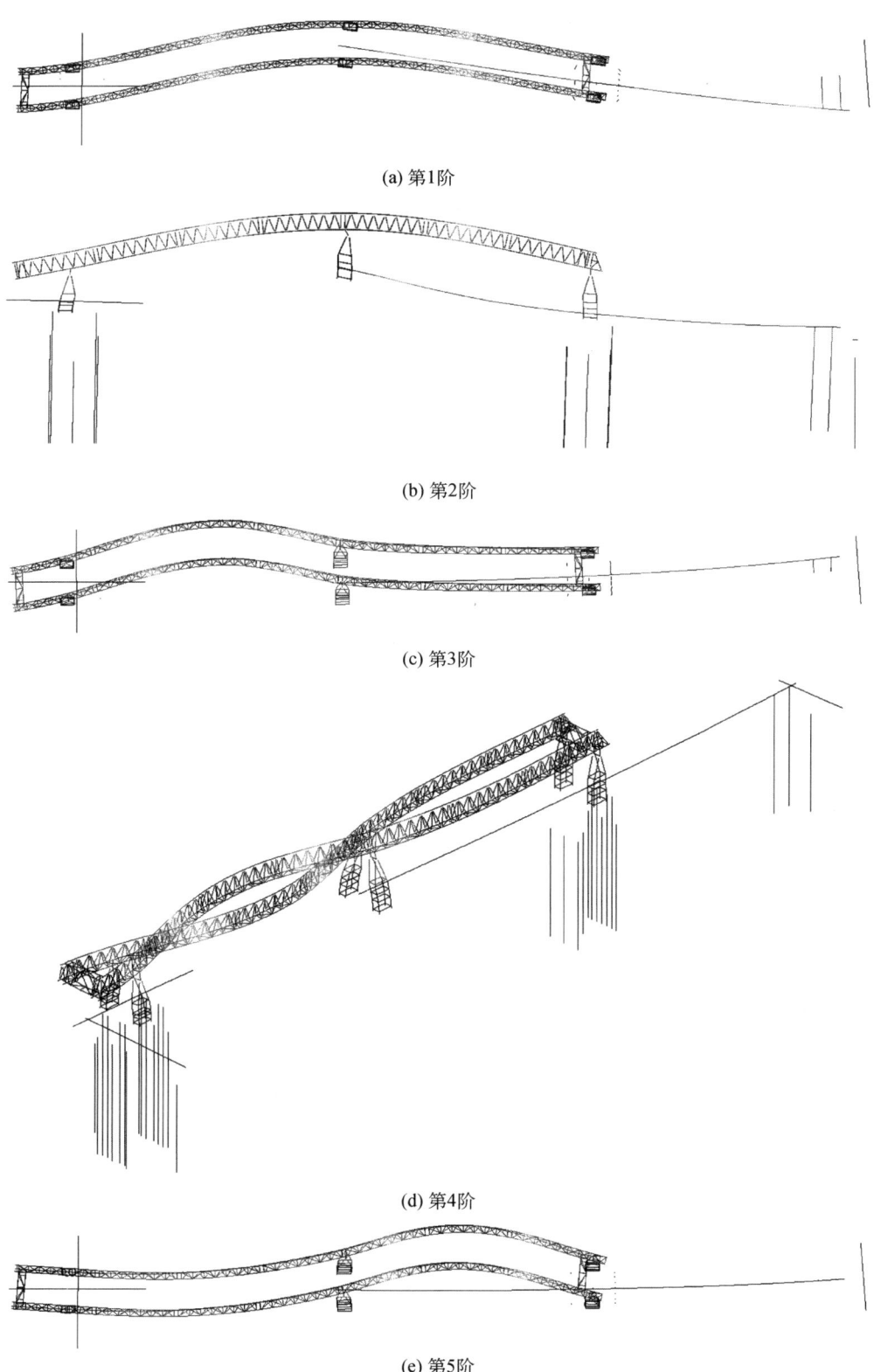

图 6-56 典型过孔工况架桥机前 5 阶振型图

3. 过孔最大悬臂工况

过孔最大悬臂工况时的有限元模型如图6-57所示，表6-15给出了该阶段前5阶动力特性分析结果，图6-58给出了前5阶振型图。

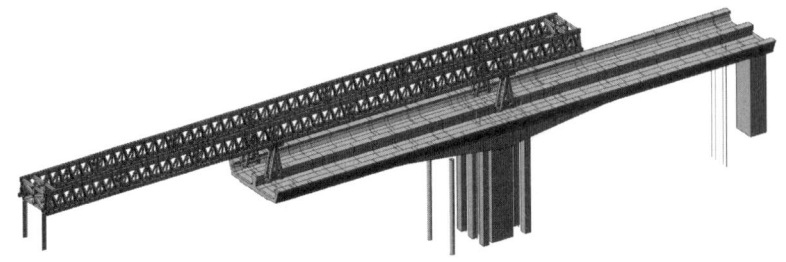

图 6-57　过孔最大悬臂工况时的有限元模型

表 6-15　过孔最大悬臂工况前 5 阶动力特性分析结果

振型阶数	振动频率/Hz	振型描述
1	0.133 905	架桥机侧弯振动
2	0.504 601	架桥机侧弯振动
3	0.806 920	架桥机侧弯振动
4	0.815 469	架桥机竖弯振动
5	1.108 252	架桥机扭转振动

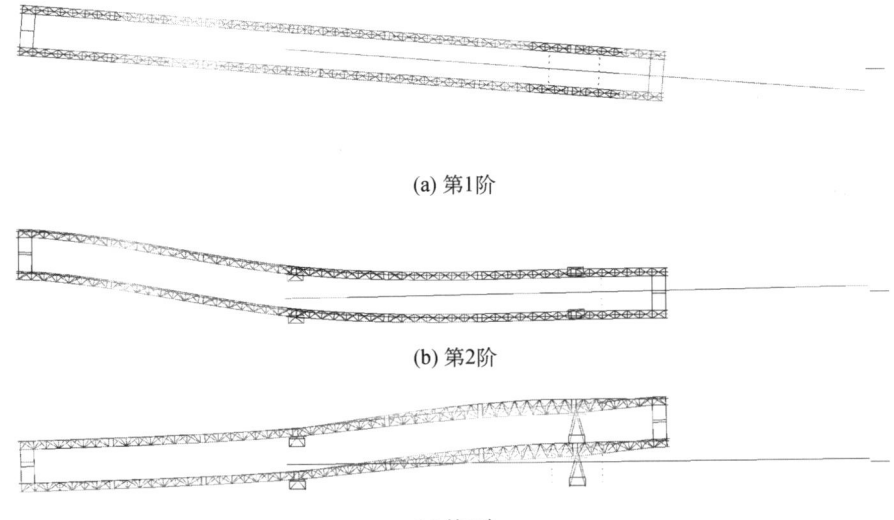

(a) 第1阶

(b) 第2阶

(c) 第3阶

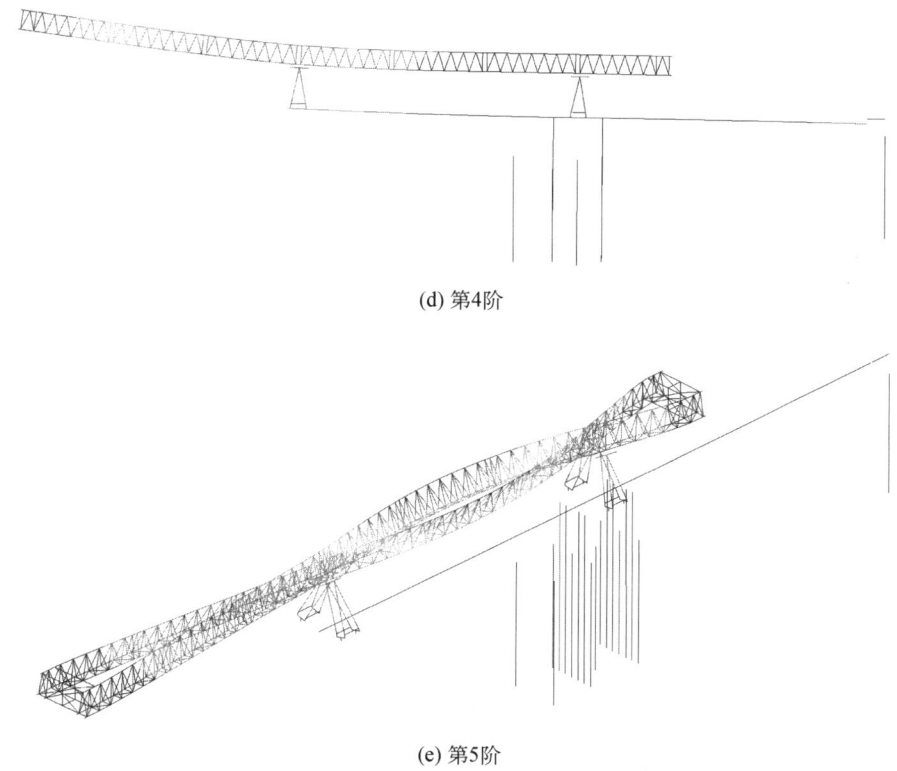

(d) 第4阶

(e) 第5阶

图 6-58　过孔最大悬臂工况架桥机前 5 阶振型图

4. 过孔到西侧 T 构工况

过孔到西侧 T 构工况时的有限元模型如图 6-59 所示，表 6-16 给出了该阶段前 5 阶动力特性分析结果，图 6-60 给出了前 5 阶振型图。

图 6-59　过孔到西侧 T 构时的有限元模型

表 6-16　过孔到西侧 T 构工况前 5 阶动力特性分析结果

振型阶数	振动频率/Hz	振型描述
1	0.423 739	架桥机侧弯振动
2	0.788 914	架桥机竖弯振动
3	0.943 792	架桥机竖弯振动

（续表）

振型阶数	振动频率/Hz	振型描述
4	1.157 597	桥梁结构与架桥机共同侧弯振动
5	1.184 262	桥梁结构与架桥机竖弯侧弯振动

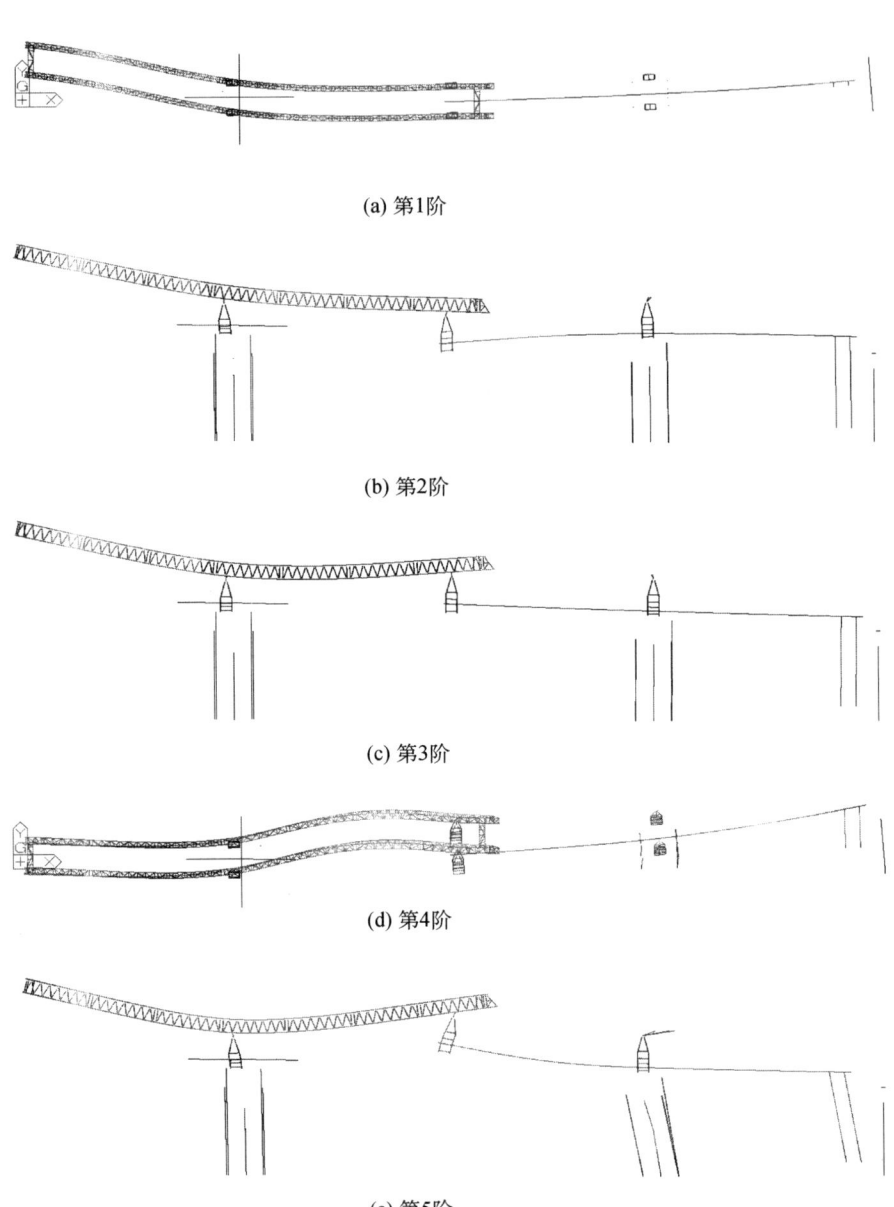

(a) 第1阶

(b) 第2阶

(c) 第3阶

(d) 第4阶

(e) 第5阶

图 6-60　过孔到西侧 T 构工况架桥机前 5 阶振型图

6.5.4 架桥机不同施工阶段的静风承载力及变形研究

1. 吊装 1# 节段

等效静阵风荷载下,架桥机结构整体应力云图与变形云图分别如图 6-61、图 6-62 所示。

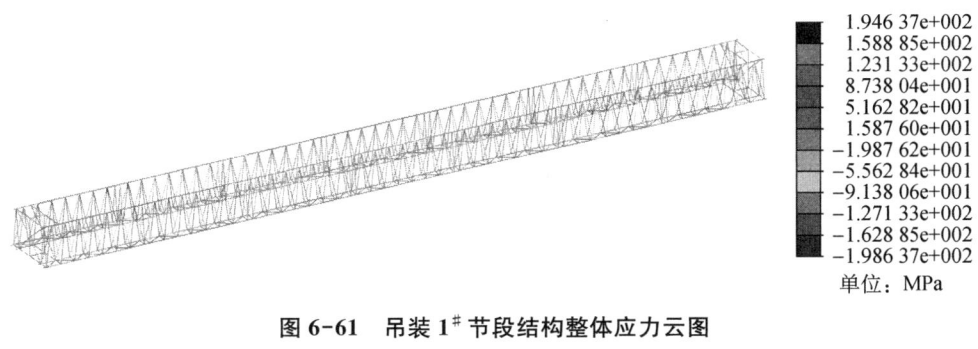

图 6-61 吊装 1# 节段结构整体应力云图

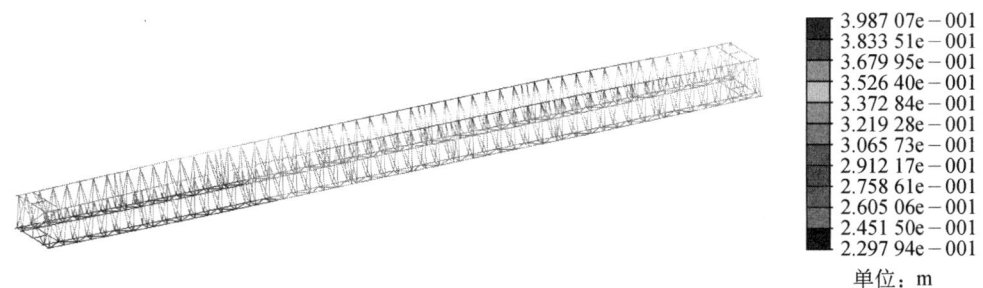

图 6-62 吊装 1# 节段结构横向位移云图

可以看到,结构最大应力为 198 MPa,仍处在弹性变形范围内,最大横向位移为 0.40 m。

抖振风荷载下,架桥机响应最大点的位移时程如图 6-63、图 6-64 所示。

可以看到,结构最大瞬时竖向位移 0.18 m,最大瞬时横向位移 1.70 m;平均竖向位移 0.03 m,平均横向位移 0.27 m。

抖振风荷载下,架桥机与主桥结构最不利连接点的支反力时程如图 6-65 所示,可见该工况下未出现负反力情况,表明该工况时不存在连接点支座脱空的风险。

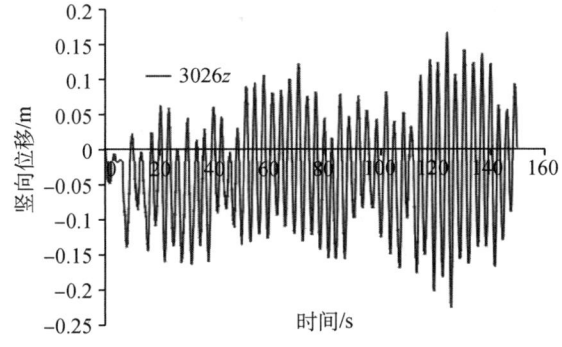

图 6-63 抖振风荷载下吊装 1# 节段架桥机最大竖向位移时程

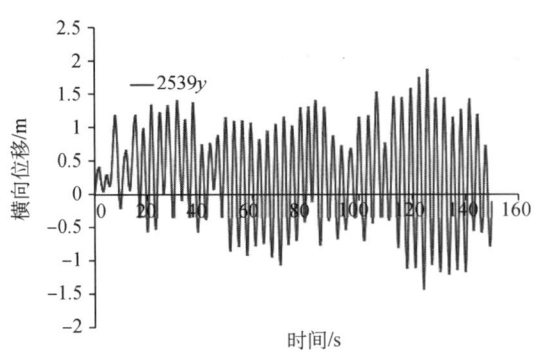

图 6-64 抖振风荷载下的架桥机最大横向位移时程

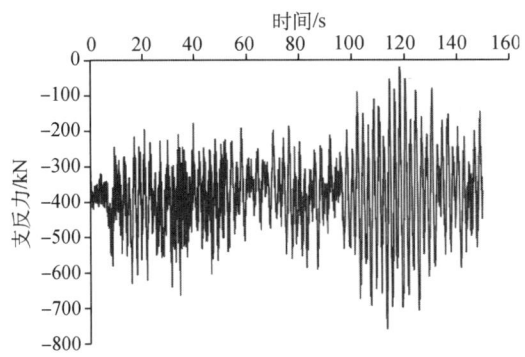

图 6-65 抖振风荷载下的架桥机最不利连接点支反力时程

2. 典型过孔工况

等效静阵风荷载下,架桥机结构整体应力云图与变形云图分别如图 6-66、图 6-67 所示。

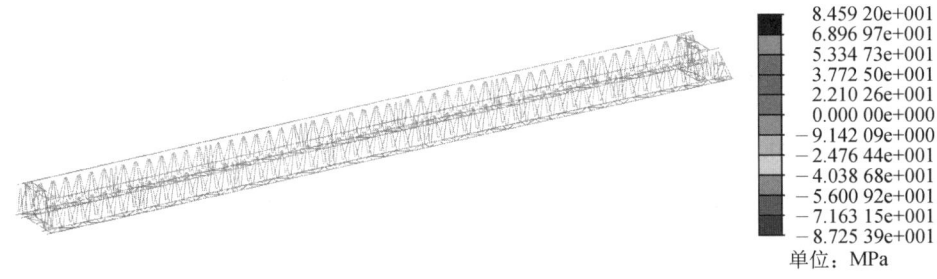

图 6-66 典型过孔工况结构整体应力云图

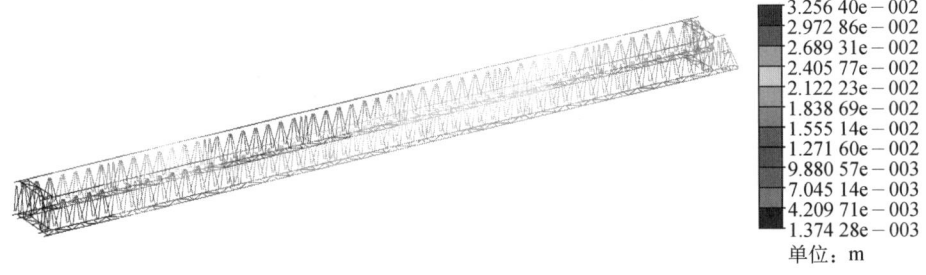

图 6-67 典型过孔工况结构横向位移云图

可以看到,结构最大应力为 87 MPa,仍处在弹性变形范围内,最大横向位移为 0.03 m。抖振风荷载下,架桥机响应最大点的位移时程如图 6-68、图 6-69 所示。

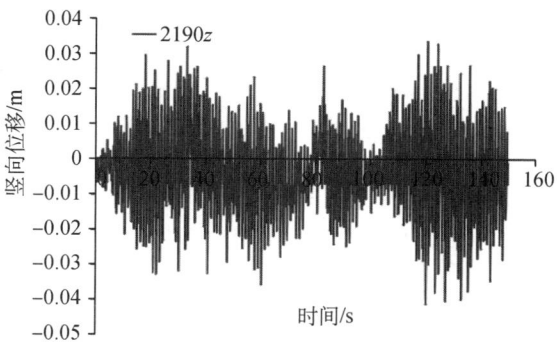

图 6-68 抖振风荷载下典型过孔工况架桥机最大竖向位移时程

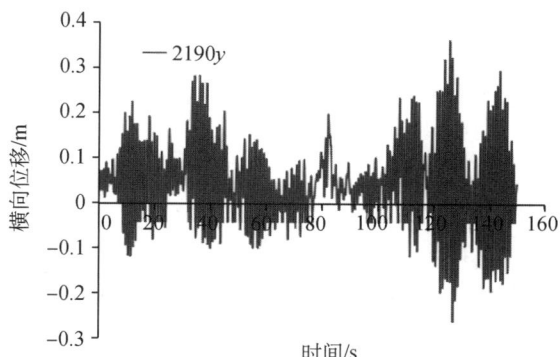

图 6-69 抖振风荷载下典型过孔工况架桥机最大横向位移时程

可以看到,结构最大瞬时竖向位移 0.04 m,最大瞬时横向位移 0.36 m;平均竖向位移 0.003 m,平均横向位移 0.05 m。

抖振风荷载下,架桥机与主桥结构最不利连接点的支反力时程如图 6-70 所示,可见该工况下未出现负反力情况,表明该工况时不存在连接点支座脱空的风险。

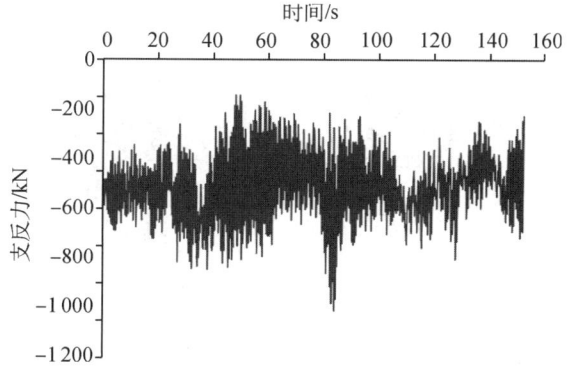

图 6-70 抖振风荷载下典型过孔工况架桥机最不利连接点支反力时程

3. 过孔最大悬臂工况

等效静阵风荷载下,架桥机结构整体应力云图与变形云图分别如图6-71、图6-72所示。

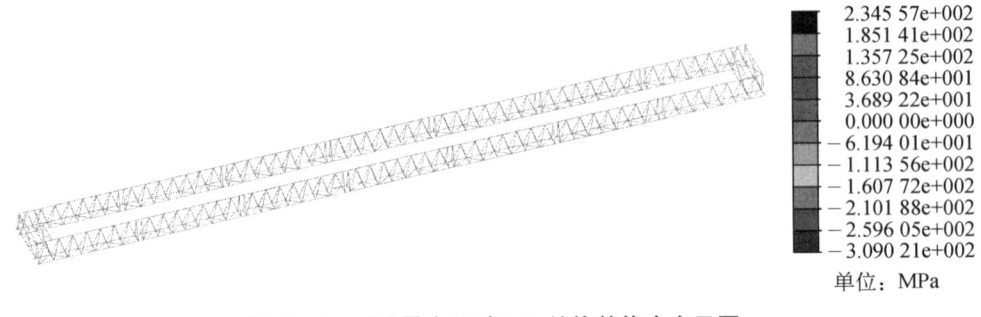

图6-71 过孔最大悬臂工况结构整体应力云图

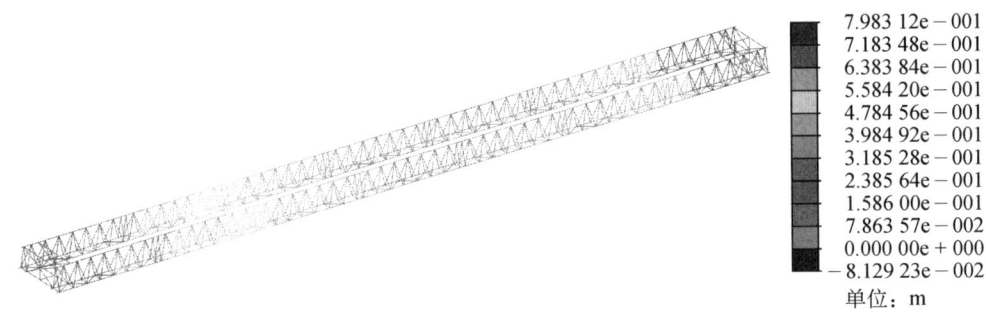

图6-72 过孔最大悬臂工况结构横向位移云图

可以看到,结构最大应力为310 MPa,仍处在弹性变形范围内,最大横向位移为0.8 m。

抖振风荷载下,架桥机响应最大点的位移时程如图6-73、图6-74所示。

可以看到,结构最大瞬时竖向位移0.34 m,最大瞬时横向位移1.88 m;平均竖向位移0.008 m,平均横向位移0.5 m。

抖振风荷载下,架桥机与主桥结构最不利连接点的支反力时程如图6-75所示,可见该工况下出现了瞬时负反力情况,表明该工况时存在连接点支座瞬时脱空的风险。

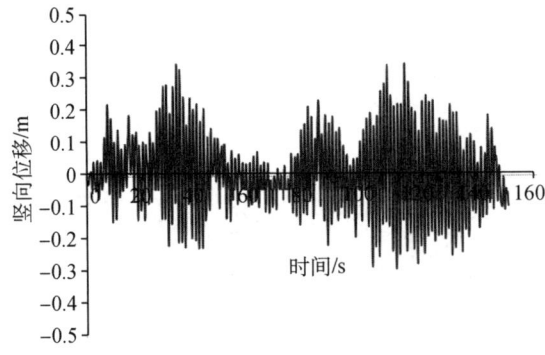

图6-73 抖振风荷载下过孔最大悬臂工况架桥机最大竖向位移时程

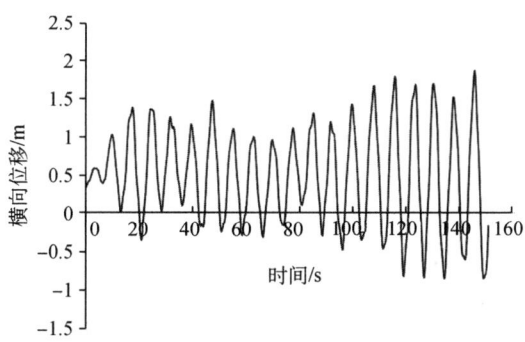

图 6-74 抖振风荷载下过孔最大悬臂工况架桥机最大横向位移时程

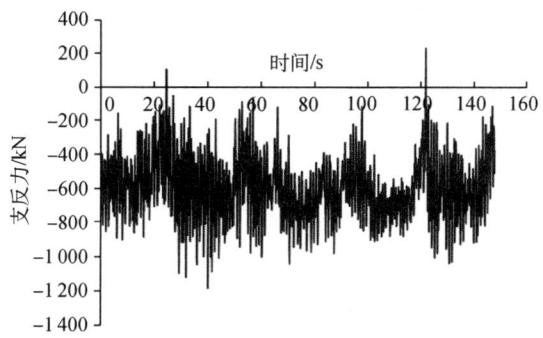

图 6-75 抖振风荷载下过孔最大悬臂工况架桥机最不利连接点支反力时程

4. 过孔至西侧 T 构工况

等效静阵风荷载下，架桥机结构整体应力云图与变形云图分别如图 6-76、图 6-77 所示。

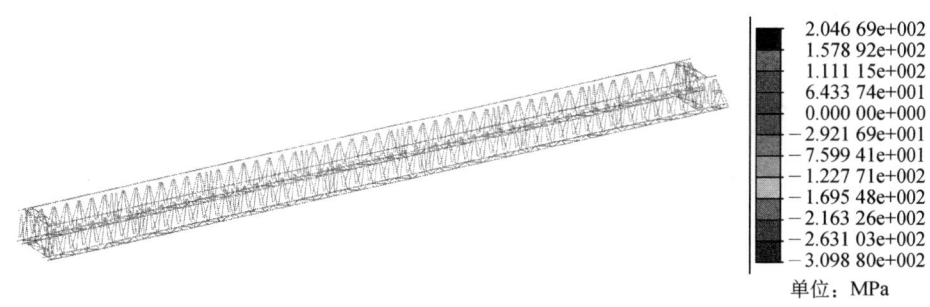

图 6-76 过孔至西侧 T 构工况结构整体应力云图

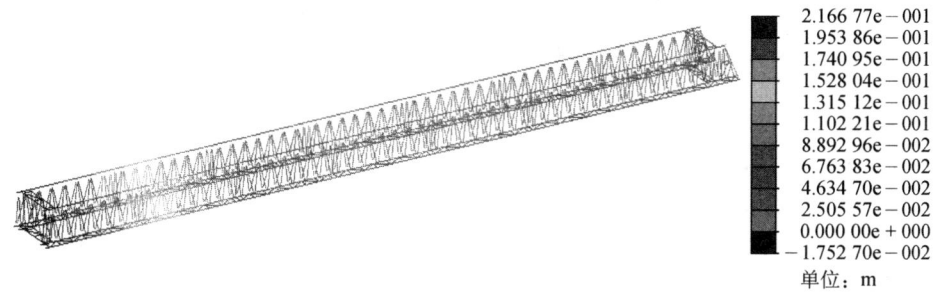

图 6-77 过孔至西侧 T 构工况结构横向位移云图

可以看到，结构最大应力为 310 MPa，仍处在弹性变形范围内，最大横向位移为 0.22 m。

抖振风荷载下，架桥机响应最大点的位移时程如图 6-78、图 6-79 所示。

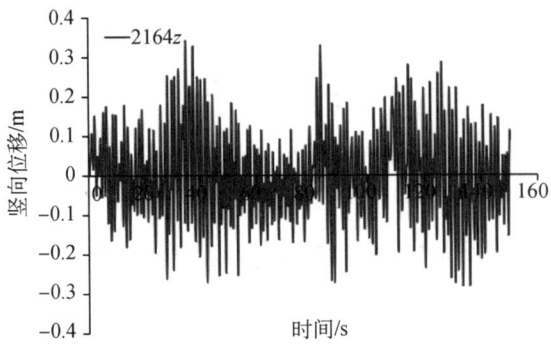

图 6-78　抖振风荷载下过孔至西侧 T 构工况架桥机最大竖向位移时程

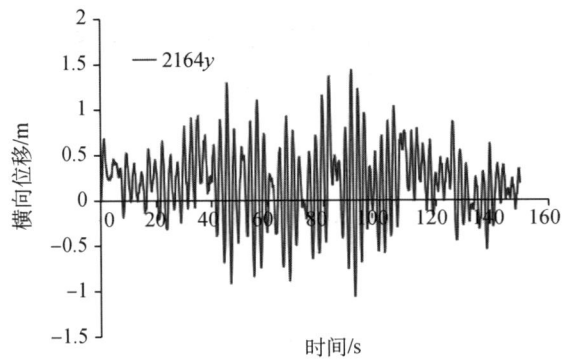

图 6-79　抖振风荷载下过孔至西侧 T 构工况架桥机最大横向位移时程

可以看到，结构最大瞬时竖向位移 0.34 m，最大瞬时横向位移 1.7 m；平均竖向位移 0.002 m，平均横向位移 0.19 m。

抖振风荷载下，架桥机与主桥结构最不利连接点的支反力时程如图 6-80 所示，可见该工况下出现了瞬时负反力情况，表明该工况时存在连接点支座瞬时脱空的风险。

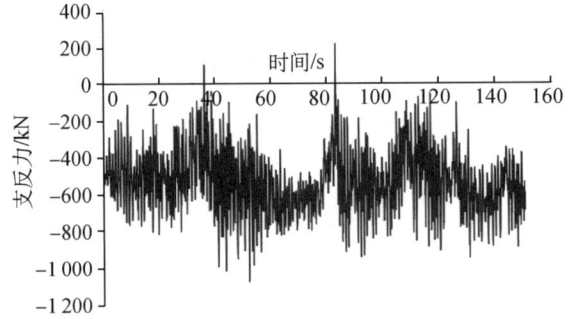

图 6-80　抖振风荷载下过孔至西侧 T 构工况架桥机最不利连接点支反力时程

5. 工况小结

等效静阵风荷载下,架桥机结构的最大 Mises 应力和最大位移汇总详见表 6-17。各工况下架桥机横向位移都比较小,且最大应力均小于 345 MPa,仍处于弹性阶段。

表 6-17 等效静阵风荷载下的最大应力和位移响应

计算工况	最大 Mises 应力/MPa	最大横向位移/m
吊装 1# 节段	198	0.40
典型过孔工况	87	0.03
最大悬臂工况	310	0.22
过孔至西侧 T 构工况	310	0.80

抖振风荷载下,架桥机的瞬时最大位移和平均位移汇总详见表 6-18。

表 6-18 抖振风荷载下的位移响应

计算工况	瞬时最大竖向位移/m	瞬时最大横向位移/m	平均竖向位移/m	平均横向位移/m
吊装 1# 节段	0.18	1.70	0.030	0.27
典型过孔工况	0.04	0.36	0.003	0.05
最大悬臂工况	0.34	1.43	0.002	0.19
过孔至西侧 T 构工况	0.34	1.88	0.008	0.50

由表可知,在最大悬臂状态下,抖振风可能导致架桥机与主桥结构的连接点出现瞬时支座脱空的不利情况。

6.5.5 结论及应对措施

(1) 基于桥-机耦合效应,通过研究风致振动作用,发现当风速较大时,架桥机主梁需承担较大的等效静阵风荷载,可能导致最不利位置的应力超出材料的屈服极限(345 MPa)。

(2) 当脉动风效应较为剧烈时,易引起结构发生抖振,架桥机可能产生较大的竖向及横桥向位移,威胁结构安全。

(3) 架桥机与桥梁结构的连接位置可能产生负反力,存在支座脱空的风险。

在最大悬臂工况下,抖振可能导致架桥机与主桥结构连接处支座脱空的风险。因此,施工至最大悬臂状态时,采用张拉临时风缆的方式提高结构抗风性能,临时风缆共布置两对,分别位于主桁梁端头和中跨 4# 节段处,布置形式如图 6-81 所示,风缆采用强度为 1 670 MPa、直径为 60.5 mm 的 6×37 钢丝绳,单根张拉力 300 kN。在模型中加入模拟台风场后,根据计算结果整理得到支反力时程图(图 6-82)和风缆应力时程图(图 6-83)。

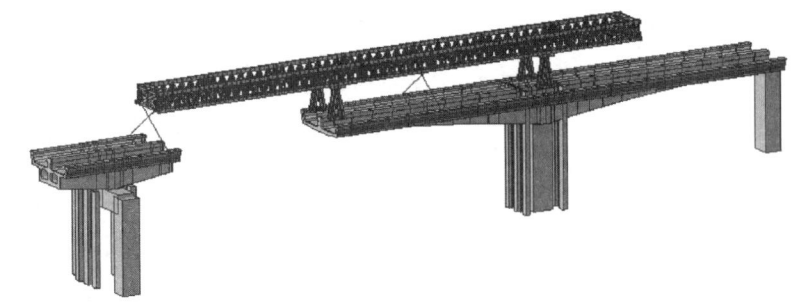

图 6-81 临时风缆示意

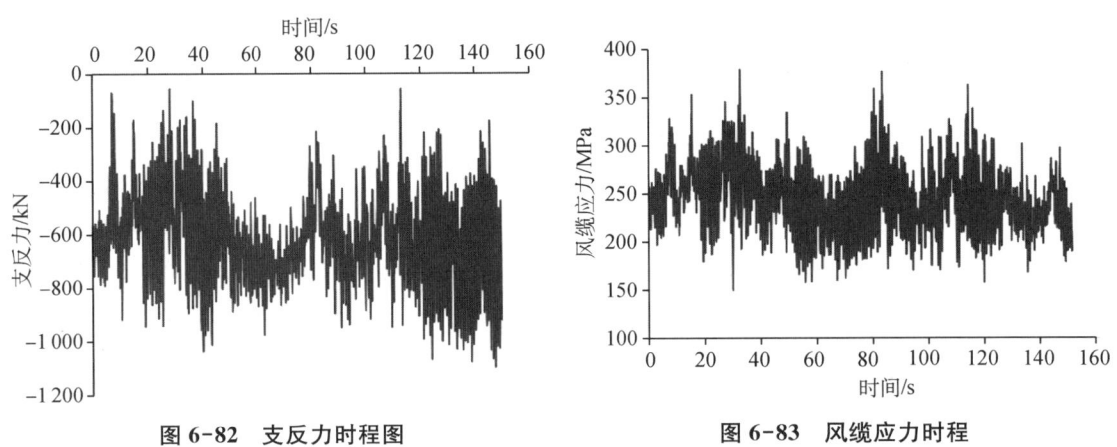

图 6-82 支反力时程图　　　　　　图 6-83 风缆应力时程

根据图 6-82、图 6-83 所示,台风进行过程中,支反力持续保持为压力,最小值为 −40 kN,不存在支腿下方脱空的情形;风缆瞬时最大应力 380 MPa,相比于其屈服强度,安全系数为 4.4,满足设计要求。

6.6　19 号中墩承台计算

在单 T 构悬臂拼装以及架桥机过孔过程中,T 构所受的偏载作用主要通过临时支撑传递到承台上,使得承台基础受到较大的偏心弯矩,与承台的设计状态有一定的差异。同时 19 号墩受周边环境限制,承台基础与桥梁线路存在一定的偏转角,呈现出明显的空间受力特性,因此有必要复核承台基础的安全性。

参考《公路钢筋混凝土及预应力混凝土桥涵设计规范》(JTG 3362—2018)第 8.5 条"桩基承台"中各项要求进行验算。验算时,将桥墩、抗倾覆墩及拉索的各项反力的作用按总合力考虑,以单墩形式的承台进行计算(图 6-84)。

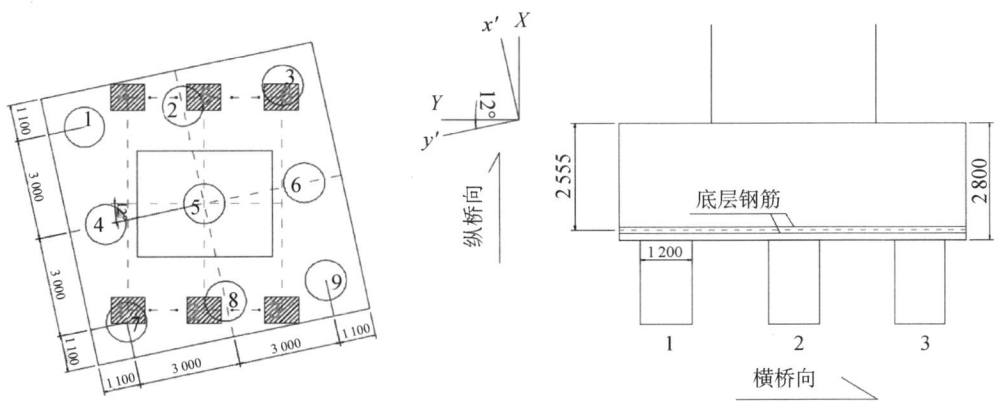

图 6-84 承台抗倾覆墩布置

6.6.1 承台验算荷载

承台底面单桩竖向力设计值计算公式如下：

$$N_{id} = \frac{F_d}{n} \pm \frac{M_{xd} y_i}{\sum y_i^2} \pm \frac{M_{yd} x_i}{\sum x_i^2} \tag{6.10}$$

式中 N_{id}——第 i 根桩作用于承台底面的竖向力设计值；

F_d——由承台底面以上的作用组合产生的竖向力设计值；

M_{xd},M_{yd}——由承台底面以上的作用组合绕通过桩群形心的 x 轴、y 轴的弯矩设计值；

n——承台下面桩的总根数；

x_i,y_i——第 i 排桩中心至 y 轴、x 轴的距离。

通过式(6.10)计算得各工况下各桩基的竖向力设计值见表 6-19。

表 6-19 各工况下承台底面单桩竖向力设计值　　　　　　　单位:kN

工况/桩号	1	2	3	4	5	6	7	8	9
吊装 1#	2 622.7	2 607.7	2 592.7	2 631.6	2 616.6	2 601.6	2 640.5	2 625.5	2 610.4
吊装 1#（中跨反顶 200 t）	2 397.9	2 384.7	2 371.6	2 410.6	2 397.5	2 384.3	2 423.4	2 410.2	2 397.1
吊装 1′#（中跨反顶 200 t）	2 505.4	2 487.5	2 469.6	2 509.3	2 491.4	2 473.5	2 513.3	2 495.3	2 477.4
吊装 2#	2 844.1	2 826.7	2 809.4	2 851.1	2 833.8	2 816.4	2 858.2	2 840.8	2 823.5
吊装 2#（中跨反顶 200 t）	2 619.3	2 603.8	2 588.3	2 630.2	2 614.7	2 599.2	2 641.1	2 625.6	2 610.1

(续表)

工况/桩号	1	2	3	4	5	6	7	8	9
吊装2′# (中跨反顶200 t)	2 715.8	2 695.7	2 675.6	2 716.5	2 696.4	2 676.2	2 717.1	2 697.0	2 676.9
吊装3#	3 119.3	3 072.0	3 024.6	3 127.8	3 080.4	3 033.1	3 136.3	3 088.9	3 041.6
吊装3# (中跨反顶200 t)	2 894.7	2 849.5	2 804.3	2 906.5	2 861.3	2 816.1	2 918.4	2 873.2	2 828.0
吊装3′# (中跨反顶200 t)	2 997.3	2 939.6	2 881.8	2 998.9	2 941.1	2 883.3	3 000.4	2 942.6	2 884.9
吊装4#	3 361.6	3 307.9	3 254.2	3 367.4	3 313.7	3 260.0	3 373.2	3 319.5	3 265.8
吊装4′#	3 447.1	3 382.8	3 318.4	3 442.2	3 377.9	3 313.5	3 437.4	3 373.0	3 308.6
吊装5#	3 571.5	3 504.1	3 436.7	3 579.3	3 511.9	3 444.5	3 587.1	3 519.7	3 452.2
吊装5′#	3 642.7	3 566.0	3 489.4	3 637.3	3 560.7	3 484.0	3 631.9	3 555.3	3 478.6
吊装6#	3 781.1	3 702.5	3 623.9	3 788.5	3 709.9	3 631.3	3 796.0	3 717.4	3 638.8
吊装6′#	3 844.6	3 757.7	3 670.7	3 838.3	3 751.3	3 664.4	3 832.0	3 745.0	3 658.1
吊装7#	3 999.3	3 906.1	3 812.9	4 014.0	3 920.8	3 827.6	4 028.7	3 935.5	3 842.3
吊装7′#	4 044.1	3 945.0	3 845.9	4 047.5	3 948.3	3 849.2	4 050.8	3 951.7	3 852.5
吊装8#	4 183.6	4 073.2	3 962.8	4 197.8	4 087.4	3 977.0	4 212.0	4 101.6	3 991.2
吊装8# (中跨反顶200 t)	3 957.9	3 849.8	3 741.6	3 976.6	3 868.4	3 760.3	3 995.2	3 887.1	3 779.0
吊装8′# (中跨反顶200 t)	3 983.0	3 871.5	3 760.1	3 994.5	3 883.0	3 771.6	4 006.0	3 894.5	3 783.0
吊装9#	4 455.0	4 330.1	4 205.2	4 473.8	4 348.9	4 224.0	4 492.6	4 367.7	4 242.8
吊装9# (中跨反顶200 t)	4 229.3	4 106.7	3 984.0	4 252.6	4 129.9	4 007.3	4 275.9	4 153.2	4 030.6
吊装9′# (中跨反顶200 t)	4 208.2	4 046.8	3 885.5	4 236.9	4 075.5	3 914.1	4 265.5	4 104.1	3 942.7
吊装10# (防护棚已拆除)	4 575.4	4 411.6	4 247.8	4 630.9	4 467.1	4 303.2	4 686.3	4 522.5	4 358.7
吊装10# (边跨反顶200 t)	4 374.9	4 208.9	4 042.9	4 415.1	4 249.1	4 083.2	4 455.3	4 289.3	4 123.4
吊装10# (天车配重)	4 375.5	4 209.5	4 043.5	4 415.1	4 249.1	4 083.1	4 454.8	4 288.8	4 122.8

通过计算得出在吊装10#节段时(防护棚已拆除),承台底面各桩基的竖向设计值最大,因此,选取该工况下的反力作为最不利荷载进行承台受力验算。

6.6.2 承台计算

1. "撑杆-系杆体系"抗压、拉承载力计算

(1) 撑杆抗压承载力按式(6.11)~式(6.15)计算：

$$r_0 D_{id} \leqslant t b_s f_{cd,s} \tag{6.11}$$

$$f_{cd,s} = \frac{f_{cu,k}}{1.43 + 304\varepsilon_1} \leqslant 0.48 f_{cu,k} \tag{6.12}$$

$$\varepsilon_1 = \left(\frac{T_{id}}{A_s E_s} + 0.002\right) \cot^2 \theta_i \tag{6.13}$$

$$t = b \sin \theta_i + h_a \cos \theta_i \tag{6.14}$$

$$h_a = s + 6d \tag{6.15}$$

式中 r_0——安全系数；

D_{id}——压杆的内力设计值；

$f_{cd,s}$——混凝土压杆的等效抗压强度设计值；

t——压杆计算高度；

b_s——压杆计算宽度；

b——桩的支撑面计算宽度，方形截面取截面边长，圆形截面取直径的0.8倍；

T_{id}——拉杆内力设计值；

A_s——在压杆计算宽度b_s(拉杆计算宽度)范围内拉杆钢筋截面面积；

θ_i——斜压杆与拉杆之间的夹角；

s——拉杆钢筋的顶层钢筋中心至承台底的距离；

d——拉杆钢筋直径，当采用不同直径的钢筋时，d 取加权平均值。

获得撑杆抗压承载力各项参数取值见表 6-20、表 6-21。

表 6-20 横桥向撑杆抗压承载力计算

参数	t/m	b_s/m	$f_{cd,s}$/MPa	$tb_s f_{cd,s}$/kN	D_{id}/kN
取值	1.1	8.2	11.2	100 186.9	16 110.6
t 的分项参数	θ_i	b/m	h_a/m	t/m	—
取值	60.8	0.96	0.512	1.1	—
$f_{cd,s}$ 的分项参数	T_{id}/kN	A_s/m²	E_s/MPa	$f_{cu,k}$/MPa	$f_{cd,s}$/MPa
取值	7867.3	8.04×10⁻⁴	2.00×10⁵	23.4	11.2

表 6-21 纵桥向撑杆抗压承载力计算

参数	t/m	b_s/m	$f_{cd,s}$/MPa	$tb_s f_{cd,s}$/kN	D_{id}/kN
取值	1.1	8.2	11.2	99 368.9	17 266.9
t 的分项参数	θ_i	b/m	h_a/m	t/m	—
取值	60.8	0.96	0.512	1.1	—
$f_{cd,s}$ 的分项参数	T_{id}/kN	A_s/m²	E_s/MPa	$f_{cu,k}$/MPa	$f_{cd,s}$/MPa
取值	10 024.4	8.04×10⁻⁴	2.00×10⁵	23.4	11.2

根据计算可得,承台撑杆抗压承载力大于撑杆压力设计值,安全系数 $r_0=6.2$(横桥向)和 5.8(纵桥向)。

(2) 系杆抗拉承载力按式(6.16)计算:

$$r_0 T_{id} \leqslant f_{cd,s} A_s \tag{6.16}$$

式中 T_{id}——拉杆内力设计值;

$f_{cd,s}$——拉杆钢筋抗拉强度设计值;

A_s——在压杆计算宽度 b_s(拉杆计算宽度)范围内拉杆钢筋截面面积。

获得系杆抗拉承载力各项参数取值如表6-22、表6-23所示。

表6-22 横桥向系杆抗拉承载力计算

参数	A_s/m^2	f_{sd}/MPa	$f_{sd}A_s$/kN	T_{id}/kN
取值	8.04×10^{-4}	280	12 379.1	7317.3

表6-23 纵桥向系杆抗拉承载力计算

参数	A_s/m^2	f_{sd}/MPa	$f_{sd}A_s$/kN	T_{id}/kN
取值	8.04×10^{-4}	280	12 379.1	10 024.4

根据计算可得,承台系杆抗拉承载力大于系杆拉力设计值,安全系数 $r_0=1.6$(横桥向)和 1.2(纵桥向)。

2. 斜截面抗剪承载力计算

承台的斜截面抗剪承载力按式(6.17)计算:

$$r_0 v_d \leqslant \frac{0.9\times10^{-4}(2+0.6P)\sqrt{f_{cu,k}}}{m} b_s h_0 \tag{6.17}$$

式中 v_d——由承台悬臂下面桩的竖向力设计值产生的计算斜截面以外各排桩最大剪力设计值的总和;

$f_{cu,k}$——边长为150 mm的混凝土立方体抗压强度标准值;

P——斜截面内纵向受拉钢筋的配筋百分率;

m——剪跨比;

b_s——承台计算宽度;

h_0——承台有效高度。

获得斜截面抗剪承载力各项参数取值如表6-24、表6-25所示。

表6-24 横桥向斜截面抗剪承载力计算

参数	P	$f_{cu,k}$/MPa	m	b_s/m	h_0/m	抗剪承载力/kN	v_d/kN
取值	0.48	23.4	0.2	8.2	2.55	94 133.2	14 059.0

表 6-25 纵桥向斜截面抗剪承载力计算

参数	P	$f_{cu,k}$/MPa	m	b_s/m	h_0/m	抗剪承载力/kN	v_d/kN
取值	0.48	23.4	0.2	8.2	2.55	55 565.6	14 059.0

根据计算可得,承台斜截面抗剪承载力大于剪力设计值,安全系数 $r_0=6.7$(横桥向)和 4.0(纵桥向)。

3. 冲切承载力计算

(1) 墩台向下冲切的破坏锥体内的冲切承载力按式(6.18)计算,得到破坏锥体内的冲切承载力如表 6-26 所示。

$$r_0 F_{ld} \leqslant 0.6 f_{td} h_0 [2\alpha_{px}(b_y+a_y)+2\alpha_{py}(b_x+a_x)] \quad (6.18)$$

式中 F_{ld}——作用于冲切破坏锥体上的冲切力设计值,可取柱或墩台的竖向力设计值减去锥体范围内桩的反力设计值;

b_x,b_y——柱或墩台作用面积的边长;

a_x,a_y——冲跨,冲切破坏锥体侧面顶边与底边间的水平距离,即柱或墩台边缘到桩边缘的水平距离,其值不应大于 h_0;

λ_x,λ_y——冲跨比,$\lambda_x=a_x/h_0$,$\lambda_y=a_y/h_0$,当 $a_x<0.2h_0$ 或 $a_y<0.2h_0$ 时,取 $a_x=0.2h_0$ 或 $a_y=0.2h_0$;

α_{px},α_{py}——与冲跨比 λ_x,λ_y 对应的冲切承载力系数;

f_{td}——混凝土轴心抗拉强度设计值。

表 6-26 破坏锥体内的冲切承载力计算

参数	f_{td}/MPa	h_0/m	α_{px}	α_{py}	a_x/m	a_y/m	b_x/m	b_y/m	冲切承载力/kN	F_{ld}/kN
取值	1.52	2.55	3.2	2.8	0.955	0.564	3.130	3.913	97 639.0	30 841.4

根据计算可得,墩台向下冲切的破坏锥体内的冲切承载力大于冲切力设计值,安全系数 $r_0=3.2$。

(2) 冲切破坏锥体外的角桩冲切承载力按式(6.19)计算,得到角桩冲切承载力如表 6-27 所示。

$$r_0 F_{ld} \leqslant 0.6 f_{td} h_0 \left[\alpha'_{px}\left(b_y+\frac{a_y}{2}\right)+\alpha'_{py}\left(b_x+\frac{a_x}{2}\right)\right] \quad (6.19)$$

式中 F_{ld}——角桩竖向力设计值;

b_x,b_y——承台边缘至桩内边缘的水平距离;

a_x,a_y——冲跨,为桩边缘至相应柱或墩台边缘的水平距离;

$\alpha'_{px},\alpha'_{py}$——与冲跨比对应的冲切承载力系数。

表 6-27 角桩冲切承载力计算

参数	f_{td}/MPa	h_0/m	α'_{px}	α'_{py}	a_x/m	a_y/m	b_x/m	b_y/m	冲切承载力/kN	F_{ld}/kN
取值	1.52	2.55	2.1	1.9	0.955	0.564	0.62	0.62	7 769.9	4 686.3

根据计算可得,墩台向下冲切的破坏锥体外的角桩冲切承载力大于冲切力设计值,安全系数 $r_0 = 1.7$。

(3) 冲切破坏锥体外的边桩冲切承载力按式(6.20)计算,得到横桥向边桩、纵桥向边桩冲切承载力如表 6-28、表 6-29 所示。

$$r_0 F_{ld} \leqslant 0.6 f_{td} h_0 [\alpha'_{px}(b_p + h_0) + 0.667(2b_x + a_x)] \quad (6.20)$$

式中 F_{ld}——作用于冲切破坏锥体上的冲切力设计值;

b_x, b_y——柱或墩台作用面积的边长;

a_x, a_y——冲跨,冲切破坏锥体侧面顶边与底间的水平距离,即柱或墩台边缘到柱边缘的水平距离;

α'_{px}, α'_{py}——与冲跨比对应的冲切承载力系数;

f_{td}——混凝土轴心抗拉强度设计值。

表 6-28　横桥向边桩的冲切承载力计算

参数	f_{td}/MPa	h_0/m	α'_{px}	a_x/m	b_x/m	b_p/m	冲切承载力/kN	F_{ld}/kN
取值	1.52	2.55	1.4	0.955	0.62	0.96	14 771.8	4 522.5

表 6-29　纵桥向边桩的冲切承载力计算

参数	f_{td}/MPa	h_0/m	α'_{px}	a_x/m	b_x/m	b_p/m	冲切承载力/kN	F_{ld}/kN
取值	1.52	2.55	1.9	0.564	0.62	0.96	18 307.1	4 630.9

根据计算可得,墩台向下冲切破坏锥体外边桩的冲切承载力大于冲切力设计值,安全系数 $r_0 = 3.3$(横桥向)和 4.0(纵桥向)。

4. 局部抗压承载力计算

选取最大反力的抗倾覆墩墩底作为承台局部抗压验算区域。

局部受压区的截面尺寸应满足式(6.21),得到局部受压区验算结果如表 6-30、表 6-31 所示。

$$r_0 F_{ld} \leqslant 1.3 \eta_s \beta f_{cd} A_{ln} \quad (6.21)$$

式中 F_{ld}——局部受压面积上的局部压力设计值;

f_{cd}——混凝土轴心抗压强度设计值;

η_s——混凝土局部承压修正系数;

β——混凝土局部承压强度提高系数;

A_{ln}——混凝土局部受压面积。

表 6-30　局部受压区截面尺寸验算

参数	f_{cd}/MPa	β	η_s	A_{ln}/m²	局部受压承载力/kN	F_{ld}/kN
取值	16.1	1	1	0.8	16 744	4 619.3

局部抗压承载力按式(6.22)计算：

$$r_0 F_{ld} \leqslant 0.9(\eta_s \beta f_{cd} + k\rho_v \beta_{cor} f_{sd}) A_{ln} \tag{6.22}$$

式中 β_{cor} ——配置间接钢筋时局部抗压承载力提高系数；
k ——间接钢筋影响系数。

表 6-31 局部受压承载力计算表

参数	f_{cd}/MPa	β	η_s	A_{ln}/m²	β_{cor}	ρ_v	f_{sd}/MPa	局部受压承载力/kN	F_{ld}/kN
取值	16.1	1	1	0.8	0.869	0.022	280	19 358.8	16 744.0

根据计算可得，承台的局部承载力大于局部压力设计值，安全系数 $r_0 = 3.6$（截面尺寸）。

6.7 本章小结

在架桥机单 T 构悬臂拼装方法中，架桥机 1# 支腿支撑于 T 构中跨侧的悬臂端，架桥机与 T 构之间的力学状态是耦合的；在整个架梁过程中，架桥机与桥梁结构的相对位置、架桥机支承状态、外荷载都不断发生变化，架桥机与 T 构组成的体系是时变的。因此，对于节点桥，在其数值计算过程中必须建立桥-机耦合模型，并能够获得结构体系中各构件在最不利工况下的力学状态。

(1) 基于桥-机耦合效应的全过程分析方法。

针对架桥机单 T 构悬臂拼装过程中力学状态的耦合性、时变性，提出了基于桥-机耦合效应的悬臂拼装施工全过程分析方法。根据拼装工艺，将整个施工过程拆分为系列工况，把施工期间的桥梁结构和架桥机作为一个整体，建立不同施工阶段、具有耦合效应的桥-机体系分析模型，通过自定义车辆荷载，在架桥机两榀主桁梁间引入虚拟横梁与虚拟车道，利用影响线加载方法获得移动天车荷载下耦合体系中各个构件在最不利工况下的力学包络效应。

该方法可以涵盖天车移动中的所有工况，防止遗漏某些危险工况、最不利工况，确保了结构体系的安全。与传统计算方法相比，该方法大大提高了复杂受力体系计算的可靠性。

(2) 基于桥-机耦合效应的抗风分析。

建立了不同施工阶段下 120 t 架桥机与桥梁结构的一体化三维有限元模型，并基于 Simiu 风谱生成了典型台风作用下不同施工阶段的脉动风速时变规律。

通过考虑吊装 1# 节段、典型过孔阶段及最大悬臂阶段三种典型工况下的架桥机-桥梁结构耦合作用，实现了 120 t 架桥机在典型台风荷载下的等效静阵风响应及脉动风响应分析，分析了架桥机自身的结构安全性。

开展了吊装 1# 节段、典型过孔阶段及最大悬臂阶段三种典型工况下的架桥机支座脱空风险分析，结果表明，在最大悬臂阶段，由于瞬时脉动效应，架桥机存在与桥梁结构脱空的风险，须采取相应的管控措施。

通过施加风缆，结构抗风稳定性大幅提高，历经两次台风考验，安全度过了台风周期。

(3) 基于桥-机耦合效应的承台分析。

在单 T 构悬臂拼装以及架桥机过孔过程中，19 号墩 T 构所受的荷载主要由承台承担，使得承台基础受到较大的偏心弯矩，且由于受环境限制，承台呈现出明显的空间受力特性。各项承载力安全系数见表 6-32。

表 6-32　承台承载力安全系数

撑杆		系杆		斜截面抗剪		冲切承载力				局部承压	
横桥向	纵桥向	横桥向	纵桥向	横桥向	纵桥向	破坏锥体内	角桩	横桥向边桩	纵桥向边桩	承压截面尺寸	局部抗压
6.2	5.7	1.6	1.2	6.7	4.0	3.2	1.7	3.3	4.0	3.6	4.2

第7章 合龙与体系转换精准控制技术

7.1 U+箱连续梁体系转换精准控制技术

在混凝土箱梁的对称悬臂拼装过程中,结构的力学状态是基本确定的,外荷载引起的力学状态波动很小。拼装线型可由施工控制计算确定,施工过程中的偏差可采用拼缝中加垫片的方法来微调,合龙口高程偏差可采取悬臂端部压重等措施来调整,一般不涉及结构应力状态的控制。

U+箱连续梁施工期间的应力状态分布特点是上缘压应力大、下缘压应力小,如图7-1(a)所示。但在运营阶段,为满足列车荷载作用下的压应力控制要求,U+箱截面上下缘的压应力分布如图7-1(b)所示。受截面空间限制,这种应力状态的转换无法通过结构内部的预应力张拉来实现。只能通过外部方法进行施工与运营阶段力学状态的转换,转换的目的在于控制结构应力而不是线型。

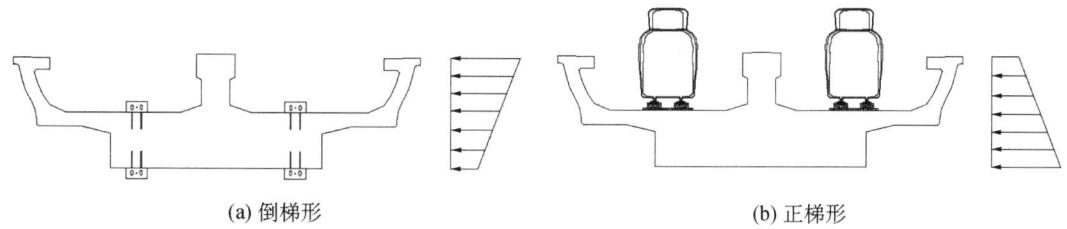

(a) 倒梯形　　　　　　　　　　　(b) 正梯形

图 7-1　U+箱梁力学状态示意

7.1.1 集中卸载转换方法

1. 转换方法

根据节点桥特点,在距跨中悬臂端两侧3.5 m处设置混凝土块压重1 560 kN,同时在距边跨悬臂端2.5 m压重1 500 kN作为配重,保持主梁整体平衡,压重稳定后即浇筑湿接缝混凝土。混凝土达到设计强度后,张拉合龙段顶底板钢束,此时主梁体系从悬臂梁变为连续梁。

拆除边跨全部压重,中跨压重整体保留,施工中跨压重范围外的桥面铺装、承轨台和电缆槽(统称二期恒载);拆除中跨全部压重,依次施工中跨跨中剩余部分和边跨二期恒载,完成其余附属设施安装。整体过程按阶段中最不利受力状态划分为7个施工阶段性工况,如图7-2所示。

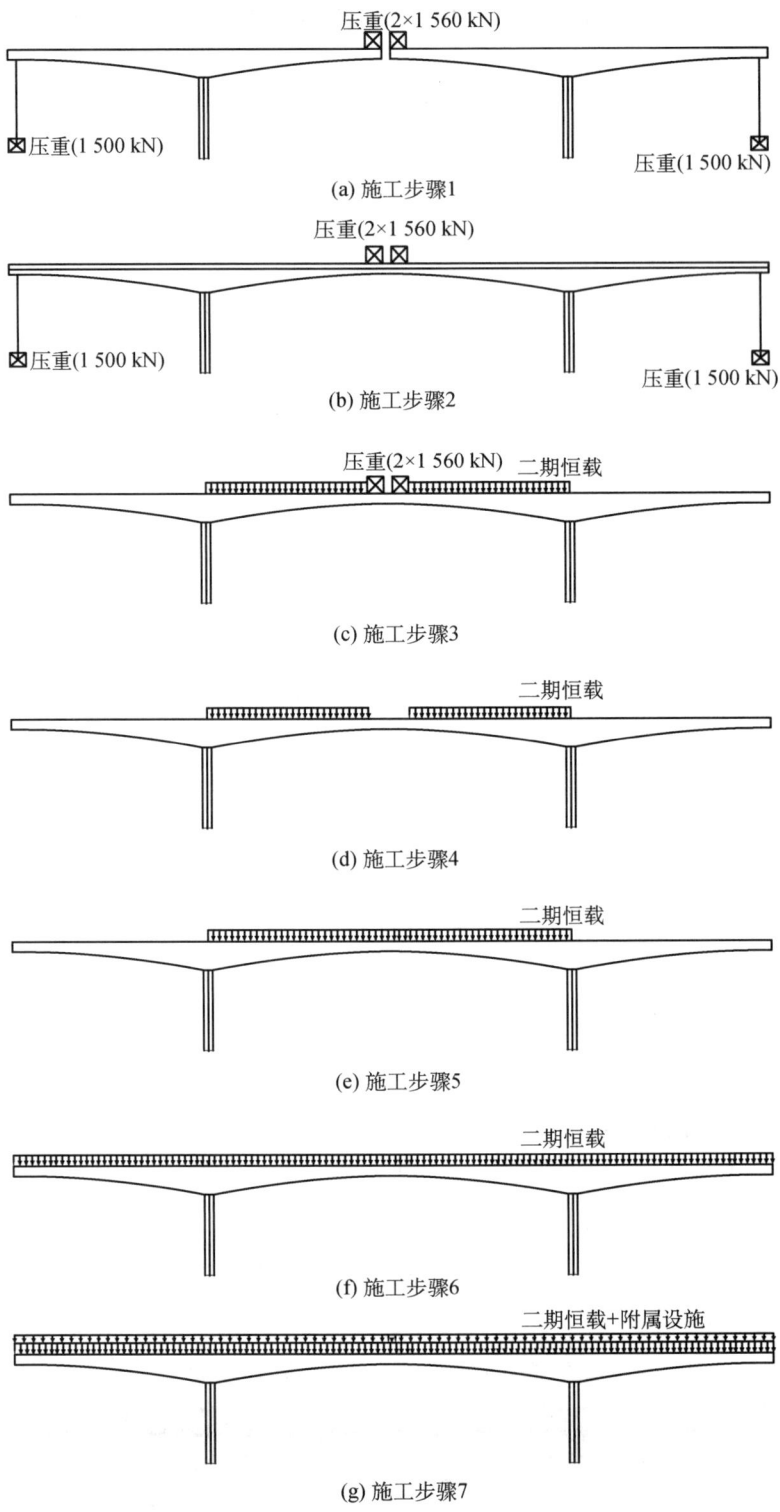

图 7-2 施工步骤示意

2. 转换结果

依据集中卸载转换方案进行主梁的计算，各步骤云图如图 7-3 所示，应力最值见表 7-1。

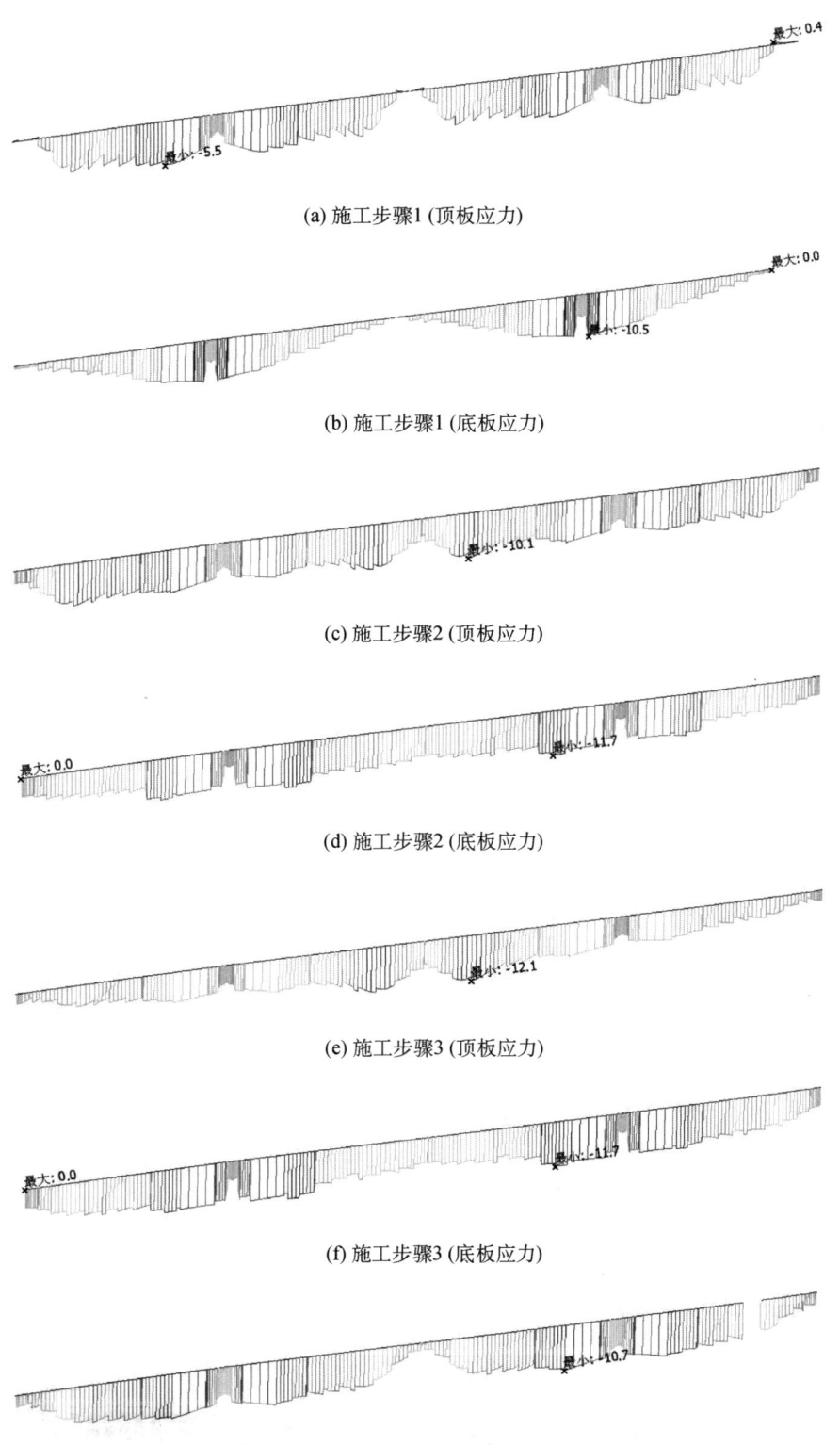

(a) 施工步骤1 (顶板应力)

(b) 施工步骤1 (底板应力)

(c) 施工步骤2 (顶板应力)

(d) 施工步骤2 (底板应力)

(e) 施工步骤3 (顶板应力)

(f) 施工步骤3 (底板应力)

(g) 施工步骤4 (顶板应力)

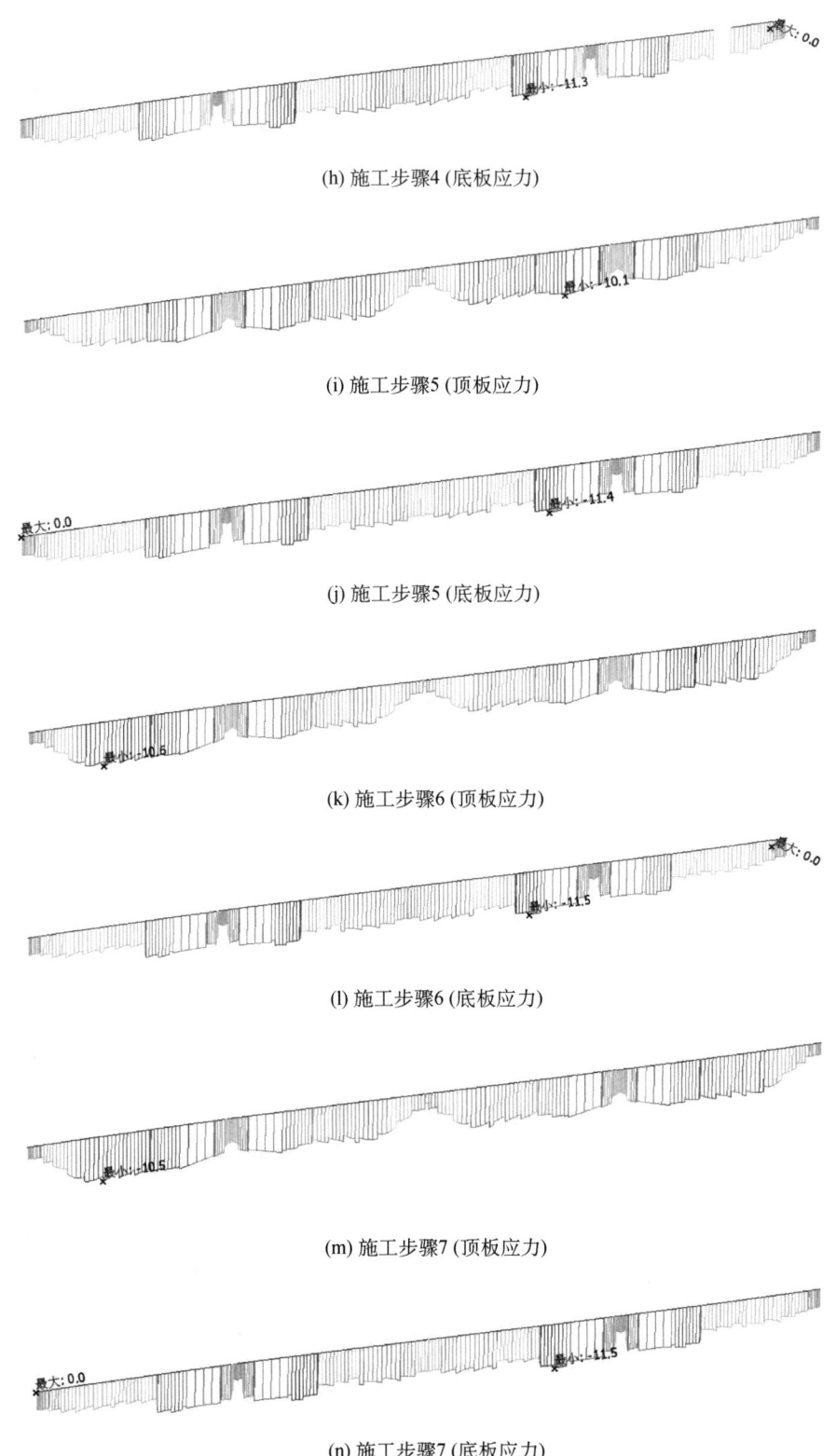

(h) 施工步骤4 (底板应力)

(i) 施工步骤5 (顶板应力)

(j) 施工步骤5 (底板应力)

(k) 施工步骤6 (顶板应力)

(l) 施工步骤6 (底板应力)

(m) 施工步骤7 (顶板应力)

(n) 施工步骤7 (底板应力)

图 7-3 常规合龙方案对应的顶板及底板的应力分布图(单位:MPa)

表 7-1　主梁顶板及底板应力最值(常规合龙方案)　　　　单位:MPa

施工步骤	顶板应力		底板应力		跨中应力	
	max	min	max	min	顶板	底板
1	0.4	−5.5	0	−10.5	0.0	0.0
2	0	−10.1	0	−11.7	−3.8	−7.0
3	0	−12.1	0	−11.7	−6.2	−6.0
4	0	−10.7	0	−11.3	−0.5	−8.3
5	0	−10.1	0	−11.4	−2.6	−7.5
6	0	−10.6	0	−11.5	−1.7	−7.8
7	0	−10.5	0	−11.5	−2.3	−7.6

3. 方法缺点

根据上述分析可知,在二期恒载作用下截面应力可以满足运营期间活载下的控制要求。但是如果二期恒载施加前,直接卸载压重,相当于在合龙后的梁底施加了向上的反力,容易导致结构顶部拉应力超标。因此,需要对加卸载进行优化,保证在合龙阶段完成力学状态转换的同时,既能满足 U+箱梁的应力控制要求,又能满足已铺轨道的标高控制要求。

7.1.2　分级卸载转换方法

该方法根据主梁受力需要,通过压重分级卸载与二期恒载分区加载相结合的方法实现截面应力的平稳过渡,防止了一次性卸载带来的应力剧烈变化,在满足顶板压应力储备的同时,防止施工过程中应力变化对结构的影响。

1. 转换方法

具体施工步骤如下:

(1) 先边跨合龙,对边跨与中跨进行压载,再进行中跨合龙,如图 7-4(a)所示。加载块为混凝土块,每块尺寸为 0.8 m×0.8 m×2 m,重量为 3.5 t,边跨及中跨轨道区域分别堆放 17 块共 125 t。

(2) 边跨第 1 次卸载:为不影响铺轨测量及钢轨、轨枕等材料铺设,桥梁施工单位先将下行线轨行区混凝土块全部移除,其中 7 块 25 t 移至疏散平台,其余 10 块共 35 t 卸载,边跨剩余压载为 90 t。铺轨单位将下行线钢轨、轨枕等材料由边跨向中跨铺设至跨中压载区,中跨轨道区域压载保持 125 t 不变,如图 7-4(b)所示。

(3) 边跨第 2 次卸载:移除上行线混凝土压块,其中 3 块 10 t 移至疏散平台,其余 55 t 卸载。此时边跨剩余混凝土压块 10 块共 35 t,再由铺轨单位将上行线钢轨、轨枕等材料由边跨向中跨铺设至跨中压载区。此阶段因轨枕未浇筑混凝土,因此按轨道设备项 14.4 kN/m 取值计算。整个过程需现场测量标高变化情况,以及时反馈测量信息。中跨轨道区域压载继续保持 125 t 不变,如图 7-4(c)所示。

(4) 中跨第 1 次卸载:除中跨 30 m 压重范围,铺轨单位将钢轨、轨枕和其他材料铺设完成后,保留边跨 35 t 压载。开始卸载中跨 75 t 的混凝土块,将剩余 50 t 混凝土块移至疏散平台,让出中跨压载轨行区空间,铺设剩余 30 m 钢轨和轨枕。此时轨道铺设全线拉通无障碍(全桥均部14.4 kN/m），边跨压载35 t，中跨压载50 t，如图7-4(d)所示。

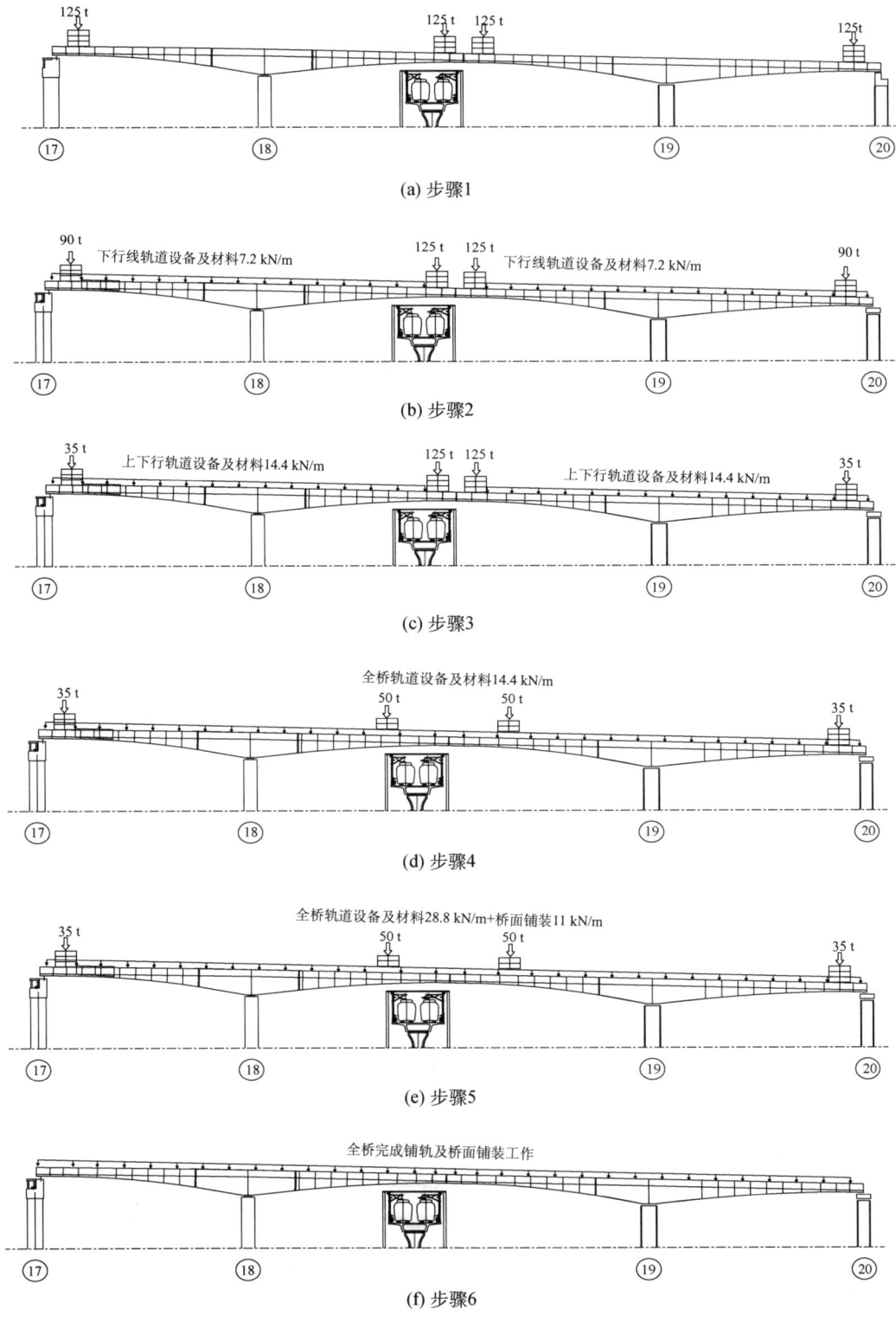

图 7-4 施工步骤示意

(5) 卸载边跨中跨剩余堆载：施工所有轨道定位以及承轨台浇筑工作后进行桥面防水及桥面铺装施工，此时轨道及承轨台荷载 28.8 kN/m，桥面铺装荷载 11 kN/m。待混凝土养护 7 d 后，先卸载跨中 50 t 堆载，再卸载边跨 35 t 堆载，如图 7-4(e)所示。

(6) 完成全桥铺轨及桥面铺装工作，合龙完成，如图 7-4(f)所示。

2. 转换结果

(1) 边跨两次卸载后。

边跨第 1 次卸载后结构的受力示意如图 7-5 所示，在中跨合龙段施加 125 t 的压重，在边跨合龙段施加 90 t 的压重。

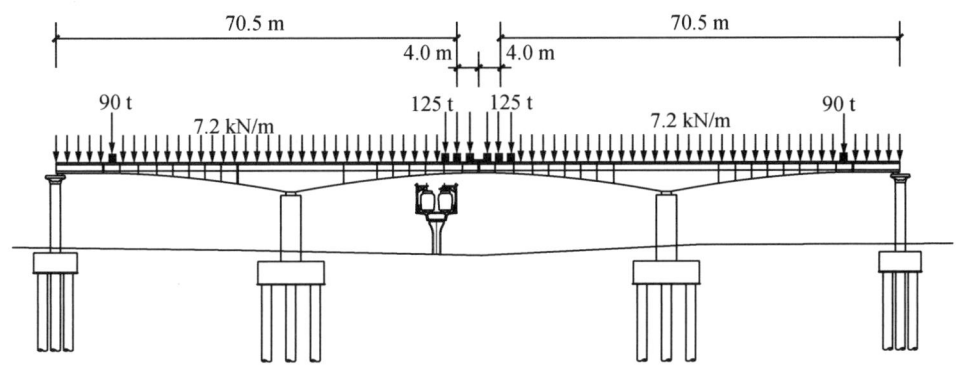

图 7-5 边跨第 1 次卸载受力示意

该阶段全桥的正应力图如图 7-6 所示，合龙段上缘最小压应力为 5.35 MPa，下缘最小压应力为 6.03 MPa。此阶段全桥的变形图如图 7-7 所示，跨中位移 49 mm。

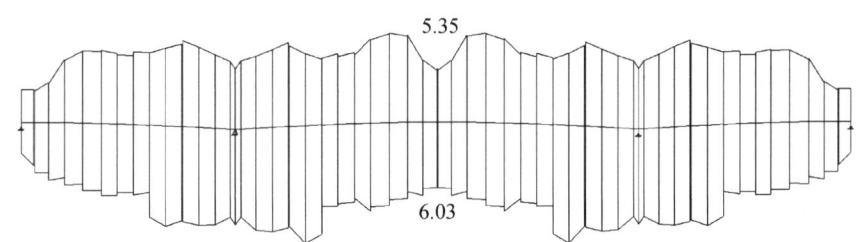

图 7-6 边跨卸载至 90 t，未安装轨道设备阶段上下缘正应力图(单位：MPa)

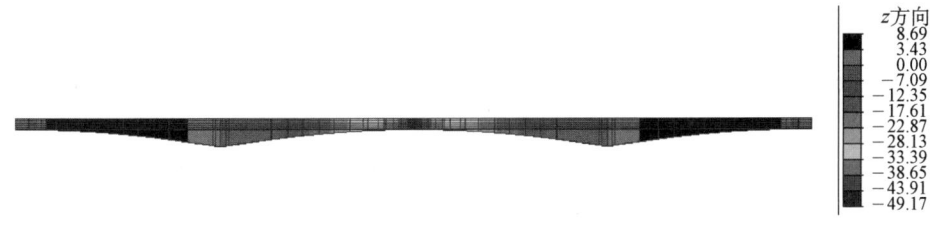

图 7-7 边跨卸载至 90 t，未安装轨道设备阶段主梁变形图(单位：mm)

边跨第 2 次卸载后结构的受力示意如图 7-8 所示，中跨合龙段压重保持 125 t 不变，边跨合龙段压重从 90 t 减少至 35 t。

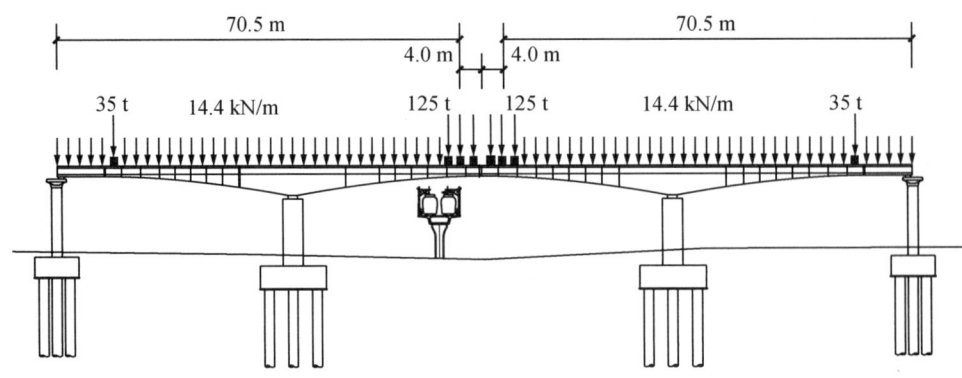

图 7-8　边跨第 2 次卸载受力示意

安装单线轨道设备阶段全桥的正应力图如图 7-9 所示,合龙段上缘最小压应力为 5.64 MPa,下缘最小压应力为 5.88 MPa。此阶段全桥的变形图如图 7-10 所示,跨中位移 51 mm。

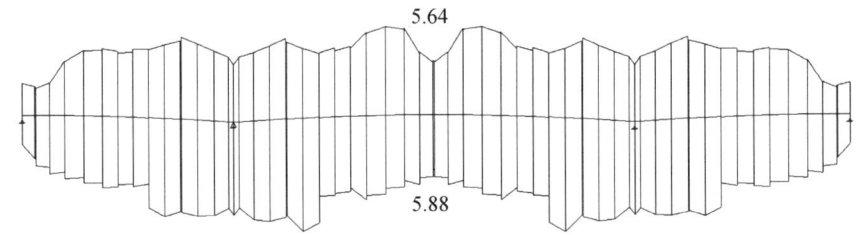

图 7-9　边跨卸载至 35 t,安装单线轨道设备阶段上下缘正应力图(单位:MPa)

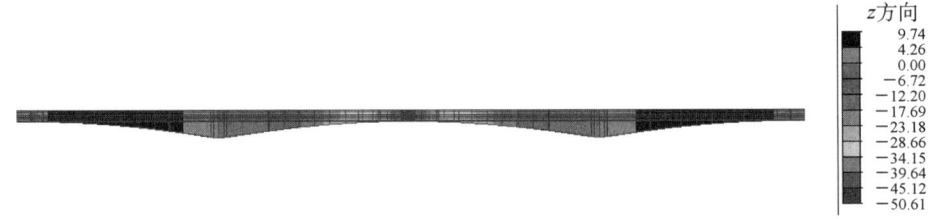

图 7-10　边跨卸载至 35 t,安装单线轨道设备阶段主梁变形图(单位:mm)

此阶段边墩支座反力最小,施工单位应做好反力监控,避免出现上拔,根据计算得到的中墩支座反力为 27 200 kN,边墩的支座为 123 kN。

安装双线轨道设备阶段全桥的正应力图如图 7-11 所示,合龙段上缘最小压应力为 5.76 MPa,下缘最小压应力为 5.82 MPa。此阶段全桥的变形图如图 7-12 所示,跨中位移 52 mm。

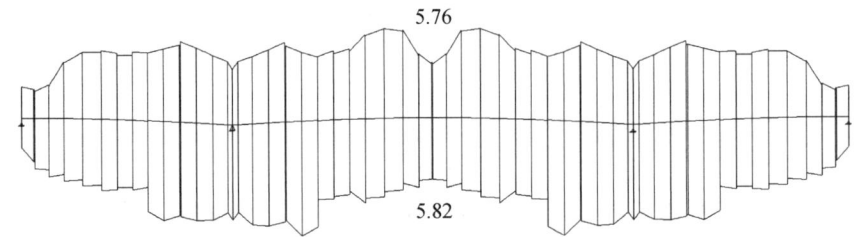

图 7-11　边跨卸载至 35 t,安装双线轨道设备阶段上下缘正应力图(单位:MPa)

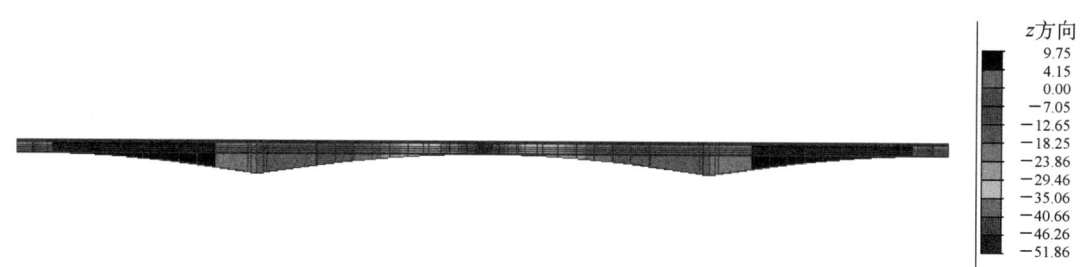

图 7-12　边跨卸载至 35 t,安装双线轨道设备阶段主梁变形图(单位:mm)

(2)中跨两次卸载后。

中跨第 1 次卸载后结构的受力示意如图 7-13 所示,中跨合龙段压重从 125 t 减少至 50 t,边跨合龙段压重保持 35 t 不变。

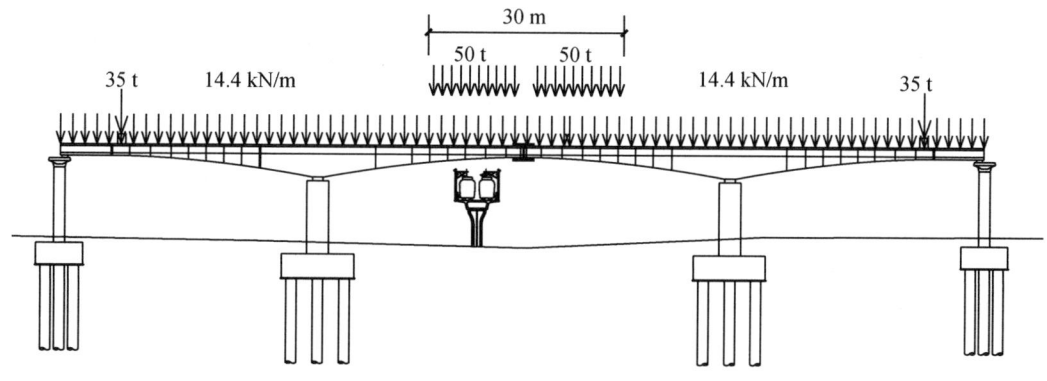

图 7-13　中跨第 1 次卸载情况受力示意

未安装剩余钢轨阶段全桥的正应力图如图 7-14 所示,合龙段上缘最小压应力为 1.67 MPa,下缘最小压应力为 7.89 MPa。此阶段全桥的变形图如图 7-15 所示,跨中位移 33 mm。

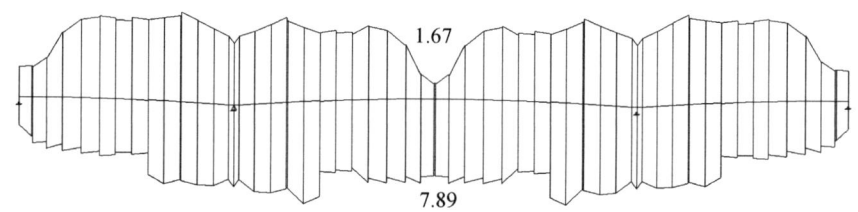

图 7-14　中跨卸载至单侧 50 t,未安装剩余钢轨阶段上下缘正应力图(单位:MPa)

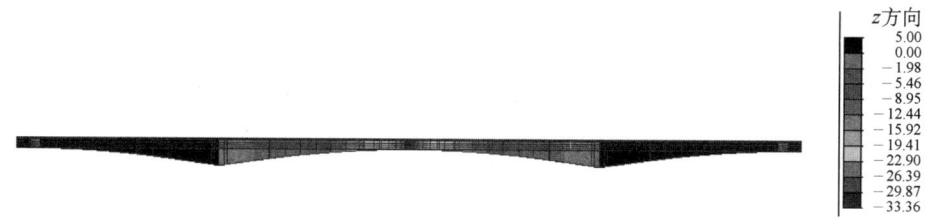

图 7-15　中跨卸载至单侧 50 t,未安装剩余钢轨阶段主梁变形图(单位:mm)

安装剩余钢轨阶段全桥的正应力图如图7-16所示，合龙段上缘最小压应力为2.27 MPa，下缘最小压应力为7.58 MPa。此阶段全桥的变形图如图7-17所示，跨中位移35 mm。

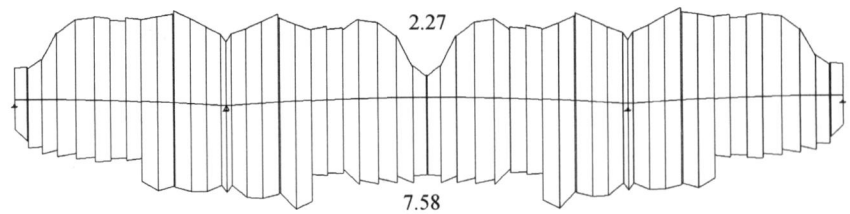

图7-16　中跨卸载至单侧50 t，安装剩余钢轨阶段上下缘正应力图（单位：MPa）

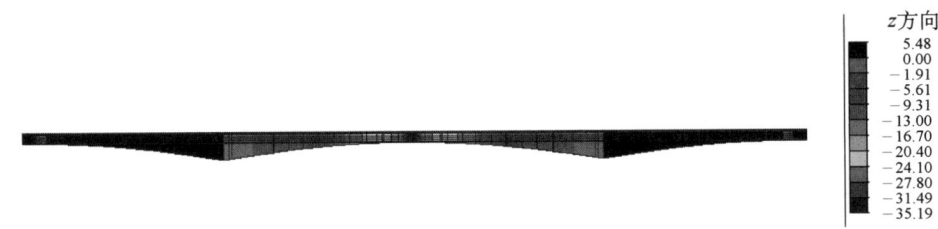

图7-17　中跨卸载至单侧50 t，安装剩余钢轨阶段主梁变形图（单位：mm）

（3）卸载剩余压载。

卸载剩余全部压重后结构的受力示意如图7-18所示。

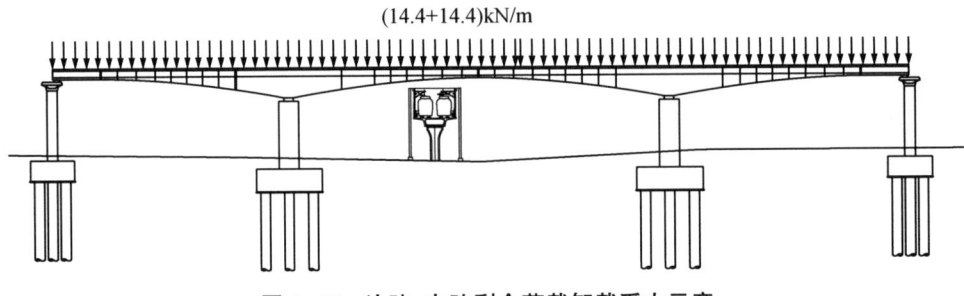

图7-18　边跨、中跨剩余荷载卸载受力示意

该阶段全桥的正应力图如图7-19所示，合龙段上缘最小压应力为1.40 MPa，下缘最小压应力为8.02 MPa。此阶段全桥的变形图如图7-20所示，跨中位移34 mm。

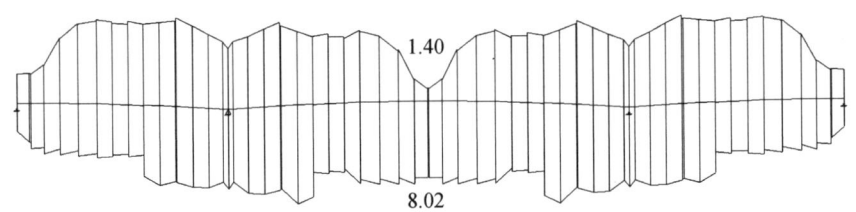

图7-19　浇筑承轨台，卸载中、边跨压重阶段上下缘正应力图（单位：MPa）

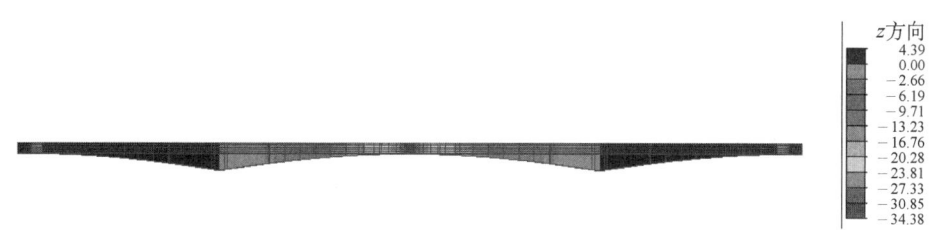

图 7-20 浇筑承轨台,卸载中、边跨压重阶段主梁变形图(单位:mm)

(4) 施工剩余二恒。

由桥梁施工单位施工剩余所有附属结构,包括强电、弱电、声屏障、栏板内侧非金属吸声板、疏散平台以及桥面铺装(27.7 kN/m),全桥施工完成,此时桥面共计二恒为 56.5 kN/m,如图 7-21 所示。

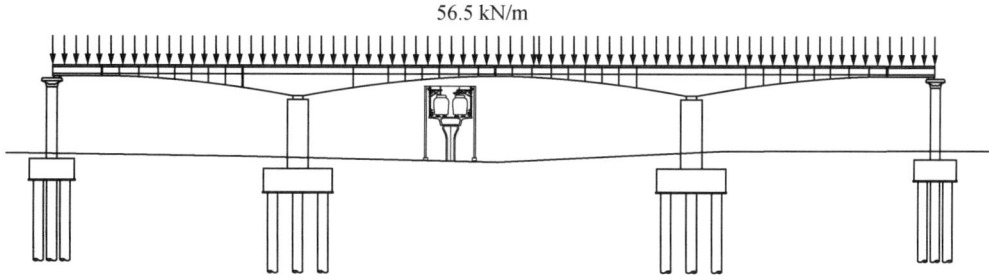

图 7-21 成桥阶段受力示意

该阶段全桥的正应力图如图 7-22 所示,合龙段上缘最小压应力为 3.06 MPa,下缘最小压应力为 7.17 MPa。此阶段全桥的变形图如图 7-23 所示,跨中位移 39 mm。

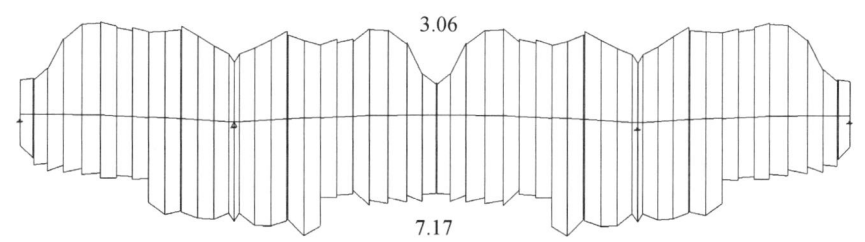

图 7-22 成桥阶段上下缘正应力图(单位:MPa)

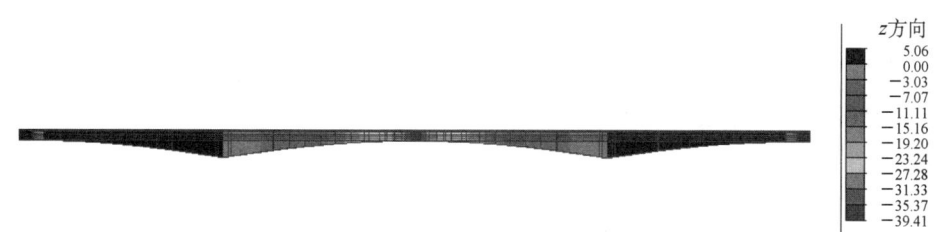

图 7-23 成桥阶段主梁变形图(单位:mm)

(5) 运营阶段。

运营阶段全桥的正应力图如图 7-24 所示,合龙段上缘最小压应力为 1.86 MPa,下缘最小压应力为 1.35 MPa。

主力+附加力作用下跨中截面上下缘最小压应力均大于 1 MPa,满足要求。

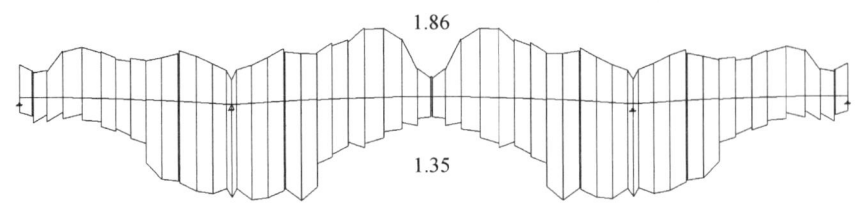

图 7-24　主力+附加力作用下上下缘正应力图(单位:MPa)

3. 分级卸载转换方法下主梁的变形情况

根据上述各主要施工阶段的计算结果,分级卸载过程中(从初始压重到中跨/边跨完全卸载)跨中节点位移变化详见表 7-1。

表 7-1　各施工阶段下跨中节点位移变化

工况说明	跨中位移/mm	与前一工况相比/mm	与初始压重后相比/mm
边跨/中跨压重 125 t	−47	—	—
边跨 90 t,跨中 125 t	−48	−1	−1
边墩至中跨压重处铺轨 7.2 kN/m	−49	−1	−2
边跨压重 35 t,跨中压重 125 t	−51	−2	−4
边至中跨压重处铺轨 14.4 kN/m	−52	−1	−5
边跨压重 35 t,跨中压重 50 t 移动位置	−33	19	14
跨中压重范围内铺轨 14.4 kN/m	−35	−2	12
整桥铺轨−39.8 kN/m	−43	−8	4
卸载中跨	−33	10	14
卸载边跨	−34	−1	13
施工剩余二恒	−39	5	−8

由跨中节点位移变化表可知,卸载完成后,与初始压重时相比,跨中整体上抬了 1.3 cm。考虑到理论刚度比实际刚度略小(取 0.7 的系数),实际上抬应该能控制在 1 cm 内。

7.1.3　两种方法的对比

1. 合龙过程应力对比

根据有限元软件的计算结果,提取集中卸载方法和分级卸载方法各施工阶段的跨中顶、底板应力,汇总数据分别如图 7-25 和图 7-26 所示。

根据图7-25,当主梁体系为悬臂梁时,两方法的底板应力为0,体系转换为连续梁后底板应力均在6.0~8.3 MPa,压应力储备良好,在底板应力上两方案的区别较小。

根据图7-26,当主梁体系为悬臂梁时,两方法的顶板应力为0,体系转换为连续梁后,集中卸载方法顶板应力变化幅度较大,甚至在第4施工阶段因为压重全部卸载而出现0.5 MPa拉力的情况;相比之下分级卸载方法的顶板应力变化更加均匀,压应力储备均在2 MPa以上,因而主梁受力改善效果显著,有效解决了施工过程中顶板可能存在开裂的风险。

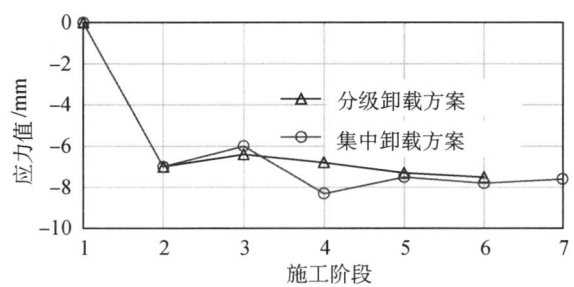

图7-25 各施工阶段下底板应力图

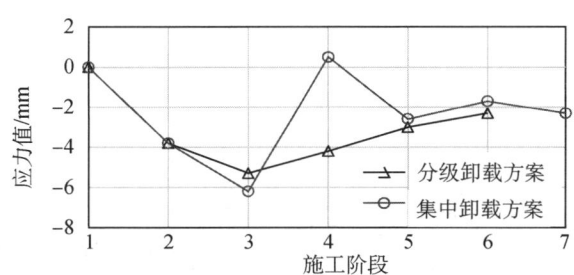

图7-26 各施工阶段下顶板应力图

2. 集中卸载与分级卸载转换方法的成桥状态应力对比

根据有限元软件的计算结果,提取集中卸载方法和分级卸载方法成桥阶段的顶、底板应力数据分别如图7-27和图7-28所示。

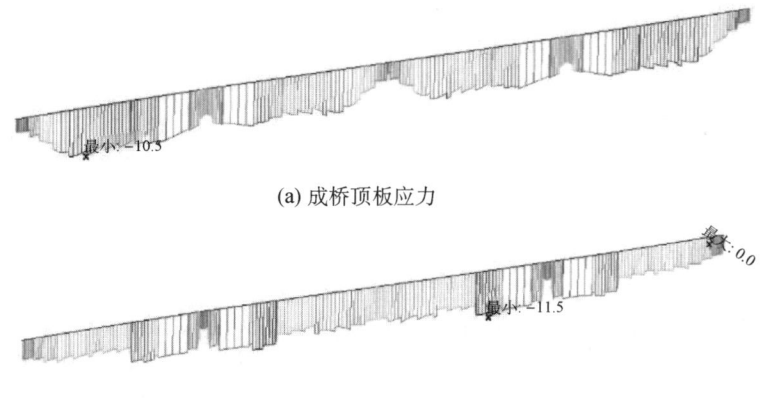

(a) 成桥顶板应力

(b) 成桥底板应力

图7-27 集中卸载成桥状态应力图(单位:MPa)

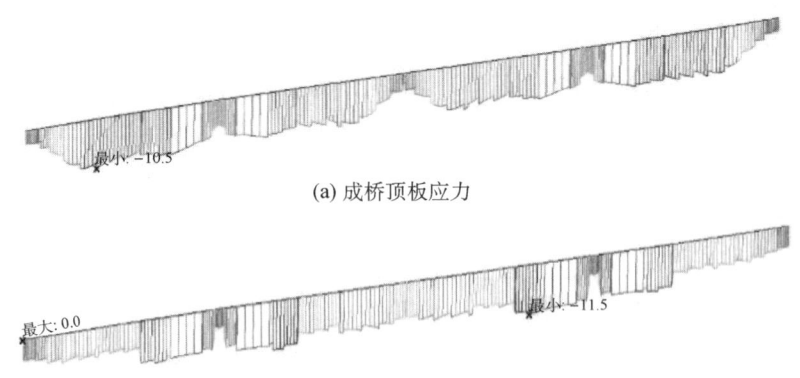

(a) 成桥顶板应力

(b) 成桥底板应力

图 7-28 分级卸载成桥状态应力图(单位:MPa)

两方案虽然施工过程截然不同,但顶、底板在成桥状态下的受力分布完全一致,符合设计成桥状态。实践证明,采用分级卸载方法转换的全过程顶板无裂纹出现,有效提高了主梁的施工质量。全桥竣工图如图 7-29 所示。

图 7-29 全桥竣工

7.2 U+箱梁连续梁合龙精准控制技术

在架桥机单 T 构悬臂拼装工艺中,T 构处于非对称受力状态,施工过程中力学状态变化波动较大,线型控制比较困难。加垫片的方法只能微量调节偏差,难以解决施工过程中可能出现的较大合龙偏差。

为此提出了基于支座微转动的合龙偏差控制方法,即利用球形支座安装期间允许的微小偏差,以及梁体作业半径大的特点,通过主动调整支座微转角的方式实现远端梁体的大转动。为此,可在边墩设置拉、压千斤顶,根据合龙口偏差驱动边跨悬臂端上下移动,进而控制中跨悬臂端的合龙偏差。

7.2.1 支座微转动模拟试验

1. 支座转动原理

为了验证技术的可行性,施工前在现场进行支座微转动模拟试验。球形钢支座通过球面聚四氟乙烯板的滑动来实现支座的转动过程,转动力矩与支座球面半径及聚四氟乙烯板的摩擦系数有关。

$$M = N \cdot u \cdot R \tag{7.1}$$

式中　M——支座转动力矩;
　　　N——支座竖向承载力;
　　　u——支座上、下盆间的摩擦系数,一般取 0.03;
　　　R——支座球面半径。

若使支座发生转动,须施加外力克服支座上、下盆间的摩擦力,即施加外力弯矩大于支座摩擦力弯矩,如图 7-30 所示。

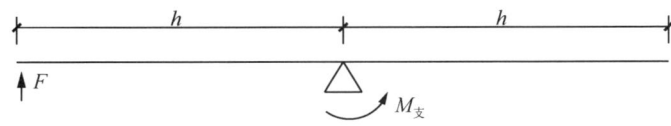

图 7-30　支座转动弯矩

$$M = F \cdot h > M_支 \tag{7.2}$$

式中　F——施加外力;
　　　h——作用距离。

2. 模拟试验原理

为确保中跨合龙标高调整顺利实现,须提前在现场对支座转动情况进行模拟,检验支座转动调整的合理性。

为便于现场试验模拟操作,根据相似原理,对 T 构梁体长度和重量同比例缩小至 1/15,即长度 $L=77.53/15=5.16$ m,重量 $G=2\ 021/15=134.7$ t。T 构梁利用双拼 H500 型钢代替,刚度不考虑,梁体自重用千斤顶进行施加。

荷载施加方式:利用千斤顶反力台座,对 H500 型钢主梁施加竖向力,然后作用力传递给支座,并在主梁端部利用千斤顶施加向上的力,依据力矩平衡原理,在力的作用下,支座发生滑动,如图 7-31 所示。

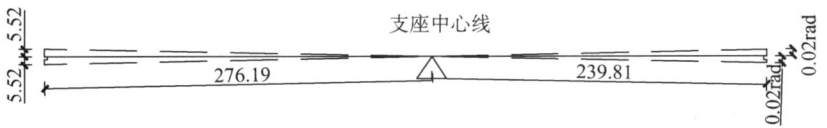

图 7-31　支座转动±0.02 rad 示意(单位:cm)

主梁施加作用力如图 7-32、图 7-33 所示。

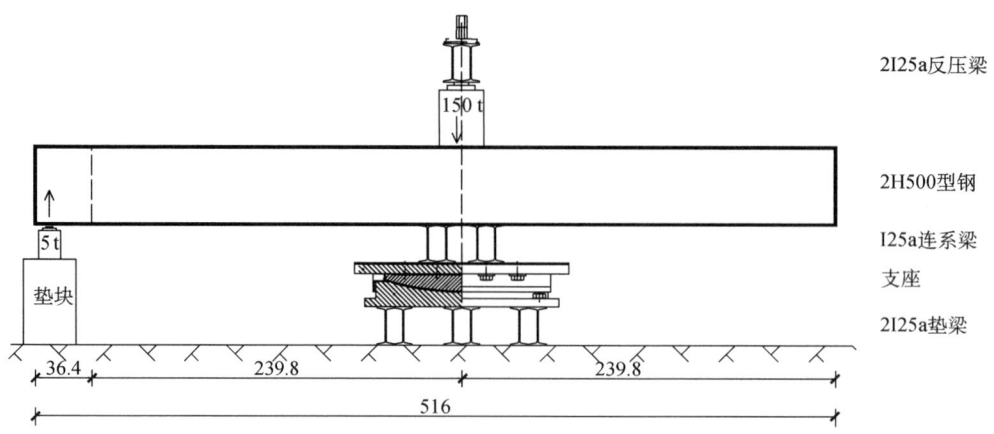

图 7-32 支座转动纵断面示意(单位:cm)

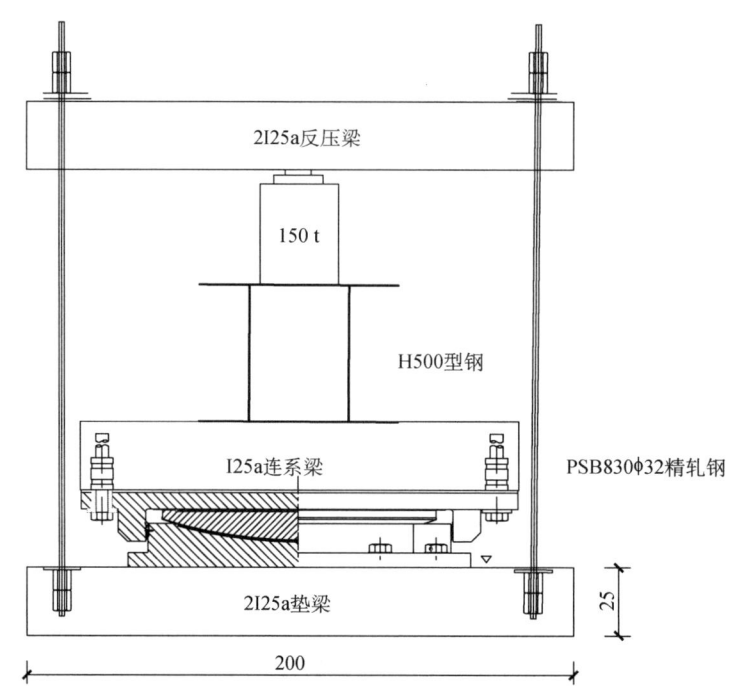

图 7-33 千斤顶反力台座横断面示意(单位:cm)

转动计算:施加在支座上力为 134.7 t,支座上、下盆间的摩擦系数为 0.03,盆的转动半径 1.398 m(摩擦力对应的作用距离),则 $M_支=134.7\times10\times0.03\times1.398=56.5$ kN·m。

由力矩平衡 $M=F\cdot h=M_支$ 求得 H500 型钢端部施加最小力:

$$F=M_支/h=56.5/(0.364+2.398)=20.5 \text{ kN} \tag{7.3}$$

选择一台 5 t 的千斤顶,富余系数=50/20.5=2.44。

3. 现场模拟试验

(1)试验材料准备。

根据支座滑动模拟试验方案,现场须加工千斤顶反力座,反力座由 2I25a 工字钢垫梁、反压梁、PSB830Φ32 mm 精轧螺纹钢三部分组成。主梁采用 H500 型钢双拼焊接，连系梁采用 I25a 工字钢，利用支座上钢板锚杆将连系梁与支座锚固连接，连系梁与主梁采用焊接连接固定。

模拟施加力需 5 t 和 150 t 千斤顶各一个，为确保模拟的精度，千斤顶及油表须按照规范要求进行校正，并有相应的顶表线性回归方程。

测支座转动变形及上钢板变动直角钢尺若干。

（2）试验操作。

① 组装试验装置。先将支座垫梁放置在已硬化的混凝土面上，用细砂将垫梁底部抄平，保证垫梁面水平。将待模拟支座放置在垫梁上，确保支座面水平。安装支座上连系梁，并用支座螺杆将连系梁与支座锚固（图 7-34）。吊装主梁，并与连系梁焊接成一体。再将 150 t 千斤顶放置在支座上方的主梁上固定牢靠，最后将反压梁放置在千斤顶上方，利用精轧螺纹钢将反压梁与垫梁连成整体。

② 施加作用力。试验装置安装锚固完成后，先启动 150 t 千斤顶施加力达到 134.7 t 持压，再启动梁端 5 t 千斤顶，缓慢加力，直至支座出现转动停止，并记录相应的力值（图 7-35）。

③ 测量支座上钢板变形。考虑到现场支座转动转角测量方法复杂烦琐，可通过现场测量试验前后支座上钢板与下钢板的高差，即可反推支座的转角。

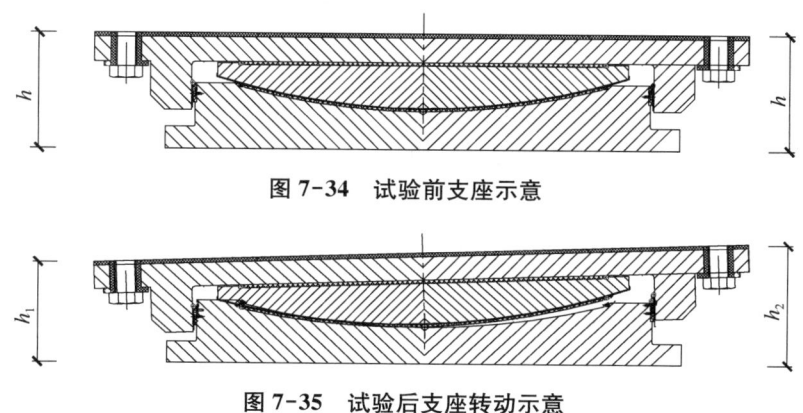

图 7-34 试验前支座示意

图 7-35 试验后支座转动示意

转动夹角：

$$\theta = \arctan(\Delta h / R) \tag{7.4}$$

式中 θ——支座转动夹角；

Δh——支座转动上、下钢板高差；

R——支座球面半径。

7.2.2 合龙段偏差调整技术

1. 中跨合龙标高调整方法

在中跨合龙之前，由于架桥机、边跨落地支架、抗倾覆墩均已拆除，因此若合龙口两端悬臂标高出现一定的高差，势必难以调整。如果高差较大（超出 ±20 mm），则需要通过配重进行调整；如果高差较小（±20 mm 以内），常规采用湿接头进行调整。本工程拟通过在边墩设置

2台100 t的扁平千斤顶来调整合龙口两端悬臂标高,此时边墩的支座未进行灌浆固结,如图7-36、图7-37所示。

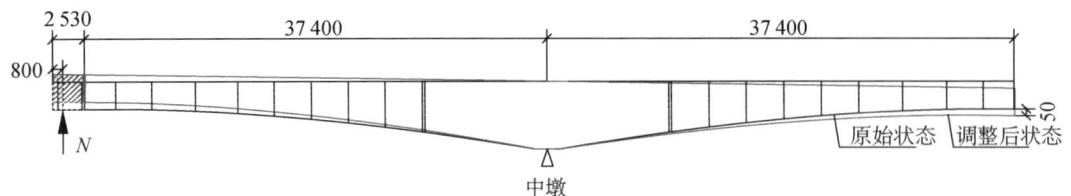

图 7-36 合龙口标高向下调整原理(−50 mm 以内)

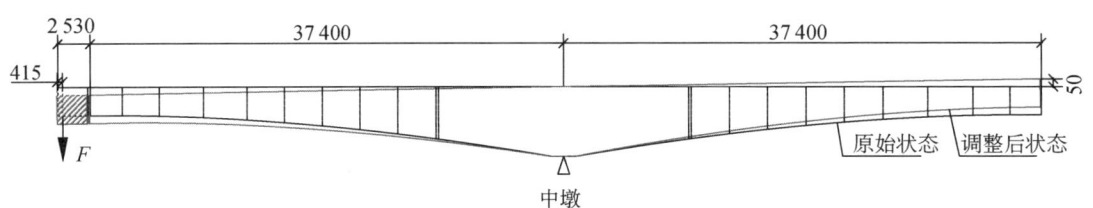

图 7-37 合龙口标高向上调整原理(+50 mm 以内)

(1) 基本参数。

梁体自重约 2 021 t,支座允许转角±0.02 rad,支座聚四氟乙烯板的摩擦系数为 0.03,支座上、下盆间的摩擦系数为 0.03,支座球面半径为 1.398 m。

(2) 允许转角。

在中跨合龙前,中墩支座的状态为四角临时锁定,为实现悬拼桥机构的转动,需要提前将中墩支座的四角临时锁定解除,使其处于正常工作状态。

如图 7-38 所示,中墩支座发生的转角为 0.001 337 rad,约为允许转角 0.02 rad 的 6.7%,支座转角满足要求。

(3) −50 mm 以内的标高调整。

如图 7-39 所示,此工况下,需在边墩支座横桥向两侧设置 2 台千斤顶来实现。为使得机构转动,必须使其克服中墩支座上、下盆间的摩擦力。

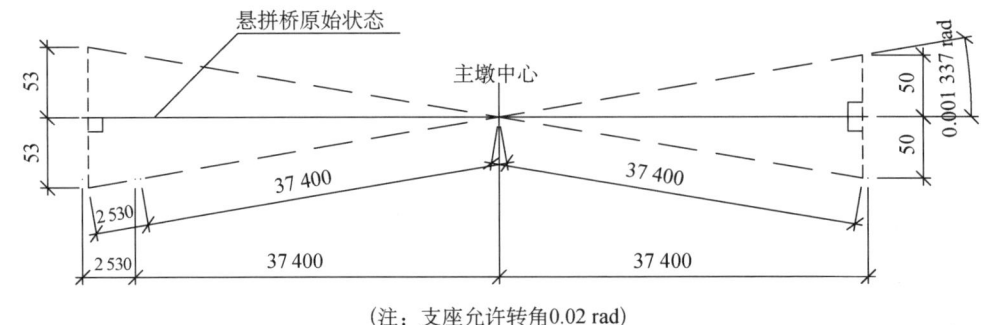

(注:支座允许转角0.02 rad)

图 7-38 合龙口标高调整±50 mm 时支座最大转角示意

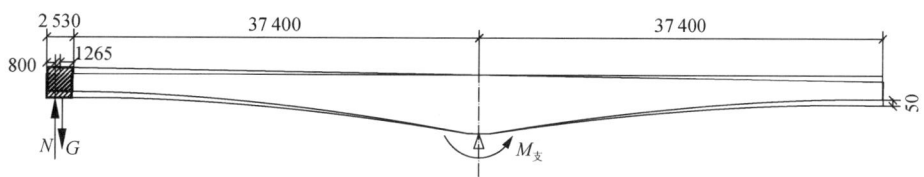

图 7-39　−50 mm 以内的标高调整力学示意

施工时,在节段梁架设时,需提前设置钢垫块对结构进行临时支撑,然后再安装千斤顶,最后将节段搁置在临时钢垫块上,此时千斤顶不作用。

待需要调整标高时,启动千斤顶撑住梁体,然后增加临时垫块高度,再松开千斤顶,使得梁体落到临时钢垫块上。如需再次调整,重复上步操作即可。

(4) +50 mm 以内的标高调整。

由于 $M_G > M_支$,因此要实现合龙口上调,无需外加额载,只需将边墩支座垫石降低 53 mm,故边墩的支座垫石在制作时要降低 60 mm,如图 7-40 所示。

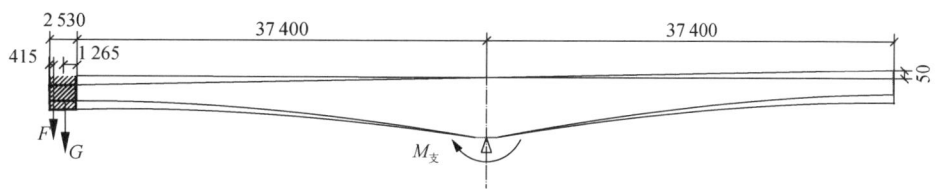

图 7-40　+50 mm 以内的标高调整力学示意

施工期间,在节段梁架设时,提前设置钢垫块对结构进行临时支撑,然后再安装千斤顶,最后将节段搁置在临时钢垫块上,此时千斤顶不作用。

待需要调整标高时,启动千斤顶撑住梁体,然后降低临时垫块高度,再松开千斤顶,使得梁体落到临时钢垫块上。如需再次调整,重复上步操作即可。

2. 平面偏差调整方法

(1) 连续梁桥的悬臂施工完成,形成 T 构桥梁,要求边墩支座不灌浆固定,如图 7-41 所示。

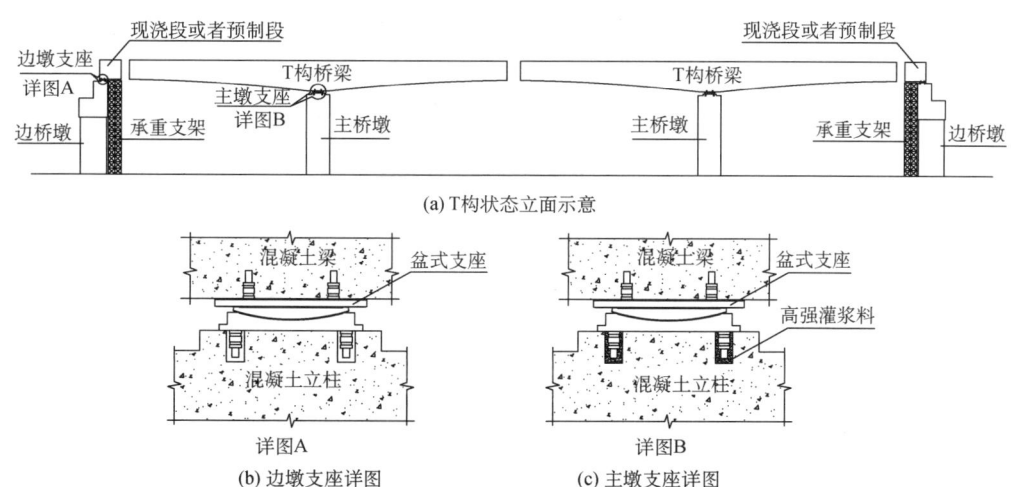

图 7-41　悬臂施工完成后的 T 构状态

(2) 进行边跨合龙,如图 7-42 所示。

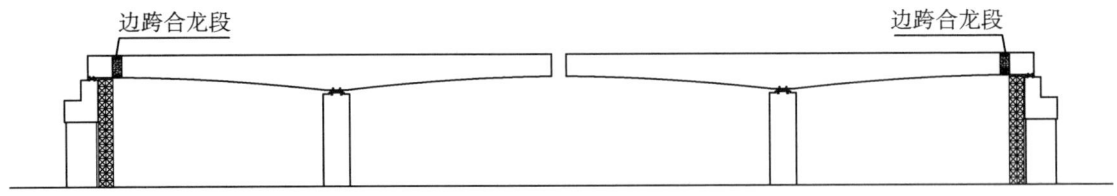

图 7-42 边跨合龙

(3) 在中跨合龙口安装对拉装置,同时测量合龙口的平面偏差 L,以及对拉装置与合龙口法线的夹角 φ,如图 7-43 所示。

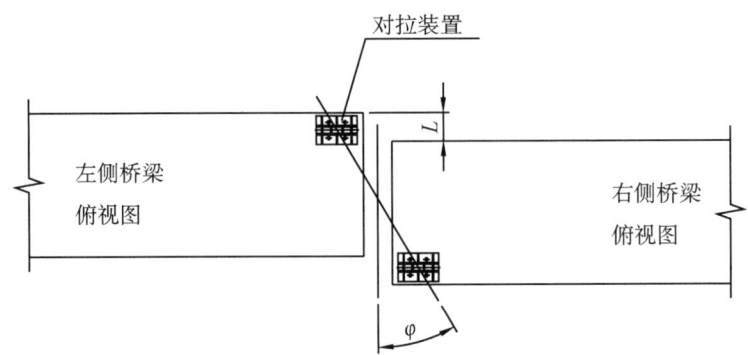

图 7-43 中跨合龙口对拉组合装置

(4) 建立计算模型:将边跨至中跨合龙口的桥梁视作一个刚体,边墩仅约束刚体的向下趋势,采用滑移支座代替,中墩约束刚体的三维位置,不约束其转角,采用固定铰支座代替,如图 7-44 所示。

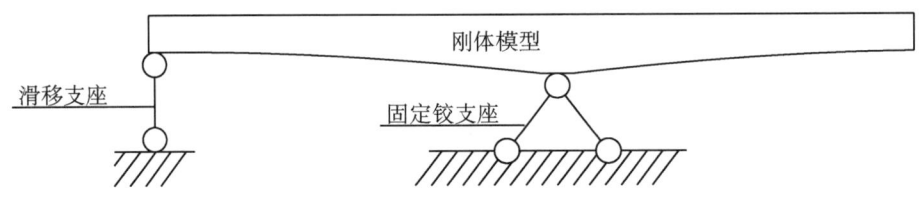

图 7-44 支座微转动计算模型

(5) 按照需要调整的尺寸 L,在中跨刚体端头施加一个强制位移 $L/2$,计算出需要的最大水平力 N 与中墩转角 θ。根据夹角 φ,将计算出的水平力换算成所需的张拉力 F,如图 7-45 所示。

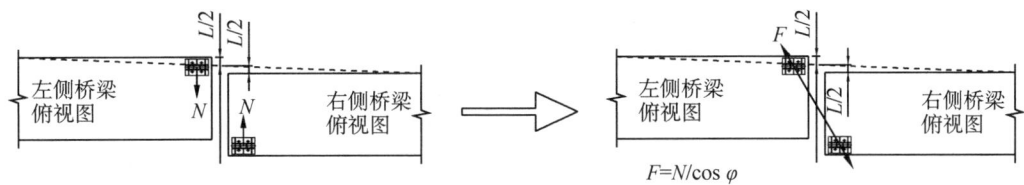

图 7-45 张拉力计算模型

(6) 将计算转角 θ 与中墩支座设计转角 $[\theta]$ 比较,如果 $\theta<[\theta]$,即可进行后续施工,如图 7-46 所示。

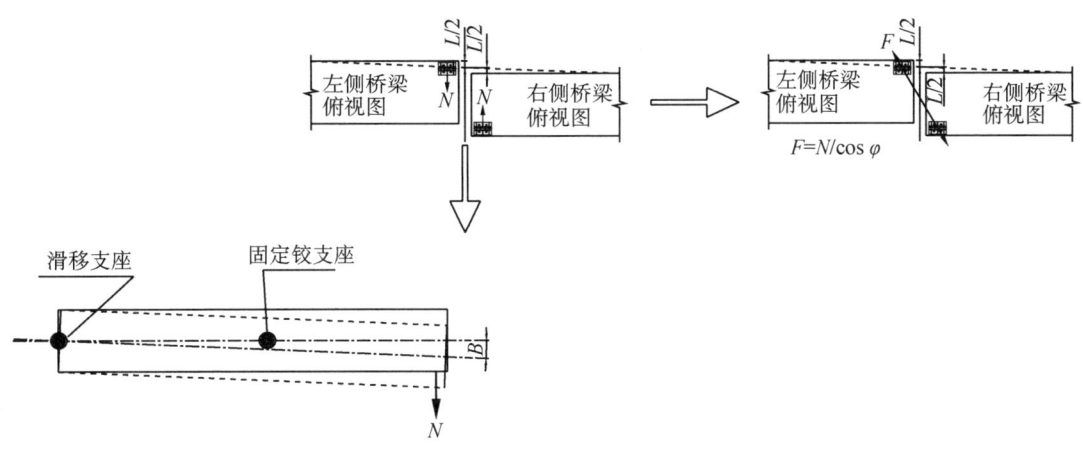

图 7-46 中墩支座转角计算模型

(7) 在边墩支座周边,安装平面滑动装置(多轴滚轮+钢板),以保证桥梁与边墩间能够相互滑动,如图 7-47 所示。

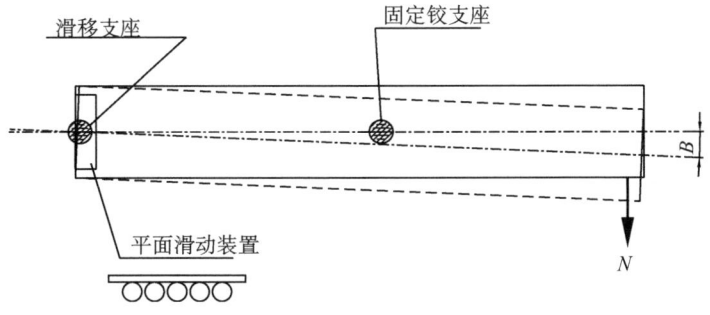

图 7-47 平面滑动装置

(8) 对拉装置包括 2 个钢质张拉台座与 1 根精轧螺纹钢(图 7-48),张拉台座与结构顶面通过预埋钢板或预埋螺栓固定后,穿入精轧螺纹钢,在张拉台座两端安装好穿心式液压千斤顶,以计算出的张拉力 F 作为控制拉力,对合龙口施加逐渐增大的水平力,直至合龙口的平面位置调整到位。

图 7-48 对拉装置现场

（9）按照桥梁设计要求，采用高强灌浆料灌浆固定边墩支座，拆除平面滑动装置，如图 7-49 所示。

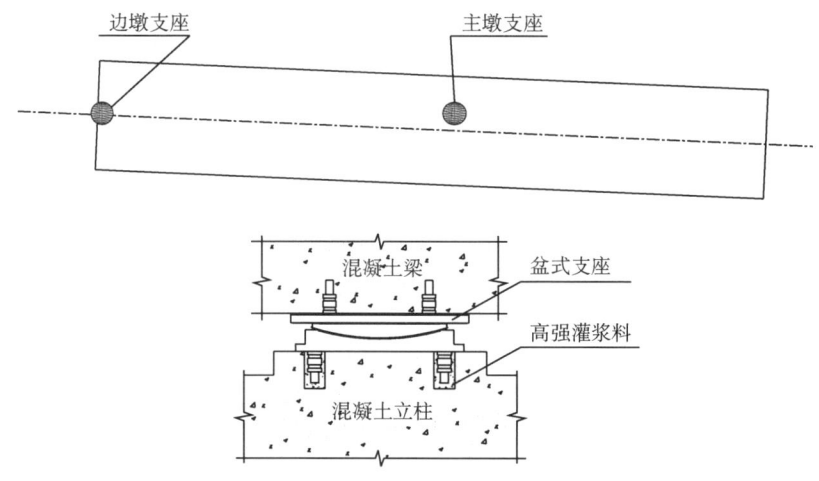

图 7-49 边墩支座灌浆固定

（10）立模浇筑合龙段混凝土，待全桥预应力张拉完成后，拆除平面对拉装置，如图 7-50 所示。

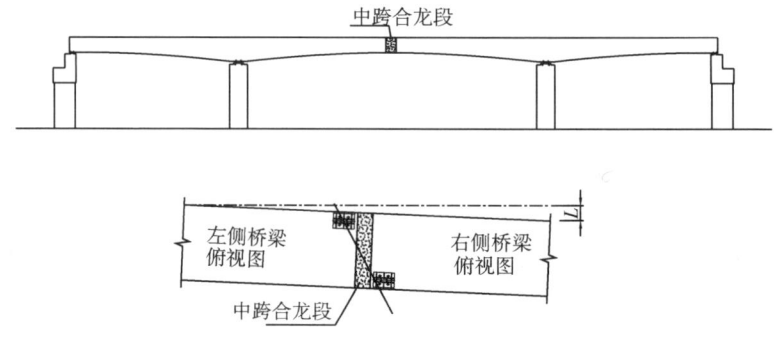

图 7-50 拆除平面对拉装置

7.2.3 合龙段施工方法

中跨与边跨合龙段长度均为 0.2 m,采用吊架施工,即把吊架悬挂在已浇筑成型的两个 U+箱梁的端头上进行施工。先进行边跨合龙,再进行中跨合龙。施工步骤为:制作吊架→设置平衡重和刚性骨架→支模、绑扎钢筋→安放预应力管道→解除临时支撑锚固→浇筑混凝土→分级卸载平衡重→张拉预应力束、压浆封锚。

(1) 临时锁定。

张拉临时预应力对合龙块进行临时锁定,共 6 根精轧螺纹钢筋,单根张拉力为 35 t,合计张拉预应力大小为 210 t。临时锁定如图 7-51～图 7-54 所示。

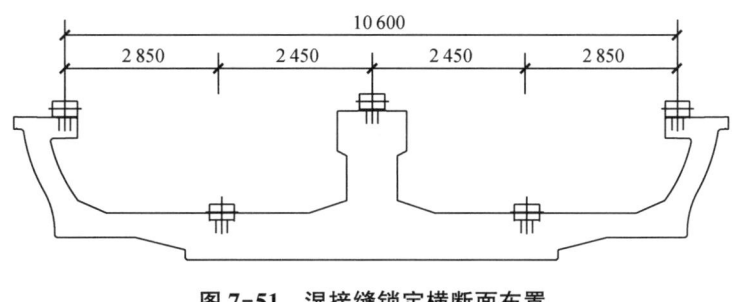

图 7-51　湿接缝锁定横断面布置

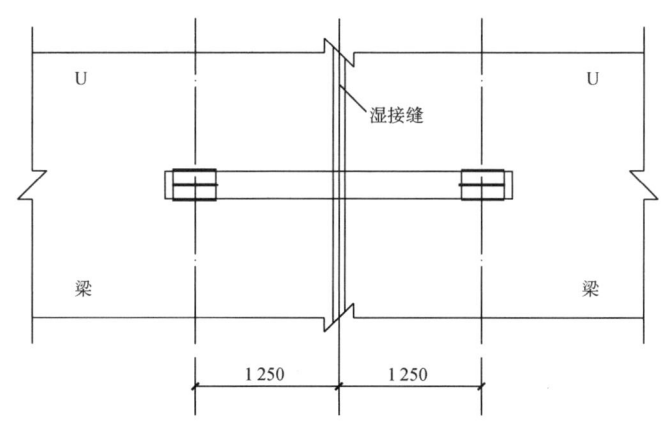

图 7-52　锚固杆布置平面

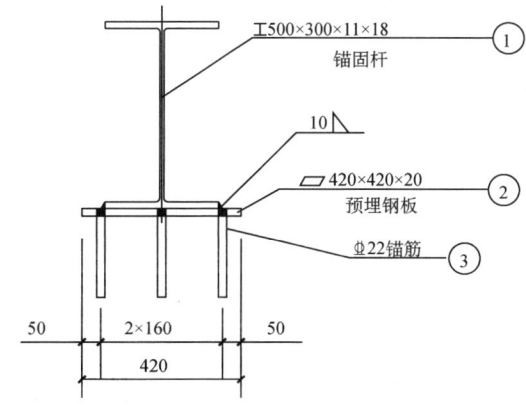

图 7-53　锁定装置大样

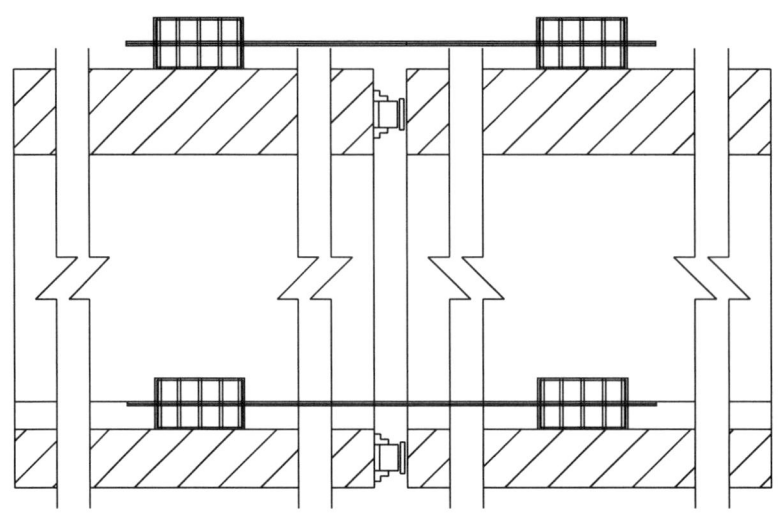

图 7-54 湿接缝锁定纵断面布置

(2) 湿接缝施工。

合龙口锁定后,进行湿接头施工。湿接缝模板为竹胶板,模板宽度不超过 50 cm,内、外模板通过拉杆锁定,边缘位置利用双面胶做止浆条。外模安装顺序为先外模后内模,安装前先穿预应力钢绞线,连接预应力孔道,保证管道接头处密封可靠。

湿接缝采用早强微膨胀混凝土,控制混凝土初凝时间在 4~6 h,终凝时间 10 h 以内,72 h 强度达到 80%,坍落度控制为 (16±2) cm。混凝土浇筑左右对称进行,浇筑顺序为底板→腹板→顶板,浇筑前湿润箱梁断面,采取串通下料、ϕ30 振动棒人工振捣措施。混凝土浇筑完成,且养护达到一定强度后,拆除钢楔块并灌注此处空隙。当接缝混凝土强度达到设计值的 80%、弹性模量达到 70% 时,张拉永久预应力束。

7.3 本章小结

当前,桥梁工程中的大跨度混凝土连续梁一般以箱形截面为主,该截面较好地兼顾了施工期和运营期的应力状态控制需要。两侧腹板布置悬臂束,用于悬臂施工过程中的力学状态控制;顶板布置全桥通长预应力束,底板布置跨内预应力束,在截面上、下缘均形成一定的压应力,可满足二期恒载与运营期活载的力学状态。

由于 U 形梁只有底板,因此底板内布置的预应力束一般可以满足简支体系下恒载和活载的力学状态控制需要。而对于 U 形连续梁,随着跨度的增大,二期恒载和活载在底板内产生的拉应力越大,为平衡拉应力而需布置的预应力束数量越大。当底板空间无法满足预应力束的布置需求时,合龙前可通过压重在结构内形成较大压应力来解决合龙后结构的压应力控制问题。但是,由于预应力通长束布置在底板内,其在 U 形梁顶缘产生的压应力较小,压重直接卸载后,相当于在梁底施加了向上的反力,容易导致 U 形梁顶部拉应力超标。

针对 U+箱截面特点,本章提出的压重分级卸载与二期恒载分区加载相结合的方法实现了截面应力的平稳过渡，防止了一次性卸载带来的应力剧烈变化，在满足底板压应力储备的同时，防止了顶缘应力变化过大对结构的影响。

针对大跨度连续梁架桥机单 T 构悬臂拼装工艺所带来的 T 构力学状态变化大、线型控制难的问题，提出了基于支座微转动的合龙偏差调整方法，成功克服了合龙偏差精准控制难以实现的问题。

第 8 章 施工过程的监测与控制

节点桥创造性地采用了架桥机单 T 构悬臂拼装工艺,研制了全新的悬拼设备,针对架桥机与 T 构体系的复杂力学变化,运用了多种主/被动控制技术来解决桥-机耦合体系的力学状态控制问题。为了验证各项施工技术的实际效果、监控结构体系的施工状态,确保轨道交通 6 号线的运营安全,有必要建立全过程的监测、控制体系。

施工工程的监测与控制由两部分组成,一是施工过程中结构体系力学状态的监测与控制,通过对现场实测结果和理论计算结果的对比分析,调整主动控制技术的实施参数和结构的拼装线型,确保整个体系的内力和变形处于容许范围内;二是施工过程中人、机行为的安全状态管控,通过设置现场安全监控系统,建立标准化作业手册,确保人员和设备操作严格按规范实施,防止误操作产生的安全风险。

8.1 结构体系的力学状态监测

根据施工工艺的特点,施工过程中结构体系力学监测内容包括主梁坐标及变形、架桥机支腿反力、架桥机主桁梁应力以及抗拉束索力。

8.1.1 监测方法与监测设备

1. 变形监测方法和设备

变形监测需建立测量控制网进行测量,控制网基准点按照规范要求布设 3 个。测量时在控制点上架设全站仪,并在另一控制点上架设后视棱镜,瞄准反射片中心,测取该点的三维坐标,再旋转全站仪镜头 180°,读取该点的三维坐标,两次测量取平均。通过比较本次坐标与初始坐标的偏差即为该点的变形,包括竖向变形和水平变形。

变形监测采用徕卡 TC802 全站仪(图 8-1)。该全站仪具有精度高、易于操作等特点,其具体参数如下:徕卡 TC802 全站仪,在测距方式采用 IR 反射片测量的情况下,测距精度为 2 mm±2 ppm(1 ppm=10^{-6}),在较好的测量环境中,最大距离可测至 250 m。角度测量 H_z 及 V 标准偏差为 $2''$,在仪器高小于 1.5 m 的范围内,激光对中器对中产生的点位误差为 ±1 mm。其参数性能如表 8-1 所示。

图 8-1 全站仪

表 8-1 徕卡 TC802 全站仪技术参数

项目	技术参数
角度测量	标准偏差:$1''$

(续表)

项目	技术参数
红外视距	使用圆棱镜 GPR1 时的测程:3 500 m; 使用反射贴片时的射程:250 m; 标准偏差:2 mm+2 ppm
无棱镜视距	测距:200 m; 20 m 处激光斑的大小:7 mm×14 mm; 100 m 处激光斑的大小:12 mm×40 mm
望远镜	放大倍率:30×; 视场角:1.5°; 最小视距:1.7 m; 物镜孔径:40 mm
通信接口	RS232
补偿器	设置精度:4′(0.07 gon)
激光对中器	精度:仪器高为 1.5 m 时,精度为 1.5 mm
工作环境	操作温度:−20~50℃; 防水、防尘:IP54; 操作湿度:95%,无冷凝

2. 高程监测方法和设备

桥梁施工过程中高程的监测采用全自动静力水准仪,选用多功能数据采集仪进行数据采集,采用 GPRS 模块进行数据传输,最终在云端进行数据解析和处理,可通过终端实时查看现场高程数据,所用仪器如图 8-2～图 8-5 所示。

图 8-2 基准点

图 8-3 静力水准仪

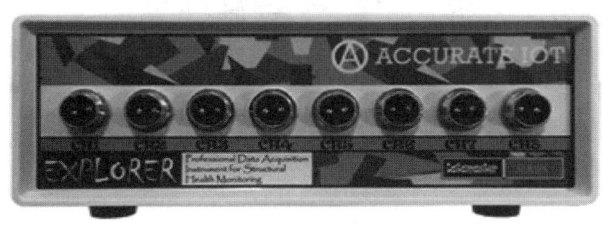

图 8-4 多功能数据采集仪

图 8-5 GPRS DTU 远程传输模块

3. 应力监测方法与设备

应力监测采用振弦式应变传感器（可通过弹性模量与应变乘积转换为应力），数据采集采用远程无线应力发射模块，所用仪器如图 8-6、图 8-7 所示。

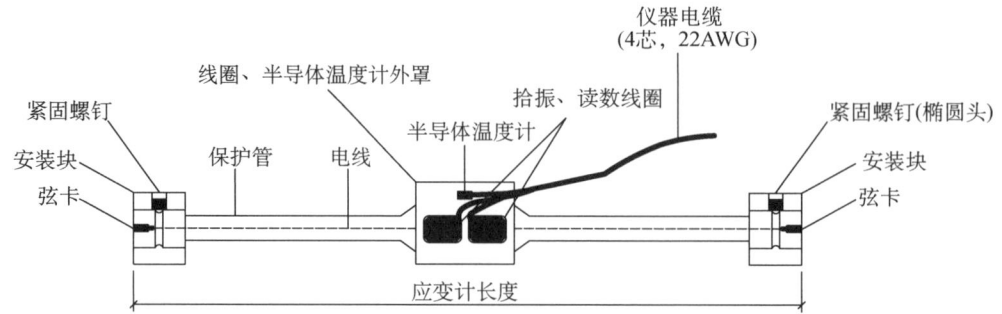

图 8-6　振弦式应力传感器结构

图 8-7　无线应力发射模块

4. 索力监测方法与设备

索力测试采用频谱分析法，利用紧固在缆索上的高灵敏度加速度传感器，拾取索在环境振动激励下的振动信号，经过滤波、放大、谱分析，得出缆索的自振频率，根据自振频率与索力的关系，迅速确定索力，如图 8-8 所示。

(1) 压电式加速度传感器　　　　(2) 动态信号测试分析系统

图 8-8　压电式索力监测设备

5. 支腿反力监测方法与设备

每套支腿下方设置8个压力环,压力环为电阻式应变测力传感器,采用空心圆筒结构,激光焊接密封,防水防潮。空心圆筒结构可作为各种拉、压、称重、测力之用。压力环尺寸如图8-9所示。

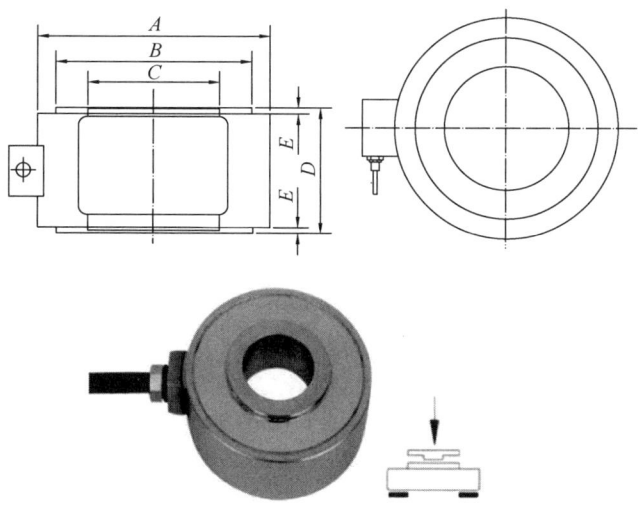

图 8-9 压力传感器监测设备

8.1.2 监测测点布置

1. 架桥机主桁梁应力测点布置

根据架桥机主桁梁的受力工况,选取1/4跨、1/2跨、3/4跨附近位置作为应力监测关键断面,在每个监测断面斜腹杆各布置1个应力测点,根据对称性测点布置如图8-10所示,3个断面共计6个应力传感器,需2个无线应力传输模块。红色方形为应力测点,监测断面2、断面3同监测断面1。

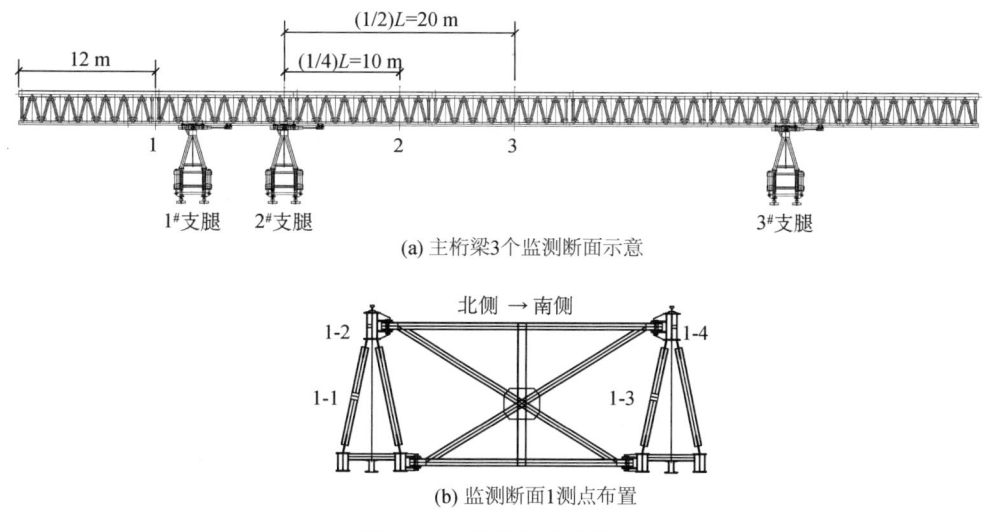

(a) 主桁梁3个监测断面示意

(b) 监测断面1测点布置

图 8-10 架桥机应力测点

2. 架桥机支腿反力监测

在架桥机前支腿底部布置压力传感器(200 t),监测施工过程中的支腿反力,安装位置如图 8-11 所示。前期测试 1、3、5、7 测点反力,后期因悬臂节段长度逐渐增大,需加强对支腿反力的监测,后期监测前支腿所有底座的 8 个测点反力。

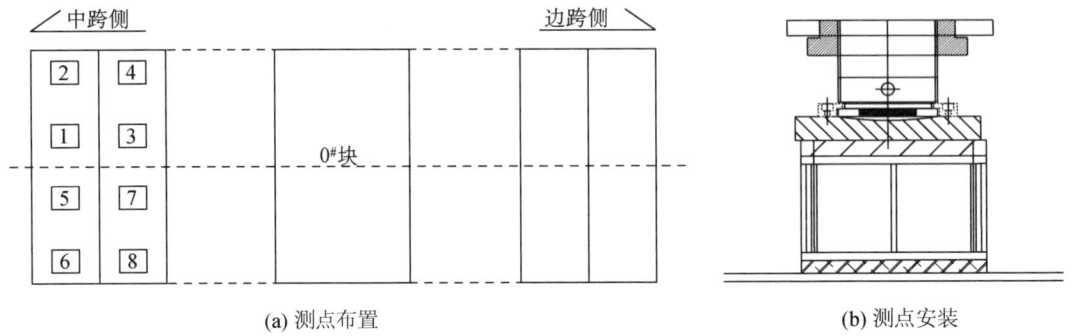

图 8-11 支腿反力测点

3. 抗拉束索力监测

在抗拉束上布置加速度传感器,通过振动频率转换为抗拉束的索力,如图 8-12 所示。

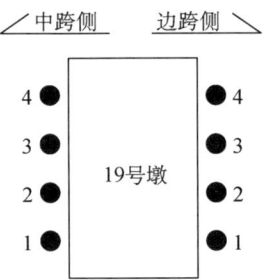

图 8-12 抗倾覆应力测点

4. 桥梁高程监测

结合工况并确保能够监测桥梁高程变化以及设备安装的可行性,将基准点布置于 19 号墩,0#块现浇段中轴线位置,在 19 号墩 4#、9# 节段分别布置传感器,查看合龙前桥面变化量;合龙后在 18 号墩 4#、9# 节段同样布置传感器,用于监测桥梁加载、卸载过程中高程变化量。所有测点均通过钢支架固定,气管、液管、线管均沿着中心轴壁布设,采用环氧树脂粘贴于混凝土表面。安装完成后,测量各测点初始值,后期每隔 4 h 测量一次,如遇特殊工况,可适当提高测量频次。测点布置及使用如图 8-13、图 8-14 所示。

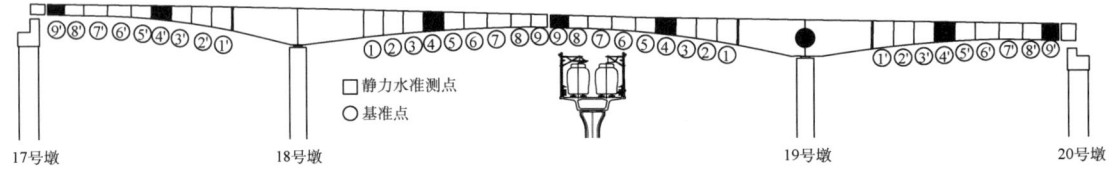

图 8-13 测点布置示意

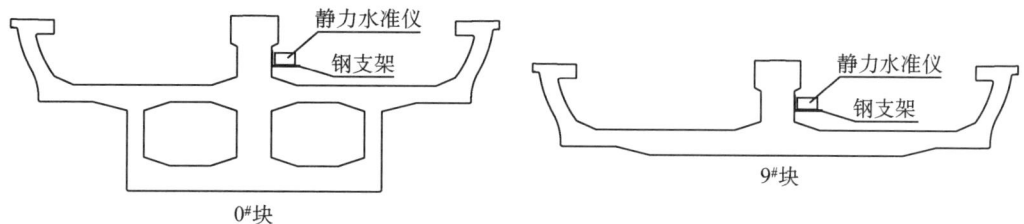

图 8-14 测点使用示意

5. 监测时间及频率

为确保拼装过程中的线型、内力、索力等处于有效控制之中,具体的监测时间及频率安排如下。

(1) 测点布设时间:应力监测采用外贴正弦式应变传感器,架桥机安装完成后布设;变形监测采用全站仪,架桥机安装完成后布设;索力监测采用加速度传感器,抗拉束安装后再进行地面安装。

(2) 监测时间:现场监测贯穿于整个桥梁吊装施工期。考虑到温度变化对索力、变形的影响,各测点的读数应在气温稳定的时段(即早晨)进行。

(3) 监测频率:设备安装完成后测量各测点初始值,每一次吊装完成前、后各监测一次。

8.1.3 力学监测结果汇总

1. 主梁线型

主梁施工过程中,利用全站仪及水准仪监测主梁节段上预埋的坐标控制点的水平坐标及标高。

悬臂拼装过程中,主梁的竖向变形控制在 2 cm 左右;主桥合龙后,在桥面压重卸载过程中,主梁的竖向变形在 2 cm 范围内(图 8-15)。

在 18 号墩中跨 9#、5#、1# 节段,0# 块现浇段,边跨 5# 节段上布置了静力水准仪传感器,以 18 号墩顶 0# 块现浇段为基准,监测其他测点相对 0# 块现浇段的变形值,如图 8-16、表 8-2 所示。

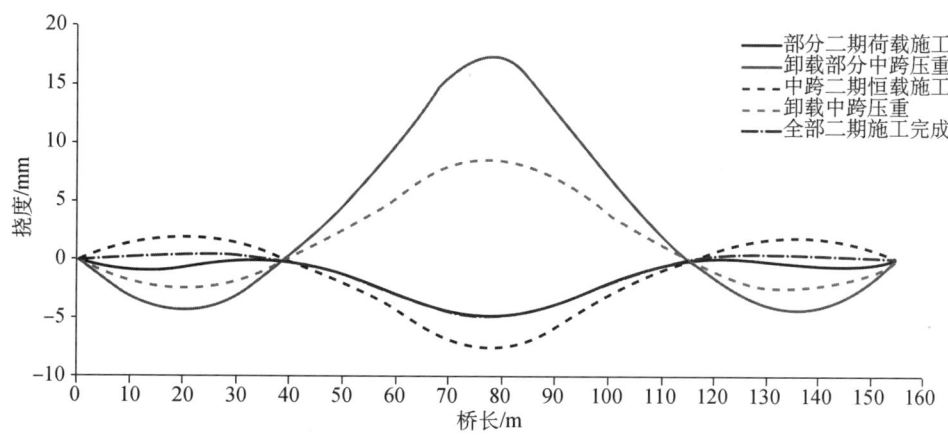

图 8-15 合龙过程中主梁竖向变形

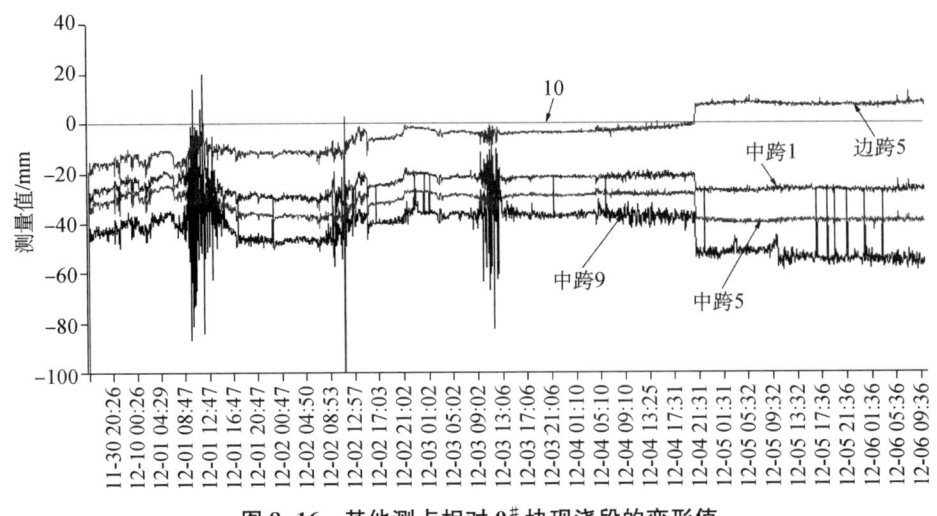

图 8-16 其他测点相对 0# 块现浇段的变形值

表 8-2 卸载前后变化值

节段	中 9	中 5	中 1	0	边 5
12-01 00:02	—	—	—	—	—
12-01 11:08	0.6	−4.5	3.8	0.0	2.6
12-01 19:02	−6.6	−9.2	−8.1	0.0	0.0
12-02 00:02	−8.3	−10.0	−9.0	0.0	0.0
12-03 00:02	3.4	0.2	1.3	0.0	10.9
12-04 00:01	2.6	−1.1	0.2	0.0	9.2
12-05 00:01	−14.5	−11.5	−5.8	0.0	20.5
12-06 00:00	−16.5	−11.3	−6.2	0.0	20.1

注：1. 鉴于日间有重型车辆经过，对桥梁结构会有振动影响，监测数据会有较大波动；自动化监测数据选取夜间 0 点数据进行对比。
2. 以 12 月 1 日 0 点为卸载前初始值。

2. 架桥机支腿反力

施工过程中，架桥机前支腿各测点的反力变化趋势呈对称性，各测点变化趋势一致；且整个施工过程中，前支腿最大总反力为 338 t。主梁施工过程中的支腿反力监测数据如图 8-17、图 8-18 及表 8-3 所示。

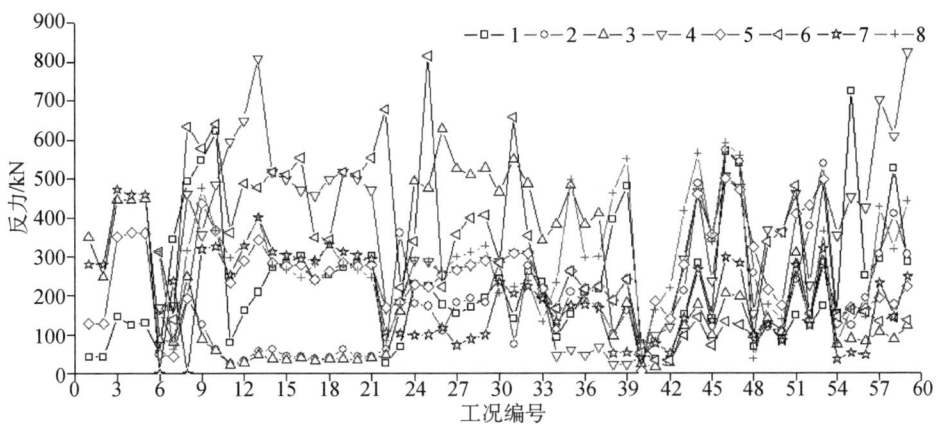

图 8-17　架桥机前支腿各测点反力曲线

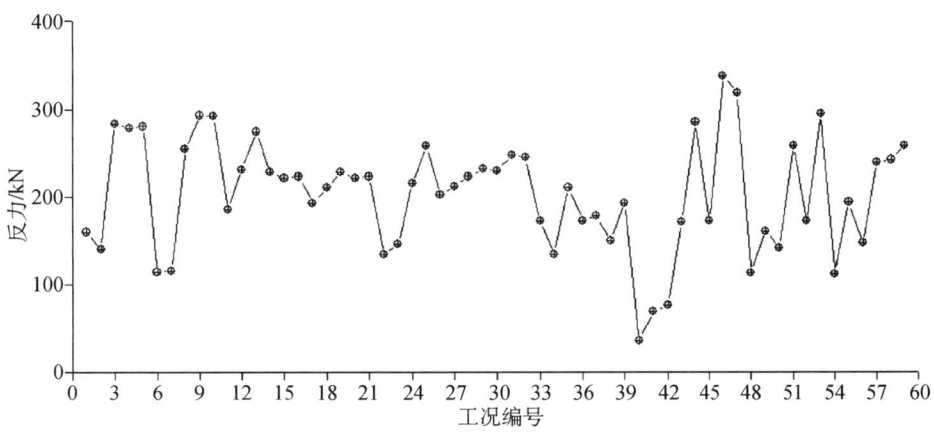

图 8-18　架桥机前支腿总反力曲线

表 8-3　10 号线节点桥架桥机支腿反力监测报表

工况编号	施工阶段	施工内容	总反力/t
1	19 号墩 2# 节段吊装	中跨侧吊装至前支腿,边跨侧未起吊	160
2		中跨侧吊装至前支腿,边跨侧起吊	140
3		中跨侧旋转前,边跨侧起吊	283
4		中跨侧旋转后,边跨侧起吊	278
5		两侧节段就位	280
6	19 号墩 5# 节段吊装	悬臂 18 m,支腿在 2# 节段	114
7		桥机到位,节段吊装前	116
8		两侧节段就位	254
9	19 号墩 8# 节段吊装	中跨侧吊装至前支腿后 4 m	293
10		中跨侧到位	292

(续表)

工况编号	施工阶段	施工内容	总反力/t
11	19号墩9#节段吊装	吊装前,中跨天车在前支腿上方,边跨天车在边跨8#节段上方	186
12	19号墩9#节段吊装	中跨侧节段距前支腿3 m,未过前支腿,边跨侧空天车	231
13	19号墩9#节段吊装	两侧节段到位	274
14	19号墩10#节段吊装	临时支腿在边跨6#节段上,中跨天车过前支腿4 m,边跨天车在中支腿上方	228
15	19号墩10#节段吊装	边跨后支腿卸载完毕	221
16	19号墩10#节段吊装	后支腿走行至边跨7#节段上方	223
17	19号墩10#节段吊装	准备起吊10#节段	193
18	19号墩10#节段吊装	10#节段到位	210
19	架桥机过孔过程主桁梁走行	天车在中支腿上方,前支腿在6#节段上,后支腿在边跨3#节段上	228
20	架桥机过孔过程主桁梁走行	前支腿顶2眼,后支腿降1眼	221
21	架桥机过孔过程主桁梁走行	现在整体抬高	223
22	架桥机过孔过程主桁梁走行	顶升前支腿	134
23	架桥机过孔过程主桁梁走行	前支腿到位	146
24	架桥机过孔过程主桁梁走行	架桥机主桁梁向前走行	215
25	架桥机过孔过程主桁梁走行	主桁梁悬臂30 m,天车在中、后支腿间	258
26	架桥机过孔过程主桁梁走行	中支腿后方悬臂30 m	202
27	架桥机过孔过程主桁梁走行	辅助支腿顶到位	212
28	架桥机过孔过程拆除后支腿	支腿前移前	223
29	架桥机过孔过程拆除后支腿	正拆除后支腿	232
30	架桥机过孔过程拆除后支腿	架桥机主桁梁准备走行	230
31	架桥机过孔过程拆除后支腿	主桁梁走行18号墩支腿上方	247
32	架桥机过孔过程拆除后支腿	主桁梁走行到位	245
33	架桥机过孔过程拆除后支腿	正卸载辅助支腿	173
34	架桥机过孔过程拆除后支腿	18号墩支腿降1孔	134
35	架桥机过孔过程拆除后支腿	18号墩支腿降2孔	210

(续表)

工况编号	施工阶段	施工内容	总反力/t
36	架桥机过孔过程过孔到位	2#天车在18号墩支腿上,主桁梁脱离后支腿,临时支腿悬挑9 m+2 m加长节	173
37		2#天车在18号墩支腿上,桁架脱离临时支腿,仅18号墩支腿及9#节段上支腿受力	178
38		过孔到位	150
39		前支腿顶升	193
40	18号墩3#节段吊装前,支腿前移过程	顶支腿	36
41		支腿顶死	69
42	18号墩3#节段吊装	起吊中跨3#节段	76
43		中跨3#节段到位	171
44		边、中跨3#节段到位	285
45	18号墩4#节段吊装	边跨4#节段到位,中跨4#节段在前、中支腿间	172
46		边、中跨4#节段到位	338
47		天车松钩	319
48	18号墩5#节段吊装	前支腿顶升到位	113
49		中跨5#节段过中支腿5 m,边跨未起吊	161
50		中跨5#节段过中支腿5 m,边跨5#节段到位	142
51		边、中跨5#节段到位	258
52	18号墩6#节段吊装	中跨6#节段过前支腿8 m,边跨天车在边跨6#节段位置未起梁	172
53		边、中跨6#节段到位	295
54	18号墩7#节段吊装	主桁架悬臂13 m,天车在边跨	112
55		中跨7#节段过中支腿8 m,边跨未起梁	194
56		边、中跨7#节段到位	147
57	18号墩8#、9#节段吊装	边、中跨8#节段到位	239
58		边、中跨起吊9#节段,均未过支腿	242
59		边、中跨9#节段到位	258

3. 抗拉束索力

施工过程中主要选取拼装初期较重、较大的工况及架桥机过孔工况进行抗拉束索力监测,测点布置如图8-19所示。吊装3#、4#节段时,边跨索力基本在250 t左右;架桥机准备过孔时,支腿支承于边跨侧,此时中跨侧索力稍大于边跨侧索力,中跨侧索力为250～270 t,边跨侧索力为220 t。索力监测情况详见表8-4。

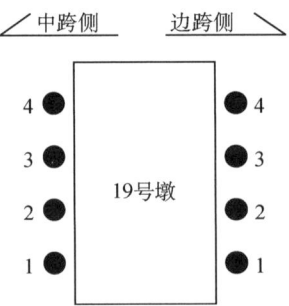

图 8-19 抗拉束索力测点布置

表 8-4 抗拉束索力监测情况

时间	工况测点	边跨侧/kN				中跨侧/kN			
		1	2	3	4	1	2	3	4
5月28日	吊装3#节段	2 449	2 510	2 523	—				
5月30日	吊装4#节段	2 458	2 514	2 514	2 059				
6月29日	准备过孔；天车位于2#、3#支腿间	2 175	2 231	2 413	2 228	2 569	2 410	2 574	2 733

4. 架桥机应力

从吊装19号墩1#节段开始至架桥机过孔就位,针对架桥机主桁架应力进行了全过程监测,架桥机的应力监测以架桥机就位后(中跨1#节段吊装前)作为初始状态,即架桥机就位后的结构应力作为0点,应力监测数值代表各工况相对架桥机就位后的应力累计增量。

施工过程中,架桥机应力各测点的变化趋势呈对称性,其中最大拉应力值为58 MPa,最大压应力值为-50 MPa,应力监测数据如图8-20、表8-5所示。

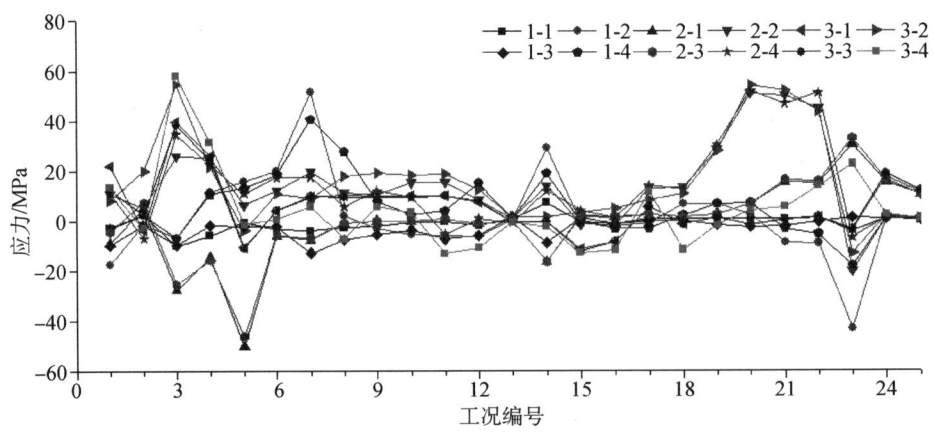

图 8-20 架桥机应力曲线图(正值为拉,负值为压)

表 8-5 架桥机应力监测报表

工况编号	工况/测点	北侧/MPa						南侧/MPa					
		1-1	1-2	2-1	2-2	3-1	3-2	1-3	1-4	2-3	2-4	3-3	3-4
1	吊装中跨1#节段	−2.6	−17.5	−8.8	10.8	21.8	8.1	−9.4	−2.8	−4.3	11.0	12.6	13.3
2	中跨2#节段在中支腿上方,边跨天车停在起吊位置	2.5	−1.2	5.1	5.3	−3.6	19.8	−1.8	2.6	7.4	−6.8	2.4	−2.8
3	吊装3#节段	−9.8	−6.8	−27.7	25.9	39.6	54.5	−9.7	−6.8	−25.4	34.5	38.1	57.8
4	吊装4#节段	−5.7	11.6	−14.5	25.4	26.0	21.4	−1.7	10.8	−15.7	22.5	24.7	31.4
5	中跨梁起吊,边跨梁未吊	−0.6	15.9	−50.2	6.4	−10.6	−3.7	−2.0	13.1	−46.2	10.9	−10.8	−1.5
6	中跨梁运至前、中支腿之间,边跨梁起吊	−3.3	19.8	−6.0	12.2	3.9	10.9	−2.1	18.4	−5.5	17.4	4.0	0.7
7	两节段到位	−3.9	51.5	−7.5	19.5	9.6	9.1	−12.7	40.5	−6.9	17.5	9.8	5.8
8	吊边跨7#节段	−2.6	1.9	−1.0	11.2	10.2	17.8	−7.4	27.6	−0.9	5.7	9.5	−7.2
9	两侧7#节段到位	−2.1	−2.8	0.0	10.5	9.9	19.0	−5.3	7.8	0.0	12.0	9.5	5.6
10	中跨8#节段离前支腿4 m	−0.4	−5.3	−0.1	15.3	9.8	18.2	−3.6	2.4	−0.1	9.6	9.7	3.3
11	中跨8#节段到位	−0.4	−5.8	0.6	15.4	10.1	18.7	−7.3	4.0	0.6	−5.4	9.9	−13.1
12	两侧8#节段到位	−1.9	−6.1	−1.1	8.4	7.3	12.4	−5.9	15.1	−1.2	0.9	7.9	−10.7
13	中跨9#节段离前支腿3 m	0.7	0.3	0.1	0.7	−0.3	1.7	1.5	0.8	0.1	−0.7	−0.3	−0.5
14	两侧梁到位	7.2	29.0	−16.3	13.9	−0.3	1.8	−8.9	18.8	−16.4	12.0	−0.3	−2.4
15	后支腿卸载	−0.5	−0.7	2.0	−1.4	−11.2	3.4	1.2	−0.4	1.8	4.0	−12.1	−12.8
16	后支腿走行至边跨7'#节段上	−1.5	−2.2	1.5	−1.8	−8.3	4.9	−1.1	−2.9	1.4	1.0	−8.4	−11.7
17	准备起吊10#节段	0.6	−0.8	2.3	13.0	5.3	8.3	0.1	−2.9	2.4	13.9	5.4	11.4
18	10#节段到位	0.8	6.6	1.7	13.4	−1.4	10.6	−0.2	2.1	1.6	12.3	−1.5	−11.7
19	主桁梁悬臂30 m,天车在中、后支腿间	0.6	6.7	2.5	28.4	1.3	27.7	−1.7	6.8	2.4	30.2	1.4	−1.9
20	中支腿后方悬臂30 m	0.7	2.3	6.8	50.8	−1.6	54.2	−2.4	7.2	6.4	51.9	−1.6	4.1
21	辅助墩支腿顶到位	0.6	−8.7	15.3	49.9	0.2	51.8	−2.3	−3.2	16.3	46.6	0.2	5.5
22	支腿前移前	1.0	−9.0	15.1	44.9	1.4	43.4	−0.5	−5.3	15.6	51.0	1.4	13.7

(续表)

工况编号	工况/测点	北侧/MPa						南侧/MPa					
		1-1	1-2	2-1	2-2	3-1	3-2	1-3	1-4	2-3	2-4	3-3	3-4
23	卸载辅助支腿	−4.1	−43.3	30.3	−20.2	−3.6	−13.0	1.3	−18.2	32.8	−6.7	−3.4	22.4
24	主桁梁脱离后支腿,临时支腿悬挑11 m	0.7	1.3	15.3	1.2	17.3	2.1	0.7	1.4	16.1	1.3	18.7	2.3
25	过孔到位	0.4	0.7	10.2	0.6	11.3	0.8	0.4	0.6	10.3	0.6	12.0	0.7

5. 合龙期间的桥梁高程

(1) 压重工况。

压重工况详见表8-6,单侧中跨试节段压重累计125 t,试节段加载数量31节段,单节段试节段按4.03 t计。

表8-6 工况说明

工况	时间	试块数量/块		压重重量/t		说 明
		中跨	边跨	中跨	边跨	
1	10-07 7:00	—	—	7.50	0	防护棚(15 t)移至跨中,两侧9#块各承担一半重量
2	10-07 10:00	4	8	23.63	32.26	边跨加载8块,中跨加载4块
3	10-07 10:45	12	16	55.89	64.52	边跨加载16跨,中跨加载12块
4	10-07 12:50	20	24	88.15	96.77	边跨加载24块,中跨加载20块
5	10-07 18:30	28	35	120.40	141.13	边跨加载35块,中跨加载28块
6	10-08 5:00	31	35	132.50	141.13	边跨加载35块,中跨加载31块,合龙前
7	10-10 1:00	31	35	132.50	141.13	边跨加载35块,中跨加载31块,合龙后

(2) 实测变形量与理论变形量。

实测变形量与理论变形量如表8-7、表8-8所示。

表8-7 实测变形量 单位:mm

工况	相对墩顶变形					相对压重前(工况1)的变化量				
	中跨9#节段	中跨5#节段	中跨1#节段	墩顶	边跨5#节段	中跨9#节段	中跨5#节段	中跨1#节段	墩顶	边跨5#节段
1	4.4	−0.7	−5.6	0.0	−3.9	—	—	—	—	—
2	7.7	−4.6	−7.3	0.0	−3.0	3.3	−3.9	−1.7	0.0	0.9
3	−4.0	−12.7	−15.0	0.0	−8.0	−8.4	−12.0	−9.4	0.0	−4.1
4	−13.0	−18.0	−10.0	0.0	−2.6	−17.4	−17.3	−4.4	0.0	1.3
5	−38.0	−21.0	−16.0	0.0	−3.4	−42.4	−20.3	−10.4	0.0	0.5

(续表)

工况	相对墩顶变形					相对压重前(工况1)的变化量				
	中跨9#节段	中跨5#节段	中跨1#节段	墩顶	边跨5#节段	中跨9#节段	中跨5#节段	中跨1#节段	墩顶	边跨5#节段
6	−27.0	−18.0	−13.0	0.0	−3.0	−31.4	−17.3	−7.4	0.0	0.9
7	−28.0	−20.0	−15.0	0.0	−2.0	−32.4	−19.3	−9.4	0.0	1.9

注：负值代表下挠，正值代表上抬。

表 8-8　理论变形量　　　　　　　　　　　　　　　　　　　单位：mm

工况	理论变形(当前工况累计压重产生的变形)					相对压重前(工况1)的变化量				
	中跨9#节段	中跨5#节段	中跨1#节段	墩顶	边跨5#节段	中跨9#节段	中跨5#节段	中跨1#节段	墩顶	边跨5#节段
1	−3.4	−2.0	−0.9	0.0	0.6	—	—	—	—	—
2	−8.8	−4.9	−2.0	−0.1	0.8	−5.3	−2.9	−1.1	0.0	0.3
3	−1.6	−12.2	−5.0	−0.2	2.4	−18.0	−10.1	−4.0	0.0	1.9
4	−34.4	−19.4	−8.0	−0.2	3.9	−30.7	−17.2	−6.9	0.0	3.5
5	−46.4	−26.2	−10.8	−0.3	5.1	−42.7	−23.9	−9.6	0.0	4.8
6	−52.0	−29.4	−12.2	−0.4	6.1	−48.2	−27.1	−11.0	0.0	5.8
7	−52.0	−29.4	−12.2	−0.4	6.1	−48.2	−27.1	−11.0	0.0	5.8

（3）实测与理论对比。

实测与理论对比如表 8-9 所示。

表 8-9　变形对比表　　　　　　　　　　　　　　　　　　　单位：mm

工况	实测变化量−理论变化量					实测变化量/理论变化量				
	中跨9#节段	中跨5#节段	中跨1#节段	墩顶	边跨5#节段	中跨9#节段	中跨5#节段	中跨1#节段	墩顶	边跨5#节段
1	—	—	—	—	—	—	—	—	—	—
2	8.6	−1.0	−0.6	0.0	0.6	−0.6	1.3	1.5	—	3.3
3	9.6	−1.9	−5.4	0.0	−6.0	0.5	1.2	2.3	—	−2.2
4	13.3	−0.1	2.5	0.0	−2.2	0.6	1.0	0.6	—	0.4
5	0.3	3.6	−0.8	0.0	−4.3	1.0	0.9	1.1	—	0.1
6	16.8	9.8	3.6	0.0	−4.9	0.7	0.6	0.7	—	0.2
7	15.8	7.8	1.6	0.0	−3.9	0.7	0..7	0.9	—	0.3

通过实测变形与理论变形的对比可得：实测变形稍小于理论值，且实测值与理论值的比值在 0.6~1.1。可推测，桥梁结构的实际刚度大于计算模型的理论刚度，且计算模型的理论刚度大致为实际刚度的 0.7。

8.2 节段预制及拼装线型控制

8.2.1 桥梁预拱度计算与设置

由于节段在预制时处于无应力状态,因此节段预制的结构目标线型应考虑结构由于受力变形,按三个方向即 X、Y、Z 设置预拱,节段预制长度考虑弹性压缩修正。预拱度计算涉及的荷载有:结构自重、二期恒载、预应力、混凝土收缩徐变至 3 650 d、1/2 活载,通过计算分析可以得到结构所需的预拱度,从而确定出节段的预制长度,进而确定得到节段预制线型。

1. 现浇段的预拱度设置

为使成桥线型合理,对现浇段设置一定的预拱度。设置方法为:在支立底模时设置预抬量,之后以底模为基准支立其他模板,如图 8-21 所示。

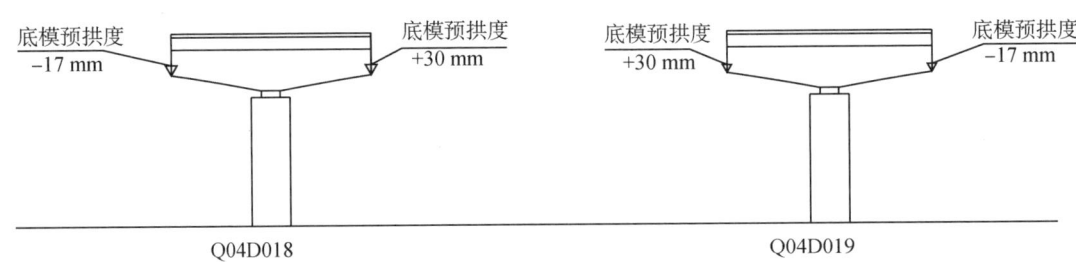

图 8-21 现浇段底模预抬示意

预拱设置值见表 8-10。

表 8-10 现浇段预拱值

墩号	点位	预拱值/mm
Q04D018	XB 侧	−17
	XZ 侧	+30
	其他	线性内插
Q04D019	DZ 侧	+30
	DB 侧	−17
	其他	线性内插

注:表中列出数值为现浇段最大悬臂端预拱,"+"表示向上,"−"表示向下。各墩除最大悬臂端外区域底模预抬值取线性插值。

2. 拼装节段预拱度

图 8-22~图 8-26 展示了主梁节段在存梁期 90 d 情况下的挠度值及预拱值,本部分仅包含施工节段划分节点预拱度。

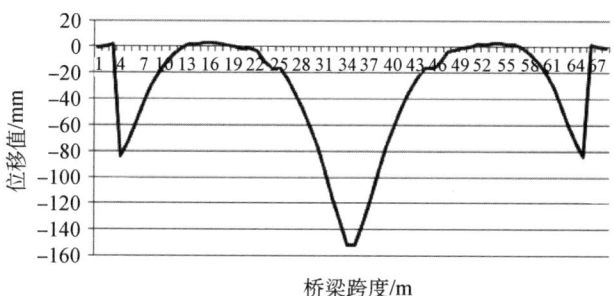

图 8-22　一期恒载产生的位移值

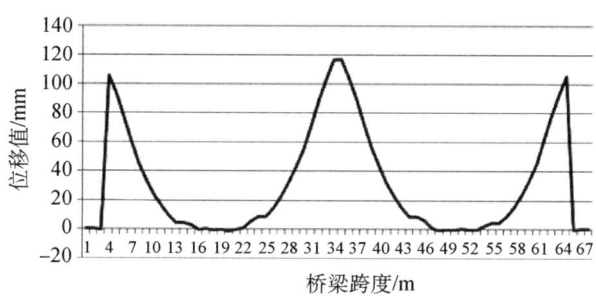

图 8-23　预应力产生的位移值

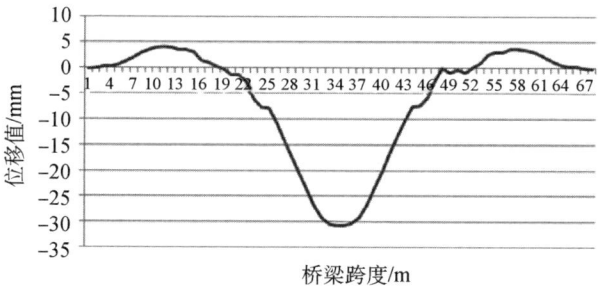

图 8-24　二期恒载产生的位移值

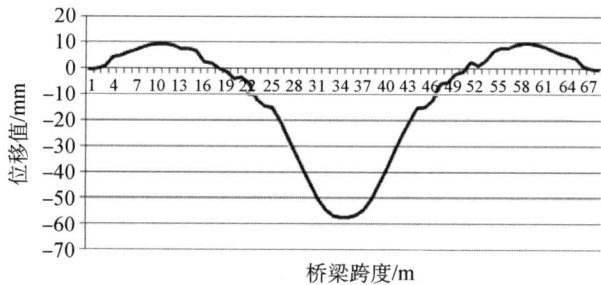

图 8-25　收缩徐变产生的位移值

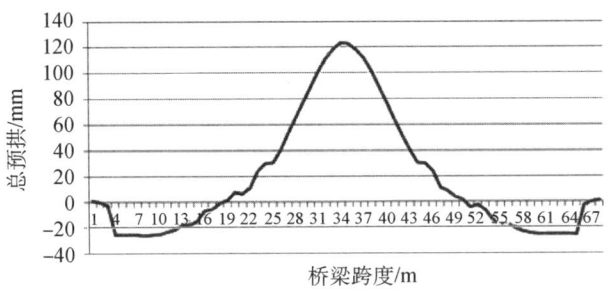

图 8-26 预拱值

8.2.2 预制线型控制

1. 预制方法

短线匹配法预制是将连续梁按 T 构或逐跨形式划分成若干节段,考虑混凝土收缩、徐变、预拱度等因素,将成桥整体坐标转换为预制工厂局部坐标系后,在预制台座上以固定端模为基准,调整已生产相邻节段(匹配节段)的平面位置及标高,在预制台座的固定模板系统内逐榀匹配、预制的一种施工工艺。如图 8-27、图 8-28 所示,浇筑时,待浇节段两侧设相对固定的侧模(只侧向开合而不移动),前端设固定端模,后端则为已浇好的前一节段(匹配梁)的前端面,通过调整匹配梁的相对位置来控制待浇节段的线型,并以二者之间形成的匹配接缝来确保相邻节段的拼接精度。

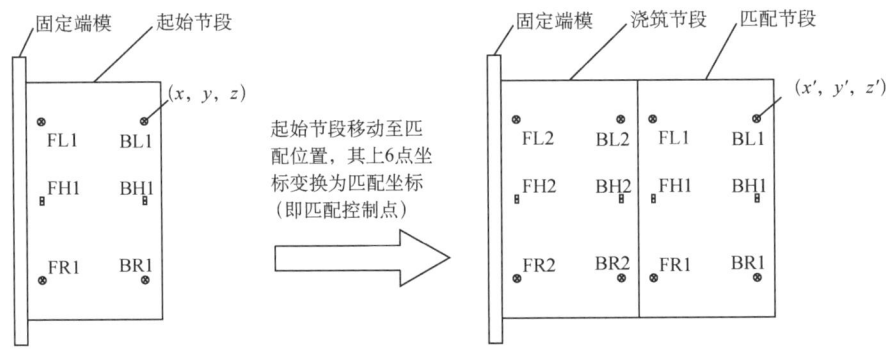

图 8-27 测点示意

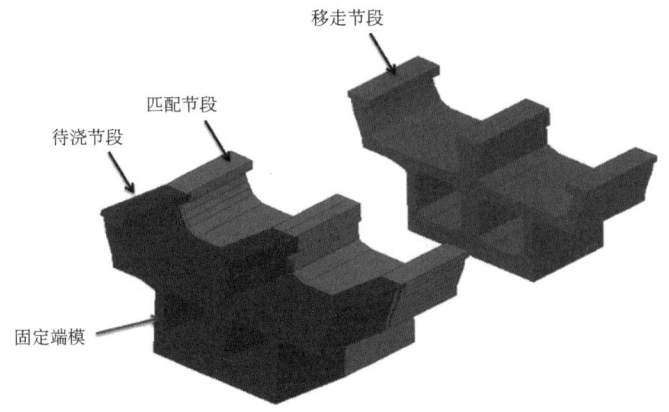

图 8-28 节段预制示意

2. 节段预制线型控制

节段预制线型控制主要是利用节段几何尺寸的改变所产生的转角效应,达到竖向或水平线型调整的目的,即当节段顶板纵向长度大于底板长度,在节段拼装完成后,梁体线型将向上弯曲,反之向下;同理,当节段左侧长度大于右侧时,在节段拼装完成后,桥梁水平线型将向左弯曲,反之向右。

(1) 平曲线节段预制。

将图 8-29(a)中空间整体坐标系内节段式曲线梁桥的线型与姿态展现的折线段投影至平面内,投影产生的折线段用来拟合平曲线。平曲线节段预制时,根据拟合的平曲线中各线段间夹角,将节段从浇筑位置移动到匹配位置上,在相应水平面内转动角度 α,以形成需要的折角 [图 8-29(b)]。新浇节段的端模位置不动并使其与节段轴线垂直,而新浇节段的匹配端面采用斜面,以便于钢筋骨架制作、剪力键设置和节段外形调整。通过埋在腹板顶面上的四个标高螺栓和埋于顶板中线上的两个倒 U 形水平定位钢筋,进行节段线型测量和定位检验。

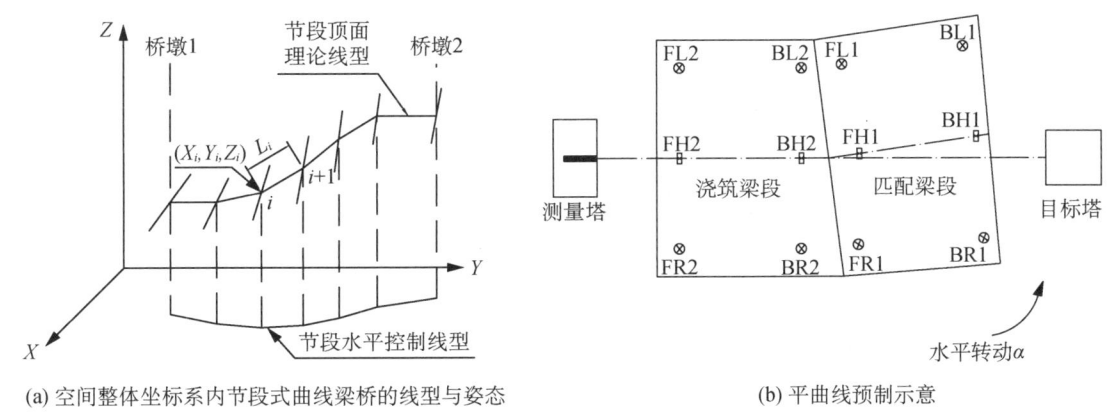

(a) 空间整体坐标系内节段式曲线梁桥的线型与姿态   (b) 平曲线预制示意

图 8-29 梁段预制线型与姿态示意

(2) 竖曲线节段预制。

将图 8-29(a)中空间整体坐标系内节段式曲线梁桥的线型与姿态展现的折线段投影至立面内,投影产生的折线段用来拟合竖曲线。竖曲线节段预制时,根据拟合的竖曲线中各线段间夹角,将匹配节段在相应位置先作标高调整,再于立面内竖向转动角度 β,以形成需要的折角(图 8-30)。

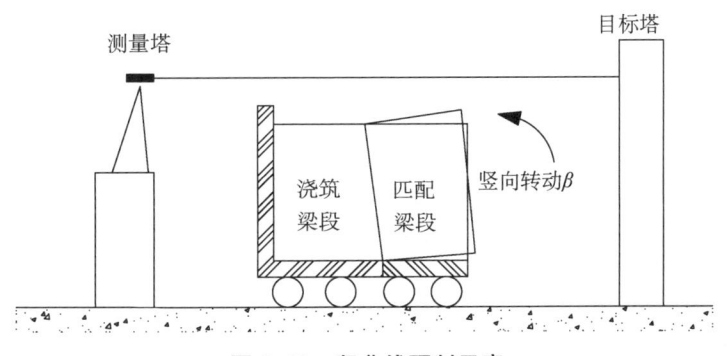

图 8-30 竖曲线预制示意

3. 测点布置

如图8-31所示，每一预制节段设置6个控制测点。其沿节段中心线的2个测点（FH、BH）用来控制平面位置，而沿腹板设置的4个测点（FL、FR、BL、BR）用以控制标高。

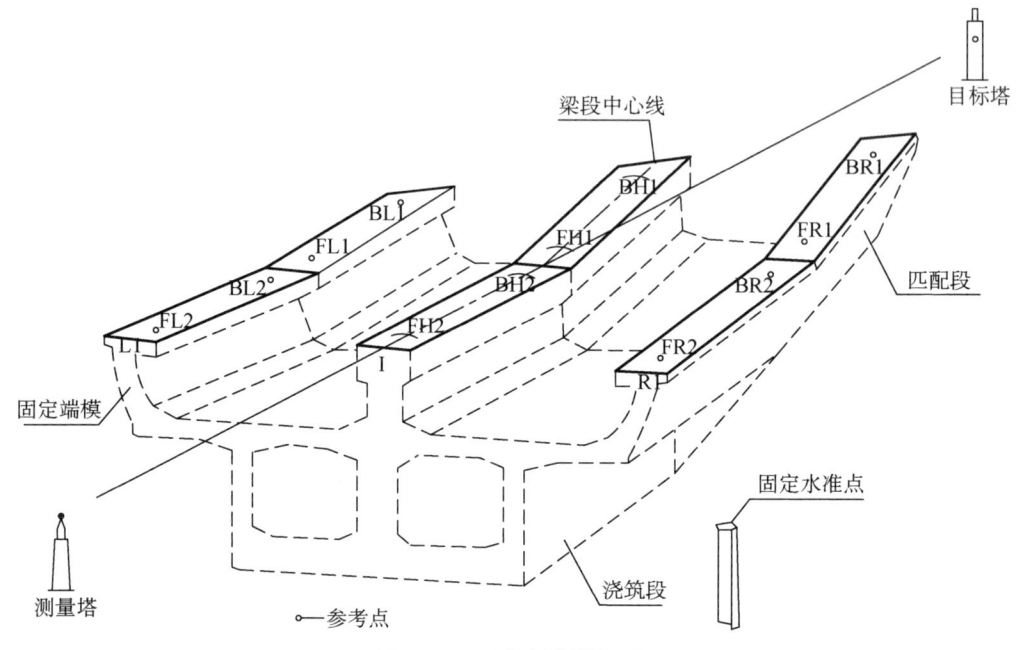

图8-31 几何控制网示意

在固定端模上缘也设置3个控制测点（LI、RI、I）。单元中心线由旋转在测量塔上的经纬仪和目标塔反光镜确定。在预制单元附近也要设置1固定水准点（BM），以对测量塔和目标塔进行校准。如果观测到测量中目标塔有偏移，应及时纠正。

4. 节段预制验收标准

节段预制完毕后，应采用表8-11所示验收标准进行外形验收以确保质量。

表8-11 预制节段验收标准

序号	项目	允许误差/mm	
		控制标准	验收标准
1	腹板厚度	+5，-3	+5，-3
2	顶板厚度	+5，0	+5，-3
3	底板厚度	+5，0	+5，-3
4	节段整体高度	±5	±5
5	节段顶板横向宽度	±10	±12
6	节段底板横向宽度	±5	±8
7	节段纵向长度	+0，-10	+5，-10
8	预埋件位置	5	5
9	预应力孔道位置	3	5

5. 基于三维扫描技术的节段匹配面检查

本工程节段梁预制采用短线法施工,理论上是匹配的,但实际上仍存在一些不匹配的因素。考虑到受已有轨道交通线的运营影响,中跨节段梁吊装到位后必须确保与已安装节段100%匹配。为此,节段出厂前,采用三维扫描仪对构件匹配面进行点云扫描,并将这些密集的点云创建成精确的三维模型,与设计模型相比对,对不符合的地方进行修整,三维扫描点云图如图8-32所示。

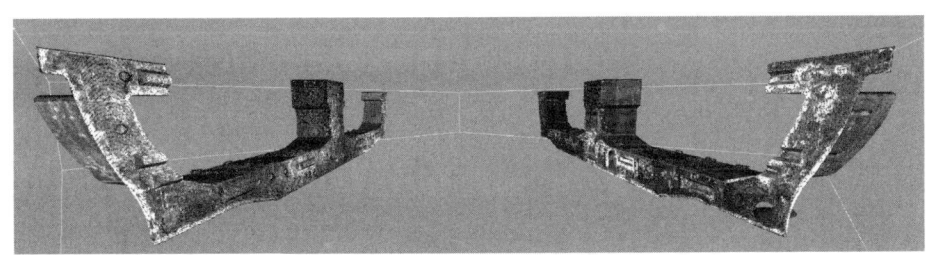

图 8-32　匹配面三维扫描点云图

8.2.3　拼装线型控制

由于拼装阶段影响线型的因素很多,在每一节段定位前后都要对线型进行精确测量,及时汇集监控数据并进行分析,总结规律,为下一"T"的悬拼提供参数,调整下一"T"的控制高程。安装时需随时调整线型,如不及时纠偏,线型误差越来越大,则会造成纠偏困难,且不易保证结合面质量。

1. 调整措施

(1) 对称悬拼工艺实施调整措施的基本条件。

当拼装阶段时节段的几何误差同时发生以下两种情况时,相应的误差纠正措施将会在随后的节段拼装过程中加以实施。

① 节段的几何误差超过允许误差范围。

② 对成型桥梁在已发生误差的情况下,依据桥梁的变形特征通过计算与估算至合龙段的预测误差值而该预测误差值超过允许误差范围。

如果确认下一步拼装时有必要提供纠偏措施,误差纠偏方法是:通过对上部结构变形特征评估与计算,在节段间的某些部位设2~3 mm的楔形垫片调整;楔形垫片的材质可采用环氧树脂垫片,这些环氧树脂垫片也可层层相叠以形成更厚的楔形垫片。

以立面调整为例,计算调整的高度,如图8-33所示。

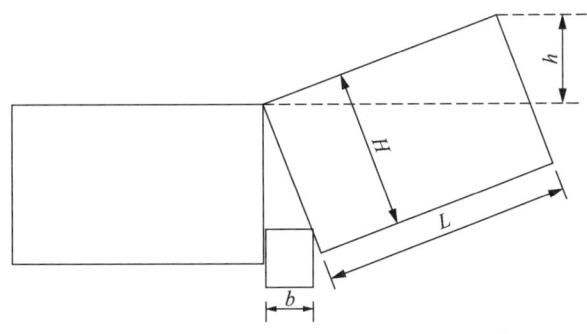

图 8-33　立面调整

由于垫片很薄,所以

$$\frac{b}{H}=\frac{h}{L} \tag{8.1}$$

得到
$$h=bL/H \tag{8.2}$$

式中 b——垫片厚度;

H——节段高度;

L——节段长度;

h——该节段可调高度。

平面调整仿照立面调整,只是将式(8.1)、式(8.2)中节段高度替换为节段宽度即可。

分别计算出不同厚度的垫片在平面和立面可以调整的误差,以尽量保证安装的精确性。

(2) 拼装线型调整方法之一:加垫环氧树脂垫片。

① 如安装时高程控制点误差超出允许范围,则采取在梁端上缘或下缘垫环氧垫片的方法进行调整,如图 8-34 所示。

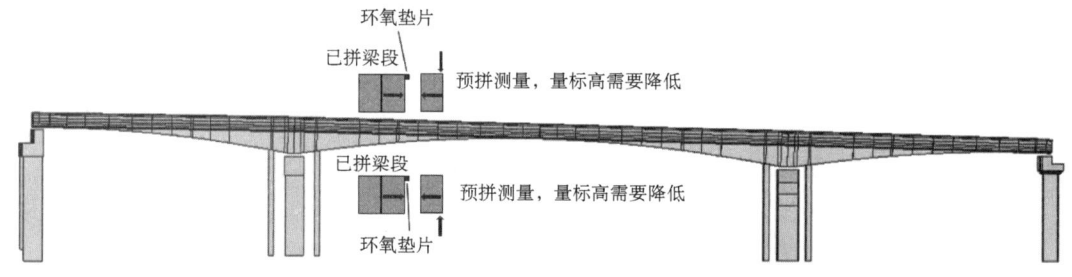

图 8-34 节段立面调整示意

② 如安装时平面控制点误差超出允许范围,则采取在节段左侧或右侧垫环氧垫片的方法进行调整,如图 8-35 所示。

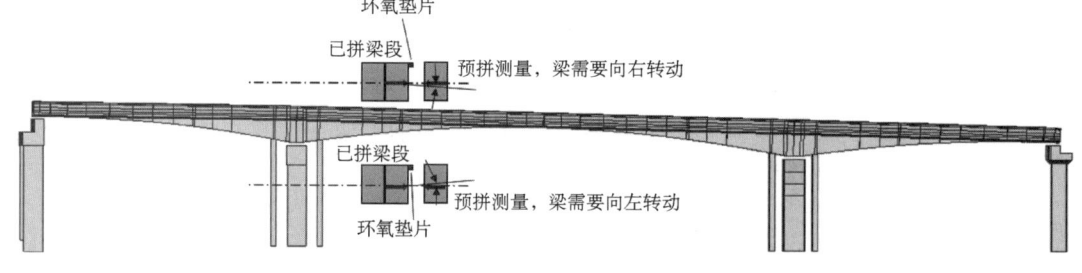

图 8-35 节段平面调整示意

(3) 拼装线型调整方法之二:控制临时预应力张拉。

在节段不需要调整的情况下,以上下左右对称张拉为原则,尽量保证节段的正位;当需要调整线型误差时,张拉的顺序以先张拉能使节段向控制方向偏转的临时拉杆为原则,以利于校正误差。譬如,拉顶板的临时拉杆,则有使预拼节段向上偏转的趋势,若想使节段上翘,可先张拉顶板临时预应力束,或稍微加大顶板的临时张拉力。同样,若想使节段下挠,则可先张拉底板的临时预应力,或稍微加大底板的临时张拉力。对于左右方向的线性误差,同样通过调整张拉顺序进行误差修正。临时预应力施加顺序对节段线型影响如图8-36所示。

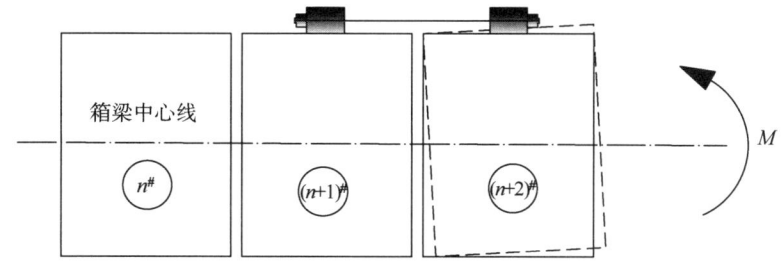

图8-36 临时预应力施加顺序对线型控制影响示意

2. 节段安装验收标准

节段在预制过程中具有足够的精度,在安装时拼装起来就可以满足设计的线型要求。

① 墩顶0#块现浇段或边墩墩顶节段安装允许误差如表8-12所示。

表8-12 墩顶0#块现浇段或边墩墩顶节段安装允许误差

项目	允许偏差	
	控制标准	验收标准
立面标高/mm	±3	±5
中心线偏位/mm	±3	±5
横向坡度/rad	±0.001	±0.001
纵向坡度/rad	±0.003	±0.003

② T构悬臂拼装允许误差标准如表8-13所示。

表8-13 T构悬臂拼装允许误差标准

项目	控制、验收标准
立面标高/mm	±10
中心线偏位/mm	±10
纵向长度/mm	±10
横向坡度/rad	±0.001
纵向坡度/rad	±0.003
拼缝错台/mm	3

③ 合龙两侧允许误差如表8-14所示。

表 8-14 合龙两侧允许误差

项目	允许偏差	
	控制标准	验收标准
立面标高/mm	±20	±30
箱梁轴线偏差/mm	±25	±30
纵向长度/mm	±30	±30

节段拼装误差示意如图 8-37 所示。

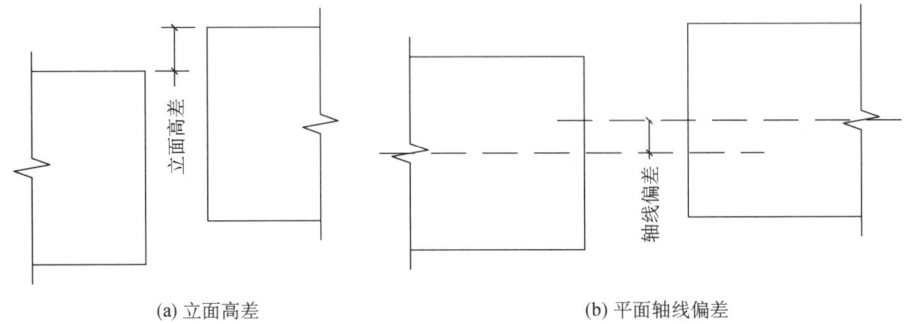

图 8-37 节段拼装误差示意

8.2.4 线型控制结果

1. 18 号墩 T 构节段

图 8-38 为 18 号墩 T 构节段安装高程轴线误差分析,高程安装误差未超过[-10,+10]mm 的控制范围,轴线安装误差未超过[-5,+5]mm 的控制范围。

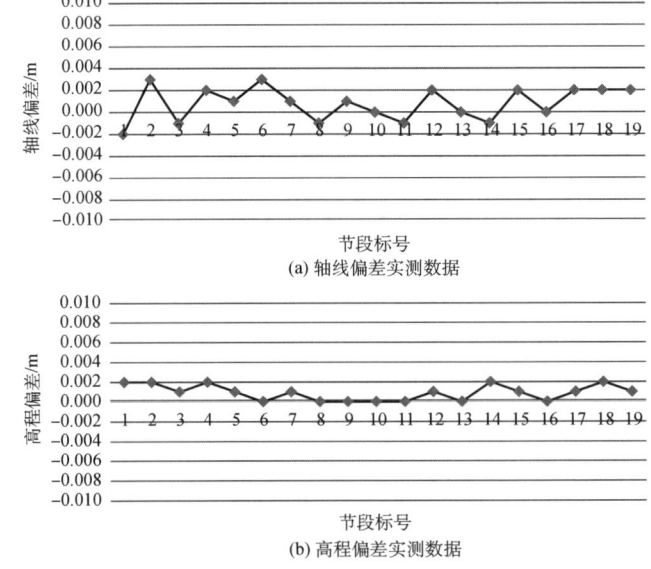

图 8-38 18 号墩 T 构节段安装误差分析

2. 19号墩T构节段

图8-39为19号墩T构节段安装高程轴线误差分析,高程安装误差未超过[-10,+10]mm的控制范围,轴线安装误差未超过[-5,+5]mm的控制范围。

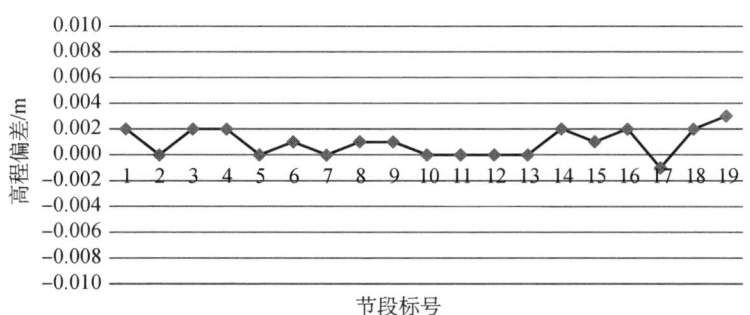

图8-39 19号墩T构节段安装误差分析

3. 拼装偏差数据总结

节段梁拼装过程中,对所有采集数据进行分析总结,得到的偏差数据见表8-15。

表8-15 安装偏差数据总结表 单位:mm

项目	高程偏差			轴线偏差		
	最大值	最小值	平均值	最大值	最小值	平均值
18号墩T构边跨	3.1	-2.9	0	3.2	-4.2	1
18号墩T构跨中	3.2	-3.1	1	3.3	-3.1	0
19号墩T构跨中	3.5	-2.9	1	3.1	-2.9	1
19号墩T构边跨	3.4	-3.1	1	3.3	-3.1	0

由表中数据可以看出,安装高程偏差控制在[-10,10]mm;轴线偏差控制在[-5,5]mm。

(1) 从数据分析可知,所有点高程偏差处于[-10,+10]mm范围内,轴线偏差处于[-5,+5]mm范围内。

(2) 个别轴线偏差较大,系因点的埋设存在偏差;又因0#节段处数据测点为现场人工找点采集得到,也存在一定偏差。

(3) 墩顶节段区域从数据上看偏差相对较大,系因墩顶为现浇,其上未埋设测点,所读取数据为现场临时取点采集,容易造成较大偏差。

(4) 线型整体满足要求。

8.3 施工现场安全监控系统

安全监控系统主要包括架桥机安全监控管理系统与现场作业视频监控系统。

8.3.1 架桥机安全监控管理系统

针对节段梁拼装的特点,架桥机安装有集声、光、电为一体的"安全监控管理系统",如图

8-40所示,能够实现对架桥机运行状态的全方位监测、危险预警、运行作业的信息化远程管理等功能。当传感器采集到架桥机的运行数据接近预设安全数值时,系统会以声、光、电的形式发出预警提示现场作业人员与架桥机驾驶员,从而确保起重设备的安全运行,减少安全隐患。其主要功能体现在以下3个方面。

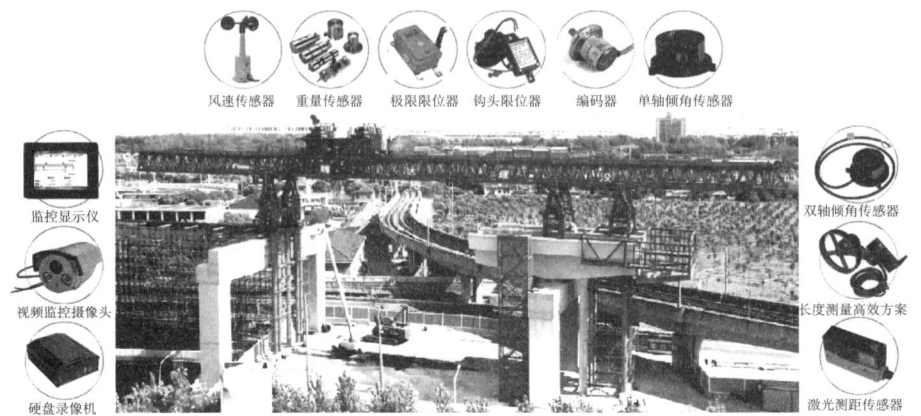

图8-40 架桥机安全监控管理系统示意

（1）监控参数。监控参数包括起重量、起升高度、水平度、垂直度、风速、运行行程、安全距离、操作指令、工作时间、累计工作时间、工作循环和下降深度共计12项。

（2）监控状态。监控状态包括架梁状态、天车运行状态、整机走行状态和过孔状态共计4项。

（3）监控视频。监控视频包括起升机构制动器的开闭、联锁保护、过孔、超速保护共计4项。

具体使用详见本书"2.2.5电气控制系统"中"（4）安全保护装置与安全监控管理系统"部分。

8.3.2 现场作业视频监控系统

现场作业视频监控系统主要用于实时监控桥面作业人员的活动,以及补充架桥机安全监控管理系统中的视频监控死角。对人员的一些违章行为或者危险作业,通过每人随身携带的对讲机实时给予制止或者指令,如图8-41、图8-42所示。

图8-41 现场作业视频监控系统安装位置示意

图 8-42 实时的监控画面

8.4 精细化管理控制

在架桥机单 T 构悬臂拼装工艺的实施中,架桥机与单 T 构的力学状态控制是至关重要的一个环节,也是直接决定工程成败的一个关键因素。主/被动控制技术的应用既涉及悬臂拼装施工阶段,也涉及架桥机过孔阶段,具有应用内容多、操作步骤细、控制要求高、信息传递急、覆盖周期长等特点,其实施过程必须辅以精细化管理控制。

1. 标准化作业手册

为确保作业人员能够遵循明确的工艺指令实施精准控制,使实施过程与理论计算保持一致性,针对节点桥施工的工艺特点,建立了涵盖"东侧 T 构悬臂拼装作业、悬臂拼装设备过孔、西侧 T 构悬臂拼装作业、合龙作业"四个阶段所有作业工序的《悬臂拼装作业手册》,采用"连环画"形式图文并茂地展示每道工序的准备工作、验收要求、注意事项,以及每道工序中主/被动控制技术应用的具体时机、具体要求,确保人员和设备操作严格按规范实施,防止误操作产生的安全风险。

在每个节段梁安装前,将其对应的安装工序以图片形式发送给作业班组的每位成员,使其明确各自负责的工序操作要点,并严格按照验收要求进行工序交接验收,做到上道工序合格才能进行下道工序,使操作人员在施工过程中有标准的工艺规范,保障施工质量。以下以"节段 1# 吊装施工"为例说明,详见图 8-43。

2. 基于 BIM 技术的可视化交底

采用 BIM 技术,通过建立三维模型,虚拟还原施工现场作业环境与拟建桥梁,利用生长动画逐节段模拟各工序的实施步骤,逐工序进行碰撞检查,遵循 PDCA 循环法,对存在的问题逐步进行解决。

此外,把每个节段梁作业工序的生长动画制作成带配音与字幕的影片,在相应的节段安装前,将影片投放于大屏幕进行技术交底,以可视化方式多角度、多方位地对工序重点、难点进行演示,不仅能提高交底工作的效率,还便于班组人员与非专业人员快速理解相关内容。

3. 基于信息化的施工组织

各作业负责人均配置手持式对讲机,及时沟通作业情况,分项负责人根据现场实际情况,动态化调整各项施工安全。同时,借助现代化技术手段,对施工过程及时进行动态调整。

步骤一：1#天车竖向提升跨中1#节段、旋转90°

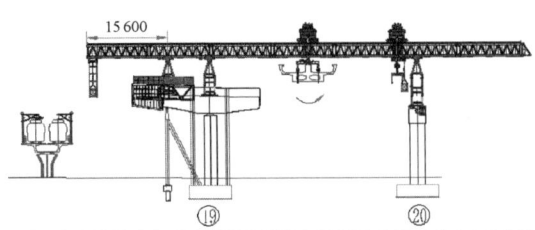

序号	工序名称	作业内容	作业人
1	工况说明	边跨呢梁，1#天车提升跨中1#节段	
2	材料准备	吊杆1080-Φ32mm精轧螺纹钢、配套螺母及垫板、拉揽绳若干	
3	设备准备	1#天车停靠待提梁处、2#天车停靠近20号墩处	
4	技术要求	节段型号准确、出场检查合格、吊杆规格符合要求，节段梁重量标定，节段梁提升、旋转平稳	
5	桥机监测	提升吊杆安装垂直，架桥机支腿与桥面锚固牢固。主桁架要保持水平，检查天车钢丝绳、起重机吊具和吊杆磨损、裂纹、损坏等；架梁作业时风力≤6级	
6	场外准备	节段梁外观检查（型号、结构尺寸、吊点孔位、预应力孔道位置、剪力键、匹配面等）、节段梁面杂物清理，**节段箱室腹板临时刚性锁定安装完成**，梁顶面测量点布设，架梁计划上报地铁运营单位	
7	注意事项	注意观察旋转节段梁空间位置变化，防止碰撞其他结构物	

检查人：　　　监督人：　　　作业时间：

(a) 步骤一

步骤二：1#天车前移至中支腿位置，2#天车起吊1′#节段移动就位

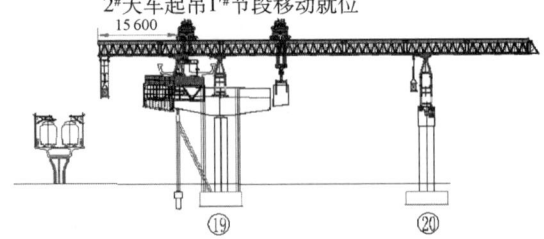

序号	工序名称	作业内容	作业人
1	工况说明	1#天车携梁向跨中移动超出中支腿位置后停止（保持不动），2#天车起吊1′#节段并移动就位	
2	材料准备	吊杆1080-Φ32mm精轧螺纹钢、配套螺母及垫板	
3	设备准备	对讲机若干	
4	技术要求	节段型号准确、出场检查合格、吊杆规格符合要求，节段梁前移、提升平稳，伺服系统顶力检查、伺服系统支撑钢管柱沉降监测	
5	桥机监测	提升吊杆安装垂直，架桥机支腿与桥面锚固牢固，检查天车钢丝绳、起重机吊具和吊杆磨损、裂纹、损坏等；架梁作业时风力≤6级	
6	场外准备	节段梁外观检查（型号、结构尺寸、吊点孔位、预应力孔道位置、剪力键、匹配面等）、节段梁面杂物清理，**节段箱室腹板临时刚性锁定安装完成**，梁顶面测量点布设	
7	注意事项	观察节段旋转空间位置变化，防止碰撞其他结构物	

检查人：　　　监督人：　　　作业时间：

(b) 步骤二

步骤三：1#天车继续前移至悬臂8 m处，旋转90°，节段移动就位

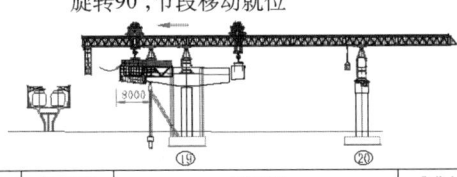

序号	工序名称	作业内容	作业人
1	工况说明	1#天车继续前移至悬臂**8m**处，旋转90°，节段移动就位；期间持续监测前支腿轴力，当前支腿合力接近**200t**时，伺服系统加力**250t**（单点加力125t）	
2	材料准备	拉揽绳若干	
3	设备准备	对讲机若干	
4	技术要求	伺服系统顶力检查及支撑钢管柱沉降监测	
5	桥机监测	架桥机前支腿轴力	
6	场外准备	—	
7	注意事项	观察节段旋转空间位置变化，防止碰撞其他结构物；提前通知安全监控单位和伺服系统单位到场	

检查人：　　　监督人：　　　作业时间：

(c) 步骤三

步骤四：1#与1′#节段试拼装

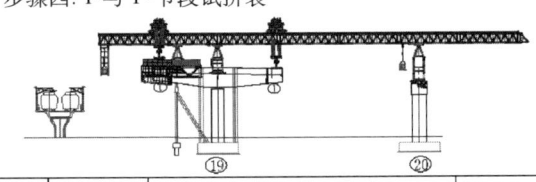

序号	工序名称	作业内容	作业人
1	工况说明	1#与1′#节段试拼装，节段线型测量	
2	材料准备	—	
3	设备准备	水准仪、全站仪、对讲机	
4	技术要求	调整吊具至梁段接缝密合控制标准为，轴线偏移量5mm，接缝处顶面高差3mm，立缝宽度≤3mm	
5	桥机监测	—	
6	场外准备	—	
7	注意事项	按照线型监控单位指令进行放样测量	

检查人：　　　监督人：　　　作业时间：

(d) 步骤四

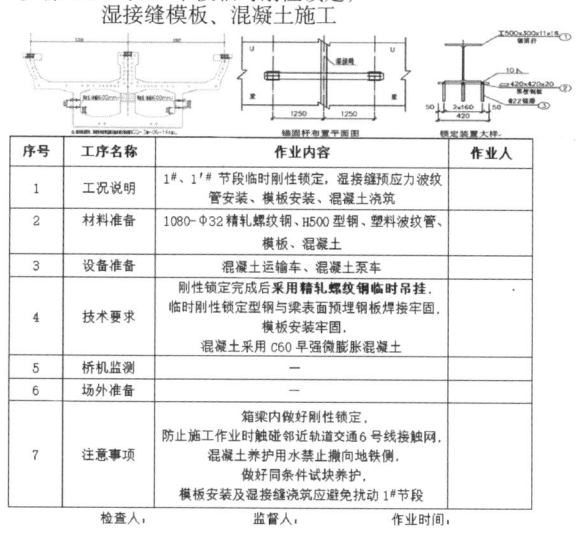

(e) 步骤五　　　　　　　　　　　　(f) 步骤六

图 8-43　标准化作业手册示例

在架桥机前支腿下设置了压力监测监控系统,在 0# 节段 T 构的中墩侧设置了竖向支撑自动补偿装置,二者之间形成联动。节段安装期间通过实时监测架桥机支腿压力,动态调整竖向支撑力,以及对作业工序进行合理调度,避免桥梁 T 构的端头受力过大。

在现场安装了视频监控摄像头,管理人员通过实时监控,对发现的质量安全问题及时通知现场进行消改。

在桥面上安装了高精度静力水准仪系统,可实现自动化采集桥面标高数据,为工序施工提供动态指导意见。

由于节段梁与轨道交通 6 号线之间的空间十分狭小,最近处仅相距 10 cm,如图 8-44 所示。因此在预制节段安装过程中,与轨道交通 6 号线港城路站运营中心保持紧密联系,及时动态掌握列车的通行信息。按照"车辆通过期间不进行动态吊装作业"的原则,仅在空窗期进行跨线吊梁作业,并在防护平台的安全保护下进行后续的工序。

(a) 接触网立柱与防护平台关系　　　　(b) 接触网与防护平台关系

图 8-44　节点桥与轨道交通 6 号线接触网关系

8.5 本章小结

架桥机单 T 构悬臂拼装工艺首次应用于实践中,主/被动控制技术的使用比较复杂,施工过程中必须建立监测体系为结构安全提供预警,同时为主动控制技术的应用提供数据支撑。

节点桥的监测数据表明,架桥机单 T 构悬臂拼装工艺是可行的,采用的主/被动控制技术是有效的。基于监测数据的支撑,该工艺顺利完成了首秀。主梁各节段均按照设计要求顺利完成拼装,线型控制良好,最终桥梁的平面与高程合龙误差均控制在 3 mm 以内,整体工程质量达到了较高水准。

节点桥的施工过程具有应用内容多、操作步骤细、控制要求高、信息传递急及覆盖周期长等特点,为此,将整个施工过程划分为 218 个步序,印制了 5 版"建造连环画",真正做到"按图施工"。同时,通过设置现场安全监控系统,运用 BIM 技术进行可视化交底,采用信息化技术开展施工组织,规范有序地完成了整个施工过程。

节点桥施工过程长达近一年,其间遭遇了两次台风过境,通过精细化的管理控制,顺利完成了悬臂拼装施工,未对轨道交通 6 号线的运营造成任何影响。

第 9 章 结论与展望

上海市轨道交通 10 号线二期上跨 6 号线节点桥是世界上最大跨度的轨道交通变截面 U+箱形混凝土连续梁桥,工程周边环境复杂、地面管线密集、施工空间狭小,传统的悬臂拼装法无法实施。为此,首创了低影响模式下大跨度 U+箱连续梁架桥机单 T 构悬臂拼装施工技术并予以应用,历经一年多的建设周期,节点桥合龙偏差控制在 3 mm 以内,施工期间未对运营中的轨道交通 6 号线产生任何影响。

9.1 结论

节点桥的建设从施工工艺、施工设备、计算方法、控制技术、合龙与体系转换方法等多个方面对传统的悬臂拼装法进行了创新与改进。主要创新点体现在以下几个方面。

(1) 大跨度连续梁架桥机单 T 构悬臂拼装施工工艺。

针对中跨下方节段吊装空间受限以及架桥机跨度越大、经济性越低等问题,研发了大跨度连续梁架桥机单 T 构悬臂拼装施工工艺,巧妙地利用已拼好的梁体和两个桥墩即可完成单个 T 构的施工,大大拓展了预制节段拼装技术的使用范围。该工艺从边跨喂梁,不受中跨下方空间影响,降低了对环境的影响;利用施工中的梁体作为支撑点,无需跨越主跨,仅利用两个桥墩即可完成拼装,架桥机跨度的减小大幅降低了设备规模,经济性好;每拼装两个节段架桥机移动一次,可以适应多种桥梁跨度的需求,适应性强。

(2) 大跨度 U+箱连续梁单 T 构悬臂拼装设备。

针对节点桥的施工工艺研制了一套由单 T 构悬臂拼装架桥机、可调移动式防护平台、自动跟随式张拉吊篮等组成的悬臂拼装设备。通过对架桥机支腿的特殊设计实现了架桥机的三维姿态调整,满足了 U+箱截面以及桥梁平曲线与竖曲线的要求;防护平台的多功能设计既适应了复杂的空间条件限制,又满足了轨道交通运营线路的安全防护要求。

(3) 悬臂拼装设备大跨度 T 构过孔技术。

针对悬臂施工状态下架桥机过孔时 T 构承载能力不足的问题,研发了 T 构大悬臂状态下悬臂拼装设备过孔技术,通过局部拆解与整体过孔相结合,应用主/被动控制技术,克服了 T 构承载能力不足的问题,实现了 400 t 悬拼设备在 30 m 高空的空中大挪移。

(4) 大跨度连续梁 T 构力学状态的主/被动控制技术。

针对悬臂拼装过程中 T 构的非对称加卸载特点,创造性地提出了 T 构力学状态的主动控制技术:基于桥-机耦合效应的支腿反力按需调整技术、基于 T 构两侧抗拉束加载与卸载的平衡力矩宽幅调整技术、基于轴力伺服系统的 T 构力学状态精准调整技术。同时基于"冗余控制"理念,在主动控制基础上引入了被动控制技术:基于临时预应力的主梁强度控制、基于抗倾覆墩与随动平衡重的 T 构倾覆控制。这种充分利用桥-机耦合效应,在内部主动控制基础上额外增加外部主动控制的方法减少了施工控制的代价,经济性好;在主动控制基础上引入被动控制,形成的冗余控制方法大大提高了施工过程的系统安全性,确保了即使主动控制技术失效,T构也不发生倾覆,不会影响轨道交通的运营安全。

(5) 基于桥-机耦合效应的悬臂拼装全过程分析方法。

针对架桥机单T构悬臂拼装过程中力学状态的耦合性、时变性,提出了基于桥-机耦合效应的悬臂拼装施工全过程分析方法。根据拼装工艺,将整个施工过程拆分为系列工况,把施工期间的桥梁结构和架桥机作为一个整体,建立不同施工阶段、具有耦合效应的桥-机体系分析模型,通过自定义车辆荷载、在架桥机两榀主桁梁间引入虚拟横梁与虚拟车道,利用影响线加载方法获得移动天车荷载下耦合体系中各个构件在最不利工况下的力学包络效应。该方法可以涵盖天车移动中的所有工况,防止遗漏某些危险工况、最不利工况。与传统计算方法相比,该方法大大提高了复杂受力体系计算的可靠性。

针对施工期间可能遭遇的台风期,首创了考虑抖振效应的风致荷载下架桥机与T构力学状态一体化分析方法,揭示了强脉动风效应下架桥机支腿脱空的风险性。

(6) 大跨度U+箱连续梁合龙与体系转换精准控制技术。

针对轨道交通U+箱形截面施工期与运营期的应力状态差异大、应力状态转换复杂的问题,提出了临时压重分级卸载与二期恒载分级加载相结合的方法,从而实现了合龙与体系转换过程中结构力学状态的精准控制。针对单T构悬臂拼装工艺中外荷载引起的T构力学状态波动大、线型控制难的问题,提出了基于支座微转动的合龙偏差调整方法。

9.2 展望

在大跨度连续梁悬臂拼装施工中,由于架桥机的三个支腿需要支撑于三个桥墩上,因此一般采用架桥机双T构对称拼装工艺。但随着桥梁跨度的增大,架桥机自身的规模和重量越来越大,双T构工艺的经济性越来越低。同时,拼装完成的T构自身具有较大的承载能力却无法充分利用,造成了一定的浪费。单T构悬臂拼装工艺充分利用了已拼桥梁结构的承载能力,大幅降低了架桥机规模,经济性更高、跨度适应能力更强。

为解决该工艺实施过程中T构面临的力学问题,节点桥采用了大量的创新技术,为今后类似工程的实施奠定了基础。节点桥的施工过程表明,施工前如果能充分利用桥-机耦合效应对架桥机与T构组成的耦合体系进行全过程分析,在此基础上通过设计优化即可进一步降低该工艺的实施难度。

(1) 适当增加施工阶段的预应力束。

节点桥的主梁加固方法表明如果在梁体内额外增加一部分预应力束,不但可以提高顶缘压应力储备、平衡架桥机产生的拉应力,而且经济代价不大,还能大幅提高T构的承载能力,因此效益显著。

(2) 改进架桥机主桁梁与支腿间的连接方式。

在架桥机单T构悬臂拼装工艺中,天车在主桁梁悬臂跨上吊装,主桁梁悬臂跨的变形和弯矩较传统的连续跨吊装要大很多。因此,一方面可以通过在主桁梁悬臂跨设置预拱度来解决刚度控制问题,另一方面可通过改进架桥机与主桁梁间的连接方式来减小支腿处的弯矩和变形。

本案例中支腿顶部采用"A"形结构,如图 9-1 所示,与主桁梁之间采用铰接约束。一方面,这种设置方式使得支腿对主桁梁下部形成明显的集中受力,导致支腿处的主桁梁弯矩较大;另一方面,该方式导致悬臂跨的变形较大。悬臂跨的变形由两部分组成:一是荷载作用下悬臂跨在固端约束下的弹性受荷变形,二是荷载作用下支点处主桁梁转角引起刚体转动产生的位移。由于铰接对悬臂跨的转角约束作用较弱,因此可把支腿顶部的"A"形结构调整为"Y"形结构,使得支腿对主桁梁形成双支点支撑体系。这种设置方法一方面降低了支腿处的弯矩峰值,提高了主桁梁的承载能力;另一方面支腿的双支点构成了"类固端约束",减小了主桁梁转角产生的悬臂跨位移,通过了主桁梁刚度。

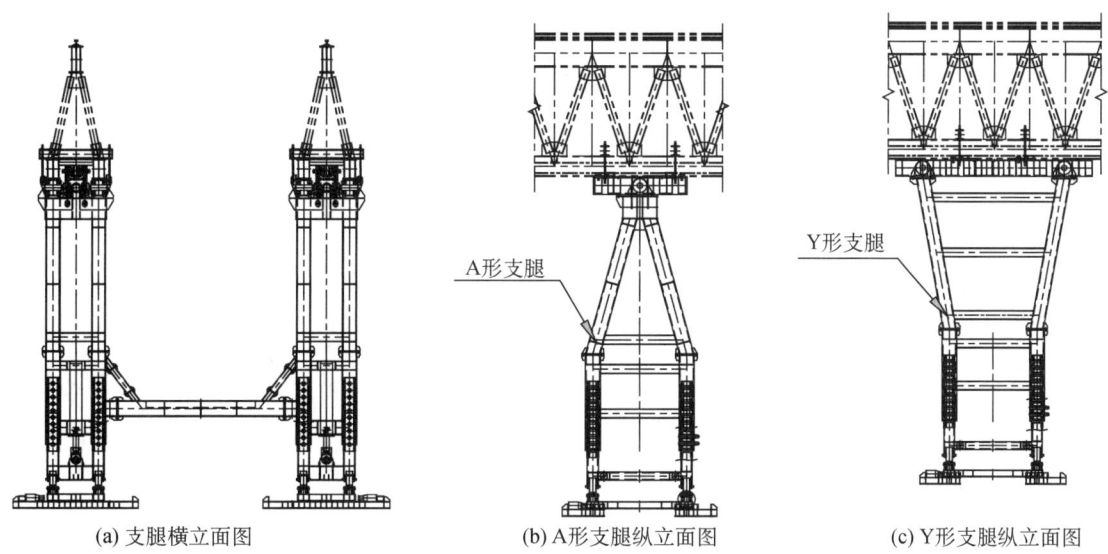

(a) 支腿横立面图　　(b) A形支腿纵立面图　　(c) Y形支腿纵立面图

图 9-1　主桁梁与支腿的连接方式示意

(3) 改进倾覆力矩的平衡方式。

在连续梁悬臂施工中,墩梁固结一般均采用预应力钢绞线作为抗拉束。由于常用的夹片式锚具张拉次数受限,无法实现钢绞线拉力的实时动态调整,使用相当不便。因此,可把预应力钢绞线改为平行钢丝拉索,采用墩头锚、通过锚具(锚杯、锚圈、连接筒)把索体固定在结构上,如图 9-2 所示。

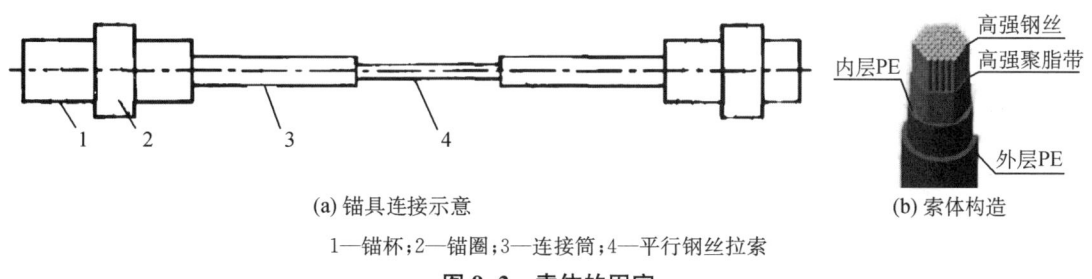

(a) 锚具连接示意　　　　　　　　　　(b) 索体构造

1—锚杯;2—锚圈;3—连接筒;4—平行钢丝拉索

图 9-2　索体的固定

在T构偏载受力时,通过实时感知支腿的反力,运用自适应控制系统,根据架桥机的支腿反力自动张拉抗拉束,可动态平衡倾覆力矩,实现T构抗倾覆的精准平衡,降低T构的线型控制难度(图9-3)。

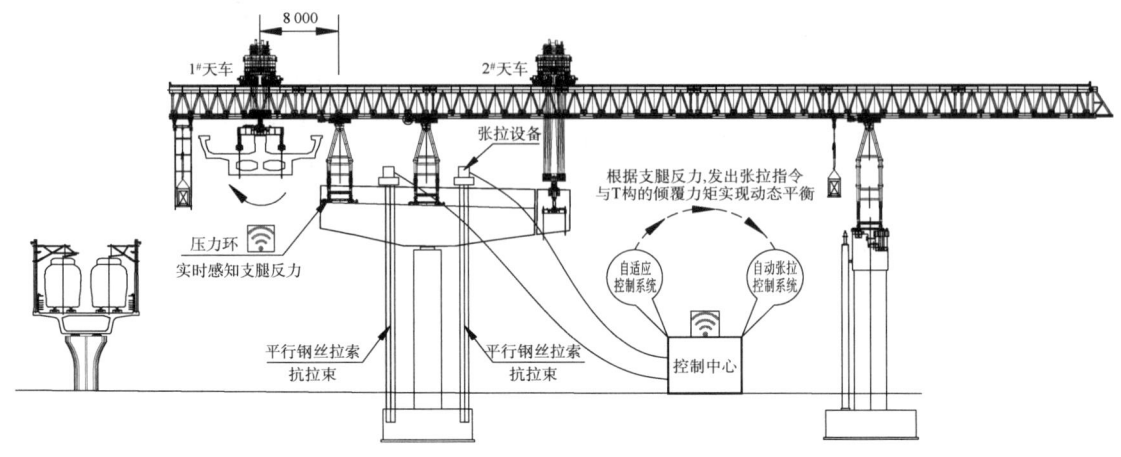

图9-3 自适应控制系统

通过这些技术的运用,可大幅降低该工艺的实施难度,缩小架桥机规模和造价,减少施工风险、提高施工工艺的适应性,有利于单T构悬臂拼装工艺在更大跨度桥梁施工中的应用。

附 图

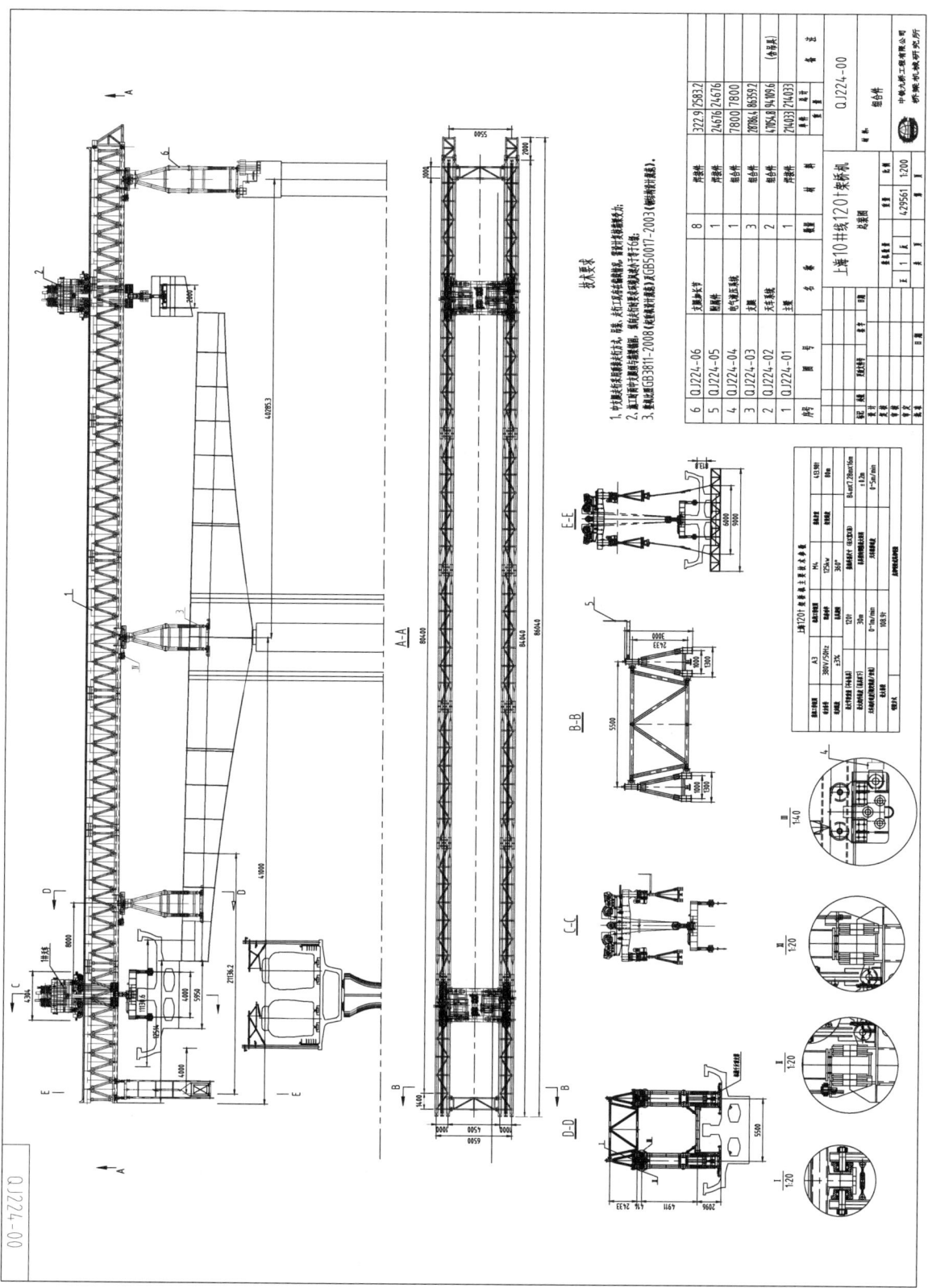

参考文献

[1] 李建光.城市轨道交通施工技术发展与展望[J].城市轨道交通研究,2018,21(5):76-79.

[2] 杨洁民.跨线桥大高度同步顶升施工控制技术及监测数据分析[J].城市轨道交通研究,2015,18(3):105-109.

[3] 马行川.跨线桥转体技术发展现状与展望[J].铁道标准设计,2020,64(6):92-97.

[4] 胡永来.城市轨道交通高架区间的连续梁施工工艺[J].中国新技术新产品,2016(21):69-70.

[5] 朱立.浅析城市轨道交通中U形梁施工技术的应用[J].四川水泥,2016(7):43.

[6] 刘聪.轨道交通高架桥U形梁预制与架设成套技术应用研究[D].济南:山东大学,2015.

[7] 倪军.城市轨道交通高架薄壁U形梁运输与安装关键技术研究[D].西安:西安建筑科技大学,2008.

[8] 孙九春.U形梁架桥机架设施工的关键技术[J].上海公路,2011(2):40-42,13.

[9] 王建忠.轨道交通16号线U形梁架设施工技术[J].城市道桥与防洪,2012(8):258-259,393.

[10] 忽慧涛,范伟,孙九春.某轨道交通U形梁架设施工过程力学行为分析[J].山西建筑,2013,39(1):138-139.

[11] 孙启迪.复杂线路条件下轨道交通薄壁U形梁综合架设技术[J].山西建筑,2016,42(20):166-167.

[12] 周敏.城市轨道U形梁提运架综合施工技术[J].铁道建筑技术,2015(8):1-4,25.

[13] 徐仕毅.模块车架设U形梁施工技术研究[J].中国市政工程,2019(3):106-109,112,143-144.

[14] 曾华.双U箱形变截面连续梁在上海轨道交通17号线工程中的应用[J].建设监理,2016(6):88-90.

[15] 本刊.上海轨道交通17号线:世界首例"双U+箱形"节段拼装梁桥[J].特种结构,2016,33(1):120.

[16] 敖志超.U箱连续梁节段架设施工技术探讨[J].工程机械与维修,2021(6):82-84.

[17] 叶德超.浅谈大跨度连续箱梁悬臂拼装施工关键技术[J].城市建设,2010(33):175-176.

[18] 凌华才.北江大桥悬臂拼装施工技术[J].公路,2012(2):113-115.

[19] 海占忠.广州市轨道交通4号线连续梁桥预制节段悬臂拼装施工技术[J].铁道标准设计,2009(3):40-45.

[20] 孟玉伟.拼装式连续梁桥施工监控研究与实践[D].石家庄:石家庄铁道大学,2020.

[21] 董传新,燕春阳,韩宗芳.连徐高速铁路连续梁节段预制装配式施工技术[J].工程技术研究,2020,5(11):78-79.

[22] 金仁兴,张振华,陈礼忠.上海长江隧桥B6标预制节段箱梁悬臂拼装施工技术研究[J].建筑施工,2009,31(1):45-48.

[23] 王凯,胡可,段海澎.芜湖长江公路二桥引桥段上部结构设计与施工[J].公路交通技术,2017,33(3):47-51.

[24] 董传新,杜振华,徐领.高速铁路预应力混凝土连续梁节段预制悬拼法建造关键技术研究[J].高速铁路技术,2020,11(3):91-96.

[25] 王俊超,刘涛,马宏宇.3.5%纵坡上坡架桥机架梁施工技术[J].施工技术,2020,49(S1):1268-1270.

[26] 王新波,周恒,季经伟,等.U形梁架桥机的总体设计[J].起重运输机械,2013(2):18-22.

[27] 唐智奋.我国公路架桥机的现状与发展趋势[J].工程机械,1996(10):26-28.

[28] 韩益民.HS900型变幅式高速铁路架桥机的性能特点[J].铁道标准设计,2010(7):53-61.

[29] 孙振军,吕洪彬,韩利军,等.JQD32M/500T型单臂箱梁架桥机[J].工程机械,2015,46(8):9-14.

[30] 黄耀怡.苏通长江大桥TP75m/1 200 t架桥机结构总体设计[J].铁道建筑技术,2006(1):12-18.

[31] 张维忠.整体横移式架梁机的设计和使用[J].公路,2007(8):20-23.

[32] 丁毅群.单导梁架桥机低净空架梁施工技术[J].施工技术,2019,48(S1):1124-1127.

[33] 赵增耀.有限元分析在工程机械钢结构设计及结构优化中的应用[D].西安:长安大学,2009.

[34] 黄玉新.LG40节段拼装架桥机研制与钢结构有限元分析[D].柳州:广西科技大学,2014.

[35] 李远.450 t架桥机有限元分析及可靠度计算[J].起重运输机械,2021(22):30-34.

[36] 陈士通,程泳,许宏伟,等.考虑作业工况的架桥机主梁损伤识别研究[J].中国铁道科学,2019,40(3):44-53.

[37] 胡庆安,乔云强,刘健新.MSS62.5移动模架造桥机风洞试验及抗风分析[J].筑路机械与施工机械化,2006(10):36-38.

[38] 张建超,王军,曹学峰.基于ANSYS的移动模架造桥机结构风振响应分析[J].筑路机械与施工机械化,2007(11):41-43.

[39] 曾耀.大跨径移动模架造桥机抗风性能研究[D].西安:长安大学,2007.

[40] 钟竹平,蒙永清.TP40节拼架桥机顶推法安装及其稳定性分析[J].中国水运(下半月),2019,19(4):189-190.

[41] 王艳芳,王亮.HZQ500架桥机施工流程探讨[J].建筑机械化,2015(12):66-67.

[42] 孙振军,吕洪彬,韩利军,等.JQD32M/500T型单臂箱梁架桥机[J].工程机械,2015(46):9-14.

[43] 王亮,刘常达,王艳芳.上行式节拼架桥机小半径架设施工技术[J].建筑机械化,2017(7):56-57.

[44] 宋飞,陈德利,代宇.DP80型节段拼装架桥机在上海轨道交通5号线中的应用[J].装备与制造,2018(6):102-105.

[45] 简健泰.双导梁架桥机在装配式桥梁施工中的应用[B].管理施工,2009(8):111-114.

[46] 陈永刚.DJ180架桥机铁路铺设改造施工技术研究[J].科技创新,2016(21):1-4.

[47] 郑国.浅谈架桥机过孔施工工艺[J].建筑工程技术与设计,2016(32):757-758.

[48] 王腾华.双导梁架梁机过孔梁板承载能力检算[J].铁道建筑技术,2012(S1):69-71.

[49] 周俊清.DF900D架梁机拼装方案[J].低碳世界,2017(12):194-195.

[50] 吴占东.大西铁路晋陕黄河特大桥上部结构施工关键技术[J].建筑施工,2014,36(6):735-738.

[51] 李华.(40+56+40)m铁路连续梁节段胶接拼装造桥机研究[J].铁道建筑技术,2017(6):31-36.

[52] 王胤彪,卢玉荣,陈鸣.70 m平面曲线半径连续梁节段拼装架桥机优化设计及施工关键技术[J].施工技术,2018,47(19):116-120.

[53] 宋飞,陈德利,代宇.DP80型节段拼装架桥机在上海轨道交通5号线中的应用[J].铁道建筑技术,2018(6):102-105.

[54] 彭向洲.多幅变宽连续箱梁桥逐孔节段拼装施工关键问题研究[D].南昌:华东交通大学,2019.

[55] 王忠雷.连续梁悬臂T构墩梁临时固结施工设计方案[J].科技与企业,2011(10):175-175.

[56] 臧腾.(48+80+80+48)m连续梁桥悬臂施工控制关键技术研究[D].石家庄:石家庄铁道大学,2017.

[57] 孔燕旭.大跨度预应力混凝土连续梁悬臂施工技术研究[J].科技创新导报,2015,357(33):64-65.

[58] 郑万山,田军伟.连续刚构桥梁不平衡悬臂施工方案优化[J].建筑知识:学术刊,2013,000(B03):265-265.

[59] 李谷.大跨独塔单索面混合梁斜拉桥力学性能与施工控制研究[D].长沙:湖南大学,2014.

[60] 彭建萍.混合梁斜拉桥不对称双悬臂施工技术[J].桥梁建设,2018,48(1):118-122.

[61] 姚森.不对称双悬臂混合梁斜拉桥主梁施工方法研究[J].交通科技,2018(6):43-47.

285

[62] 刘锋兵.不对称双悬臂施工混合梁斜拉桥施工技术[J].智能城市,2020,6(9):200-201.

[63] 严永阳.悬臂施工中连续钢桁梁桥结构性能分析与控制技术研究[D].南京:东南大学,2018.

[64] 叶再军,周红云,吴学伟.悬臂施工多跨连续梁桥合龙方案优化研究[J].武汉理工大学学报(交通科学与工程版),2016,40(4):676-679.

[65] 周高峰,李晓超.多跨预应力混凝土连续梁合龙段施工技术[J].铁道建筑,2014(12):18-20.

[66] 戴公连,王伟民,刘柯.基于变形的铁路混凝土连续梁合龙方案比较[J].桥梁建设,2014,44(4):96-101.

[67] 刘祥基,孙晓军,曲宝文,等.合龙及体系转换顺序对预应力连续梁桥的影响研究[J].城市道桥与防洪,2016(1):153-156,16.

[68] 杨进.沙河桥连续梁合龙工艺和施工技术[J].建筑技术开发,2021,48(13):40-41.

[69] 卫敏,李国华,樊永杰.连续梁中跨合龙段临时锁定结构设计合理性[J].建筑技术开发,2021,48(12):17-19.

[70] Di P M, Navarra G. Stochastic seismic analysis of MDOF structures with nonlinear viscous dampers[J]. Structural Control and Health Monitoring, 2009, 16:303-318.

[71] Shinozuka M, Deodatis G. Simulation of stochastic processes by spectral representation[J]. Applied Mechanics Review, 1991, 44(4):191-204.

[72] Deodatis G. Simulation of ergodic multivariate stochastic processes[J]. Journal of Engineering Mechanics, 1996, 122(8):778-787.

[73] Davenport A G. A statistical approach to the treatment of wind loading on tall masts and suspension bridges[D]. Bristol: University of Bristol, 1961.

[74] Scanlan R H. The action of flexible bridges under wind, II: buffeting theory[J]. Journal of Sound and Vibration, 1978, 60(2):201-211.